U0482005

国家社科基金项目最终成果（13BKS062）
山东省社科规划重大项目最终成果（16ALJJ14）

英国工党
主流思想的嬗变研究

李华锋　著

A Study on the Transmutation of the Mainstream Thought of the British Labour Party

中国社会科学出版社

图书在版编目(CIP)数据

英国工党主流思想的嬗变研究/李华锋著.—北京：中国社会科学出版社，2021.8

ISBN 978-7-5203-8866-5

Ⅰ.①英…　Ⅱ.①李…　Ⅲ.①英国工党—政治主张—研究
Ⅳ.①D756.164

中国版本图书馆CIP数据核字(2021)第162808号

出 版 人　赵剑英
责任编辑　田　文
责任校对　姜晓如
责任印制　王　超

出　　版　中国社会科学出版社
社　　址　北京鼓楼西大街甲158号
邮　　编　100720
网　　址　http://www.csspw.cn
发 行 部　010-84083685
门 市 部　010-84029450
经　　销　新华书店及其他书店

印　　刷　北京君升印刷有限公司
装　　订　廊坊市广阳区广增装订厂
版　　次　2021年8月第1版
印　　次　2021年8月第1次印刷

开　　本　710×1000　1/16
印　　张　20
字　　数　350千字
定　　价　108.00元

序

林建华[*]

多年来，李华锋同志在中外社会主义比较研究特别是英国工党研究中用功甚勤、成果甚丰，先后独立与合作撰写并出版了《英国工党与工会关系研究》《英国工党政坛沉浮与主导思想的关系研究》《英国工党执政史论纲》《英国工党理论与实践专题研究》等很有影响力的著作。以上几部著作均获得省级社科优秀成果奖励，其中《英国工党与工会关系研究》还获得了第六届高等学校科学研究优秀成果（人文社会科学）三等奖。即将出版的《英国工党主流思想的嬗变研究》是李华锋同志主持承担的国家社会科学基金项目成果，并以“优秀”的鉴定意见结项。作为他攻读博士学位研究生学习阶段的指导教师，我很高兴看到李华锋同志取得的骄人成就，并乐于为这部著作作序。

主流思想，是对现代政党起主导作用的思想和理论，亦即我们通常所讲的主义。20 世纪初年，列宁在《怎么办?》一文中指出：“没有革命的理论，就不会有革命的运动。”① 1924 年列宁逝世后，斯大林在《论列宁主义基础》一文中则指出：“离开革命实践的理论是空洞的理论，而不以革命理论为指南的实践是盲目的实践。”② 在中国共产党成立前夕的 1920 年 11 月，毛泽东在给友人的信中也谈到“主义”的重要性。他写道：“主义譬如一面旗子，旗子立起了，大家才有所指望，才知所趋赴。”③ 英国工党创建于 20 世纪初，在英国社会特别是英国政坛屹立百余年，成为现代

---

* 作者系中国社会科学院马克思主义研究院副院长，博士生导师。

① 《列宁选集》第 1 卷，人民出版社 2012 年版，第 311 页。

② 《斯大林选集》上卷，人民出版社 1979 年版，第 199—200 页。

③ 《毛泽东年谱（1893—1949）》上卷，中央文献出版社 2013 年版，第 70 页。

政党特别是西方政党行列中具有标志性意义的大党、老党。对于英国工党来说，主流思想是需要研究的重要内容。这是因为政党的主流思想是其意识形态标签，而意识形态则是其政治灵魂，它决定着政党的发展状况和能否问鼎政坛及其执政成就。同时，无论执政还是在野，政党都必须学会正确把握世情、国情和党情，即政党态势、国家形势和世界走势，从而做到其主流思想的应势而变、与时共进。就此而论，在世界社会主义研究、政党研究、政党政治研究、区域与国别研究中，英国工党主流思想的嬗变研究具有“解剖麻雀”“窥斑知豹”的样本意义、典型意义。

英国是世界资本主义的发祥地。世界上最早出现的现代政党是英国的辉格党和托利党，它们都是起源于17世纪70年代的资产阶级政党，并逐渐演变成为19世纪30年代的英国自由党和保守党。今天，英国的两大政党则是保守党和工党。英国社会主义运动的历史也是悠久的。撰写《乌托邦》一书并创立空想社会主义的托马斯·莫尔是英国人。撰写《新社会观》《新道德世界书》，并被称为19世纪三大空想社会主义者之一的罗伯特·欧文也是英国人。1847年6月，世界上第一个共产党——共产主义者同盟在英国伦敦诞生。作为一个世界性共产党，共产主义者同盟在德国、法国、英国、比利时、荷兰、瑞士、瑞典、美国等8个国家建立了支部。1848年2月，马克思、恩格斯为共产主义者同盟撰写的纲领性文献《共产党宣言》在英国伦敦第一次以单行本发表，科学社会主义创立。这两大事件共同标志着国际共产主义运动的兴起。从此，无产阶级反对资本主义和资产阶级的革命运动有了科学思想的指导，虽然它还没有在世界工人运动中占据主导地位。马克思、恩格斯曾认为，德国革命是欧洲革命的先驱，法国革命是欧洲解放的决定力量，而英国革命的成功则是欧洲解放的最后保证。1848年底，马克思在《革命运动》中指出：“英国统治着世界市场，而资产阶级又统治着英国。”“欧洲大陆的任何一个国家甚至整个欧洲大陆在经济方面的变革，如果没有英国参与，都不过是杯水风浪。”① 可见，英国、英国的革命运动在马克思、恩格斯心目中有着极重的分量，这也不是偶然的。

1869年，世界上第一个民族国家范围内的工人阶级政党——德国社会

---

① 《马克思恩格斯全集》第6卷，人民出版社1961年版，第175页。

民主工党建立。19 世纪 70 年代以后，欧美各国的马克思主义者纷纷仿效德国，在本国建立了工人阶级政党，大都取名为社会民主党、社会民主工党或社会党、社会主义工人党、工人党等。这是世界工人运动横向发展的具体体现。实际上，共产主义和社会民主主义是有很大的区别的。恩格斯曾指出，在巴黎公社革命失败后的 1871—1875 年间，“我处处不把自己称做社会民主主义者，而称做共产主义者。这是因为当时在各个国家里那种根本不把全部生产资料转归社会所有的口号写在自己旗帜上的人自称是社会民主主义者。……因此对马克思和我来说，用如此有伸缩性的名称来表示我们特有的观点是绝对不行的”①。但是，在 80 年代中期以后，随着各国社会民主党的发展以及它们在理论上的实际变化和在反对资本主义的斗争中所取得的伟大成就，“社会民主党”和“社会民主党人”实际上已经成为无产阶级和马克思主义者约定俗成、普遍使用的概念。此时，马克思主义已成为世界工人运动中占主导地位的指导思想。1894 年即恩格斯逝世的前一年，他就阐述了对“社会民主主义”和“共产主义”这两个概念的新认知。恩格斯指出，现在情况不同了，社会民主主义“这个词也许可以过得去，虽然对于经济纲领不单纯是一般社会主义的而直接是共产主义的党来说，对于政治上的最终目的是消除整个国家因而也消除民主的党来说，这个词还是不确切的。然而，对真正的政党说来，名称总是不完全符合的；党在发展，名称却不变”②。“‘共产主义’一词我认为当前不宜普遍使用，最好留到必须更确切的表达时才用它，即使到那时也需要加以注释，因为实际上它已三十年不曾使用了。”③ 这里实际上涉及对科学社会主义的理解和运用。

英国工党是在恩格斯逝世十余年之后的 1906 年正式成立的，它的直接前驱组织是 1900 年 2 月组建的劳工代表委员会。英国工党成立之后不久，它就遇到了两件具有世界影响的时代大事变：其一，第一次世界大战的爆发；其二，国际工人运动的分化。国际工人运动分化的直接后果是，社会民主党一分为二：一是仍然使用“社会民主党”这一称谓的政党，它

---

① 《马克思恩格斯全集》第 22 卷，人民出版社 1965 年版，第 489—490 页。

② 《马克思恩格斯全集》第 22 卷，人民出版社 1965 年版，第 490 页。

③ 《马克思恩格斯全集》第 39 卷，人民出版社 1974 年版，第 203 页。

的指导思想是社会民主主义，它从事的运动被称为国际社会主义运动；二是抛弃“社会民主党”这一概念而改称“共产党”的政党，它的指导思想是科学社会主义，它所从事的运动被称为国际共产主义运动。这两类政党、两大运动的格局一直延续到21世纪的今天。但是，在一般意义上，我们有时也把这两类运动统称为世界社会主义共产主义运动。

英国工党是社会民主党及其社会主义运动的重要代表。李华锋同志在著作中指出，一个多世纪以来，在影响工党兴衰沉浮的诸多变量中，思想变迁是最为重要的因素之一，这是因为，思想既是工党的意识形态标识，也是工党的实践活动指南。系统爬梳英国工党主流思想嬗变的轨迹，对于研判英国工党的发展、英国工党在英国社会发展中的地位和作用，其意义是显而易见的，且是不可或缺的。

在一个多世纪的岁月中，英国工党的主流思想经历了劳工主义、民主社会主义与社会民主主义三大阶段。英国工党主流思想嬗变对工党发展所起的作用不是线性的，它既推动工党进入主流政党行列，同时也曾使工党走向式微样态。其实，任何一个政党的生存和发展，都离不开思想的支撑，特别是主流思想的支撑。当然，主流思想的形成也离不开一定的社会环境。随着时代的变化、实践的发展，一个政党也必须适时调整或丰富其主流思想的内蕴，否则主流思想的僵化就会阻遏政党革故鼎新，就会阻滞政党的发展。一个政党的思想状况特别是主流思想状况，是意识形态状况的体现。正是在这一意义上，由于其联盟型政党的特质和劳工运动的渊源，英国工党被经常性地认为是英国所有政党中意识形态色彩最明显的，它从建立起一直伴随着意识形态斗争。这是具有实践支撑和逻辑支撑的结论。

英国工党具有主流思想，其主流思想也不是变动不居的，这是一回事儿。但是，如何研判其主流思想的科学性和影响力，又是一回事儿。1901年秋1902年春，列宁撰写了《怎么办?》一文，他指出：“工人本来也不可能有社会民主主义的意识。这种意识只能从外面灌输进去，各国的历史都证明：工人阶级单靠自己本身的力量，只能形成工联主义的意识，即确信必须结成工会，必须同厂主斗争，必须向政府争取颁布对工人是必要的某些法律，如此等等。而社会主义学说则是从有产阶级的有教养的人即知识分子创造的哲学理论、历史理论和经济理论中发展起来的。现代科学社会主义的创始人马克思和恩格斯本人，按他们的社会地位来说，也是资产阶级知识分子。”① 这一论断是很有针对性的，即使在21世纪的今天，也是很值得我们用心去体悟的。马克思和恩格斯的政治立场和世界观都进行了根本性的改造和转变，才最终成为科学社会主义的创立者。是以科学社会主义作为行动的指南，还是以非科学社会主义作为行动的指南，这是判明一个政党、一个工人阶级政党是否是共产主义政党的根本标准。

以洋鉴中，从英国工党主流思想的嬗变中，我们可以观照中国共产党的理论发展和实践发展。“十月革命一声炮响，给我们送来了马克思列宁主义。”② 迄今，中国共产党拥有了百年的辉煌。从小到大、从弱到强，中国共产党人的密码，就是不断推进马克思主义中国化的历史进程，不断实现中国化马克思主义的继续创新。经过长期努力，中国共产党人团结带领全国人民取得了革命、建设和改革征程上一个又一个的伟大胜利。实践没有止境，理论创新也没有止境。改革开放以来，我们开辟了中国特色社会主义道路，形成了中国特色社会主义理论体系，确立了中国特色社会主义制度，发展了中国特色社会主义文化，并提出坚定“四个自信”。时代是思想之母，实践是理论之源。中国特色社会主义进入新时代，其特殊意义在于，“这是一个需要理论而且一定能够产生理论的时代，这是一个需要思想而且一定能够产生思想的时代”③。世界每时每刻都在发生变化，中国也每时每刻都在发生变化。把握“变”与“不变”的辩证关系，创立和发展科学的理论、科学的思想，这是一个现代政党永葆蓬勃生机的保证。

---

① 《列宁选集》第1卷，人民出版社2012年版，第317—318页。

② 《毛泽东选集》第4卷，人民出版社1991年版，第1471页。

③ 习近平:《在哲学社会科学工作座谈会上的讲话》，人民出版社2016年版，第8页。

目　录

绪　论

一　本研究的缘起与意义

现代意义上的政党是人类社会发展到资本主义阶段的产物。从 17 世纪中叶英国托利党和辉格党在议会内形成至今，历经三个多世纪的发展，各类政党从无到有，从欧洲走向世界，呈现出层出不穷、此起彼伏、兴衰荣枯的五彩画卷。据不完全统计，当今世界 200 余个国家和地区中，存在各类政党 5000 余个。虽然世界各国的政治制度与政党体制存在诸多的差异，但政党普遍成为各国最核心、最基本的政治组织，成为政治运转的中枢却是不争的事实。各国政府都是由有关政党所组建，政府政策很大程度上是执政党政策主张的反映。换言之，各国政党的竞争结果和政党格局变化既决定着国家的政局稳定和政治走向，也决定着国家经济社会发展的态势和状况。因此，加强对世界政党，尤其是主流政党的研究十分必要，既是观察所在国家发展变化的重要视角，也可以为我们加强党的建设，增强执政能力提供有益的鉴戒。

在诸多的世界主流政党中，作为世界大国的主要政党和西方民主社会主义政党的主要代表，英国工党是一个不容忽视，需要给予特别关注的政党。1900 年 2 月，沐浴着新世纪的曙光，带着英国劳工的美好愿望，英国工党以“劳工代表委员会”的身份在伦敦成立，1906 年英国大选后改名为工党。虽然工党成立之初并不引人关注，但此后百年的发展进程表明，工党并非无足轻重抑或昙花一现。1915 年工党首次进入内阁；1924 年工党首次上台执政；1945 年起工党正式取代自由党，成为英国两党制的主角，赢得连续执政机会；1997 年起工党首次取得大选的三连胜，实现连续执政十年以上。基于工党快速崛起于英国政坛，并多次上台执政，20 世纪以来的英国社会变迁和内外政策，深深地打上了工党的烙印。

虽然工党快速崛起并屹立英国政坛百年，成为西方政党行列中标志性的大党老党，但同任何一个政党一样，工党的百年变迁也并非一帆风顺，直线上升，而是历经曲折，不乏重挫。既有成为主流政党后大选的多次连续失利，也有激烈内讧后高层的出走分裂。这些都使工党经历碌碌无为的黯然时光，甚至是走到濒临泡沫化的十字路口。思想既是党的意识形态标志，也是党的实践的先导和指南，在影响工党兴衰成败的诸多变量中，工党的思想变迁是最为重要的一个因素。同时，由于联盟型政党身份和劳工运动的出身，工党“被经常性地认为是英国所有政党中意识形态色彩最明显的，从它建立起一直伴随着意识形态斗争”①。因此，深化对工党主流思想嬗变的认识与把握，即意识形态领域的发展与变化，具有重大的学理意义和实践意义。

一方面，研究英国工党主流思想的嬗变有助于深化与细化对英国工党与当代西方社会的认识。任何一种思想理论都不是一成不变的，都是特定时间和空间的产物。英国工党的主流思想也是如此。百年来，英国工党主流思想的发展演变不仅呈现出鲜明的阶段性特征，而且在同一阶段、同一问题上也存在差异或争鸣。同时，虽然思想理论的变化都是对特定问题的反映，但由于认识具有主观性和局限性，理论与实践的变化既非完全同步，也非完全一致。在时间上，理论有时呈现出超前性，有时呈现出滞后性。在内容上，理论有时是对现实的扭曲或片面反映。这些都影响着理论指导下的政策选择与实践效果。

近些年来，随着解放思想，实事求是思想路线的重新确立和中外交流的频繁，我们对包括英国工党及其主流思想在内的西方国家和思潮有了更多的了解，在专题研究和宏观把握上取得长足的进展。如围绕艾德礼的民主社会主义改革、布莱尔的新“第三条道路”思想与实践出版和发表了一批学术成果，对英国工党的发展脉络有了较为详细的了解。在看到已有成绩的同时，也要看到现有研究的不足。在主流思想研究方面，主要表现在缺乏对有关思想深入细致的解析，缺乏对思想嬗变的纵横比较和整体观

---

① John Callaghan, *Interpreting the Labour Party: Approaches to Labour Politics and History*, Manchester University Press, 2003, p. 8.

照。如第二次世界大战后工党左右翼认识和对待混合经济和所有制的异同，工联主义、劳工主义、民主社会主义的异同，英国工党主流思想嬗变与欧洲其他民主社会主义政党主流思想变迁的差异等。

英国工党是西方左翼政党中的大党和老党，在百年发展进程中，不仅通过上台执政塑造了英国社会的发展变化，而且通过思想的变迁，引领西方民主社会主义政党的变革，深刻影响着当代资本主义的变化。如第二次世界大战后初期工党艾德礼政府实施的福利国家建设，使资本主义社会由“冷漠无情”变得“富有人情”，使社会保障政策成为民主社会主义政党的标签；冷战后工党通过新“第三条道路”的变革，带动了民主社会主义政党在世纪之交欧洲政坛的复兴。

中国的发展离不开对世界形势的准确把握，在社会主义与资本主义长期竞争共处，资本主义在相当长时期仍处于明显优势的时代背景下，准确把握当代资本主义的发展变化、当代西方政党的发展变化、当代西方社会思潮的发展变化等十分重要。英国是世界资本主义的摇篮，也是世界社会主义的滥觞之地，大家公认的世界社会主义源头就是以1516年英国人莫尔的《乌托邦》发表为标志。德国学者马克斯·比尔早在20世纪初就指出，“从十三世纪一直到今天为止，社会主义和社会改革的潮流，多半是由英国的思想和实验来充实的”①。基于英国和工党的大国大党地位、西方资本主义国家和民主社会主义政党的代表性，以及英国社会主义思想的丰富性和多样性，通过深入考察工党主流思想的嬗变过程及相关问题，必将深化与细化对英国工党、英国社会、当代资本主义、民主社会主义思想等的学理性认识。

另一方面，研究英国工党主流思想的嬗变有助于更好地建设新时代中国特色社会主义。在世界多极化、经济全球化、文化多样化、信息社会化的世界百年未有之大变局时代背景下，当前中国正处于“两个一百年”奋斗目标的历史交汇期，处于实现中华民族伟大复兴的重要节点，也正处于中国特色社会主义进入新时代的历史方位，处于开启全面建设社会主义现代化国家新征程的起点。经济体制深刻变革，社会结构深刻

---

① ［德］马克斯·比尔：《英国社会主义史》上卷，何新舜译，商务印书馆1959年版，作者自序第12页。

变动，利益结构深刻调整，思想观念深刻变化，主要矛盾根本转变。深刻的社会变革既给新时代中国特色社会主义伟大事业提供了前所未有的机遇与活力，也带来了前所未有的挑战与问题。只有准确妥当地化解这些问题，才能使新时代中国特色社会主义取得崭新的成就，实现中华民族伟大复兴的中国梦。

“这是一个需要理论而且一定能够产生理论的时代，这是一个需要思想而且一定能够产生思想的时代。”① 面对中国特色社会主义进入新时代的历史方位，面对纷繁复杂、前无古人的新实践，面对社会思潮纷纭激荡的新形势，面对思想观念和价值取向多元化的新情况，作为党和国家事业的领导者，中国共产党比任何时候都更加需要理论创新，加强意识形态建设与思想建设，指导和推动中国特色社会主义伟大事业和党的建设新的伟大工程取得新进展。在经济全球化的时代，中国的发展离不开世界。解决中国的问题，既要立足于中国的国情和党情，也要吸收和借鉴世界其他国家、政党有益的经验，汲取他们的教训。

英国工党历经百年沧桑，从小到大，几经沉浮，依然作为主流政党活跃在英国政坛和世界社会主义运动的洪流之中。其在思想理论建设方面既有与时俱进、准确把握的一面，也有僵化停滞、不切实际的一面，进而影响着其在政坛的沉浮兴衰。虽然中英两国的基本国情和根本制度不同，中国共产党和英国工党的基本性质和意识形态有着重大的差异，但作为世界政党中的主流政党，各国政坛上的主要政党，在追求长期执政，实现更好执政方面有着共同的诉求。同时，从经济社会发展状况来看，英国基本上领先一个阶段，当前中国面临的诸多经济与社会问题，许多也是英国以前经历过的问题。

因此，虽然对英国工党思想理论建设做法不能生搬硬套，观点不能完全苟同，但其主流思想嬗变的经验教训能够给我们提供正反两方面的启迪。在理论上，通过对工党主流思想的比较对照、分析鉴别，实现知己知彼，推动理论创新，进一步增强对中国特色社会主义的道路自信、理论自信、制度自信和文化自信，推进马克思主义中国化，开辟 21 世纪马克思主义发展的新境界。在实践上，通过分析工党主流思想嬗变的实际效果，

① 习近平：《在哲学社会科学工作座谈会上的讲话》，人民出版社 2016 年版，第 8 页。

实现引以为戒或为我所用，进一步增强党的执政能力，巩固党的执政基础，完善党的纲领政策，在统筹推进“五位一体”总体布局，协调推进“四个全面”战略布局进程中发挥我国独特的政治优势、制度优势和发展优势，更好地建设新时代中国特色社会主义，开创全面建设社会主义现代化国家的新伟业。

二　基本概念诠释与界定

为了更好地开展研究工作，对研究的主要相关概念进行明确的界定与诠释是很有必要的。由研究对象可知，本研究中需要界定的基本概念有英国工党、主流思想、嬗变以及与此相关的英国工党主流思想、英国工党主流思想的嬗变。

作为英国的主要政党，英国工党是具有明确指向与含义的专门词汇，其基本情况在此无需赘述。需要专门指出的是工党的成立时间。虽然工党这一名称出现在英国政坛是在 1906 年，但 1906 年只是把劳工代表委员会改名为工党，并不是建立新的政党，无论是工党自身，还是学术界都把 1900 年劳工代表委员会的成立作为工党的诞生之日。因此，本研究考察的工党起点也是劳工代表委员会成立的 1900 年。

“主流”最初是地理学的专有词汇，也叫“干流”，与支流相对应，指同一水系内全部支流所汇入的河流，后来引申为比喻事情发展的主要方面。与此相一致，主流思想就是指在政治、经济、文化和社会生活各个领域中，居于主导地位，对该领域的存在、发展起着主要作用，并能够对其他组成部分施加影响的思想。如在经济体制上，当今世界存在多种多样的思想，但居于主流地位，为大多数国家所认可和接受的是市场经济，即坚持市场在资源配置中处于首要地位。在我国社会生活中，受各种因素的影响和灌输，存在多种价值观，其中居于主流地位的就是社会主义核心价值观。

按照《现代汉语词典》的解释，嬗变等同于演变，指事物历时较久的发展变化。[①] 从这一定义可以看出，嬗变主体的发展变化经历一个较

---

① 中国社会科学院语言研究所词典编辑室编：《现代汉语词典》，商务印书馆 2012 年版，第 1501 页。

长的阶段，嬗变主体的变化包含量变和质变两个方面。量变是较小幅度的变化，主要特点保持不变；质变是较大幅度的变化，主要特点发生变化。正是这种变化的差异，使嬗变主体呈现出阶段性、稳定性等特点。

界定了英国工党的起点、主流思想和嬗变的含义，就不难理解英国工党主流思想和英国工党主流思想嬗变的含义了。作为一个集合体，任何一个政党在思想上都不可能完全一致，整齐划一，即使是坚持一元论，主张高度统一的马克思主义政党也是如此。虽然党章都把马克思主义或马克思主义本土化的思想体系作为唯一的指导思想，但在党内也会存在不为官方认可，需要想方设法消除的各种非马克思主义思想。英国工党作为一个由多个组织联合建立的联盟型政党，一个在价值观念上认可多元论，而非一元论的政党，在思想体系上并不存在指导思想，而是强调思想来源的多元化和多元思想的合法化。虽然不存在唯一的指导思想，但在众多思想中，英国工党还是存在主流思想，即为大多数人，特别是党内高层精英所接受，对工党发展起着主导性作用的思想。正是主流思想的存在，把工党大多数附属组织、个体党员和政治精英凝聚在一起，推动工党的发展变化。相对来说，主流思想的认可度与接受度越高，工党的团结程度越高，对工党发展越为有利；主流思想的认可度与接受度越低，工党越容易出现内讧与分裂，对工党发展越为不利。

工党主流思想的嬗变则是指工党在百年发展进程中，在主流思想体系领域呈现出来的阶段性变化与特征。根据工党的党章党纲、工党主要领袖和思想家的著述，以及工党政府的政策主张，本研究把工党主流思想的百年嬗变分为劳工主义、民主社会主义和社会民主主义三个阶段，科尔宾时期的工党主流思想是进入一个新阶段，还是昙花一现的小插曲还有待历史去检验。研究英国工党主流思想的嬗变就是动态考察工党主流思想嬗变的动因、过程与论争等，静态分析每一阶段主流思想的内容、特点与影响等，从而既实现从整体上全面把握工党主流思想嬗变的全貌和特质，又实现从微观上深刻理解工党每一阶段主流思想的本质与丰富内涵，进而深化对英国工党，乃至英国社会和西方社会党的认识。

三　国内外研究状况述评

由于英国是西方主要资本主义国家之一，工党又是英国的主要政党，从新中国成立伊始，我国学术界对英国工党的关注就已经开始。与所有外国问题研究的起始阶段一样，在改革开放之前的这一时期，并没有原创性的英国工党研究成果，主要是翻译一些国外学者和工党领袖的著作，编辑一些包括英国工党党纲、宣言等在内的文件集。主要有艾德礼的《走向社会主义的意志和道路》和《工党的展望》（商务印书馆 1961 年版）、盖茨克尔的《社会主义与国有化》（商务印书馆 1962 年版）、威尔逊的《英国社会主义的有关问题》（商务印书馆 1966 年版）、约翰·伊顿的《论英国工党的“社会主义”》（世界知识出版社 1951 年版）、德伏尔金的《英国右翼工党分子的思想和政策》（世界知识出版社 1957 年版）、亨利·佩林的《英国工党简史》（上海人民出版社 1977 年版）、世界知识出版社编辑的《各国社会党重要文件汇编》（世界知识出版社 1959 年版）等。这些都或多或少地涉及工党某一时期的主流思想，表现出某一工党领袖或派别的思想。虽然由于冷战两大阵营对抗的国际环境、中英两国处于非正常的关系状态、学术研究的环境不够宽松等因素的影响，这些国外的研究成果不一定客观，工党领袖的著作也主要是作为批判对象来译介的，① 但为我们了解英国工党及其思想，进而深入研究提供了基础性的资料。

改革开放以后，解放思想、实事求是路线的重新确立和中西方交往的激增，使国内学术界对英国工党的研究进入一个新阶段，在继续翻译一些关于工党思想著作的同时，涉及英国工党研究的中国著述开始出现。翻译的著作主要有玛格丽特·柯尔的《费边社史》（商务印书馆 1984 年版）、

---

① 如《工党的展望》序言认为，该书“对于我们揭露、批判英国工党，是很有典型意义的反面教材”。《英国社会主义的有关问题》出版说明指出：“威尔逊所谓的英国的社会主义，和其他社会民主党所标榜的社会主义在本质上完全是一样货色”，“现在我们将它翻译出版，则是供批判研究之用”；《社会主义与国有化》序言指出：“我们从盖茨克尔的这本小册子中，又一次看清了现今右派社会民主党人的这种最无耻的嘴脸！”参见［英］C. R. 艾德礼《工党的展望》，吴德芬等译，商务印书馆 1961 年版，序言第 4 页；［英］哈罗德·威尔逊《英国社会主义的有关问题》，李崇淮译，商务印书馆 1966 年版，序言第Ⅱ页；［英］盖茨克尔《社会主义与国有化》，李奈西译，商务印书馆 1962 年版，序言第 9 页。

乔·柯尔的《费边社会主义》（商务印书馆1984年版）、G. D. H. 柯尔的《社会主义思想史》（多卷本，商务印书馆1981年版等）、彼特·诺兰的《英国工党的民主社会主义经济纲领》（陕西人民出版社1991年版）等。出版的著作主要有李兴耕的《当代西欧社会党的理论与实践》（黑龙江人民出版社1989年版）、刘书林的《麦克唐纳社会主义新评》（中国人民大学出版社1989年版）、殷叙彝的《当代西欧社会党人物传》（黑龙江人民出版社1988年版）等。这些成果的出版不仅使我们进一步了解了英国学者视野里工党的部分思想，而且开始有了中国学者的初步独立认识。但由于处于研究的初始阶段，除了刘书林的《麦克唐纳社会主义新评》之外，并没有专门研究工党的著作问世，都是作为西方社会党研究或英国研究的一部分进行评述，更遑论专门针对工党思想的著作了。不过涉及英国工党思想研究的论文开始少量出现。这些论文涉及工党理论观点的新变化、凯恩斯主义与工党民主社会主义思想的关系、工党国有化政策与民主社会主义的关系、拉斯基等工党思想家的思想等。① 这些论文虽然只是就工党思想的某一个小问题进行了研究，但为全面了解工党的思想奠定了基础。

20世纪90年代中期以后，国内外形势的重大变化使学术界在世纪之交掀起了一股研究西方民主社会主义政党的高潮。一方面是经济全球化的快速发展和中国建立社会主义市场经济体制的决定使中国与西方国家的联系更为密切，需要全面深入客观地把握西方国家的经济、政治与社会状况；另一方面是西方民主社会主义政党通过理论创新，摆脱此前在政坛的低落状态，纷纷上台执政。在1998年到2000年，欧盟15个成员国有13个是民主社会主义政党在执政，一些甚至实现连续执政。作为与科学社会主义政党同源的欧洲左翼政党，这自然引起中国学者的极大关注。在这股社会民主主义复兴浪潮中，英国工党是引领者，于是专门关注工党的学术论文、学位论文、学术译著与学术著作开始大量涌现，自然出现一批专注或主要涉及工党思想的成果。以译著和著作为例，主要有安东尼·吉登斯的《第三条道路：社会民主主义的复兴》（北京大学出版社2000年版）、

① 代表性论文有殷叙彝《英国工党一些新的纲领性观点》，《西欧研究》1989年第2期；薛刚《战后英国工党政治思想述评》，《国外社会科学情况》1988年第7期；周琪《凯恩斯主义对英国工党社会民主主义理论的冲击》，《西欧研究》1985年第3期；谢宗范《拉斯基民主社会主义政治理论剖析》，《江西社会科学》1989年第1期。

托尼·布莱尔的《新英国：我对一个年轻国家的展望》（世界知识出版社1998年版）、刘成的《理想与现实——英国工党与公有制》（江苏人民出版社2003年版）、斯图亚特·汤普森的《社会民主主义的困境：思想意识、治理与全球化》（重庆出版社2008年版）、谢峰的《英国工党“第三条道路”研究：兼论西欧社会民主党的革新》（贵州人民出版社2003年版）、倪学德的《和平的社会革命：战后初期英国工党艾德礼政府的“民主社会主义”改革研究》（中国社会科学出版社2005年版）。与此前阶段相比，这些论文与论著对英国工党某一时期或某一方面思想的研究更为深入全面，可以说专题研究取得重大进展。

2010年以来，英国工党在全国大选中连续四次失利，远离英国权力的中心，也使我国关于英国工党的研究回落。笔者以“英国工党”为检索词，在中国知网全文数据库检索到的论文自2012年后由此前多年的两位数降低到一位数。虽然成果数量明显减少，但专注或涉及工党思想的高水平学术译著与著作仍不时涌现。主要有安东尼·克罗斯兰的《社会主义的未来》（上海人民出版社2011年版）、丹尼斯·卡瓦纳的《英国政治：延续与变革》（世界知识出版社2014年版）、张志洲的《英国工党社会主义意识形态变迁研究》（社会科学文献出版社2011年版）、崔士鑫的《历史的风向标——英国政党竞选宣言研究（1900—2005）》（北京大学出版社2013年版）、阎照祥的《英国政治思想史》（人民出版社2010年版）、谢峰的《政治演进与制度变迁：英国政党与政党制度研究》（北京大学出版社2013年版）。其中两部成果对于研究工党思想来说很有价值。一部是安东尼·克罗斯兰的《社会主义的未来》。该书既是作者本人的经典著作，也是整个英国工党思想史上的经典著作。其中文版的出版，对于中国学者研究工党及其思想是很有裨益的。另一部是张志洲的《英国工党社会主义意识形态变迁研究》。该书对工党社会主义意识形态变迁的基本轨迹，以及推动社会主义意识形态变迁的自身因素、国内因素与国际因素进行了深入考察，代表着目前我国英国工党宏观思想研究的水平。但由于研究主题的限制，该著作并没有对英国工党主流思想的整个发展变化进行专门研究，聚焦的是社会主义思想的变迁，同时在一些观点认识上笔者认为还有需要商榷之处。

由于是国内问题或同一体制内问题，以及英国工党的主流政党地位，欧美学者，尤其是英国学者对工党的研究可以说数量颇为壮观，无论是论文还是著作都非常丰硕；主题非常深入，涉及工党的思想与组织、政策与实践、内政与外交等方方面面；年代非常广泛，既涉及工党初建的早期，也涉及第二次世界大战后成为主流政党时期，还有当下的跟踪研究。以学术著作为例，这些成果中有关工党思想的研究主要分为两种情况。一是在综合性研究中涉及工党的思想。代表性成果有凯斯·雷伯恩的《工党的崛起：1890 年到 1979 年间的英国工党》（爱德华·阿诺德出版公司 1988 年版）、凯文·杰弗瑞的《1945 年之后的英国工党》（圣马丁出版社 1993 年版）、亨利·佩林的《英国工党简史》（麦克米兰出版公司 1996 年版）、安德鲁·索普的《英国工党史》（麦克米兰出版公司 1997 年版）、布莱恩·布瑞威蒂的《工党：一个世纪的历史》（麦克米兰出版公司 2000 年版）、约翰·卡莱汉的《解读工党：工党政治与历史的考察》（曼彻斯特大学出版社 2003 年版）、马丁·普格赫的《代表英国——英国工党新史》（鲍利海出版公司 2010 年版）、都铎·琼斯的《再造工党：从盖茨克尔到布莱尔》（劳特里奇出版公司 1996 年版）等。

二是对工党某一人物、某一阶段或某一方面思想进行研究。代表性成果有杰弗瑞·福特的《工党政治思想史》（马丁出版社 1997 年版）、迪克·伦纳德的《克罗斯兰和新工党》（麦克米兰出版公司 1999 年版）、马克·贝维尔的《英国社会主义的缔造》（普林斯顿大学出版社 2011 年版）、帕特里克·戴蒙德的《克罗斯兰的遗产——英国社会主义民主的未来》（波里希出版社 2016 年版）、斯蒂芬·黑斯勒的《盖茨尔克派——英国工党中的修正主义（1951—1964）》（麦克米兰出版公司 1985 年版）等。这些成果对于工党某些方面的思想或某一人物思想研究的深度必须给予充分的肯定。如杰弗瑞·福特的《工党政治思想史》对英国工党政治理念的演化进行了详细的梳理和考察；布莱恩·布瑞威蒂的《工党：一个世纪的历史》以“以工党的党章和公有制：从老第四条到新第四条”为题，对工党对公有制的认识变迁进行了深入的专题探讨。这为我们研究工党主流思想嬗变提供了重要的文献资料。

但国外对英国工党思想研究的不足或缺憾还是很明显的。一是思想史研究薄弱，多是以论文集中的专题研究形式出现。对于工党研究的这一状况英国学者并不忌讳。杰弗瑞·福特曾明确指出，英国学者在研究工党发展历程中的成就与错误、政策与组织、传记与文件、演说与宣言等方面收集了大量的资料，取得了显著的成绩，但在工党政治思想史研究方面多年来有着较大的缺失。考虑到工党是纲领性政党和工党思想家对英国政治思想贡献的重要性，这一缺失是令人惊讶和遗憾的。① 二是由于许多学者本身是工党、保守党或自由党党员，其研究并不以马克思主义方法论为指导，并不完全客观，带有浓厚的党派色彩，其观点也就不一定合理，很值得商榷。如凯斯·雷伯恩认为自由激进主义是1918年之前英国工党的主流思想，也是麦克唐纳时期英国工党的主流思想。② 对西方学者研究本国政党政治的这一情况，我国研究西方社会党的著名学者、中共中央编译局原副局长王学东研究员进行了研究。他在《欧洲社会民主主义暨欧洲社会党译丛》总序中写道："由于原作者都是西方学者和政治家，其世界观和政治立场与我们有很大差异，所以书中会有一些非马克思主义的、错误的观点，请读者在阅读过程中注意鉴别。"③ 正是基于国内外学界对英国工党思想研究的这一情况，本项目对英国工党主流思想的嬗变进行深入全面的研究，从学术史的角度看，还是很有必要和价值的。

四　研究思路与主要方法

本研究以英国工党的相关文献为依托，以英国工党主流思想的内容为依据，以工党主流思想的嬗变为主线，纵向考察英国工党主流思想嬗变的历程、动因与变化，横向考察英国工党每一阶段主流思想的内涵、表现、实践效果及与同期同类政党或保守党政策的异同。在此基础上，对英国工党主流思想的嬗变进行整体性和学理性思考，挖掘其思想嬗变给其他主流政党提供的普遍性启迪。

适宜的研究方法是研究能否顺利进行和成功的关键。在研究中，本项目在坚持以马克思主义方法论为指导，遵循科学研究价值无涉的原则，注意横向与纵向相结合，重点与一般相结合，规范与实证相结合。在此基础

① Geoffrey Foote, *The Labor Party's Political Thought: A History*, Martin's Press, 1997, p. 3.

② Keith Laybourn, *The Rise of Labor: The British Labor Party (1890 - 1979)*, Edward Arnold, 1988, p. 5.

③ ［英］马丁·鲍威尔编：《新工党，新福利国家？——英国社会政策中的"第三条道路"》，林德山等译，重庆出版社2010年版，总序第6页。

上，根据研究对象的实际情况，本研究主要采用以下几种研究方法。

一是文献研究法。文献研究是社会科学普遍采用的研究方法。在没有进行实地考察的情况下，依托收集相关文献研究是本研究的基本方法。本研究运用的文献是关于英国工党主流思想的已有成果，特别是能够直接反映工党主流思想内容与特征的工党党章党纲、大选宣言、政策文件，工党领袖和主要思想家的理论著述等一手文献。在研究中注意结合特定的语境与背景进行深入考察，避免搜章摘句与断章取义。

二是比较研究法。嬗变的本质特征就是在继承中出新，只有正确比较不同思想之间的异同，才能准确把握主流思想的变与不变。因此，比较研究是研究英国工党主流思想嬗变不可或缺的方法。比较的内容主要涉及不同人物、不同阶段工党主流思想的异同，工党与同类政党或保守党在同一时期思想的异同等。

三是史论结合法。本项目的研究对象既是一个历史学问题，又是一个政治学问题。既需要用历史研究的方法还原英国工党主流思想百年嬗变的轨迹，又需要用政治分析的方法对每一阶段工党主流思想进行客观评判。换言之，既要明白英国工党主流思想是什么，又要明白英国工党主流思想为什么是什么。这决定着以史为据、史论结合、思从史出、以论研思是本研究的主要研究方法。

四是理论与实践结合法。从本体论讲，本研究是一个理论问题，但时代是思想之母，实践是理论之源，任何一个理论的出现和演变都不是空穴来风，都与其所处的时代和进行的实践有着密切的关系。英国工党作为一个志在执政、经常执政的大党，其主流思想的嬗变更是如此。这里的实践主要就是英国两大政党，特别是工党自己的实践。我国著名的英国史研究专家阎照祥也曾指出："英国政治史上的一种长久互动，是社会主流思想与政府政策的关系。"[①] 因此，虽然本研究专注于英国工党的主流思想，但不是仅从思想史的角度观照其主流思想的变化，而是结合英国政府，特别是工党政府的执政实践，从更深层次上把握其主流思想变化的动因、实质和影响等。

---

① 阎照祥：《英国政治思想史》，人民出版社 2010 年版，第 8 页。

第一章 劳工主义：英国工党早期的主流思想

1900 年 2 月，英国工党的前身英国劳工代表委员会在伦敦成立。从劳工代表委员会成立到 1918 年工党通过新党章和党纲，是工党发展的幼年时期。与组织上没有地方性机构，没有党的领袖一样，工党在思想上也没有明确的意识形态定位。在多种构成力量的磨合中，工会的劳工主义思想不仅成为工党成立的思想基础，也是工党早期发展的主流思想。

第一节 劳工主义是英国工党成立的思想基础

政党是一些具有共同思想与理念的活跃分子，为了实现某些目标而成立的政治组织。因此，在意识形态与政治目标上达成共识是政党成立的基础，“无意识形态便无真正意义上的政党，意识形态是政党产生的理论基础，政党是意识形态的物质载体”①。对于英国工党来说，由于工会在工党建立过程中起着决定性的作用，来自工会的劳工主义思想就成为工党得以成立的思想基础。

一 工会思想的变化与英国工党的姗姗来迟

进入 19 世纪 40 年代，肇始于 18 世纪 60 年代的第一次工业革命在西方国家已经走过近百年的历程。这场革命不仅是一场技术与生产方式的变革，实现大机器生产代替手工劳动，工厂制度代替手工工场，而且是一场

---

① 王韶兴：《政党政治论》，山东人民出版社 2011 年版，第 103 页。

深刻的产业和社会变革。随着现代工业制度的兴起，大量农村人口进入城市从事大工业生产，工业资产阶级与无产阶级队伍急剧壮大，无产阶级开始作为独立的政治力量登上历史舞台。资本主义社会原始积累的血腥和生产社会化与生产资料私有之间的固有矛盾使资产阶级与无产阶级的矛盾日益尖锐，推动了马克思主义（科学社会主义）的诞生和社会主义政党（共产主义者同盟）的出现。

随着西方资本主义由自由竞争阶段到垄断阶段的转变和马克思主义的广泛传播，到了19世纪下半叶，一度沉寂的世界社会主义运动重新高涨，领导力量也出现新的形态，由原来跨国性的政党和工人组织转变成民族国家范围内的政党和跨国性政党联合体。从政党角度看，第一个民族国家范围内的社会主义政党——德国社会民主工党于1869年率先成立。此后，在七八十年代，欧洲各国社会主义政党普遍建立，如葡萄牙社会党成立于1875年，法国工人党、比利时社会党和西班牙社会主义工人党均成立于1879年，挪威工党成立于1887年，奥地利社会民主工党成立于1888年，瑞典社会民主工党成立于1889年等。这些新成立的政党虽然名称多样、思想多元，但都是经过不懈的斗争，按照马克思的党建学说建立的政党，即科学社会主义是各个政党的主流思想。从跨国性组织形态看，1889年成立的第二国际与此前的共产主义者同盟和第一国际有着根本区别。共产主义者同盟和第一国际均是一个跨国性的政党和工人组织，其在各国的支部不具有独立性；第二国际是各国社会主义政党和工人组织组成的联合体，各个政党和工人组织具有独立性。

英国是资本主义的发源地，世界上最早出现的无产阶级产生于此。英国是第一次工业革命的起源地和引领者，到19世纪有着最为庞大的无产阶级队伍。英国是社会主义思想的萌生地，托马斯·莫尔的《乌托邦》最早勾画了空想社会主义者对未来社会的美好憧憬。英国是马克思主义诞生地，共产主义者同盟的成立和《共产党宣言》的发表均在此。英国也是马克思、恩格斯两位革命导师长期生活的国度，从1844年起，在半个世纪的革命生涯中，马克思和恩格斯一直居住在伦敦。面对这么多的思想和现实条件，从理论上讲，英国“成为孕育革命理念的沃土本是不难想见的”，① 两

① ［英］比尔·考克瑟等：《当代英国政治》，孔新峰等译，北京大学出版社2009年版，第101页。

位革命导师无论对社会主义政党的诞生，还是共产主义运动的发展，都对英国给予了很高的厚望。但事实并非如此。英国独立的劳工政党——工党不仅姗姗来迟，直到进入 20 世纪才诞生，系欧洲资本主义国家中的最晚者，而且也不像其他国家同类政党在成立伊始深受马克思主义的影响，属于科学社会主义政党，即科学社会主义是党的主流思想。英国工党成立的滞后性和思想基础的理论与现实的不一致性，与英国的传统文化和工党成立的关键团体——工会的态度有着密切的联系。

文化是一个国家和民族的灵魂，是民族生存和发展的重要力量。作为长期历史发展积淀下来的精神因素，文化虽然没有经济、军事等硬实力对国家发展的影响直观，但文化的影响更为深远，成为一个国家的气质特征。在文化的各个领域，政治文化是重要的组成部分，对一个国家的政治发展和政治行为会产生长期性、连绵性的影响。由于是偏居欧洲西北一隅的岛国，天然的自然屏障使英国很少受到欧洲大陆国家侵袭的影响，其历史发展进程很少因外来因素而改变，从而使英国形成安逸保守、自由发展的文化传统，不喜欢剧烈的社会变动影响正常的社会秩序，表现在政治文化上就是具有鲜明的保守主义色彩。但英国的保守主义并非一味地顽固守旧，排斥社会的进步，而是会在无法阻止社会变革的情况下主动作出妥协。妥协后的进步与发展又并非突飞猛进，而是步子不大，速度不快，充满了踌躇。之所以这样，还是为了避免社会的动荡，维护社会的稳定，以免造成对传统社会秩序的破坏和对人的自由的威胁。[①] 同时，作为一个本土资源相对短缺，依赖海外的岛国，英国文化中实际上也具有扩张性和进取性传统，只不过与欧洲大陆国家相比，这种扩展与进取采用的是更为温和的形式，即渗透型的渐进主义是英国政治文化的又一特质。

英国政治文化的这种保守主义和渐进主义在近代英国社会变革中表现得非常突出。如英国是最早进行资产阶级革命的国家，但英国资本主义化的政治进程既缓慢，又缓和。以英法两个欧洲大国为例，在变革方式上，法国革命犹如暴风骤雨，推翻了君主专制，把皇帝送上了断头台；英国革命犹如和风细雨，相对温和，以不流血的“光荣”革命进行，君权虽然受到限制与削弱，但君主制并没有被废除，只是由君主专权制度演变为君主

① 阎照祥：《英国政治思想史》，人民出版社 2010 年版，第 393 页。

立宪制度。在变革进程上，法国资本主义化的政治进程几经反复，王朝统治不断复辟；而英国资本主义化的政治进程呈现出曲线发展的态势，在渐进中不断削弱君权，直至民权的最终确立。在变革结果上，法国确立了共和制，国王早已进入历史，反映出变革的彻底性；而时至今天，英国国体仍是王国，国王仍是国家的元首，成为国家统一的象征，仍有高达70%的民众并不主张废除君主制，反映出变革的不彻底性。英国政治文化中的这种保守主义和渐进主义不仅对封建贵族和资产阶级有着重大影响，在其斗争与合作中塑造着政治的变迁，而且对英国工人阶级的思想观念和工人运动的发展产生重大影响，在资产阶级与无产阶级的斗争与合作中影响着社会的嬗变。

随着资本主义的兴起和工人队伍的规模化，为了维护自身的权益，大量劳工开始结成有组织的团体与资产阶级抗争，这些组织就是工会。由于英国是工业化最早，也是水平最高的国家，世界上最早出现的工会也诞生在英国。据英国著名工会史专家韦伯考证，最早的工会组织是成立于1667年的“大不列颠及爱尔兰帽业工人工会”。[①] 由于处于资本主义发展的初期，早期工会关注的都是劳动强度、工资待遇等涉及劳工自身的具体问题。在思想观念上，工会继承了英国传统的互助共济文化，形成了一个相对封闭的圈子。一方面，为了改善劳工工作环境，争取应得利益，其以集体的力量同资产阶级抗争。另一方面，为了避免受到外在的冲击，这些由熟练工人组成的工会，排斥非熟练工人的加入。在实践效果上，由于规模小，缺乏经验，这些工会在维护劳工利益方面的成效并不明显，许多并没有存在多长时间，可以说是昙花一现。

19世纪20年代后，劳工队伍的壮大、劳资矛盾的尖锐和工会斗争的实践使工会发展到新的阶段，全国性、行业型和跨行业型工会纷纷涌现。在欧文空想社会主义思想的影响下，以减少劳动时间和提高工人工资为目标，以各业罢工为手段的工会运动走向高涨。由于斗争策略的盲目和资方的极力打压，工会罢工行动以失败结束。斗争的失败使广大劳工和工会认识到，由于没有普选权，工会权力又受到诸多的限制，并不能从根本上保护自身的利益。于是历经12年，以劳工为主体，以议会改革为手段，以

① ［英］韦伯夫妇：《英国工会运动史》，陈建民译，商务印书馆1959年版，第19页。

争取普选权为主要目标的群众性政治运动，即英国历史上著名的宪章运动爆发。宪章运动是“世界上第一次广泛的、真正群众性的、政治上已经成型的无产阶级革命运动”①，标志着英国无产阶级第一次以独立的力量登上政治舞台。宪章运动期间，英国工人举行了三次数百万人参加的群众性游行请愿活动，对英国的政治民主化进程起到了极大的推动作用，为马克思主义的诞生提供了重要的实践来源。由于英国政府的镇压和缺乏坚强的领导，到 1948 年，宪章运动的骨干遭到逮捕，宪章派协会被强制解散，宪章运动最终以失败结束。

宪章运动的失败是工会运动政治斗争的失败，对工会产生了直接影响，使其激进政治斗争消退，重新专注于传统的经济与社会事务，不再提出政治诉求。与此同时，经过数百年的发展与对外扩张，英国成为拥有殖民地最多、社会财富最为丰厚的国家，进入“日不落帝国”阶段，成为资本主义世界的执牛耳者。在此背景下，为了避免广大劳工作出激烈的举动，影响资方的利益，引发社会的动荡，深受妥协文化影响的资方一定程度上改变了原来对劳方锱铢必较的做法，拿出一部分利润收买熟练工人领导层，培植工人贵族。于是在英国工人运动史和工会运动史上颇有影响，奉行工联主义思想的“新模范”工会应运而生。

“新模范”工会的工联主义思想既有对早期工会的继承，也有在新情势下的创新，主要有以下几个方面的特点：一是人员构成的排他性。没有无产阶级联合的意识与自觉，只维护熟练工人的利益，通过征收高额的会费排斥非熟练工人的加入。二是追求目标的专门性。专注于维护熟练工人的经济与社会权益，没有政治诉求，没有宏大的政治理想，没有认识到不公正不平等的资本主义制度是广大劳工受剥削和压迫的根源，提出“做一天公平的工作，得一天公平的工资”的口号。三是维权方式的合作性。既不采用暴力的方式，也不主张肆意采用传统的对抗性的罢工方式，宣称为提高工资而进行罢工只会适得其反，引起物价的上涨，主张采用具有合作性的劳资双方集体谈判的方式。无论是谈判还是万不得已的罢工，都不得违反英国法律，提出“防卫而不是反抗”口号。四是组织性质的互助性。这种互助不仅体现在团结起来对外与资方进行谈判斗争，而且体现在对内

① 《列宁选集》第 3 卷，人民出版社 2012 年版，第 792 页。

利用会费设立共济金，对会员因失业、疾病等陷入困顿提供救济。五是组织体制的集权性。工会建立有较为完备的组织制度和纪律章程，实行中央集权制，全国工会总部拥有罢工津贴、共济基金等经济支配权和重大行动与政策的决策权，以有利于形成集体的合力和政策实施的畅通。

“新模范”工会的工联主义思想是一种典型的改良主义思想，主张用阶级调和代替阶级斗争，用社会改良代替社会革命，是英国传统政治文化在英国工会身上的一种新表现。这种观念和做法在一定程度上保护和改善了英国熟练工人的权益，降低了资方对劳工的剥削和压迫。同时，由于“新模范”工会具有温和、合作、共济等特点，使其遭受的打压较少，即使在维权和斗争中遭遇挫折，也没有像早期工会那样解散，而成为英国工会在 19 世纪后期的主要形式。但“新模范”工会奉行工联主义思想的负面影响也是非常明显的。一方面是没有看到造成劳工处于被压迫地位的根源，没有从根本上找到劳工摆脱压迫，改变处境的路径。另一方面是造成劳工队伍的分裂，不利于形成阶级意识和合力，不利于马克思主义在劳工中的广泛传播和接受。面对“新模范”工会的工联主义思想，革命导师马克思对其错误进行了严厉的驳斥，指明了英国无产阶级努力的方向。马克思指出：工联主义是“向工人鼓吹一种凌驾于工人的阶级利益和阶级斗争之上、企图把两个互相斗争的阶级的利益调和于更高的人道之中的社会主义”①；“工人应当摒弃‘做一天公平的工作，得一天公平的工资！’这种保守的格言，而要在自己的旗帜上写上革命的口号：‘消灭雇佣劳动制度！’”②

基于“新模范”工会实践的成效和给工会领袖带来的实际利益，在其最初出现的 19 世纪五六十年代，工会领袖一直坚持工联主义思想，在日常事务和维权斗争中，不触及政治事务，不追求政治目标，不诉诸政治手段。但到 19 世纪 60 年代后期，英国法院涉及工会的不利判罚和资方在涉及工会事务上的颠倒是非使工会界认识到，工会地位和权益还没有根本的法律保障，单纯的工联主义做法并不能完全解决工会面临的问题，应当通过议会改革，使议会通过更多有利于劳工与工会的法案，更好地维护他们

---

① 《马克思恩格斯全集》第 22 卷，人民出版社 1965 年版，第 316 页。

② 《马克思恩格斯全集》第 16 卷，人民出版社 1964 年版，第 169 页。

的利益，改善他们的处境。于是“新模范”工会改变原有远离政治事务的态度，对议会和立法改革表现出浓厚的兴趣，其主流思想实现了由工联主义向劳工主义的转变。

与工联主义思想相比，英国工会的劳工主义思想既有不变之处，也有重大变化。不变之处有：工会的核心目标没有变化，仍把维护劳工和工会的利益作为核心诉求，仍然没有变革社会的宏大目标；工会的主要手段和方式没有变化，仍坚持和平的方式，仍把谈判对话等作为基本的手段，以免对正常社会秩序造成冲击和动荡。变化之处有：工会维权的手段丰富，不再局限于谈判、罢工等，进一步诉诸议会这一立法机构；工会对政治事务不再排斥，而是积极地参与政治事务，希望在政坛发出自己的声音，力图对现有政党施加影响和压力，从而使政治决策有利于劳工和工会。显然，工会主流思想由工联主义向劳工主义的变化，不仅表现出视野的拓展，对英国社会问题本质认识的深化，也会对工会自身和英国政治的发展产生重要影响。

“新模范”工会参与政治事务的首要目标是修改对劳工和工会不利的《议会法》和《主仆法》。通过修改《议会法》，使广大劳工尤其是熟练工人获得选举权；通过修改《主仆法》，改变劳工和工会在劳资关系中的不利地位。“新模范”工会参与政治事务的行动得到地位更加低下、生活更为窘迫的非熟练工人的支持。马克思和恩格斯看到英国工会主流思想的这一变化后感到非常高兴，指出“实行普选权的必然结果就是工人阶级的政治统治”①，并对广大劳工、农民参加的群众性集会活动给予指导。在强大的压力下，1867 年保守党控制的议会通过了新的《议会法》和《主仆法》，实现了英国近代史上的第二次议会改革。通过降低选民资格的财产标准，使高工资的熟练工人普遍获得选举权，全国选民人数由原来的 135 万增加到 225 万，新增选民绝大多数是熟练劳工。劳工选举权的获得，使他们开始成为两大政党在竞选和执政中不容忽视的力量。

两大法案的通过给英国工会以鼓舞，其接连推出具有重大意义的举措。首先在翌年 2 月进行的英国大选中，首次推出 3 人竞选英国下院议员。虽然没有获得成功，但这是工会第一次直接参与重大政治活动，迈出

---

① 《马克思恩格斯全集》第 11 卷，人民出版社 1995 年版，第 425 页。

了具有历史意义的一步。此后不久，为了加强各个工会之间的交流与合作，更好地发挥集体的合力，英国工会的联合组织——英国职工大会成立。职工大会设立议会委员会，负责日常事务，代表大会开展争取议会立法活动。英国职工大会虽然在性质上不是一个权力中心，而是一个联系沟通中心，其决议对各个工会没有强制的约束力，但毕竟是一个全国性、综合性的工会联合体，在此后的英国工会发展和工党发展中都是一个重要的影响变量。

英国职工大会成立后，在劳工主义思想的引领下，进一步加大了参与政治事务的力度，并收到较好的成效。1871 年，英国历史上，也是世界史上第一个专门的《工会法》获得通过。从《主仆法》到《工会法》，单从名称的变化就可以看出英国工会和劳工地位的增强，在内容上工会在英国社会生活中首次获得合法地位。1874 年，在英国大选中，工会界提出了 13 名候选人。为了更好地开展竞选活动，职工大会协调成立了“劳工代表同盟”，最终促成 2 名候选人竞选成功，成为英国历史上最早的劳工议员。这一事件也成为工会践行劳工主义思想取得重大突破的标志性事件。

英国工会和劳工实力的增强、地位的上升和政治的参与引起两大政党的关注，开始在政府政策等方面关注劳工的诉求，作出一定的妥协，寻求与工会在政治领域的合作。而工会也认识到单凭自身羸弱的力量也难以产生较大的政治效果，如果与某一政党建立良好的政治合作关系，是很有裨益的。相比较而言，在当时英国政党政治中，保守党是右翼力量代表，自由党是左翼力量代表，自由党的主张更多考虑了工会和劳工的诉求。同时，1874 年大选，因策略失误造成新兴的大量劳工选票流向保守党，导致自由党失去政权的现实，也使自由党更加主动地接近工会。在这种互有所需的背景下，很快自由党与英国职工大会达成“自由—劳工同盟”。

“自由—劳工同盟”包括两个方面的合作。在英国大选方面，在劳工为主的选区，自由党支持工会提名的劳工代表竞选，为其提供经费，不和其相互竞争；在其他选区，工会则呼吁劳工选民投票支持自由党候选人，助推自由党实现大选获胜。在政府政策方面，自由党上台后制定对劳工相对有利的政策和法案，给工会和劳工更大的生存和发展空间；工会则配合自由党的政策，敦促劳工议员在议会投票中支持自由党，使自由党获得更大的施政空间。“自由—劳工同盟”的运行既是工会更深程度地参与政治事务，维护劳工利益的重要表现，也是工会与自由党利益连绑的表现，工会方面的劳工议员在议会政治中实际上充当了自由党左翼的角色。“自由—劳工同盟”成立后，自由党总体上较好地执行了这一协定，工会和劳工的政治经济权益和利益在随后又有了新的改善。如在1884年自由党格莱斯顿政府时期，英国通过了第三次议会改革法案。经过这次改革，选民的财产限制进一步降低，包括非熟练工人在内的大多数工人都获得了选举权，选民人数由300万增加到500万。[①] 在此后大选中，来自工会的劳工议员人数总体上也呈现出上升的趋势。在1880年、1885年、1886年、1892年和1894年的大选中，分别达到3人、11人、6人、15人和16人。[②]

“自由—劳工同盟”虽然没有给广大英国劳工的地位和状况带来根本性的改变，但其给劳工带来的渐进改进，尤其是给工会上层带来的利益，使工会上层的生活更加资产阶级贵族化，使工会上层更加信奉这种参与政治事务，又不从政治上变革社会，重点关注自身经济改善的劳工主义思想，更加认可与自由党合作的政治参与模式。在这种背景下，尽管这时欧洲大陆国家纷纷建立以马克思主义为主流思想的独立劳工政党，马克思主义也得到一些英国人的认可，英国一些团体也呼吁成立独立的劳工政党，但并没有得到工会的响应，马克思主义也没有在英国劳工中得到广泛的传播和认可。由于大多数劳工都是工会会员，工会在劳工队伍中有着很大的影响，工会领袖能够左右劳工运动的发展方向，于是“差不多有四分之一世纪，英国工人阶级好像是甘愿充当‘伟大的自由党’的尾巴”[③]。显然，没有工会的参与和配合，建立独立的劳工政党是不可想象的。

因此，在英国传统政治文化的影响下，在19世纪下半叶，英国工会主流思想虽然经历了从工联主义到劳工主义的转变，但无论是哪种思想都不利于社会主义思想传播，也不利于独立劳工政党的建立，更遑论以科学社会主义作为主流思想。以至于英国学者称，从19世纪50年代后期到80年代初期，“英国的社会主义是无声无息的”，“英国确实没有社会主义运

---

① Michael Lynch, *An Introduction to Nineteenth-Century British History (1800 - 1914)*, Hodder Murry, 1999, p. 74.

② ［美］罗威尔：《英国政府：政党制度之部》，秋水译，上海人民出版社1959年版，第157页。

③ 《马克思恩格斯全集》第25卷，人民出版社2001年版，第520页。

动，不论是马克思主义的、欧文的或者任何其他种类的一概没有”①。这一论断虽然未免有些绝对，但社会主义运动处于沉寂状况，对英国社会和政治没有影响是不争的事实。英国的这一状况也与欧洲其他国家社会主义运动的轰轰烈烈，社会主义政党雨后春笋般的接连涌现形成了鲜明对比。

二 劳工主义与英国工党的建立

进入19世纪80年代后，虽然英国独立的劳工政党仍然没有建立，但社会主义运动和工人运动均出现明显的涨势，为英国工党在新世纪初的成立创造了有利的条件。社会主义是资本主义的伴生物，是工业化的产物。早期的社会主义思想虽然纷杂多样，莫衷一是，甚至在某些方面截然对立，但在批判资本主义，对资本主义私有制导致的生产无政府状态和工业化带来的贫富两极分化的回应上是一致的。这一时期，随着英国自身资本主义进入新的发展阶段，出现贫富悬殊、劳工生活恶化等新情况，外部欧洲大陆法德等国社会主义运动的蓬勃发展，推动英国各种社会主义思潮与运动走向复兴，成为历史上很有影响的“英国社会主义组织的播种时期”②。

从国际视域看，19世纪的最后三十年，随着欧洲资本主义由自由竞争阶段向垄断阶段的转变，资本更加集中，垄断组织接连涌现，资本主义基本矛盾日益尖锐，劳资矛盾明显加剧。在这一背景下，马克思主义在各国工人、知识分子中获得广泛的传播，社会主义政党纷纷出现，世界社会主义运动进入高歌猛进的时期。虽然由于根深蒂固的政治文化的影响，马克思主义并没有在英国得到广泛的认可，但欧洲大陆社会主义运动对英国社会主义运动的影响还是不容忽视的。如在1879年，老宪章派分子斯凯奇莱在一个名为《社会民主主义原理》的小册子中介绍德国社会民主党的情况，呼吁以德国社会民主党为蓝本，建立英国社会民主党。③ 社会民主联盟的创建者亨利·迈尔斯·海德曼正是读了《资本论》对社会主义产生了浓厚的兴趣，多次专门拜访马克思，自称是马克思的学生；马克思的女儿

① ［英］G. D. H. 柯尔：《社会主义思想史》第二卷，何瑞丰译，商务印书馆1978年版，第376—377页。

② ［英］玛格丽特·柯尔：《费边社史》，杜安夏等译，商务印书馆1984年版，第13页。

③ ［英］G. D. H. 柯尔：《社会主义思想史》第二卷，何瑞丰译，商务印书馆1978年版，第391页。

爱琳娜·马克思是社会民主联盟的主要骨干等。[①]

从国内视域看，经过近百年的工业革命，英国经济在世界经济中的比重到19世纪70年代达到顶峰，英国成为世界上最为强大的工业国和贸易国，建立了最为庞大的殖民体系，创造了日不落帝国最为辉煌的维多利亚大繁荣时代。但进入19世纪的最后二三十年，随着美国南北战争的结束、日本明治维新的成功和德国实现统一，这些资本主义国家的后发效应显现，以1878年到1879年爆发的英国大恐慌为标志，英国开始走向相对衰落，经济增长速度和工业产值增速明显放慢，在世界经济中的比重逐步降低，工业垄断地位逐步丧失。在这种背景下，周期性的经济危机频现，资本家普遍采取削减工人、降低工资的政策，使广大劳工，尤其是非熟练劳工的收入状况和生活水平在70年代末走向恶化。面对这种形势，职工大会本来就是主要保护熟练劳工的，且又惧怕因为抗争丧失已有权力，并没有采取什么行动。职工大会每年的年会不是仅仅“发表其对于劳动立法上及劳动政治上所抱之见解而已”，就是“变为彼此抵触之原则及互相竞争之领袖之战场”[②]。经济状况的恶化和工会的无所作为给要求社会变革的“社会主义演讲者以开发社会主义理论之生动例证”，[③] 使“社会主义在英国得到新生”[④]。1900年参与创建工党前身——劳工代表委员会的社会民主联盟、费边社和独立工党三个社会主义团体和地方性政党从1881年开始先后出现。

最早出现的社会主义团体是海德曼领导伦敦部分激进工人于1881年成立的“民主同盟”。海德曼对马克思的社会主义思想非常认可，多次登门向马克思请教关于社会主义和资本主义的问题，被称为“英国第一个重要的马克思主义者”。在民主同盟成立之初，通过创办刊物、出版书籍和集会演讲，用通俗易懂的语言宣传社会主义思想与主张，揭露资本主义私有制的罪恶和英国政府的帝国主义行径。如1883年出版的《社会主义浅释》指出：“只要原料或制成品的生产资料为一个阶级所垄断，田地上、

---

① ［英］G. D. H. 柯尔：《社会主义思想史》第二卷，何瑞丰译，商务印书馆1978年版，第392页。

② ［英］韦伯夫妇：《英国工会运动史》，陈建民译，商务印书馆1959年版，第255—256页。

③ ［英］韦伯夫妇：《英国工会运动史》，陈建民译，商务印书馆1959年版，第269页。

④ ［英］艾伦·胡特：《英国工会运动简史》，朱立人等译，世界知识社1954年版，第24页。

矿山里和工厂里的工人就不得不出卖劳动力，以换取维持最低生活的工资……产品的交换也应该是社会性的，不受个人贪婪和个人利润的支配，现在已经是实现这一点的时候了。”① 1884 年，为了突出组织的社会主义色彩，民主同盟改名为社会民主联盟。在其章程中指出，其目标是实现“生产、分配和交换资料的社会化”，“使工人们从资本主义和封建地主制的专制统治下获得完全的解放”②。显然，无论是其出版物，还是其章程，社会民主联盟都体现出浓郁的社会主义色彩与主张。社会民主联盟不仅进行理论宣传，而且参与了伦敦的罢工行动，为科学社会主义在英国劳工中的传播作出了贡献。

在肯定社会民主联盟对英国社会主义运动贡献的同时，不可忽视的是其存在的一系列问题。在马克思主义观上，海德曼既有对马克思主义的正确解读，也有对马克思主义的扭曲宣传，更不愿在自己的著述中承认自己的思想来自于马克思。因此，其行动并没有得到马克思和恩格斯两位革命导师的支持和肯定。在人员构成上，在其不到一千名盟员中，既有海德曼这样的人物，也有不认可马克思主义的劳工主义者；既有深受无政府主义影响的激进派，又有同时参加费边社的中产阶级知识分子。在领导方式上，海德曼独断专行，带有鲜明的家长式作风。在对工会态度上，对工会采取敌视的态度，认为工会资产阶级化，不愿意进行争取工会会员加入社会民主联盟的工作。对此，恩格斯曾指出，“其纲领是马克思主义的，但策略却纯粹是宗派主义的”③。人员的复杂多样、领导方式的不妥和对待工会的错误态度，使社会民主联盟并没有实现壮大，此后的发展也并非一帆风顺。改名后仅仅一年，加入社会民主联盟仅仅两年的另一主要领袖——威廉·摩里斯就带领部分成员宣布退出社会民主联盟，成立名为社会主义联盟的新团体。社会民主联盟虽然此后也开展和参加了一些宣传和实践活动，并续存至工党成立的 20 世纪，但其存在的问题使其无法走出伦敦地域，无法在英国全国劳工中获得广泛的影响，也无法单独承担起建立独立

---

① ［英］G. D. H. 柯尔：《社会主义思想史》第二卷，何瑞丰译，商务印书馆 1978 年版，第 394—395 页。

② ［美］罗威尔：《英国政府：政党制度之部》，秋水译，上海人民出版社 1959 年版，第 159—160 页。

③ 《马克思恩格斯全集》第 39 卷，人民出版社 1974 年版，第 277 页。

劳工政党的使命。

1884 年初，对英国工党主流思想嬗变产生重要影响的另一社会主义团体——费边社成立。费边社人员规模不大，主要由律师、学者、职员、作家等受过较高教育，具有一定地位和经济能力的中产阶级知识分子组成。其主要思想领袖是后来费边社会主义的集大成者——韦伯夫妇和政论家暨文学家萧伯纳。费边社的名字来自于对古罗马著名将军费边的推崇，希望英国在社会变革中像战争中的费边那样，不急于求成，而是采用迂回渐进的战术，“极其耐心地等待时机”，等时机成熟再全力出击，从而取得最终的胜利。否则“就白等了一场，徒劳无功”[①]。费边社热衷时政，关注社会，公开宣布自己是“社会主义者的组织”，目标是“通过把土地和工业资本从个人和阶级所有中解放出来以改组社会，并为了全民的利益将其收归社会所有”[②]。通过一系列的理论著述，韦伯、萧伯纳等人详细阐述了自己对英国社会问题的认识，为英国社会发展提供了新的方案，从而形成了系统的费边社会主义思想。费边社会主义思想的主要载体是 1889 年出版的《费边社会主义论丛》。[③]

综合韦伯夫妇和萧伯纳等人的论述，费边社会主义思想的主要观点表现在以下十个方面：在历史发展的决定变量上，认为经济因素和经济变化是决定历史发展的核心变量；在资本主义的发展归宿上，认为社会主义是资本主义发展的合乎事理的必然趋势和不可避免的结果；在资本主义走向社会主义的原因上，认为 18 世纪以来工业革命带来的托拉斯化和小生产者过时，必然导致生产资料、分配资料和交换资料的社会化，为社会主义铺平道路；在社会主义取代资本主义的方式上，认为社会主义取代资本主义不是采用非法的暴力革命方式，而是合法的和平改良方式；在社会主义取代资本主义的进程上，认为这一历史进程不是一蹴而就的，不是短期的激进行动，而是一个长期渐进的过程；在社会主义取代资本主义的路径上，在政治方面是通过选举建立一个民主政府，在经济方面是通过公有化

---

① ［英］玛格丽特·柯尔：《费边社史》，杜安夏等译，商务印书馆 1984 年版，第 4 页。

② ［英］玛格丽特·柯尔：《费边社史》，杜安夏等译，商务印书馆 1984 年版，第 350 页。

③ 本书中文版书名翻译成《费边论丛》（生活·读书·新知三联书店 1958 年版），笔者认为把本书书名翻译为《费边社会主义论丛》比翻译为《费边论丛》更为准确，因为本书的英文版书名是：Fabian Essays in Socialism。

的方式进行，其中一小部分工业和公用事业采用国有化的方式，即转给全国性的公共机构，大多数的工业和公用事业转给地方公共机构；在对待现有社会制度和国家机器上，认为不是用武力埋葬旧的资本主义制度，推翻现有国家政权，打碎现有的国家机器，而是在现行政治和社会制度的地基上，利用现有的国家机器逐步进化为社会主义新制度的大厦；在英国社会发展阶段上，认为在19世纪末，英国旧的体系已经崩溃，正处于新体系形成的起点上；在对待无产阶级的态度上，认为实现社会变革离不开无产阶级，但由于无产阶级容易走极端，缺少理智和教养，不能过于依靠以无产阶级为代表的中下层民众，应将变革社会的责任落到知识分子等社会精英上；在对待英国政坛和政党上，坚持费边社不直接参与政坛竞争，而是作为思想库向传统两大政党进行思想与组织渗透，思想上宣讲其思想主张与变革理念，争取使两党执政后的政策向费边主义思想靠拢，组织上鼓励社员加入两大政党，成为党的高层人员，为接受费边社的思想提供组织便利。

费边社会主义是费边社主要骨干在英国传统政治文化的影响下，折中糅合洛克、边沁、密尔、达尔文，甚至是马克思等思想家的经济观点、功利主义思想、进化论学说，发展创立的具有鲜明特征的社会主义思想，是“英国土生土长的政治学说，也充分反映了英国政治发展的特色”①。与马克思主义相比，费边社虽然在社会主义代替资本主义的历史必然性、经济因素在社会变革中的作用、通过公有化实现对资本主义的改造等方面有着相同或相近的看法，但在社会主义取代资本主义的方式、路径，对待无产阶级及其革命的态度等方面有着截然的区别。用韦伯的原话就是：“社会主义是顺应当前趋势的结果，而不是扭转当前趋势的剧变；因此可以预计，社会主义的出现不会是突然发生革命性变革的结果，而是不断进行改良，在任何时候都不会突然中断的进化过程的结果。”② 正因为如此，费边社会主义反对马克思的阶级斗争思想和暴力革命学说，认为马克思的科学社会主义不适合英国的国情。基于这一时期欧洲大陆的主流社会主义思想

---

① 钱乘旦等：《英国通史》，上海社会科学院出版社2007年版，第285页。

② ［英］G. D. H. 柯尔：《社会主义思想史》第三卷上册，何瑞丰译，商务印书馆1981年版，第119页。

是科学社会主义，以及费边社会主义与后来西方社会党民主社会主义思想的关系，费边社会主义“不仅是英国，还是欧洲最早的民主社会主义”①。

因为费边社会主义思想既符合英国传统的政治文化，又与英国工会的工联主义和劳工主义思想具有很多的一致性，在费边社成员的大力宣传和积极渗透下，费边社会主义思想在英国劳工中产生了很大的影响，费边社提出的实行八小时工作制、男女具有平等的选举权、铁路实行国有化等主张在劳工中引起强烈的共鸣，费边社的社员纷纷加入英国各种政治性团体，开展一些社会主义实践。这些不仅推动了英国劳工、工会以及传统两大政党对社会主义的认识，减少了对社会主义的恐惧，为工会与社会主义团体合作，建立独立劳工政党创造了有利的条件，也为工党成立后向社会主义政党转变，即实现主流思想的社会主义化提供了强劲的动力。

多种社会主义思想在英国传播的同时，由于工业化带来的大量农民涌入城市成为新一代的非熟练劳工和失业率在 80 年代中期的急剧上升，英国劳工运动重新高涨。新的劳工运动虽然也是在工会的领导下进行的，但并不是此前劳工运动的再现，而是呈现出全新的特点。一是运动的领导者是新工会。由于新模范工会的高额会费和工业化的快速发展，没有娴熟技术的非熟练工人组成诸多会费少、按产业建立的新工会。如海员和锅炉工人工会、煤气和通用工人工会等。在新的经济危机中，由于技术、工资、稳定性等方面的差距，熟练工人受到的冲击较小，而非熟练工人的处境和生活状况受到严重的影响。于是在新工会的领导下，非熟练工人成为劳工运动的主力。正因为如此，新一轮的劳工运动被称为新工会运动。二是运动的方式是罢工。与旧工会相比，新工会没有互助和救济的经济能力，又不同程度上受到社会主义思想的影响，于是在领导劳工运动的方式上，主要不是采用谈判协商的温和形式，而是以激进的罢工形式进行，更加富有战斗精神。比较有影响的罢工运动有 1888 年的伦敦火柴女工罢工、1889 年的伦敦码头工人罢工等。三是实现劳工运动和社会主义运动的结合。新工会运动不仅新在领导者和运动方式上，更在于新的社会主义内涵，实现劳工运动与社会主义运动结合。一方面，新工会运动的领导者不同程度地接受了社会主义思想，社会民主联盟、社会主义联盟等社会主义团体的骨

① 阎照祥：《英国政治思想史》，人民出版社 2010 年版，第 380 页。

干参与或领导了这次劳工运动，在运动中向广大劳工宣传造成自身境遇的社会根源；另一方面，新工会运动目标诉求不再局限于某一行业或某一企业的具体工资、工作环境、工作强度等，而是提出法定八小时工作制、最低工资限额、不依附于自由党的独立劳工代表权等社会主义主张。

由于没有统一的组织和思想指导，以及资方采取反制措施，新工会运动进入90年代后就走向低落，但其进一步推动了社会主义思想的传播，使一些工会领袖和传统两党党员开始认可和接受社会主义，也顺应了大量新劳工的心声，在一些罢工斗争中收到部分成效，从而使新工会在短时期内实现了迅速发展。如从1885年到1890年的五年间，机械工联合工会会员人数由51689人上升到67928人，砌砖工工会由6412人上升到12740人。① 新工会的蓬勃发展对整个工会界产生了重大的影响。对旧工会来说，虽然其厌恶社会主义思想，惧怕建立独立的劳工政党影响自身和熟练工人的利益，但还是认可了新工会提出的实行八小时工作制等主张。对于工会界的联合组织——职工大会来说，使职工大会不再是老式工会的集合体，新工会成为其重要组成部分，为其在90年代末转变对建立独立劳工政党的态度创造了条件。

新工会运动的发展和旧工会对建立劳工政党态度的顽固既给社会主义者提供了建立独立劳工政党的动力，又使社会主义者认识到不可能很快建立全国性的劳工政党。于是在当时爱尔兰自治党实力增强，对英国议会产生重要影响的启示下，其开始了从地区入手建立独立劳工政党的步伐。1888年，英国工党早期著名领袖凯尔·哈迪在苏格兰的格拉斯哥建立了英国第一个地区性劳工政党——苏格兰工党。苏格兰工党提出了实现社会主义的目标，并把获得议会议席作为基本路径。1892年英国大选，苏格兰工党推出五名候选人参加议会选举，但未能取得成功。

为了形成集体的合力，哈迪进一步推动了独立劳工政党成立的步伐。1893年，由苏格兰工党、布雷德福劳工联合会、曼彻斯特独立工党合并组成的独立工党宣布成立。来自社会民主联盟和费边社的萧伯纳、布拉奇福德等人也参加了成立大会。会议通过了党的名称和党纲，选举产生了党的领导机构。哈迪当选为独立工党的主席。虽然新政党的目标是“要在最广

① ［英］韦伯夫妇：《英国工会运动史》，陈建民译，商务印书馆1959年版，第513—517页。

泛的基础上，把一切主张劳工在政治上独立于其他政党，并以某种社会主义为目标的人组织起来”，[①] 但惧于工会界的反对及忧虑不利于在大选中争取劳工选民，在党的名称上主张采用“社会主义工党”的提议遭到否决，而命名为“独立工党”，以“既表明它源出于并将继续植根于各地工会组织和其他工人团体，又表明它自始就独立于自由党和保守党”[②]。党的宗旨是萧伯纳提出的“实现生产、分配和交换手段的集体所有制和集体管理制”，实施方式最初是“由赞同本党宗旨和严格拥护本党政策的人来代表人民，出席于下议院”，后来扩展为“以社会主义的原则来教育社会，并使所有民选的机构有代表社会主义原则的人出席”[③]。显然，通过向各级机构，尤其是英国议会，输送独立的劳工代表，靠议会立法和民主管理是独立工党逐步实现其宗旨和目标的路径。

独立工党的成立系英国社会主义运动和劳工运动中的重要事件。它不仅标志着英国有了形式上的全国性劳工政党，而且是一个社会主义政党。同时作为此后工党建立的积极推动者，独立工党的出现为工党的成立提供了前提和可能。正是基于独立工党发挥的这些积极作用，恩格斯曾经对独立工党给予厚望。“由于大多数党员确实很好”，“纲领的主要之点和我们一致”，“如果能把伦敦那些风头人物的卑鄙的个人野心和要手腕的行为加以抑制，而策略上也不出太大的偏差的话，独立工党也许能从社会民主联盟手里，在外省从费边派手里把群众吸引过来，从而促成统一”[④]。但遗憾的是，独立工党在性质上并非像欧洲大陆政党那样是或者是接近科学社会主义的政党，在组织上并不是一个真正的全国性劳工政党，也不能承担起统一英国劳工运动的责任。

在性质上，独立工党是一个深受费边主义影响的非科学社会主义政党。因为独立工党虽然对资本主义持批判态度，承认劳资之间的利益冲突，提出了许多社会主义主张，但其没有认识到资本主义社会问题的产生

---

① ［英］G. D. H. 柯尔：《社会主义思想史》第三卷上册，何瑞丰译，商务印书馆 1981 年版，第 151 页。

② 阎照祥：《英国政党政治史》，中国社会科学出版社 1993 年版，第 316 页。

③ ［美］罗威尔：《英国政府：政党制度之部》，秋水译，上海人民出版社 1959 年版，第 162 页。

④ 《马克思恩格斯全集》第 39 卷，人民出版社 1974 年版，第 7 页。

根源，不承认无产者和有产者是两个阶级，否认它们之间的冲突是阶级冲突，反对通过革命的方式实现社会主义，具有鲜明的伦理社会主义色彩。在组织上，独立工党存在的问题主要表现在两方面：一是独立工党不仅没有与费边社、社会民主联盟、旧工会实现统一或联合，甚至在一些地区形成对立或敌对关系。二是独立工党并没有实现整个英国的全覆盖，其群众基础和基层组织主要在苏格兰和英格兰北部的约克郡、兰开夏郡等地，在英格兰南部和威尔士的力量十分微弱。正是这些问题的存在，在 1895 年的英国大选中，独立工党虽然提出了 28 名候选人，但均未当选，包括现任议员哈迪也争取连任失利。

在影响独立工党推动建立全国性劳工政党的诸因素中，工会领袖的态度是最为关键的因素。因为英国劳工的入会率非常高，工会领袖不仅对劳工有巨大的影响，而且由于工会普遍实行集团投票制，领袖实际上在代替会员参与投票。在这一时期，职工大会与自由党达成的“自由—劳工同盟”仍在发挥效应，在 1895 年的大选中，仍有 8 名来自旧工会的代表当选劳工议员。通过自由党的稍微关照和工会自身的努力，其能够维护自身的经济与社会诉求，没有受到重大的挑战。在这种形势下，本身具有保守性的旧工会自然不愿意与独立工党联合建立新政党，以免影响自身的利益，影响自己在劳工中的地位。

历经几年的停滞，在进入世纪更迭之际，英国工会自身方面的变化和面临的形势都出现对建立独立劳工政党有利的新变化，独立工党抓住有利时机，很快促成了英国工党的成立。英国工会自身方面的变化是经过费边社的渗透、社会民主联盟的宣传和独立工党的游说，特别是哈迪等人在职工大会内的不懈努力，越来越多的所属工会领袖认可了社会主义思想。即使有的工会仍然不认可社会主义思想，但至少愿意与独立工党开展劳工运动合作。工会面临的形势则是已有的权力和利益受到挑战，不能得到很好的保护。一方面，针对新工会运动的冲击，资方采取一系列行动对其加以打击和遏制。如采取同业联合歇业的方式使劳工就业困难，屈于生活和失业压力不敢或不愿参与罢工等行动；勾结法院进行不公正判罚，企图通过巨额赔偿判罚迫使工会屈服；利用保守党执政的有利时机，成立资方议会委员会，寻求通过法律修改限制工会的权力与行动。资方的这些行动不可能只涉及非熟练工人组成的新工会，相对安逸的旧工会也受到极大的影响。另一方面，在资方的进攻面前，传统充当旧工会利益保护者角色的自由党的表现令工会十分失望。一是由于爱尔兰自治问题，自由党出现重大分裂，在与保守党竞争中处于弱势。在19世纪最后几年的在野时期，在议会并不敢提出保护工会利益、满足工会诉求的议案。二是由于自由党议员提名体制的问题，使自由党在议员竞选提名中并没有很好地执行“自由—劳工同盟”共识。在劳工力量不强的时候，这一问题并没有显现，但随着劳工力量的增强，在1895年英国大选中，自由党劳工议员不仅没有增加，反而急剧降低，由之前的16人下滑到8人就是其突出表现。

工会自身内在的变化和外在形势的严峻推动更多工会对建立独立劳工政党的态度出现转变。它们认识到，仅仅依靠与自由党的合作是不行的，只要独立工党不把其思想强加给自己，通过与独立工党等团体合作，形成劳工运动合力，可能更有利于通过议会立法保护自身和劳工的利益。而独立工党成立后的境遇也使其认识到，没有工会合作就没有统一的劳工运动，幻想使工会在短时期内普遍接受社会主义思想，即把社会主义作为建立独立劳工政党的思想基础是不现实的。如果这样，“也只会有少数几个新工会加入这个党，而大多数工会则很可能被直接赶回自由党的怀抱中去”。因此，独立工党开展劳工运动的政治目标不是建立“一个明确的社会主义政党”，而是在与工会合作的基础上建立“独立于自由党路线之外”的新政党。[①] 工会和独立工党认识的转变形成双方之间的公约数，为英国劳工运动的合流铺平了道路。

在1899年9月的职工大会年会上，铁路工人工会向大会提交召开由工会、社会主义团体、合作社团体等参加的特别会议的提案，以使更多的劳工进入议会，更好地保护劳工和工会的利益。经过激烈的辩论，最终以54.6万票对43.4万票的结果获得通过。[②] 提案的支持者主要是非熟练工人组成的新工会，反对者主要是靠自身力量就能产生劳工议员的矿工工会、纺织工会等。根据会议决定，由职工大会议会委员会和独立工党、费边社和社会民主联盟组成会议筹备委员会负责筹备工作，就特别会议的时间和

---

① ［英］G. D. H. 柯尔：《社会主义思想史》第三卷上册，何瑞丰译，商务印书馆1981年版，第197页。

② Henry Pelling, etc., *A Short History of the Labor Party*, Macmillan Press Ltd., 1996, p. 7.

目的，委员会的组成、职责、财源、代表资格等问题进行准备。

经过数月的准备，1900年2月27日和28日，来自全国62个工会和职工大会、独立工党、费边社、社会民主联盟的129名代表在伦敦召开特别会议。会议宣布成立名为“劳工代表委员会”的新组织。虽然成立劳工代表委员会的目的是使更多劳工代表进入议会，但关于劳工代表委员会的构成和思想却存在明显的分歧。一种提案主张吸收包括资产阶级激进派在内的所有“同情劳工运动各种目的和要求的人”；一种提案主张只吸收赞成阶级斗争和生产资料公有制，把社会主义作为最终目的的人和组织，即直接把劳工代表委员会定位为类似欧洲大陆的社会民主党；还有一种提案主张是成员限于组成筹备委员会的工会和社会主义团体，实现工会和社会主义团体的合作，但在思想上并不提出生产、分配和交换的社会化等社会主义思想。① 最后经过表决，哈迪等人提出的第三种提案获得通过，各参加工会和独立工党、费边社和社会民主联盟成为工党的集体党员。

会议虽然决定“在议会中建立一个独特鲜明的工人团体，它要有自己的督导员和统一的政策”，即建立独立的劳工组织，但基于自身的实力和发展的需要，劳工代表委员会并不排斥与其他政党的合作，只要它准备从事“促进劳工直接利益之措施”，并与它一道反对“与之相悖的措施”。② 劳工代表委员会的执行委员会由12人组成，其中工会代表7人，独立工党和社会民主联盟各2人，费边社1人。由于工会界的目标已经达到，参加工会对于负责具体事务的无薪水书记并无兴趣，最积极推动劳工代表委员会成立的独立工党提名的麦克唐纳成为唯一的专职人员。

劳工代表委员会的成立虽然在当时微不足道，根本就没有引起媒体和传统两大政党的注意，但成为英国劳工运动史和社会主义运动史上的一件里程碑事件。一方面源于这是英国劳工运动历经多年，第一次实现各具影响的工会和社会主义团体的全国性合流，建立独立的劳工政治组织；另一方面源于劳工代表委员会改名工党后取得的巨大发展和成绩，对英国政坛和社会的百年变迁产生了深远的影响，成为英国当代史的重要塑造者。正

① ［德］马克斯·比尔：《英国社会主义史》下卷，何新舜译，商务印书馆1959年版，第281—287页。

② Geoffrey Foote, *The Labor Party's Political Thought: A History*, Martin's Press, 1997, pp. 7 – 8.

是基于劳工代表委员会成立的这一重大意义和1906年只是改名为工党，后来无论是学术界，还是工党自身，都把1900年作为工党的诞生之时。[①]

从劳工代表委员会姗姗来迟的诞生过程看，英国工党的性质在成立时具有以下两方面的鲜明特点。一是英国工党是一个联盟型政党。与欧洲大陆独立劳工政党普遍走的先建立政治团体，通过宣传马克思主义，形成广泛的群众基础，进而成立科学社会主义性质的政党不同，[②] 由于英国工会具有更为悠久的历史，其主张在一定程度上契合了英国传统政治文化，工会在劳工运动中有着根深蒂固的影响，离开工会建立全国性独立劳工政党是不可能的，从内部把工会改造升级为政治组织也是不可想象的。因此，英国不仅没有在19世纪后期像欧洲大陆国家那样建立独立劳工政党，同时也是社会主义政党，而且通过长期的经验教训，在建党路径上选择了一条不同的道路，即各种社会主义团体与工会合作建立联盟型政党。

二是英国工党成立的思想基础是劳工主义而非社会主义。一般来讲，内生型政党党内思想流派不多，而联盟型政党党内思想复杂多样。英国工党由四个方面的集体党员组成，也就包括四大方面的思想。不仅劳工主义思想与社会主义思想有别，而且三个社会主义团体之间的思想也存在诸多差异。由于工会与其他三个社会主义团体相比，政治影响力强大，经济实力雄厚，本身对建立独立劳工政党又是被动和不积极的，使得在合作共建新政党中工会让步最少。工会只是从不合作建立新的独立劳工政党转变为合作建立新的独立劳工政党，甚至可以说连新政党都不是。因为无论从劳工代表委员会的名称，还是其任务等都可以看出，与其说它是一个新政党，不如说是一个新的选举联盟更为恰当。而对建立独立劳工政党态度最为积极的三个社会主义团体，尤其是独立工党，不得不作出让步。这种让步既表现在有的社会主义思想没有为成立大会接受，有的社会主义思想根本就没有在成立大会上提出，也表现在新组织没有像欧洲大陆国家那样命名为社会党、社会主义工人党等具有社会主义色彩的名字。与此对应，自

---

① https：//labour. org. uk/about/labours-legacy/.

② 如世界上最早的民族国家内的独立劳工政党，也是社会主义政党——德国社会民主党，来自于1863年成立的德意志工人协会联合会，经过马克思主义的传播，1869年升级为政党，命名为德国社会民主工党。更早出现的，世界上第一个共产党组织——共产主义者同盟，也是通过改组升级非社会主义的革命团体——正义者同盟而宣告建成。

然也就没有改造资本主义社会、实现公有制、上台执政等宏大的目标。特别会议能够召开，新的组织能够成立的基础是各方在独立争取使更多劳工选入议会，更好地保护劳工的利益问题上达成共识。这显然是19世纪70年代以来工会的劳工主义思想的继续。因此，“工会加入工党不是因为工会会员的主体转向了社会主义——不管是伦理的还是经济的——而是因为他们要一些符合自己利益的社会和工业立法，而这基本上包括在社会主义者的要求中。”① 即对于工会来说唯一变化的是实现劳工主义目标的路径，原来是通过与自由党合作，现在是通过与社会主义团体合作，通过新的政治平台来实现。

第二节　英国工党对劳工主义的持守与影响

由于劳工代表委员会的成立建立在有关各方形成的劳工主义思想共识上，从理论上讲，劳工代表委员会成立后的主流思想是劳工主义。但由于工党系联盟型政党，党内存在劳工主义思想和多种社会主义思想，并且在工党决议或文件中没有明确的意识形态标识。因此，考察工党早期的主流思想，不能停留在工党成立时的思想基础上，要看劳工代表委员会和工党在实践中的表现，进而分析这些思想的影响。

一　英国工党对劳工主义思想的持守

从劳工代表委员会的构成可以看出，工党党内在早期存在着工会信奉的劳工主义思想和各个社会主义团体信奉的社会主义思想。从理论基础和特质看，各种社会主义思想虽然存在一定的差异，但在社会主义意识形态下存在以下的共性：都是建立在对现有资本主义社会批判基础上的社会改造理论；批判现有社会的原因是社会存在严重的不平等和不公正，使广大劳工处于十分不利的社会分工位置；解决现有社会问题，实现社会改造的基本手段是实现社会化或公有制，即把社会财富与机构处于集体控制和监督之下。从社会主义思想的这些特质看，它与工会信奉的劳工主义思想既有交汇，又有差异。两者的交汇点是都立足于劳工利益，力图改变劳工的

① ［英］乔·柯尔：《费边社会主义》，夏遇南等译，商务印书馆1984年版，第129页。

命运与遭遇；二者的分界线是劳工主义没有认识到资本主义私有制是造成社会痼疾的根本原因，也就没有改造社会的宏大视野与诉求，没有把实现公有制作为社会变革的基本手段，只是提出一些改善劳工经济与社会状况的具体目标；而社会主义把资本主义私有制视为问题产生的根本原因，既追求改变劳工现实具体处境的标，更追求全面系统改造社会的本。

因此，社会主义思想实际上包含着劳工主义思想的诉求，是比劳工主义更宏大和高远的思想体系。也正因为此，一些学者把对资本主义社会既追求治标，又追求治本的社会主义思想视为一种意识形态，而不把劳工主义思想视为一种意识形态，因为不仅社会主义政党，其他政党出于某种需要，也会实行劳工主义政策。基于劳工主义思想与社会主义思想之间的这种内在关系，故在通过实践考察工党的主流思想时，既要看其是否具有社会主义思想的特质，又要看其是否具有劳工主义实践。只有既坚持了劳工主义的诉求，又有社会主义的宏大目标，才说明工党的主流思想是社会主义。反之，则表明工党的主流思想停留在劳工主义阶段。深入分析工党在第一次世界大战前的表现，可以发现，能够从多个方面证明工党的主流思想不是社会主义思想。

首先，工党没有上台执政，进而改造社会的社会主义纲领和目标。劳工代表委员会成立不久，英国就迎来了新一次的大选。由于自身力量的羸弱和不追求上台执政的定位，劳工代表委员会并没有提出明确的政治纲领和议会候选人，也没有资金对附属工会和社会主义团体提出的 15 名候选人予以支持，只是程序上批准这些候选人，向有可能上台执政的两大政党提出一些主要涉及劳工利益的口号式政治诉求。如为儿童提供充足的生活费用、为失业者提供工作岗位、为劳工提供基本的住房、实行议员付薪制等。① 1903 年，着眼于在即将到来的大选中有所作为，尽量避免双方的竞争，争取实现双赢，麦克唐纳代表劳工代表委员会与自由党总督导赫伯特·格莱斯顿达成史称“双 L 联盟”的大选合作秘密协议。“双 L 联盟”虽然在此后 1906 年、1910 年的大选中都得以较好执行，推动了工党的发展壮大，但在竞选中，以麦克唐纳代表的劳工代表委员会（工党）并没有提出变革所有制，实现集体管理和控制的社会主义纲领，更遑论幻想通过大

① Iain Dale, *Labour Party General Election Manifestos (1900 - 1997)*, Routledge, 2000, p. 9.

选实现上台执政，改造英国社会了。只是对保守党执政进行了攻击，针对工党、工会和劳工的境遇提出诉求，以此呼吁劳工选民投票支持工党候选人，使更多的劳工代表进入议会，更好地维护劳工的利益。显然，“工党在创建之初，并未将推进社会主义理想作为首要政治目标，而更多的是从实际考虑如何找到一条提高工人阶级整体利益的最佳途径”[①]。从竞选纲领的角度看，工党的思想并没有超出劳工主义的范畴。

从党章角度看，工党也没有任何社会主义的主张和目标。1903 年，劳工代表委员会制定了工党历史上的第一个党章。作为一个政党最具权威的文件，该党章既没有出现“社会主义”一词，也没有出现体现社会主义思想的主张，只是强调“在国会组成独立党团，有自己的领袖和自己关于劳工问题的政策，不得将自己的利益与自由党或保守党的利益混淆起来，不得增进它们的利益……候选人均应接受本党章，服从党团的一切决议，并且只能以工人候选人的名义出现在本区选民之前”[②]。显然，这是一个典型的体现和强调劳工主义思想的党章。

其次，各种把工党社会主义化的行动均以失败结束。因为各种社会主义团体建立劳工代表委员会的目标并不是停留在独立劳工政党的层面，而是希望建立一个社会主义政党。于是在劳工代表委员会成立后，来自社会民主联盟、独立工党、费边社，以及工会界中认可社会主义思想的政治积极分子多次试图把劳工代表委员会社会主义化。如在 1901 年的劳工代表委员会年会上，社会民主联盟再次提出劳工代表委员会承认阶级斗争，把生产、分配和交换手段社会化为最终目的的提案。这一议案又一次遭到工会和独立工党的反对和否决，导致社会民主联盟退出劳工代表委员会。社会民主联盟仅仅加入劳工代表委员会一年就宣布退出，表明激进社会主义思想与英国传统政治文化格格不入，在工党内很难有立足之地，处于边缘的位置。

社会民主联盟退出后，来自独立工党和接受社会主义思想的工会代表在此后又多次提出社会主义纲领，即争取把社会主义确立为主流思想。如

---

① ［英］丹尼斯·卡瓦纳：《英国政治：延续与变革》，刘凤霞等译，世界知识出版社 2014 年版，第 180 页。

② 蒋相泽：《世界通史资料选辑》近代部分下册，商务印书馆 1984 年版，第 85 页。

在1903年年会上，西哈姆工联理事会代表杰克·琼斯提出劳工代表委员会要“保证致力于推翻资本主义和实现生产资料的公有制”的提案。[①] 在1908年年会上，来自染纸工会的威廉·阿特金森指出：“名副其实的工党不应该满足于纯粹的工资制度，他们大多数人都确信社会主义是正当的主张”[②]，工党参加议会活动的“最终目的是通过推翻目前资本主义竞争制度和建立生活资料公有制，来为工人阶级争得全部劳动果实”[③]。遗憾的是，所有这些带有社会主义色彩的提案均以失败而结束。这些提案的夭折表明，社会主义思想并没有在党内获得主流地位。

社会主义思想没有在党内获得主流地位不仅表现在年会议案上，也表现在工党名称的确立上。在1906年大选中，劳工代表委员会取得显著的成绩，一举获得了29个议席。为了更好地开展议会活动，在议会建立独立的议会党团，劳工代表委员会决定改名。独立工党主张改为当时欧洲流行的“社会民主党”或“社会党”等名称，但因这些名称具有鲜明的社会主义色彩，遭到工会界的反对。在工会界的坚持下，最终改名为“工党”，以突出其是为劳工服务，代表劳工利益的政党，凸显其劳工主义主流思想。

再次，工党在加入第二国际问题上引起了分歧和争论。第二国际是在科学社会主义获得广泛传播的背景下，由恩格斯倡导，于1889年通过召开国际社会主义者代表大会成立的世界社会主义运动和工人运动的联合组织。欧洲国家的社会党与社会民主党都是第二国际的成员。虽然在恩格斯去世后，第二国际的主流思想出现革命与改良的分野与争论，但社会主义是其不变的共性。正因为此，第二国际又称为“社会主义国际”。在英国工党获得第二国际正式成员资格之前，其集体党员独立工党和费边社，以及其曾经的集体党员社会民主联盟都是第二国际的正式成员。它们能够获得正式成员资格的原因是它们是社会主义团体。由于第二国际对工会和政

---

① ［英］G. D. H. 柯尔：《社会主义思想史》第三卷上册，何瑞丰译，商务印书馆1981年版，第200页。

② ［德］马克斯·比尔：《英国社会主义史》下卷，何新舜译，商务印书馆1959年版，第290页。

③ ［英］莫尔顿等：《英国工人运动史（1700—1920）》，叶周等译，生活·读书·新知三联书店1962年版，第243页。

治团体的要求不同，连英国工会都是第二国际的正式成员，参加第二国际的历次会议。

从理论上讲，因为工党的各个构成部分都是第二国际的成员，其成立后加入第二国际，获得正式成员资格应该不是难事。但实际情况却是引发了争论，颇费周折。1907 年，英国工党首次参加第二国际的代表大会，但第二国际的常设机构——社会党国际局并没有就工党成为正式成员达成共识。在翌年召开的社会党国际局全体会议上，再次对英国工党是否具有正式成员资格进行讨论和争论。引发分歧和争论的原因是第二国际确立的正式成员条件是“一切工会以及承认工人组织和政治运动的必要性的社会主义政党和团体”①。显然，工党的各个集体党员均符合这一条件，而工党自身就要产生疑问了。第二国际的一部分成员，如同样来自英国的社会民主联盟认为，工党不是社会主义政党，“在工党未直接承认阶级斗争和社会主义原则之前暂不接受它加入”②。虽然最终在考茨基和列宁的支持下，工党得以成为第二国际的正式成员，但这并不是他们认为工党完全符合条件，而是从加强和扩大世界工人运动和社会主义运动的团结与合作的角度考虑的。如考茨基既指出工党“虽然没有直接承认无产阶级的阶级斗争”，缺少一个社会主义纲领，又指出工党“实际上在进行这种斗争”，并且是“不依赖于资产阶级政党的独立的组织”③。列宁指出：让工党加入第二国际，是因为它标志着“英国真正的无产阶级组织走向自觉的阶级政策和社会主义工人政党的第一步”④。因此，从外在的社会主义国际组织的视野看，工党也不是一个社会主义政党，社会主义思想并没有处于主流地位，也没有明显地呈现出来。

最后，工党内部在英国是否参加第一次世界大战和工党是否加入联合内阁问题上产生了分歧。1914 年第一次世界大战爆发，在定位战争性质和是否支持本国资产阶级政府参与战争问题上，参加第二国际的各国社会党

① 《国际共产主义运动史文献》编辑委员会：《第二国际第一次代表大会文件》，中国人民大学出版社 1989 年版，第 16 页。

② ［英］莫尔顿等：《英国工人运动史（1700—1920）》，叶周等译，生活·读书·新知三联书店 1962 年版，第 244 页。

③ 《列宁全集》第 17 卷，人民出版社 1988 年版，第 213 页。

④ 《列宁全集》第 17 卷，人民出版社 1988 年版，第 213 页。

内部出现重大分歧。被左翼主导的政党，如俄国社会民主工党，坚持马克思列宁主义的观点，认为第一次世界大战是帝国主义国家之间的一场狗咬狗的战争，不应支持本国资产阶级政府卷入战争；如果资产阶级政府参加战争，要努力变帝国主义战争为国内战争，争取抓住有利时机发动革命。被右翼主导的政党，如法国社会党、德国社会民主党等认为，在国难当头面前，要一致对外，支持本国资产阶级政府参与战争，帮助本国政府取得战争的胜利。这一根本性的分歧导致第二国际的蜕变和瓦解，造成这一分歧的根本原因就是科学社会主义与民主社会主义两条思想路线的对立。

由于英国工党在战争爆发后不久就通过决议支持政府参与战争，在议会投票中投赞成票，一些研究成果据此认为英国工党与蜕变的各国社会党一样，系民主社会主义政党。这是对工党的一种误读。德国对俄、法宣战后，麦克唐纳和哈迪等来自独立工党的代表"强烈要求政府不要卷入这场战争"，"应当保持中立"，"不要以为荣誉而战作借口"。[①] 但随后工党全国执委会以及执委会和议会党团联席会议通过的却是不反对英国参加战争，只是尽早争取和平的决议。也正是由于与这一决议的立场相左，促使麦克唐纳辞去议会党团领袖职务。1915 年 5 月，为了取得战争的胜利，自由党政府决定组建战时联合政府，自由党领袖阿斯奎斯邀请工党参加联合政府。在是否参加联合政府问题上，工党议会党团以微弱多数否决，但工党全国执委会同意，最终在双方联席会议上获得通过，工党参加了自由党领导的联合政府。

由工党内部在英国是否参加第一次世界大战和工党是否加入联合内阁问题上的分歧不难看出以下三个方面的事实：一是哈迪与麦克唐纳作为工党实际上的主要领袖，也是社会主义者，竟无法使自己的观点转变为党的意志；二是工党议会党团与工党执委会立场不一，执委会在最终决策中起着更为关键的作用；三是为什么工党两大组织的立场存在差异呢？主要是因为在议会党团议员中，有许多社会主义者；而在执委会人员构成中，一向坚持劳工主义的工会有着绝对的优势。因此，无论是哈迪与麦克唐纳不能左右工党最终决策，还是最终执委会的立场成为党的决议，都证明工会信奉的劳工主义，而非独立工党追求的社会主义，才是工党早期的主流

① Henry Pelling, etc., *A Short History of the Labor Party*, Macmillan Press Ltd., 1996, p. 32.

思想。

虽然工党早期的主流思想不是社会主义思想，但深入考察工党早期的表现，还是较好地坚持了其成立时的劳工主义思想。这一方面表现在工党自身建设的宣示。如在 1901 年年会否决社会民主联盟的激进社会主义提案的同时，大会通过了哈迪提出的“本大会主张在议会成立一个特殊的劳工派，这个劳工派应该有自己的领袖，并应在政策上取得一致意见”的提案。[①] 显然，这一提案从内容上是对劳工代表委员会成立时确立的劳工主义合作基础的坚持，目的是加强有关各方的团结，避免因过早的社会主义化而导致劳工代表委员会夭折。

另一方面表现在工党在议会中的活动。因为劳工代表委员会的成立宗旨是使更多的劳工进入议会，影响立法，以进一步保护劳工的利益，工党议会活动是否为劳工和工会服务是检验其主流思想是否是劳工主义的重要标尺。在 1906 年劳工代表委员会改名为工党之前，由于最初仅有两名议员，一度仅剩一名议员，最多只是五名议员，力量十分微弱，不能组成独立的议会党团，同时又是非合作对象保守党执政时期，使得劳工代表委员会无法开展有目的、有影响的议会活动。而在 1906 年大选中，工党不仅取得历史性进步，建立独立议会党团，成为议会中不容忽视的力量，而且自由党得以上台执政，“双 L 联盟”具备非选举时期发挥效应的政治条件。因此，审视工党议会活动的重点在于 1906 年自由党政府开始运转以后。客观梳理分析工党在议会中的表现，虽然工党有些努力的结果并不尽如人意，但其行动行为却体现着鲜明的劳工主义思想烙印。

首先，新的劳资争议法的通过和塔夫·维尔案的改判。1900 年 8 月，塔夫·维尔铁路公司工人在铁路工人工会支持下举行罢工行动。虽然罢工没有取得成功，但塔夫·维尔铁路公司怀恨在心，认为工会行为是一种挑衅，遂在议会雇主委员会的支持下，一边公开向法院提出控告，称工会设置纠察队、阻止工人上班违反英国财产保护法案，要求工会赔偿因罢工对公司造成的经济损失，一边私下与法院融通勾结。最终法院在 1901 年判决塔夫·维尔铁路公司胜诉，要求工会赔偿资方共计 4.22 万英镑的经济

---

① ［德］马克斯·比尔：《英国社会主义史》下卷，何新舜译，商务印书馆 1959 年版，第 288 页。

损失和诉讼费用。只要罢工，肯定就会对资方造成一定的损失，从而迫使资方作出一定的让步，这正是罢工的作用。显然，塔夫·维尔案的判决开了一个先例，使工会的行为能力受到极大的束缚和限制，实际上剥夺了工会用罢工维护和争取权益的权力。因此，推翻这一判决，从法律角度捍卫工会罢工权力成为工会和劳工的迫切愿望。于是工党作为由劳工和工会组成的政党，组成议会党团后的首要诉求是从立法角度取消和避免类似法案的再次出现。

虽然自由党在1906年大选中优势明显，在新一届议会立法中无需工党支持也能够实现自身的目标，但考虑到大选胜利与工党的合作密切相关，为了兑现“双L联盟”的承诺，自由党执政后很快提出新的劳资争议法案。自由党议案提出，除非工会会员的某项行为达到工会执委会的许可，否则工会不对其会员的不法行为承担责任。该议案是一个折中的方案，仍使工会的罢工行动受到一定的限制，遭到工党的反对。于是工党提出自己的劳资争议法案。工党法案没有工会参与企业管理，大幅度修改现有政策等要求，只是要求无论工会会员行为是否合法或造成资方损失，工会都不受牵连。基于今后大选的长远考虑，自由党对此表示认可。保守党通过大选的惨败和劳工选票的流失，也认识到这些新选民的重要性，要求议员不要否决该议案。这样新的劳资争议法顺利在议会获得通过。该法案赋予工会特殊的社会地位和权力，为保护劳工利益提供了法律上的保障。此后，以该法案为依据，工党议会党团又推动议会上院重新审理塔夫·维尔案，推翻了原有的判决。新的劳资争议法的通过和塔夫·维尔案的改判，是工党早期践行劳工主义思想取得的第一个重大成果。

其次，议员付薪制、矿工八小时工作制等对劳工有利政策的实施。与资产阶级与封建贵族相比，英国劳工不仅没有政治地位，而且没有经济地位。其中满足基本的经济条件更是第一需求，因为如果连基本的温饱问题都不能解决，其他都无从谈起。英国工会和劳工最早追求的也是经济与社会利益，即使后来追求政治权利或付诸政治手段，也首先是为了更好地改进经济条件，维护经济利益。工党组成议会党团后，为了维护劳工的经济与社会利益，敦促自由党政府通过了一系列对劳工有利的政策。如在此之前，英国议员是没有薪水的。由于所有的议员都是有产阶级，具有较为雄厚的财富，是否付薪对议员来说并不重要，并不影响其生活状况。但是否付薪对于新生的独立劳工议员就不同了。这些劳工议员许多本身就是底层劳动者，靠正常的劳动维持基本的收入。虽然在当选议员之前也从事一些政治活动，但其职业身份是劳工。而当选议员后，烦琐的议会活动使其根本无法从事企业劳动，收入受到极大的影响。为了避免工党议员陷入困顿的窘地，有更多的精力和时间投入到议会工作中去，在工党的推动下，英国议会于1911年通过议员付薪制法案，规定给所有议员每月发放400英镑的薪水。虽然这一薪水是面向所有议员的，但对于大多数议员来说无足轻重，仅具有象征性意义。而对于独立劳工议员来说，无疑是一笔不小的收入，弥补了因从事议会工作而遭受的损失，可谓是雪中送炭，也实现了恩格斯多年前的夙愿和预言。①

此外，专门针对劳工的有利法案和政策有：矿工实行八小时工作制、为学校贫困儿童提供免费午餐、在艰苦行业建立劳资协议会、提高劳工赔偿标准、修改煤矿安全条例、建立一批劳工职业介绍所、为低收入的老年人发放国家养老金等。从其名称即可看出，这一系列法案和政策对于改进劳工工作环境，降低劳工劳动强度，促进劳工就业，减轻劳工家庭负担，保障劳工经济权益都具有较强的针对性。看似具有普惠性和中立性，但使劳工明显受益的政策和法案有：在服装等工业行业成立由劳资双方和政府代表组成的各行业委员会，通过旨在为残疾、疾病、失业、分娩等弱势群体和特殊人群提供救助和基本保障的国民保险法，为所有小学生进行定期体检等。

再次，新的工会法的通过。新的劳资争议法的通过使工会由劳资冲突中的弱势方变成强势方，导致资方的强烈不满。由于从经济角度无法限制工会的行动与权力，资方伺机从政治角度限制工会。劳工代表委员会成立后，其维持运转和发展的经费主要来自附属工会缴纳的会费，如果没有或削减附属工会的会费，无论是日常开支，还是支持议员开展活动，都受到极大的限制。而工会的经费来自于工会会员缴纳的会费。在劳工代表委员会改名为工党之前，附属工会内的部分保守党或自由党党员就不愿意让会费用于资助劳工代表委员会，仅希望用于工会自身的事务，只不过没有引发大的事端。1908年一个名叫奥斯本的保守党党员，亦是铁路工人工会会员再次提起这一问题。奥斯本以工会为了政治目的，即为了给工党提供经

① 《马克思恩格斯选集》第1卷，人民出版社2012年版，第73页。

济支持，而强迫会员缴纳会费违反工会法为由，向法院提起诉讼。地方法院依据多年的惯例不予支持和受理。在资方的经济支持下，奥斯本上诉至最高上诉法院——议会上院，上院是保守党的地盘，拥有绝对的优势。保守党一直对工党的崛起和与自由党结盟不满，于是上院打破多年的惯例，以“1876 年工会法中工会的合法目标不包括政治活动”为由，[①] 在 1909 年裁定奥斯本胜诉，工会收取的会员会费不能提供给工党开展议会活动。

奥斯本案的判决对工会和工党构成严重的挑战，它打破了几十年来看似不存在任何问题的惯例。如果这一判决成立，工会对工党提供经济资助的制度化联系就是非法，就无法继续下去。如果切断工会与工党的经济联系，工党就会面临夭折之虞，更不要说维护劳工和工会的利益；工会的境遇就会回到 19 世纪后期，多年的努力也就前功尽弃。面对这一严峻形势，工党首先配合自由党政府参与 1910 年大选，争取使自由党赢得连任，通过修改工会法，明确工会会费可以用于政治活动来加以解决。虽然自由党赢得了连任，但与此前劳资争议法的通过相比，新工会法的通过颇费周折。这主要是自由党与工党的社会基础有着重合，无条件地明确支持工会对工党提供经济支持合法，将推动工党实力的增强，威胁自由党的地位，于是自由党内存在较多的反对声音。在工党的施压下，1913 年自由党提出的折中性工会法议案在议会通过。新的工会法规定：工会可以将自己的经费用于包括政治目的在内的任何目的，但前提条件是必须把会员缴纳的费用分为一般基金和政治基金；政治基金采用自愿缴纳的原则，如果会员不愿意缴纳政治基金，写份书面声明即可不用缴纳；工会在为政治活动动用政治基金前，必须进行投票表决，获得大多数会员同意方可使用。该法案虽然对工会开展政治活动，尤其是资助工党设置了一些限制，但明确了工会将经费用于政治目的和活动的合法性，使工会与工党的经济联系获得了法律上的认可。这是在工党努力下，英国劳工运动取得的重要成绩，也是工党实践劳工主义思想的重要表现。

当然，说工党早期的主流思想是劳工主义，不是社会主义，并不是说工党党内没有社会主义思想，只是说社会主义思想不处于主流地位，不能主导工党的发展，工党也没有宏大的社会主义改造和过渡目标而已。正是

---

① Henry Pelling, etc., *A Short History of the Labor Party*, Macmillan Press Ltd., 1996, p. 20.

在这一意义上，后来的工党领袖和英国首相艾德礼曾经明确地指出：“在1917年，正如在1906年一样”，工党的目标是“在议会和全国，组织并维持一个政治性的工党”，即努力使“工党党员选入议会”，在“第一次世界大战结束之前的所有这些年份，这个简单的目标已经足够了”①。实际上，工党党内一直存在强大的社会主义力量，在为工党的社会主义化而努力。其中独立工党作为英国最早的社会主义政党和工党的积极创建者，为此付出了最大的努力。在这一时期，许多独立工党党员甚至由于“没有能把工党转变成为一个明确的社会主义组织而感到恼火”②。

独立工党的努力除了前述例子外，麦克唐纳作为工党早期主要领导人之一，为宣传社会主义思想，实现工党向社会主义政党的转变作出了突出贡献。一方面，在1905年的工党年会上，麦克唐纳提出把劳工代表委员会由“一个松散的联盟”转变为“一个群众性的团结紧密的大党”，把“社会主义作为党的最终目的”的提案。这一提案没有阶级斗争、公有制等激进内容，也不要求工党立即接受社会主义思想，只是一个最终的目标，因此得以通过。1908年工党年会，以微弱多数通过了一个把“生产资料、分配和交换社会化”作为工党目标，只是“表示意见而不作为生效的政策”的提案。③ 另一方面，在第一次世界大战之前，麦克唐纳出版了《社会主义与社会》《社会主义与政府》《社会主义运动》等著述，对资本主义社会进行了批判，对英国各种现有社会主义思想进行了评判，对其自己的社会主义观念进行了阐述。虽然只是宣传，不是强迫工党接受，也改变不了工党内劳工主义思想处于主流地位的现实，但使更多的劳工了解了社会主义思想，知道了社会主义思想，为工党后来正式接受社会主义，成为民主社会主义政党准备了思想条件与社会基础。

二 英国工党持守劳工主义思想的原因

从表层看，工党在发展的早期持守劳工主义思想是一种正常的选择。

① ［英］C. R. 艾德礼：《工党的展望》，吴德芬等译，商务印书馆1961年版，第21页。

② ［英］G. D. H. 柯尔：《社会主义思想史》第三卷上册，何瑞丰译，商务印书馆1981年版，第213页。

③ ［英］莫尔顿等：《英国工人运动史（1700—1920）》，叶周等译，生活·读书·新知三联书店1962年版，第243页。

因为劳工代表委员会成立的思想基础就是劳工主义，如果在成立伊始就偏离这一思想基础，新组织很可能分崩离析，昙花一现。从深层看，工党持守劳工主义思想则是哈迪、麦克唐纳等来自于独立工党的工党高层虽然向往社会主义，希望工党社会主义化，但基于工党的实际现状和追求目标，从长计议的结果。这些影响变量既有工党的发展和运转离不开工会，又有工会在工党权力和力量结构中具有明显的优势；既有劳工代表委员会壮大力量，实现政党化等诉求，又有费边社无所作为的客观背景。

首先，工党的发展和运转离不开工会的参与和支持是工党持守劳工主义的首要原因。任何一个新组织成立的首要任务，也是底线目标都是稳住阵脚，实现发展，不致夭折。没有这一生存底线，其他都无从谈起。对于新生的工党来说也是如此。作为一个联盟型组织，劳工代表委员会维持存在的基本前提就是社会主义团体与工会不能分道扬镳。当然，由于实力和影响力的差异，并不是说每一个构成单位都不能脱离，如社会民主联盟仅参加一年就退出劳工代表委员会。但因为社会民主联盟是最弱小的参与者，这一事件并没有对工党造成重大冲击。基于工会的实力和对劳工的影响力，对于来自独立工党的哈迪和麦克唐纳来说，维持独立工党与工会的联盟，即避免工会退出劳工代表委员会和工党是根本性的任务。工会之所以接受独立工党的呼吁，同意与社会主义团体建立全国性的独立劳工政党的基础是坚持新组织的思想基础是劳工主义。因此，除非工会的态度转变，即使是来自独立工党的社会主义者哈迪与麦克唐纳负责工党的具体事务，引领着工党的发展，也不可能背离劳工主义思想这一合作基础。

独立工党惧怕工会退出工党的原因，除了会造成工党在影响力上不具有全国性，不利于争取劳工的认可之外，另一原因是工党将失去经济来源，面临不可避免的夭折命运。作为一个没有个体党员的劳工政党，工党既没有个体党员缴纳党费，也没有资方提供资金赞助，其维持运转的经济来源都是由集体党员提供。1900 年劳工代表委员会成立大会规定，各集体会员的会费标准是每千名会员缴纳 10 先令。1903 年的年会又把工会和社会主义团体缴纳款额由 1000 名会员 10 先令提高到近 5 英镑，同时设置强制缴纳的议会基金，用于给没有薪水又无法正常劳动的劳工议员发放补助。[1] 由于工会和社会主义团体会费标准一样，人数又十分悬殊，使得工会成为工党经济来源的主要供给者。比如在1900年劳工代表委员会成立时，工会会员有353070人，其他团体会员有22861人，因此工会缴纳会费占劳工代表委员会总收入的94%。[2] 以后数年，随着新工会的加入，来自工会的收入比重进一步增多。如在工党改名的1906年，这一数据接近98%。工党在经济上对工会的严重依赖，使得没有工会的支持工党能否生存下去都是问题。奥斯本案宣判工会会费不能用来提供给工党开展议会活动后，工党面临的严峻形势就是鲜明的例证。因此，对于新生的工党来说，顺从工会，依靠工会只能是唯一的选择，表现在政策上就是努力维护劳工的利益，思想上就是持守工会坚持的劳工主义思想。

其次，工会在工党力量与权力结构中的绝对优势决定着工党主流思想的劳工主义方向。如果说基于影响力和经济上的考虑，工党持守工会坚持的劳工主义是主动选择的话，工党内工会力量的强大，以及它对工党各个权力机构的控制则是从组织上规定着工党的发展方向与思想选择。如前所述，在劳工代表委员会成立时，附属工会人数就在工党内占有绝对的优势。由于劳工入会率的提升和新工会加入工党，到第一次世界大战结束时，工党附属工会人数已经实现了由最初的35万到近300万的巨大跨越，而附属社会主义团体的人数仅由2.2万增加到5.2万，工会人数在工党党员总量中的比重进一步提升。工会队伍力量的强大不仅会要求增强党内权力，而且由于各成员在工党年会中的投票比重与人数直接相关，因此，工会力量的增强不仅是一个影响力的问题，而且带来投票决策的优势，对工党决议的通过有着直接的影响。

工党的权力机构主要有执委会、年会和议会党团。尽管工会在这些架构中的权力比重不一，但都居于优势，甚至是一家独大。如工党全国执委会实行的是一人一票制，在劳工代表委员会刚成立时，工会占有执委会12个席位中的7席。社会民主联盟退出工党后，其空缺的2个席位由工会补充。很明显，工会在工党执委会中有着绝对的优势。在工党年会中，虽然实行加权投票制，工会会员的投票权值比社会主义团体会员的投票权值低

① Henry Pelling, etc., *A Short History of the Labor Party*, Macmillan Press Ltd., 1996, p. 11.

② Henry Pelling, etc., *A Short History of the Labor Party*, Macmillan Press Ltd., 1996, p. 197.

很多，但由于工会人数众多，特别是工会实行集体投票制，即不是每一个工会会员都按照自己的意志投票，而是工会领袖代替会员投票，使得每一个附属工会在投票态度上高度一致，实际是按照工会领袖的态度投票，于是得不到工会认可的提案，尤其是得不到超级大工会认可的提案根本不可能通过。相对来说，在工党的三个组织中，议会党团是社会主义者力量最为强大，工会控制力最弱的机构。一方面，一些议员本身就是独立工党提名的议员，哈迪与麦克唐纳又先后在第一次世界大战前担任过议会党团主席；另一方面，即使工会提名议员，有的也是接受社会主义思想的独立工党党员或社会民主联盟盟员。但总体来说，来自工会的议员还是居于多数，他们在投票时不得不考虑工会的利益和态度。并且议会党团并没有最高的决策权，在关系工党发展的重大问题上，常常是执委会和议会党团联合投票，还是工会左右着工党决策。因此，在工会坚持劳工主义思想的前提下，工党执委会和年会根本不可能通过社会主义提案，使工党社会主义化；工党联合投票的结果还是反映着工会的态度和意志，不至于偏离劳工主义思想的轨道。

再次，工党壮大力量和实现政党化的任务需要坚持劳工主义思想。在肯定1900年工会与社会主义合作建立独立劳工政党重要意义的同时，也必须看到，从合作力量来说，这只是迈出的第一步。因为参与创建劳工代表委员会的工会主要是非熟练工人工会，并且人数仅占一少部分。这从一系列的数据可以看出。如在决定参与创建独立劳工政党的1899年9月的职工大会年会上，虽然有54.6万人支持，但还有43.4万人反对。即使这样，到半年后的劳工代表委员会成立时，又有一些工会决定不参与独立劳工政党的建立，仅有35.3万工会会员是工党的集体党员，也就是说绝大多数职工大会会员并不是工党的集体党员。考虑到英国有些工会没有加入职工大会，加入工党的工会会员占全国工会会员总数的比重更低。如在劳工代表委员会成立的翌年初，英国共有202万工会会员，其中属于工党党员的工会会员只有37.6万，仅占18.5%。[①] 这意味着绝大多数工会和工会会员在工党成立之时仍依附于自由党，劳工代表委员会并没有成为大多数

---

① Henry Pelling, *Origins of the Labor Party (1880 - 1900)*, Oxford University Press, 1983, pp. 210 - 211.

劳工利益的政治代表，争取更多的工会加入劳工代表委员会是其面临的重要任务。诸多工会不愿参与劳工代表委员会主要是出于两方面的原因。一是它们认为通过与自由党合作仍然能够保障自身的利益。如让更多的劳工代表选入议会、自由党执政会关注本行业劳工的诉求。二是对独立工党等社会主义团体的改造社会、实现生产资料的社会化、开展阶级斗争等主张有着顾虑和厌恶。在这种情势下，为了能争取更多的工会加入工党，哈迪和麦克唐纳等人在工党的思想路线上，自然坚持劳工主义思想，不敢贸然提出社会主义的主张。

独立工党积极创建工党的低层目标是建立全国性劳工政党，高层目标是该政党成为社会主义政党，进而通过该政党对英国进行社会主义改造。但在1900年劳工代表委员会成立时，最低目标并没有完全实现。之所以强调其重要性和标志着工党的诞生，主要是基于工党后来发展取得的成就，而非当时劳工代表委员会多么引人注目。除了诸多工会没有加入，全国性色彩不足这一问题外，还存在政党色彩不足、定位不清的问题。不仅从名字来看，它不是一个政党，也不具备政党的领袖、纲领、目标、地方组织等要素，而且与各参与工会和社会主义团体的定位不清。劳工代表委员会“既不隶属于任何一个工会或社会主义团体，同时也不是这些组织的上司”①。从严格意义上讲，劳工代表委员会不能算是政党，只是工会和社会主义团体为了在未来大选中协调工人阶级采取联合行动，赢得更多的议席，输送更多劳工议员而成立的选举联盟。因此，完成政党化是劳工代表委员会成立后的重要任务。作为西方体制框架内的政党，完成这一任务，要加强组织建设，如制定规章纪律、加强中央与地方组织建设等，更重要的是取得大选成绩的突破，能够在政党名字下建立议会党团，开展活动。而要想取得大选的胜利，既离不开劳工的选票，也离不开工会对工党参与大选的各种支持。于是，坚持劳工主义思想，争取劳工和工会的支持成为劳工代表委员会的正确选择。

最后，费边社对工党的不重视不利于工党主流思想的社会主义化。作为参与创建工党的另一社会主义团体，费边社不仅与独立工党的社会主义观相近，而且是由文化和学识素养较高的知识分子组成，从理论上可以成

① 王觉非：《近代英国史》，南京大学出版社1997年版，第701—702页。

为独立工党推动工党社会主义化的依靠力量，但实际上，由于两个方面的原因二者并没有形成合力。一个方面原因是费边社的定位。与独立工党积极开展政治活动，寻求在政坛有所作为不同，费边社并不想把自己“改造成为开展政治攻势的严整的部队。对于直接的政治行动，他们还是寄希望于全国性团体——各社会主义协会和各政治党派”①。即不把自己定位为政治组织，而是把自己定位为思想库的角色，希望通过思想与政策的双重渗透来实现自己的目标。这一定位对于费边社有着多重的规定性。首先是渗透和依靠对象的多元性。与独立工党依靠工党来改造社会不同，费边社的渗透对象是多元化的，既有社会主义团体与政党，也有传统的保守党和自由党。用费边社的原话来说就是：“不主张实现社会民主化的实际步骤一定要由本组织或其他专门成立的社会主义组织和政党来执行。”② 其次是会员党派的多样性。在工党没有禁止党员加入其他政党之前，其会员既有工党党员，还有自由党党员、独立工党党员，甚至是保守党党员。再次是渗透对象的非强制性。即不要求渗透的关键人物加入费边社，只要能够直接或间接地接受费边社的建议与主张就好。最后是对独立劳工政党的不积极性。费边社虽然参与了工党的建立，但并不像独立工党那样积极地投身进去。由于劳工代表委员会的弱小，对社会变革影响甚微，其成立后也不是费边社渗透的主要对象，费边社对劳工代表委员会的事务并不重视和热衷。

另一方面的原因是在这一时期，费边社主要领导人的志趣在于地方治理的实践，对宏大的社会变革并不关注。与时间维度上强调社会变革的渐进性一致，在社会变革的空间维度上，费边社也是强调渐进性。表现在经济与社会领域就是，与社会民主联盟、独立工党等提出生产资料公有制、企业国有化等主张不同，费边社虽然不反对土地、工业、公用事业等的国有化控制，但强调当下英国的经济与社会改革不能交给全国性公共机构，而是交给民主产生的地方或地区公共机构。在各个领域的变革中，作为费边社主要领导人的韦伯夫妇尤其热衷于教育改革。因为他们认为通过教育改革，有助于提高民众的学识，更有利于把费边社的社会改良主义思想灌

① ［英］玛格丽特·柯尔：《费边社史》，杜安夏等译，商务印书馆1984年版，第45页。

② ［英］玛格丽特·柯尔：《费边社史》，杜安夏等译，商务印书馆1984年版，第95页。

输和渗透到英国社会的方方面面。

在1892年，韦伯夫妇获得渗透其思想的良好时机。一是在费边社实力最强的伦敦，悉尼·韦伯当选为伦敦郡议员；二是一位费边社成员捐赠了一笔较大的遗产。于是韦伯夫妇把大量的时间和精力投入到地方治理调查和教育改革实践中。在地方治理方面，通过大量的调查，针对住房、供水、电车、码头等事务，韦伯夫妇提出一系列的市有制改革建议，从而渐进地实践其费边社会主义理想。在教育改革方面，韦伯夫妇作出的最突出贡献是推动伦敦郡议会成立技术教育委员会，发起和参与伦敦政治经济学院这一英国最著名公立大学的筹建，期望学院“能培养出一批领导人，把英国逐步改造成为一个集体主义或半集体主义的社会”①。1895年伦敦政治经济学院的建立和1903年伦敦教育法的通过是韦伯夫妇这一时期渗透教育领域取得的两项重大成果。1906年大选后，面对长期渗透对象自由党上台执政的有利时机，韦伯夫妇更是把希望集中在自由党身上，就济贫、教育等改革提出诸多建议，开展了一系列活动。费边社本是宣传社会主义思想的重要团体，但由于以上这些情况，新成立的工党始终不是其关注的重点，在工党发展中无所作为。社会民主联盟的退出和费边社的无所作为使独立工党在工党早期发展中显得形单影只，既失去了牵制工会的借重力量，又没有推动工党社会主义化合作力量的形成。因此，来自独立工党的代表虽然负责工党的日常事务，但为了工党的长远发展，持守劳工主义思想，主动迎合工会，不急于改造社会，把重点放在力量增强和维护劳工利益上成为工党发展的必然路径，不切实际地追求社会主义将会使联合组建工党的各方分崩离析。正是基于这一情况，哈迪在1903年的劳工代表委员会年会上指出，作为独立的劳工力量，劳工代表委员会既要摆脱自由主义和托利主义的影响，又要摆脱“一切非劳工主义的主义”②。

三 英国工党持守劳工主义思想的影响

从对英国工党持守劳工主义思想的主客观原因分析看，其有着历史必

① ［英］玛格丽特·柯尔：《费边社史》，杜安夏等译，商务印书馆1984年版，第82页。

② ［德］马克斯·比尔：《英国社会主义史》下卷，何新舜译，商务印书馆1959年版，第296页。

然性和合理性，适应了工党早期发展的需要，无论是对英国劳工运动来说，还是对工党自身来说，都产生了积极的影响。劳工运动方面，一系列涉及劳工利益法案的通过和政策的出台，改进了劳工的工作与生活状况，为劳工争取自身权益提供了法律保障。工党自身方面，适宜的思想路线和灵活的竞选策略推动了工党的快速发展，使工党在短短数年内成为英国政坛的第三大党。虽然工党的实力与自由党和保守党还相差甚远，但已经成长为一支不容忽视的力量。

作为一个群众性政党和体制内政党，工党力量的快速发展主要表现在党员队伍的急剧扩张和大选议席的质的飞跃上。在党员队伍上，在不到十年时间里，不仅吸引合作社加入工党，也吸引绝大多数工会加入工党。工会加入工党有两次高潮。第一次是塔夫·维尔案判决后，以 1902 年机械工人工会和 1903 年纺织工人工会先后加入劳工代表委员会为标志，大多数工会都加入到劳工代表委员会中来，使其会员人数激增至近百万人。从代表的广泛性来说，劳工代表委员会可以说已经成为代表劳工利益的群众性政党。第二次以 1909 年矿工工会的加入为标志。矿工工会是当时英国人数最多、力量最强的工会，有 12 名劳工议员。依仗自身的实力，唯恐加入工党影响自身利益的矿工工会之前长期依附于自由党。因此，矿工工会加入工党中来，不仅使工党的集体党员人数接近 150 万人，而且使工党议员队伍明显壮大，成为工党早期力量增强的标志性事件。

在议会议席方面，从 1900 年大选的 2 席，到 1906 年大选的 29 席，再到 1910 年两次大选的 40 席和 42 席，工党的议会力量在稳步增长，有了质的变化。与此相一致，工党在议会的作用由微不足道，到建立独立的议会党团，再到成为影响政坛发展的第三力量。虽然离上台执政还有很大的差距，但已经能够通过自身的努力，通过开展一系列的议会活动，一定程度上维护自身的利益。一系列案例的改判和新法案的通过就是生动的写照。

在看到工党持守劳工主义思想的积极影响的同时，也要看到这些成果主要集中在劳工代表委员会成立的第一个十年。随着时间的推移和形势的变化，劳工主义思想的弊端也逐渐暴露，导致社会主义者和工会主义者的双重不满，给工党的发展带来严重的危机。一是独立工党内的左翼力量出现分裂，削弱了工党的实力。独立工党本身是一个社会主义团体，在工党建立和早期发展中，为了争取工会的合作和支持，哈迪和麦克唐纳等人没有把社会主义思想强加给工党。随着工党实力的增强和独立工党左翼代表格里森以“一个不为工党支持的和不受承认的社会主义者”① 在补缺选举中获胜，他们对哈迪等人实用主义的做法愈加不满。虽然哈迪、麦克唐纳等人辞去了独立工党的领导职务，但并没有平息独立工党左翼力量斗争的步伐。1910 年，独立工党执委会的四名左翼成员发表了《让我们改革工党》的小册子，称“工党必须为社会主义和本身的利益，无所偏袒地与两个资本主义政党进行斗争”②，明确表达了对工党不敢旗帜鲜明地举起社会主义意识形态，提出社会主义主张，而是实用主义地采用与自由党联合路线的不满。

二是工会和劳工对自由党执政的政策并不很满意。虽然自由党执政后采取了一些有利于劳工的政策，通过了一些法案，但并没有完全满足工党的要求，使部分比较激进的工会认为工党并没有更好地维护劳工的利益。独立工党左翼的抗争和部分工会不满对工党的负面影响在 1910 年的大选中已经显现。表面上看，工党 1910 年两次大选分别获得 40 个和 42 个议席，比 1906 年的 29 席增加不少，实际上并非如此。因为通过此前的补缺选举和矿工工会加入，工党在大选前已经达到 42 席。1910 年大选并没有取得明显的进步，而是处于停滞状态。如果从选票上看工党更是出现了明显的退步，在 1910 年 12 月的英国大选中，工党赢得选票数比 1 月大选减少了 13 万，与 1906 年大选相差无几。

1910 年大选后，没有了大选的顾忌和自由党议会多数的减少，工党面临的形势更为严重。自身力量方面，格里森带领部分独立工党党员退出工党，与由社会民主联盟更名而来的英国社会民主党合并成英国社会党。这一定位相似，但明显激进的新政党的成立，不仅直接削弱了工党的实力，也削弱了工党在劳工中的影响力。议会政治方面，为了争取使自由党政府改变奥斯本案判决，在自由党绝对多数地位丧失的背景下，工党“不惜一切代价支持执政的自由党”，在国内外事务中极力配合自由党的选择，自由党社会改革的立法也陷入停滞。劳工力量方面，随着生产的机械化和运

---

① ［英］莫尔顿等:《英国工人运动史（1700—1920）》，叶周等译，生活·读书·新知三联书店 1962 年版，第 240 页。

② Henry Pelling, etc., *A Short History of the Labor Party*, Macmillan Press Ltd., 1996, p. 21.

输业的大发展，传统熟练工人与非熟练工人的分野趋于缩小，熟练工人的优越地位逐步丧失。生活状况方面，与物价以两位数上涨形成鲜明对比的是工人工资停滞不前，造成实际生活水平出现明显的下降。在这种形势下，广大劳工不仅对自由党政府非常失望，而且对工党无所作为，只会在议会妥协的做法非常失望，开始寻求通过其他路径维护自身的利益。于是在汤姆·曼的领导下，一场试图摆脱议会政治，实际上是脱离工党的新工会运动，即工团主义运动兴起。

汤姆·曼早在19世纪后期就是英国著名的工会运动领袖和社会主义者，在80年代领导了伦敦的新工会运动，90年代先后加入了社会民主联盟和独立工党，曾于1895年到1898年担任独立工党的总书记。20世纪初旅居于澳大利亚与法国，通过参加当地的劳工运动，研究法国、美国劳工斗争的经验和做法，形成了自己具有鲜明革命色彩的工团主义思想，1910年回到英国后，面对英国劳工运动的状况，领导发起了一场浩大的工团主义运动。

与原有工会运动的目标主要是争取提高工资待遇、缩短工作时间、改善工作条件等涉及劳工的具体事务不同，作为社会主义者发起和领导的劳工运动，工团主义运动不仅提出上述这些具体的微观诉求，而且提出了实现劳工真正解放的宏大社会变革的目标。基于自由党、工党的一贯表现，劳工解放和社会变革并不能寄希望于依靠现有的政党，通过议会立法或革命的方式进行，必须通过远离政党政治的革命方式进行，只能由劳工自身在经济领域的直接战斗才能实现。变革的目标是改变现有的资本主义社会体制框架，建立一个以工会为组织基础，工人控制生产资料，负责企业生产管理的社会秩序。变革的手段是摒弃以议会为讲台的政治斗争，通过议会外声势浩大的罢工行动迫使资方屈服，消灭资本主义，建立产业社会主义国家。显然，工团主义运动的目标既与原有工会运动的目标有着显著的不同，也不是对英国社会简单的修修补补，而是有着不妥协的革命性诉求，不啻是一场典型的社会革命。

为了实现这一宏大目标，开展卓有成效的罢工行动，工团主义者认为必须加强运动主体——工会的组织建设，建立强大又有效的工会组织。因为当时英国工会达到一千多个，许多工会人数不多，组织建设不具有全国性，呈现小而散的状态，既“缺乏工人阶级团结一致的真正精神”，又使工会领袖无法“有效地进行阶级斗争”①。于是合并工会，实现由产业工会向行业工会转变，由行业工会向工业工会转变，加强工会之间的团结与合作成为工团主义运动的显著特点。工会合并最显著的成绩是全国铁路工人工会的成立。1913 年，除了人数很少的铁路职员协会、司机和加煤工人协会外，与铁路业相关的三大工会组织——混合铁路雇工协会、普通铁路工人工会、转辙与信号工人联合工会实现合并。新成立的全国铁路工人工会取消了许多排他性限制，宣布对所有受雇于铁路业的劳工开放。新政策使铁路工会在短短一年半的时间里，人数就几乎翻了一番，达到 30 万人，成为在工会界举足轻重的力量。在铁路工会的鼓舞下，混合机械工人工会也修改章程，允许非熟练工人加入，壮大了自己的力量。在放松限制，实现合并的基础上，1914 年 4 月，在工团主义运动中起着重要作用的大不列颠矿工工会、全国铁路工人工会和运输工人联合会又结成“三角同盟”，寻求在罢工运动中保持一致，相互支持。“三角联盟”的总会员人数达到 150 万，从而形成了集体的合力，进一步推动了工会组织向大而强转变。

工团主义运动的罢工斗争以 1911 年 6 月的海员与码头工人罢工为序幕。在第一次世界大战爆发之前的三年时间里，从英格兰到苏格兰，从威尔士到爱尔兰，从海员到矿工，从运输工人到铁路工人，整个英国弥漫着普遍的反抗情绪，掀起了声势浩大、此起彼伏的罢工浪潮。以 1912 年为例，直接参加的罢工工人达到 123. 3 万人，因罢工损失的工作日达到 3814. 2 万天。② 这些群众性的罢工行动虽然遭到政府的镇压和资方的抵抗，但还是迫使资方和英国政府作出了一定的让步。既有各个罢工具体目标的实现，也有新工会法和最低工资法案在议会的通过。这些成就又鼓舞着越来越多的劳工加入到工会队伍中来。从 1910 年到 1913 年，短短三年时间里，英国工会会员总数由 245 万激增到 399 万。③

工团主义运动对英国原有的社会秩序和体制造成了严重的冲击，使英国进入大动荡的时代，其抛开议会政治和政党政治的革命性直接行动被英

---

① ［英］莫尔顿等：《英国工人运动史（1700—1920）》，叶周等译，生活·读书·新知三联书店 1962 年版，第 253 页。

② ［德］马克斯·比尔：《英国社会主义史》下卷，何新舜译，商务印书馆 1959 年版，第 316 页。

③ ［英］韦伯夫妇：《英国工会运动史》，陈建民译，商务印书馆 1959 年版，第 519 页。

国政府定性为骚乱和叛乱。时任英国财政大臣，后任英国首相的劳合·乔治在第一次世界大战前把工团主义运动与当时的爱尔兰危机并称为新世纪后“政府必须应对的最严重的形势”[①]。工团主义运动因对工党和自由党政府不满而爆发，自然对工党的发展产生负面的影响。虽然韦伯所言“工党可谓已陷入奄奄一息之绝境”[②] 有些过分，但由于抛弃了对工党的幻想，劳工对工党的认可度和支持率大幅度降低，反映在政党政治中，工党议席的不断减少就是不争的事实。在第一次世界大战之前的英国补缺选举中，工党连续失利，议席数由 42 席下降到 37 席。

深入分析英国工党的早期发展和英国劳工运动的新情况不难看出，这一状况与劳工代表委员会成立后一直持守劳工主义思想有着密切的关系。在劳工主义思想的引领下，工党既实现了快速发展，又导致发展陷入瓶颈，进入一个停滞期。可以说是成也萧何，败也萧何。幸运的是，在工党处于何去何从的关键时期，第一次世界大战爆发不仅带来选举停摆，给工党提供了难得的反思与调整空间，而且给工党带来了全新的国内形势和社会背景，推动了工党的发展与主流思想的转型。

---

① ［英］艾伦·胡特：《英国工会运动简史》，朱立人等译，世界知识社 1954 年版，第 54 页。

② ［英］韦伯夫妇：《英国工会运动史》，陈建民译，商务印书馆 1959 年版，第 482 页。

第二章　从劳工主义到民主社会主义：英国工党主流思想的嬗变

1918 年 2 月和 6 月，工党通过了具有历史意义的新党章和党纲，生产资料公有制被写进党章，明确提出了埋葬私有制，建立新社会制度的目标。这标志着历经十多年的发展，工党终于实现了主流思想的变迁，民主社会主义取代劳工主义成为工党新的主流思想，也使工党第一次有了明确的意识形态标识。第一次世界大战后，无论在大选宣言和早期执政中，还是在理论发展中，工党总体上较好地实践和丰富了其民主社会主义思想。但在实践民主社会主义的路径与节奏等方面，作为联盟型政党，工党也出现明显的分歧。

第一节　第一次世界大战与英国工党主流思想的转变

从英国工党早期主流思想的发展过程看，工党是欧洲“最不按正常轨道发展的左翼”。在 1914 年之前，“社会主义在工人阶级中还没赢得太多的支持，社会主义被接受为工人运动的意识形态的过程，要比欧洲其他任何国家所花的时间都长”[①]。在这种背景下，工党能够在短短四年时间里实现主流思想的嬗变，与第一次世界大战的爆发有着密切的关系。正是第一次世界大战带来的有利条件，加之工党时任领袖韩德逊矢志不渝的努力，使工党迅速跟进，加入到西方民主社会主义政党的行列。

---

① ［英］唐纳德·萨松：《欧洲社会主义百年史》，姜辉等译，社会科学文献出版社 2008 年版，第 17 页。

一　第一次世界大战给工党变革带来的有利条件

1914年爆发的第一次世界大战是人类历史上的第一次世界性战争。大战无论对整个国际社会，还是英国来说，都是不幸的。其不仅造成前所未有的人员伤亡和财产损失，而且造成英国国力大衰，成为英国跌出世界霸主的标志。但对于英国工党来说，第一次世界大战爆发则提供了历史性机遇，成为"工党历史上的一个转折点"①。因为大战带来的新的国际国内形势，不仅暂缓了工党面临的危机，而且给工党带来叠加的有利形势，为工党实现主流思想的转变，实现全面变革，确立崭新形象创造了机遇。

首先，第一次世界大战增强了工党的实力与地位，有了联合执政的经历和成长为主流大党的梦想。如前所述，工团主义运动使工党与工会关系日益疏远，使工党的选民出现大量流失，工党发展进入一个非常关键的历史节点。但第一次世界大战爆发，国难当头背景下出现的新情况，使工党的困境得以缓解。一是工会界选择的一致对外，使工团主义运动偃旗息鼓，减少了工会与工党矛盾的来源。二是为了集中精力应对战争，英国各党一致同意战时政治选举停摆，使工党选民的流失无法表现在大选中，避免了实力衰落的表征化。

在赢得难得的反思与调整时机的同时，工党对待战争的态度也使其自身实力明显增强。在英国政府宣布对德国作战之前，工党坚持了第二国际发表的《巴塞尔宣言》，对战争持反对态度。如在第一次世界大战爆发前，积极参与第二国际发起的反战宣传活动，阻止战争的爆发。7月28日第一次世界大战爆发后，哈迪和麦克唐纳等人"强烈要求政府不要卷入这场战争"，称"不管发生什么事情，不管人们怎样议论我们，我们将采取行动，就是说明我们这个国家应当保持中立"②。"大不列颠政府应严正地拒绝参加战争，并应该尽速努力恢复世界和平"③。但在8月4日英国对德宣战后，只有麦克唐纳和占少数的独立工党领袖坚持原有的反对战争的立场，工党并没有通过反对英国卷入战争的决议，更没有按照第二国际指示的那

① ［英］C. R. 艾德礼：《工党的展望》，吴德芬等译，商务印书馆1961年版，第23页。

② Henry Pelling, etc., *A Short History of the Labor Party*, Macmillan Press Ltd., 1996, p. 32.

③ ［英］莫尔顿等：《英国工人运动史（1700—1920）》，叶周等译，生活·读书·新知三联书店1962年版，第272页。

样，一旦战争爆发，便利用战争带来的时机发动社会革命。

这种形势下，麦克唐纳辞去议会党团主席职务，韩德逊接任。在工会支持政府宣战决定和欧洲大陆社会党支持本国政府的背景下，工党执委会和议会党团联席会议很快作出支持本国政府参战的决定。在政治方面，工党积极参加自由党政府发起的征集新兵活动，同意战争期间停止竞选活动。在工业方面，工党和工会联合通过工业休战倡议，呼吁各工会在战争期间尽可能和平解决争议，不诉诸罢工方式。战时经济的有序进行和超额运转使越来越多的农民和妇女加入到工会队伍中来。在短短四年时间里，工党附属工会会员由 1914 年的 157 万激增到 1918 年的 296 万，接近翻了一倍。① 工会会员是工党的力量之基，人数的急剧扩张自然也使工党的实力和影响力明显增强。

随着战事的紧张，为了获得更广泛的支持，取得战争的胜利，1915 年 5 月，自由党阿斯奎斯政府决定改组内阁，组成战时联合政府。工党参加后，韩德逊被任命为教育大臣，其他几名工党议员担任低级别职务。1916 年 12 月，劳合·乔治出任联合政府首相后，工党在新内阁中更进一步，韩德逊成为战时五人小型内阁成员，来自机械工会的工党议员乔治·巴恩斯和来自钢铁工会的工党议员约翰·霍奇分别出任年金部大臣和劳工部大臣，还有其他工党成员担任一系列低级别职位。参加战时联合政府对工党是一种全新的体验，不仅首次直接参与政府的运作和政策的制定，获得管理国家的切身感受，而且使虽有执政梦想，但基于自身实力从来不敢想象的工党高层觉得上台执政并非遥不可及，第一次有了不再满足于参加议会活动，而是成长为主流大党的梦想。而推动工党迅速成长的路径就是实现包括思想领域在内的全面革新，以适应英国大选的需要。

其次，英国工会历经战时经济控制的体验，对作为社会主义标志的公有制的态度出现了明显变化。大战爆发之前，英国工会界虽然对内掀起激进的工团主义运动，要求变革社会，但作为第二国际的成员，在国际和对外事务中，表达的是反对战争，反对各国进行军备竞赛的声音。不过在大战爆发后，工会态度即刻转变，“采取一种断然之政策”，“自始至终工会

---

① Henry Pelling, etc. , *A Short History of the Labor Party*, Macmillan Press Ltd. , 1996, p. 197.

运动之全部力量投入国家努力之方面”[①]。这种态度的转变既表现在各个工会明确表示支持英国政府决定，鼓励工人参军为国而战上，又表现在工会利用在工党决策投票中的优势，促使工党转变对战争的态度上。

工会对大战态度的转变看似突兀，实际上有着必然性。除了在国难当头之时，英国广大劳工表现出的“坚忍克己的品质和坚定的爱国主义感情”[②] 之外，以下两个方面的历史原因不容忽视。一是工会的劳资合作思想和工会领袖的地位。在英国传统文化的影响下，工会维护劳工利益的基本手段是阶级合作，而不是阶级对抗，更不是暴力。罢工常常是工会解决劳资冲突最后采取的手段。同时，经过长期的斗争，英国工会高层已经成为既得利益者，他们的生活状况与资产阶级相差无几，也不愿意因为战争影响自身已有的稳定状态。因此，在战争没有爆发前是不希望战争爆发的。一旦战争爆发，则支持政府政策，希望本国尽快在战争中取得胜利，恢复相对安逸稳定的生活。二是工会的主导思想不是马克思主义。虽然由于上述原因和战争的破坏性，工会界和马克思主义者一样，都不希望战争的爆发，呼吁维护世界的和平，但工会界对马克思主义的革命学说并不认可，马克思主义者并没有在工会内获得领导地位。因此，工会界与马克思主义者对待世界大战的态度是迥异的。工会界自然不会利用国际战争的时机促使本国资产阶级政府失败，化国际冲突为国内冲突，促成社会主义革命。

在实际行动上，英国工会也作出较大的让步，支持自由党政府的参战行动。随着欧洲战事的紧张，英国军火严重匮乏，需要越来越多的民众投入到工业生产中，需要对战时经济进行临时管制，只有这样诸多重工业和军事工业才能实现超负额运转，为取得战争胜利提供较为充足的物质保障。这涉及对生产、流通和消费的诸多环节进行人为干预，将运输、电力、煤矿等行业国有化，食品发放采取配额制等。这显然在一定程度上改变了英国社会的运作模式，需要工会的配合，也并非劳资谈判就能解决的问题。于是在 1915 年 2 月，自由党政府绕过资方，直接和工会界进行谈判，经过反复讨论，最终与绝大多数工会达成共识。工会方面作出的让步

---

① ［英］韦伯夫妇：《英国工会运动史》，陈建民译，商务印书馆 1959 年版，第 441—442 页。

② Brian Brivati, etc. , *The Labor Party*: *A Centenary History*, Macmillan Press Ltd. , 2000, p. 35.

是同意取消某些行业对不熟练工人、性别和年龄的限制；取消关于工作时间和周日、晚上等加班的限制；取消有关政府军需品产量方面的限制；承诺战争期间不举行罢工，所有争执接受政府公断机关的判定等。自由党政府则保证该协定仅适用于战争期间，一旦战争结束，工会权力立即恢复；适用的领域仅限于与军用物资有关的产业，对非熟练工人的使用有一定的比例限制；确保实行最低工资制，对超负额运转下资方的利润进行限制等。[①] 这一共识显然把英国政府“变成国内最庞大的生产和分配机关；政府已直接或间接地掌握了生产和分配”[②]。

在大战期间，在职工大会和工党共同组成的“战时应急工人全国委员会”的监督和一致对外的爱国品质作用下，这一协议得到较好的执行。虽然工会会员的劳动时间和强度增强，已有的社会权利受到限制，但由于提高了生产效率和供应量，限制了资方的暴利，劳工的经济收益并没有受到很大影响，甚至出现了不同程度的提高。这种战时经济控制的权宜之计显然带有鲜明的社会化色彩，与社会主义思想有着异曲同工之妙。其带来的积极效应无论是对工会高层，还是对普通会员都产生了微妙影响，原来对私有制、自由主义有着天然偏好的工会和劳工开始对公有制、社会主义总体上不再排斥，并产生了一定的兴趣。

再次，基尔特社会主义思想的流行推动工党主流思想的社会主义化。基尔特社会主义又称“行会社会主义”，是第一次世界大战前后在英国影响很大的一种社会主义思想。基尔特的英文是“guild”，又译作“行会”。从名称就可以看出，基尔特社会主义是与中世纪英国行会制度有着密切关系的社会主义思想。进入 20 世纪初，随着资本主义进入垄断资本主义阶段，西方国家不仅贫富差距悬殊，阶级矛盾加剧，而且越来越多的机器大工业生产使产品模式化，使生产过程枯燥化。在这种背景下，1906 年，推崇复古主义的阿瑟·约瑟夫·彭蒂提出摆脱资本主义制度和大工业生产模式，恢复中世纪的小规模手工生产，由行规进行监督的思想。这标志着基尔特复兴思想的产生。彭蒂的基尔特复兴思想虽然反映了小生产者在资本

① ［英］韦伯夫妇：《英国工会运动史》，陈建民译，商务印书馆 1959 年版，第 442—443 页。

② ［德］马克斯·比尔：《英国社会主义史》下卷，何新舜译，商务印书馆 1959 年版，第 345 页。

主义制度下的愿望，但毕竟与生产力发展的历史趋势是相悖的。于是既借鉴彭蒂思想，又超越彭蒂思想的基尔特社会主义思想产生了。

基尔特社会主义思想的代表人物有霍布森、麦罗尔、柯尔等人。霍布森是“基尔特社会主义”这一专门术语的提出者。他虽然对现有的资本主义生产与管理体制不满，但他认同现代科技的发展与机械化大生产，并不认可彭蒂大规模恢复手工生产，按行规管理企业生产的思想。他与彭蒂思想的共同之处是都主张劳工掌握生产资料，而不是国家和资方，只不过他提出的掌握生产资料的工具是工会，路径是把各级工会作为全国基尔特的基层组织，通过民主的方式来管理越来越庞大的工业企业，即把工会由劳工的自卫组织升级为管理组织，实现产业自治。

工党著名思想家柯尔是基尔特社会主义思想的集大成者。在青少年时期，柯尔深受威廉·摩里斯的自由主义、韦伯的费边社会主义、林赛的基督教社会主义、汤姆·曼的工团主义、霍布森的基尔特社会主义等思想的影响与启发，逐步形成了自己系统的基尔特社会主义思想。柯尔的基尔特社会主义思想主要体现在其在第一次世界大战时期出版的《劳动之世界》《社会学说》《基尔特社会主义》等著述中。

保护个体自由是柯尔基尔特社会主义思想的切入点和最终归宿。柯尔指出，社会团体和制度的存在应当“以个人的存在、个人的幸福为社会的最终目的”,[①] 因此，个人自由既包括传统的消极自由，也包括民众免遭饥饿、疾病、恐惧等积极自由，既强调自由的重要性，又不是毫无节制的保护。基尔特社会主义思想的理论基础是职能民主理论。柯尔认为，在社会生活中，为了发挥集体的优势，更好地维护积极自由，形成集体的合力是不可避免的，但代议制是不科学民主的，正确的方式是个人自由结社联合，按照职能民主进行授权。

在这种观念下，在经济领域，柯尔既反对私有制，也反对国有制，而对由劳工自发组成的合作社显示的劳工控制生产资料的社会所有制非常认可。其实施路径是建立以自治为显著特征，由各业劳工组成产业基尔特，直至组成全国基尔特。在政治领域，在基层建立非选民直接选举，而是由行会、合作社等代表组成的基尔特公社，由基尔特公社在其职能范围内履

---

① ［英］G. D. H. 柯尔：《社会学说》，李平沤译，商务印书馆 1959 年版，出版说明第 3 页。

行公共职能。其实施的路径是依靠有组织的劳工运动，发挥领袖人物的作用。在基尔特与国家关系上，柯尔虽然认可国家是必要的政治工具，但主张限制和规范国家的权力，认为国家与基尔特等组织处于平等的地位；按照职能划分，国家代表消费者的利益，基尔特代表生产者的利益。[①]

从基尔特社会主义思想的基本主张看，柯尔主张在不改变资本主义制度的基础上，以职能民主理论为基础，通过劳工有序的参与，以自愿方式建立产业自治团体，对社会进行重组和变革。从理论架构上，柯尔的基尔特社会主义思想是“一种伦理性的学说”,[②] 在实践操作中具有许多难点，即具有乌托邦色彩。如如何公正合理地产生代表，如何在既限制国家权力又不消除国家之间找好平衡点和相处模式等。正是这些问题的存在，使基尔特社会主义思想与实践犹如昙花一现，在第一次世界大战结束后不久就寿终正寝。

但也要看到，基尔特社会主义思想能够在第一次世界大战前后在青年知识分子中产生和流行，与它在思想上的折中性是分不开的。它既没有如当时盛行的工团主义思想那样激进地要求摆脱现有政治体制，也没有像传统社会主义思想那样要求实现国家强有力的控制；既含有社会主义的因子，又有摆脱政治、摆脱政党的特质。“似乎在以工团主义与跨行业工会主义为一方，以及以国家社会主义或集体主义为另一方的两种理论之间形成了一座桥梁。”[③] 即基尔特社会主义思想的兴起有着合适的土壤。

第一次世界大战爆发后，虽然工团主义运动偃旗息鼓，但基尔特社会主义有了初步的实践尝试。1915 年，柯尔和霍布森等人宣布成立全国基尔特联盟。一些产业性、地方性的基尔特组织纷纷成立，劳工得以参加管理。基尔特社会主义思想的这些特点和实践自然会对工党领导层形成冲击。如果任其进一步发展会对工党的命运产生重大影响，工党必须宣示自己的社会主义意识形态，努力在政治生活中发挥更大的作用。因此，如果说工会在第一次世界大战时的直接感受从实践上推动了工党主流思想的社

① 郭海龙：《自由人的联合：G. D. H. 柯尔的社会主义思想研究》，中央编译出版社 2018 年版，第 57—63 页。

② ［英］G. D. H. 柯尔：《社会主义思想史》第三卷上册，何瑞丰译，商务印书馆 1981 年版，第 259 页。

③ ［英］G. D. H. 柯尔：《社会主义思想史》第三卷上册，何瑞丰译，商务印书馆 1981 年版，第 257 页。

会主义化，基尔特社会主义思想在第一次世界大战时的流行则从理论上推动了工党主流思想的社会主义化。

最后，自由党的分裂和选举制度的变化。如果说基尔特社会主义思想在第一次世界大战时的流行是从理论上推动了工党主流思想的社会主义化，第一次世界大战时期自由党分裂和选举制度改革则是从政治生态上推动了工党包括主流思想在内的全面变革。自由党是英国传统的两大政党之一，其前身是1679年成立的辉格党。作为新兴资产阶级的代表，在第一次世界大战之前的两个世纪里，自由党与保守党构成历史上最为经典的两党制。进入19世纪末，随着英国资本主义由自由竞争阶段发展到垄断资本主义阶段，英国开始衰落，一向主张自由贸易与自由政治的自由党也开始显示出颓势。加之因组织松散在爱尔兰问题上引发高层内讧和分裂，自由党在与保守党的大选竞争中明显处于弱势。

1906年大选的大获全胜看似自由党获得了新生，实际上是走向毁灭之前的回光返照。自由党能够取得胜利，一方面是和工党建立“双L联盟”，实行选举合作的结果。但这种合作是一柄双刃剑，短期内有助于推动自由党实现上台执政或连续执政，1906年大选和1910年两次大选都是例证；长期来看是对自由党不利的。因为工党作为劳工利益的代表，其成立本身就是吸引自由党，而非保守党的选民基础。“双L联盟”的合作也推动着工党的壮大，也将进一步侵蚀和动摇自由党的社会基础。另一方面，保守党执政十年的政党政治钟摆效应。但自由党上台后，英国国力的衰退使寻求进行全面社会改革的自由党力所不逮，也引起劳工和资方的双重不满。资方认为吸引劳工的改革举措损害了自身的利益，劳工认为自由党的社会改革总体是口惠而实不至。于是在1910年大选中，自由党的优势已经所剩无几，只是在工党的帮助下得以继续执政，并在随后四年的补缺选举中先后流失了12个议席。

客观地讲，自由党虽然已经衰落，但在英国有利于大党的选举制度下，自由党不至于在十年之内就彻底泡沫化，为工党所取代。但在第一次世界大战的特殊环境下，自由党传统的内讧再次上演，自由党加速走上了不归之路。第一次世界大战爆发后，由于对战争的长期性、复杂性和艰苦性估计不足，英国在战场上伤亡惨重，自由党政府不仅遭到保守党和媒体的指责，也遭遇党内对手的攻击。1916年12月，在保守党的支持下，劳合·乔治再次发难，阿斯奎斯宣布辞去英国首相。至此，自由党以劳合·乔治为一方，阿斯奎斯为一方，在议会内外公开分裂为两派，双方相互抨击，不仅不能形成集体的合力，也造成政治精英的大量流失。在这种形势下，虽然因为战争原因自由党仍然拥有首相职位，继续领导联合内阁，但主导权实际上已经转到保守党手中。第一次世界大战后的政治发展也证明，历经四年的世界大战，自由党急剧衰落，从此远离英国政治权力的中心，由传统大党退居为无足轻重的小党。①

英国是典型的两党制国家，其选举制度对大党十分有利。一般情况下，新兴政党很难把选票优势同等地转化为议席优势。但自由党严重分裂，选民和政治精英的流失给工党的发展提供了难得的政治机遇。如果工党抓住有利的时机进行变革，能够实现迅速崛起。

如果说自由党的分裂为工党崛起创造了条件，英国第一次世界大战期间选举制度的改革则要求工党必须变革，调整主流思想。只要这样，才能把机遇转变为现实，实现宏大目标。经过1832年、1867年和1884年三次英国议会改革，虽然英国降低了对选民的身份、财产、年龄等限制，资产阶级、小资产阶级、上层工人、富裕农民等先后获得选举权，使英国选民占成年民众的比重有了明显提升，但广大劳工和成年女性仍没有选举权。在劳工争取选举权运动的影响下，自由党政府在扩大男性选举权问题上达成共识，同意把其作为社会改革的组成部分，但在女性获得选举权问题上存在明显的分歧。

第一次世界大战爆发后，随着战时经济与社会的超常规运转，不仅成年男性几乎全部投入到工业生产或保家卫国前线中去，而且女性成为战时国家的主力。她们不再局限于传统的家庭事务，纷纷走出家门，或者投身于工业生产或后勤服务活动，或者奔赴一线，从事伤员救治。广大劳工与女性在社会生活中的巨大作用和他们在政治上的无权状况形成鲜明的对比，呼吁赋予劳工与女性普遍选举权的声音再次高涨。于是在战时特殊环境下，联合执政三党在扩大选举权问题上达成共识，一致同意在形势明朗后通过新的选举制度，扩大民众的选举权。

① 关于第一次世界大战期间英国自由党分裂和衰落的详细情况，可参见高岱《英国政党政治的新起点：第一次世界大战与英国自由党的没落》，北京大学出版社2005年版，第69—99页。

1918年1月，旨在解决选举权问题的《人民代表法》在议会通过，实现在扩大选举权问题上的重大突破。除了监狱服刑者、精神病人、贫民工厂和贫民院人员外，所有21岁以上的成年男性，不受职业、财产等限制，均有平等的选举权。30岁以上的女性，在大学选区与男性一样拥有选举权，在普通选区凡是有5英镑价值的房屋或土地，或丈夫拥有以上条件，也有选举权。这项改革是英国历次选举改革中力度最大的，不仅实现了女性选举权的重大突破，而且几乎是选举权完全普及。[①] 按照新的法律，英国选民一下由原来的800万激增到2100万，新增选民绝大多数是处于社会中下层的普通劳工和女性。工党不仅是劳工运动的政治代表，而且长期致力于女性选举权运动，选举权的扩大理论上是有利于工党的。但若想使这种可能性转化为现实，成为工党的选民基础，需要工党有宏大的志向、鲜明的意识形态、健全的组织机构。

二　英国工党民主社会主义主流思想的确立及意蕴

在看到世界大战给工党变革提供了有利条件的同时，也要看到任何一种新事物和新情况的出现都是主客观相结合的产物，没有工党自身的努力，也不可能化机遇为现实。韩德逊是第一次世界大战时期工党的书记，也是工党议会党团领袖，工党在1918年确立民主社会主义主流思想与其有着密切的关系。正是韩德逊的不懈努力，使工党以社会主义政党的新形象出现在第一次世界大战后的英国政坛。

韩德逊是工党早期发展史上的重要领导人。虽然比哈迪、麦克唐纳参与工党事务晚了三年，但韩德逊为工党服务的时间最长。从1903年以劳工代表委员会候选人的身份当选为英国议员，到1934年辞去工党书记职务，韩德逊为工党服务长达三十年，可以说把自己的后半生全部奉献给了新生的工党。韩德逊1863年出生于苏格兰的一个工人家庭，长大后成为一名铸铁工人。1883年加入铸铁工人工会，并逐步成长为一名专职的工会工作者。劳工与工会领袖的经历、体力劳动的艰辛和多次失业的厄运不仅使韩德逊与工会保持着特殊的关系，而且使他更加理解劳工的遭遇与处

① David Lindsay Keire, *The Constitutional History of Modern Britain: Since 1485*, Black, 1987, p. 473.

境，对劳工有着天然的亲近，非常关心工会与劳工的利益。

1903 年，在英国议会补缺选举中，韩德逊一举战胜自由党和保守党候选人，成为来自劳工代表委员会的英国议员，在步入英国政坛的同时，也开始成为工党的政治精英。1904 年，韩德逊被选进劳工代表委员会的执行委员会，担任司库职务。1905 年，韩德逊出任劳工代表委员会执行委员会主席。此后，韩德逊在第一次世界大战前的英国大选中连续当选为英国议员。1908 年到 1910 年，韩德逊首次担任工党议会党团领袖。1912 年到 1934 年，韩德逊长期担任负责工党日常事务的书记。1914 年 8 月，第一次世界大战爆发后韩德逊接替麦克唐纳，再次出任工党议会党团领袖。1915 年 5 月，战时联合内阁成立后，韩德逊作为工党代表担任教育大臣一职，成为工党历史上的第一个内阁大臣。1916 年 12 月，劳合·乔治出任战时联合内阁首相后，韩德逊成为战时五人小型核心内阁成员。1917 年 7 月，在工党是否应当参加在瑞典首都斯德哥尔摩举行的世界社会主义者大会问题上，韩德逊与其他核心内阁成员产生分歧。在遭受著名的“擦鞋垫”事件后，[①] 战时联合内阁虽然没有解体，但韩德逊愤而辞职，重新专注于工党的党务工作。

客观地讲，第一次世界大战爆发后，韩德逊无论是作为工党领袖还是作为战时内阁成员，都为英国取得战争的胜利作出了应有的贡献，体现了对国家的忠诚和热爱。如同意两大政党提出的选举休战、积极参与政府的征兵活动、呼吁工会配合政府不发动罢工行动、在劳工利益问题上作出一定的让步和牺牲等。但这些并没有得到自由党的真正认可，他不断遭到猜疑和不公正对待。因此，本来就“对党务工作，而非议会政治更感兴趣，非常享受管理工党中央部门和改善地方组织”[②] 的韩德逊深感愤懑，决定摒弃十多年来与自由党合作的“双 L 联盟”，立志于变革和壮大工党，使其达到能够上台执政，与传统两大政党相媲美的程度。

---

① 为了行动一致，在未经内阁同意情况下，韩德逊与麦克唐纳一道去巴黎，就是否参加斯德哥尔摩会议与法国社会主义者进行磋商。这遭到其他内阁成员的反对，并召开内阁会议，专门讨论韩德逊的过失问题，为此让韩德逊在会议室外面的擦鞋机旁回避一个多小时。见高岱《英国政党政治的新起点：第一次世界大战与英国自由党的没落》，北京大学出版社 2005 年版，第 111—113 页。

② F. M. Leventhal, *Arthur Henderson*, Manchester University Press, 1989, p. 36.

作为长期从事工党党务工作的政治精英，韩德逊既看到了第一次世界大战带来的有利变化，也清醒地认识到工党实力与地位的增强是特殊的战争效应。一旦战争结束，联合政府解散，工党将不可避免地回到在野党的位置。随着战时经济转为常态经济，如果不采取针对性措施，也不会再出现劳工纷纷加入工会的局面。更重要的是，无论是自由党的分裂，还是选举制度即将到来的变化，无论是工会社会主义观的转变，还是基尔特社会主义思想的流行，都只是给工党发展提供了条件。并且有些条件还是一柄双刃剑，既有机遇，也有挑战。如基尔特社会主义的流行既有社会主义思想得到广泛传播和接受的一面，也有劳工运动脱离国家机器，脱离现有体制框架之虞。若想抓住和利用这些条件，做到趋利避害，使工党能够抗衡或超越传统两大政党，必须实现自身的变革。因为工党无论是在思想上，还是组织上都有着明显的不足，不实现思想与组织的双重变革，根本无法利用这些条件。

在思想层面，传统两大政党都有核心的思想理念与价值追求，如保守党信奉保守主义思想，自由党高举自由主义的旗帜。虽然随着时间的演变，保守主义与自由主义的表现会出现一定程度的变化，但其核心价值是不变的。工党是以劳工主义作为主流思想出现在英国政坛的，但劳工主义并不是一种意识形态，只是一种带有阶级色彩的目标。因此，劳工主义不仅不能成为工党独特的标识，根据实际的需要，自由党和保守党也会提出和采取劳工主义的政策主张，而且也阻碍着其他社会阶层和政治精英的加入，不利于扩大党的社会基础。

在组织层面，若想在大选中取得胜利，必须有广泛的党员基础，有健全的地方和基层组织，因为英国大选是以选区为基本单位的，只有通过党员在基层和地方组织积极活动，才可能争取到更多的选民，赢得议会席位。传统两大政党能够实现轮流上台执政，与其基层和地方组织能够通过积极的党务活动，争取每一个选区有着密切的关系。而工党只有集体党员，没有个体党员。如果想加入工党，只能先加入工党的附属工会或社会主义团体，不能在党组织与入党积极分子、党员个体之间建立直接的联系。正是这种特殊的横向组织结构，决定着工党纵向组织机构，即地方与基层组织发展缓慢，主要由独立工党的基层组织、各个地方工会委员会和地方劳工代表委员会承担地方组织的职能。即使有少量的地方性组织，也

“缺乏制度化、规范化和广泛的社会基础”①。

正是这些问题的存在，使工党虽然在成立前十年发展迅速，但很快进入停滞状态，甚至有泡沫化之虞。即使实力有了很大的增长，但并不足以成长为主流大党，无法对两大政党构成挑战。如果与同一时期第二国际其他成员党相比，更能看出英国工党发展的差距。在第一次世界大战之前，与法国、德国、意大利、瑞典等国政党相比，英国的工业化程度，即劳动工人的比重是最高的，但在成绩最好的选举中，工党的得票率却是最低的，并且是远远低于其他国家的水平（见下表）。这既与英国还没有确立成年男性的普选权有一定的关系，也与工党没有鲜明的意识形态标志，没有强有力的组织机构，无法在平时和大选期间有效地吸引民众，开展政治动员有着直接的联系。

第二国际部分成员党基本数据表②

政党名称	确立男性普选权年份	工业领域工人比重及年份	得票最高比重及年份
法国社会党	1848	29.5%—1906	16.8%—1914
德国社会民主党	1871	39.1%—1907	34.8%—1912
意大利社会党	1919	26.8%—1911	21.3%—1904
瑞典社会民主党	1907	24.7%—1910	36.4%—1914
英国工党	1918	44.6%—1911	7.0%—1910

在机遇与挑战并存面前，韩德逊决定从思想与组织两个方面重建工党。在思想层面，就是使工党超越劳工主义政党的定位，立场鲜明地打出社会主义政党的旗帜，即明确社会主义为工党的主流思想和追求目标。韩德逊的这一诉求应当说是适宜的。一方面，工党内本身就有着强大的社会主义力量，一直致力于推动工党的社会主义化，第二国际的其他成员党也均为鲜明的社会主义政党。另一方面，历经第一次世界大战的体验，原来对工党社会主义化持反对态度的工会，在态度上出现积极的变化。英国工

① 李媛媛：《英国工党地方性组织嬗变研究》，中国社会科学出版社 2009 年版，第 48 页。

② ［英］唐纳德·萨松：《欧洲社会主义百年史》，姜辉等译，社会科学文献出版社 2008 年版，第 11 页。

会与会员之所以反对工党社会主义化，一是受传统文化的影响，对私有制有着天然的偏好，认为公有制和国家干预侵犯民众的自由与权利；二是惧怕工党社会主义化的宏大目标会破坏正常的社会秩序与生活，冲击工会，尤其是工会高层的既得利益，取代工会在劳工运动中的地位和影响。但第一次世界大战时期经历的国家干预和国有化体验不仅改变了诸多工会原有的认知，而且工会领袖以工党议员身份到联合政府任职的经历，使他们对控制国家机器充满兴趣。因此，只要能够控制工党的发展，使其为自己和劳工服务，工会领袖普遍不再反对作为社会主义标志的公有制，也深刻地认识到，只有超越工会党，确立鲜明的意识形态，才能推动工党的发展壮大，实现工会参与政府管理的梦想。

在组织层面，就是吸收个人党员，建立和健全工党的地方组织，形成完善的层级结构，为开展富有成效的政治活动提供有力的组织保障。建立和健全地方组织是指以选区为单位，普遍性地建立地方工党和基层党组织，建立常态化的动员、招募和宣讲机制。吸收个人党员指让对工党感兴趣的民众能够不用加入工会、费边社等工党附属机构，而直接加入工党。对于立志于成长为主流大党的工党来说，韩德逊组织改革的方向是正确的。因为健全的组织机构是工党积极作为，开展一系列活动不可或缺的载体，也有利于减少工会的控制和对工会的依赖；个体党员的吸收不仅能够使工党摆脱压力集团的形象，以现代政党的面貌出现，而且与工会会员被动加入工党，全是体力劳动者相比，个体党员为中产阶级、上层阶级等非体力劳动者加入工党打开了渠道，是主动加入工党者，对工党事务和事业更感兴趣，更有利于发挥其主观能动性，也更有利于扩大工党的社会基础。

由于党章是一个政党保持思想和政治统一，规定党的性质和组织制度的根本法规，是政党各级组织和党员都必须遵守的准则，具有党内宪法的作用；而党纲是党章的具体化，明确地宣示一个政党在一段时期内的指导思想、政治主张和奋斗目标。因此，韩德逊对工党思想与组织的变革是以通过修改已有党章，提出工党在第一次世界大战后的纲领的形式进行的。1917 年底，韩德逊向工党执委会提交要以新的指导思想发展工党的政策文件，建议“通过扩大党员范围，加强党的基层组织建设，以在今后大选中能够提出更多的候选人；通过制订和发表新党纲，使工党成为有力的政治武器。"①

为了实现党章的修改和党纲的制订，韩德逊一方面对主张工党社会主义化的韦伯夫妇委以重任，由其负责起草新党章与党纲的草案；另一方面积极向党内游说与呼吁，希望新党章与党纲能够顺利获得通过。在西德尼·韦伯的建议下，在所有制问题上，韩德逊没有坚持对垄断部门和基本原材料都实行公有制，而是提出折中的生产资料公有制。由于工会对公有制态度出现积极的变化，更加关注的不是所有制变化，而是工会在变革后工党中的权力，因而在把社会主义作为工党意识形态问题上没有引起多少分歧，只是要求在执委会权力分配中进一步向工会倾斜。

由于组织变革不可避免地会减少工会和独立工党在党内的权力，与思想变革相比，工党在组织变革方面遭到明显的阻力。为此，韩德逊采取了重点争取工会的策略，既耐心解释组织变革的目的，又明确表示不会削弱工会的利益。如在 1918 年 1 月的工党年会上，针对新党章草案，韩德逊既明确指出："除非工党对其组织机制进行现代化改造，执行委员会颁布任何纲领以及谈论建造新社会秩序或重建社会都是无用的"，又指出"如果贸然建立由个体党员组成的新组织将是一个严重的错误，必须在维持现有工会、社会主义团体与合作社构成的联盟结构的基础上，把与地方工党和同业工会联系密切的选区组织嫁接到这一联盟结构"②。既强调"工党需要变成一个真正的人民党，而不是仅仅保持一个工会党，关键是在它的工会成员和新的大量选民的需要之间保持平衡"，③ 又提出工党全国执委会的附属组织代表不再由各团体分别产生，而由附属组织集体投票产生，以保证工会的权力不受影响。④

在满足工会执委会席位增加要求后，韩德逊的积极游说收到了效果，大多数工会同意发表新的党章与党纲，以公开表明工党的社会主义属性和争取政权、变革社会的目标与决心。于是在具有历史意义的 1918 年 2 月特别会议上，工党顺利地通过了新党章。在组织上，在继续维持现有集体党员机制的同时，开始吸收个体党员；逐步建立和完善各级地方组织，作

① R. R. James, *British Revolution*, (*1880 - 1939*), Metheun, 1977, p. 374.

② Chris Wrigley, *Arthur Henderson*, University of Wales Press, 1990, p. 121.

③ Brian Brivati, etc., *The Labor Party*: *A Centenary History*, Macmillan Press Ltd., 2000, p. 38.

④ F. M. Leventhal, *Arthur Henderson*, Manchester University Press, 1989, p. 75.

为工党吸收个体党员，开展选举、动员、招募等政治活动的主要载体；调整和扩大工党执委会的组成，由 23 人组成的执委会包括附属组织 13 人、地方工党 5 人、妇女组织 4 人和司库 1 人，其中附属组织代表不再由各个团体分别选出，而是由附属组织集体选出。在思想上，由原来的排斥和否决生产资料公有制，到新党章第四条明确规定党的目标是“在生产资料公有制和对每一工业或行业所能做到的最佳的民众管理和监督的基础上，确保手工与脑力生产者获得其勤勉劳动的全部果实和可行的最公平分配”①。

面对战争的即将结束，为了在战后英国政治舞台上迅速崛起，更加详细地阐释工党的性质与主张，在 6 月举行的工党代表大会上，通过了由韦伯夫妇起草的名为《工党与新社会秩序》的纲领性文件。党纲开篇指出，战后英国“应该重建的不是某一政府部门，也不是某一社会机构”，而是“社会本身”，因为战争已经“摧毁了产生战争本身的那种特殊的社会制度的基础”。工党希望过去几个世纪的统治形式——“建立在私有制和土地及资本竞争经营的基础上的资本主义生产私有制”——“受到致命的打击”，这样与其相一致的“政治制度和思想也就必然随之消灭了”。为了表达工党与旧社会制度决裂的态度，工党明确指出，无论工党在野，还是将来执政，“决不支持私有制的复兴”，而是“尽最大努力使私有制和被它所毁灭的千百万生命一同埋葬”。

党纲在表达出消灭旧制度决心的同时，也明确表示要通过“社会、政治、工业机构方面的改革”，“建立一种新的社会制度”。工党为建立这种新社会制度而采取的政策，“不只是某项具体改革，而是经过深思熟虑的，有系统的和意义广泛的立即重建社会的计划。”新社会制度的基础是“友谊”，是“为了一切用脑力或用劳力的人们的利益，在生产和分配方面进行仔细的有计划的合作”，是“生活在世界上的每个人的物质条件循序达到健康的平等”，是“在工业和政府方面达到完全平等，取得普遍的自觉的同意，以及代表真正民主的最大限度的广大人民在政治上、经济上参加治理”。新社会制度的四大支柱是“厉行普遍裁减军备至最小限度、工业的民主管理、国家财政改革、剩余财富为全体人民谋福利”，其共同基础

---

① Henry Pelling, etc., *A Short History of the Labor Party*, Macmillan Press Ltd., 1996, p. 39.

是“民主地管理一切社会活动”①。

从工党新党章和党纲不难看出，工党已经不再满足于在议会中增加一些劳工议员，而是有了宏大的上台执政目标。为了实现这些目标，工党在思想理论层面表明了系统化的新认识。如在对待资本主义制度上，工党此前并没有从社会制度的角度认识劳工的苦难与社会的不公，并没有消灭资本主义制度的想法，而现在认为正是深层的社会制度是奴役民众的根源，必须消灭资本主义制度；在对待新社会制度上，工党此前没有建立新社会制度的目标，而现在不仅有建立新社会制度的决心与向往，而且对新社会制度的基础、路径和支柱等作了详细的阐述；在对待私有制和公有制态度上，工党此前一直反对通过包含公有制的议案，把公有制写进党章，而现在认为生产私有制是产生资本主义各种痼疾的根源，必须埋葬私有制，明确把生产资料公有制作为党的目标和意识形态标识，“作为工党主流社会主义意识形态的主要学说，公有制获得了核心重要性”；② 在关注对象上，工党此前关注的对象是以工会会员为代表的广大劳工，随着工党有了执政的打算和个体党员的吸收，虽然体力和脑力劳动者仍是关注的重点，但关注对象已经拓展到超越职业、身份的广大民众；在变革社会路径上，工党原来根本就没有这方面的考虑，现在工党提出在议会和国家组织和保持一个政治工党，通过议会选举，上台执政的方式渐进地变革和重建社会；在执政方略上，工党首次提出坚持民主、平等的价值观，为此在工业和社会管理中提出加强民主监督与治理，在劳动成果分配上提出公平公正等主张。总之，工党新党章和党纲的逻辑进路就是生产资料私有制是资本主义各种经济、政治与社会问题的根源，只有用生产资料公有制代替生产资料私有制，建立新的社会主义制度，才能解决这些问题，建立新社会制度的途径是在议会选举胜利的基础上，进行公有制改造和社会化改革。

显然，这一系列思想理论主张不仅是工党内费边社、独立工党等社会主义团体的认识和长期孜孜追求的目标，也是当时德国社会民主党、法国社会党、瑞典社会民主党等欧洲大陆主要社会主义政党对社会主义

---

① 《各国社会党重要文件汇编》，世界知识出版社 1959 年版，第 308—311 页。

② Tudor Jones, *Remaking the Labor Party*: *From Gaitskell to Blair*, Routledge, 1996, p. 24.

的基本认知。如德国社会民主党1921年的《格尔利茨纲领》在继续对资本主义及其私有制进行无情批判的同时，指出“把劳动人民从资本统治的枷锁下解放出来……的一个必要手段”是“把大规模的集中的经济企业转为公有经济，并由此进一步把整个资本主义经济改造成社会主义经济”，具体手段是“国家对生产资料的资本主义占有……实行监督。在民主管理和避免官僚化的基础上逐步扩大国家的、州的、以及公共团体的企业”①。瑞典社会民主党1920年通过的党纲指出：“当今文明的种种弊端的根本原因在于私人资本主义的生产方式”，社会民主党的目的是“全面地改造资本主义社会的经济组织，实现被剥削阶级的社会解放”，改造的方法是“取消私人资本主义对生产资料的所有权并将其置于社会控制与占有之下，用一个社会主义的、根据社会的实际需要制定计划的、为提高繁荣而发展的生产，来代替目前的无计划的商品生产”。② 既然正是这些理论主张与目标，使德国社会民主党、法国社会党、瑞典社会民主党等印上民主社会主义的标签，与其异曲同工的英国工党自然也成为民主社会主义政党。只不过这些政党主流思想的转变是由科学社会主义转变为民主社会主义，而英国工党的主流思想是由劳工主义转变为民主社会主义而已。

需要指出的是，为了更好地实现工会与社会主义团体的融合，避免因社会主义字眼引起工会界的不满，与同时期其他政党打出明确的社会主义旗帜不同，来自工会界的韩德逊主导的新党章和党纲中并没有出现“社会主义”或“民主社会主义”一词。即使如此，由于工党的新党章和党纲通篇洋溢着民主社会主义观的丰富内涵，使得其成为工党主流思想转变的标志，成为工党转变为民主社会主义政党的标志。这一点得到工党诸多领导人和中外学者的普遍性认同。如后来的工党领袖与英国首相艾德礼把《工党与新社会秩序》纲领称作是“一个毫不妥协的社会主义者的文件”，表明工党“已经采取社会主义作为它的目标，它不再仅以工党议员的选入国会为满足”③。工党著名理论家柯尔称，新党纲的通过意味着工党“从一个

---

① 张世鹏译：《德国社会民主党纲领汇编》，北京大学出版社2005年版，第34—35页。

② 高锋等：《瑞典社会民主主义模式：述评与文献》，中央编译出版社2009年版，第170—172页。

③ ［英］C. R. 艾德礼：《工党的展望》，吴德芬等译，商务印书馆1961年版，第24—26页。

由社会主义者与工会组成的松散联盟，改变成一个由工会支持的社会主义政党"[①]。英国学者唐纳德·萨松认为，直到1918年2月新党章通过，"才在全国范围内建立了完全由社会主义者组成的工党"，"英国工人运动才融入欧洲社会主义运动的主流中"[②]。英国学者奈杰尔·福尔曼指出，"自1918年制定党章开始，工党就形成了信奉社会主义意识形态的传统"[③]。英国学者都铎·琼斯认为，"直到议会和选举独立运动顺利进行，即1918年之后，诸如公有制等社会主义思想才占据了工党思想的中心地位，这些思想后来被他们最狂热的拥护者所认可"[④]。德国学者马克斯·比尔称工党在1918年把"一个社会主义纲领给予英国的工人阶级"，"由于该党党章具有生产资料公有的明文规定，该党已变成一个社会主义的工党了"[⑤]。中国学者殷叙彝指出："1918年的工党章程中第一次提出社会主义目标，从这时起……我们才可以把工党看成一个社会民主主义的政党。"[⑥] 谢峰指出："工党作为社会主义性质政党的标志是1918年制定的党章"，因为"把公有制写入党章，这在一个以私有制为基础的资本主义社会中，无疑是向外界公开宣称，工党是一个社会主义政党"[⑦]。除了中国学者外，西方学者和政党精英在评判时之所以没有用"民主社会主义"或"社会民主主义"一词，而使用"社会主义"一词，主要与双方的语境有关。因为在中国话语体系中，一般不特殊说明的话，社会主义就是指科学社会主义；而在西方话语体系中，长期把科学社会主义称为共产主义或集权主义，而把民主社会主义称为社会主义。

---

① ［英］G. D. H. 柯尔：《社会主义思想史》第四卷上册，宋宁等译，商务印书馆1990年版，第402页。

② ［英］唐纳德·萨松：《欧洲社会主义百年史》，姜辉等译，社会科学文献出版社2008年版，第18—19页。

③ ［英］奈杰尔·福尔曼等：《英国政治通论》，苏淑民译，中国社会科学出版社2015年版，第104页。

④ Tudor Jones, *Remaking the Labor Party: From Gaitskell to Blair*, Routledge, 1996, p. 2.

⑤ ［德］马克斯·比尔：《英国社会主义史》下卷，何新舜译，商务印书馆1959年版，第347页。

⑥ 殷叙彝：《社会民主主义概论》，中央编译出版社2011年版，第439页。

⑦ 谢峰：《政治演进与制度变迁：英国政党与政党制度研究》，北京大学出版社2013年版，第5页。

第二节　英国工党实践民主社会主义思想的表现与评判

工党新党章和党纲确立后，即开始了向主流大党迈进的步伐。在成长为主流政党的进程中，工党践行和丰富了其民主社会主义思想的基本诉求。工党的这些努力既推动了其在政坛的发展，首次实现上台执政，深化了对民主社会主义思想的认识，也在实践中暴露出关于民主社会主义思想的内部分歧，使发展遭受致命的挫折。

一　英国工党实践民主社会主义思想的表现

一个政党是否坚持自己的意识形态，既要看它说了什么，又要看它做了什么。换言之，既要听其言，又要观其行。由于大选纲领是西方政党为了取得选举胜利，向选民作出的郑重表态和承诺，因此竞选纲领是观察西方政党言论和意识形态的重要“言”。“行”就是政党自身的实践，既包括政党建设的实践，也包括执政后领导政府的实践。从竞选纲领和自身实践这两个维度看，在第一次世界大战后的英国政坛上，工党很好地从言行两个方面坚持和实践了 1918 年确立的民主社会主义主流思想。

第一，无论是竞选纲领还是组织建设，工党都始终把上台执政作为目标。不再拘泥于狭隘的经济与社会利益，提出上台执政的宏大目标是工党新党章和党纲的特质，也是工党在思想上超越劳工主义思想的标志。审视第一次世界大战后工党的言行，可以说无论是顺境还是逆境，工党是一直在向这一目标努力。

竞选纲领方面，第一次世界大战前由于只关注劳工利益，没有宏大目标，工党每次大选的竞选纲领不仅篇幅短小，不超过 500 字，没有一个具体的名称，而且关注领域有限，都是涉及工会和劳工的具体问题，如工资收入、失业保障、法院判决、法案制定等，几乎没有政治领域的诉求，也不关注国际形势和外交事务。与其说是大选主张的展示，不如说是口号，目的是通过竞选纲领向即将上台的政党施压和呼吁。

第一次世界大战后，虽然工党自身实力与传统两大政党还有明显的差距，特别是与保守党差距甚巨，但在新党纲的指引下，工党认真准备，每次大选都俨然以大党、现代政党，而非选举联盟的姿态，推出翔实的竞选纲领，和传统两大政党进行全面的竞争。如在纲领名称上，工党每次的大选纲领都有明确的名称，以引起选民的重视和关注，先后采用的名称有“工党对人民的呼唤”“工党对国家的呼唤”“工党呼吁行动：国家的机会”“工党对权力的召唤”等。在纲领篇幅上，比原来有了大幅度的增加，每一个竞选纲领都达到1000字以上，最长的1929年竞选纲领甚至达到2000字以上。① 纲领内容上，随着篇幅的增长，内容也越来越充实，不仅涉及住房、健康、税收、土地、工业、农业等传统的经济与社会领域，而且关注外交、国际安全、爱尔兰问题、英联邦问题、女性权利、民主化等内政与外交领域，已经完全覆盖政府治国理政的方方面面。以工党竞选成功的1923年12月的竞选纲领为例，该纲领分关税不是解决方法、工作还是抚养、工党的失业计划、对农业的帮助、土地政策、国家间的和平、减轻纳税人的税赋、建立合作服务共同体、老寡孤幼问题、第一次世界大战服役者津贴、平等的权利、工党的理想等12个方面对工党的政治主张与承诺进行深入的阐述，以吸引选民，争取选民的认可。②

为了争取大选的胜利，一个政党仅有华丽的辞藻和动人的承诺是远远不够的，必须具有强大的实力与强有力的组织动员能力，因为如果没有强大的实力做后盾，根本没有上台执政的可能性，再全面的竞选纲领也会被视为不切实际的空谈。在力量建设中，建立健全各级政党组织非常关键，起着根本性的作用。因为无论是党员的招募还是竞选的宣传，都需要通过各级组织来进行和完成。地方组织如果缺失或不健全，就会形成党员的荒野地带，带来致命的缺陷。

英国系议会内阁制国家，与总统制国家相比，加强政党的地方组织建设显得更为重要。一方面在于总统制国家的全国大选是选一个人，直接针对各个政党的总统候选人投票，达到规定多数的取得胜利，选民在投票中更加重视候选人个人的形象、素养与政策主张。而议会内阁制国家的全国大选是议会选举，选一批人（议员），一般是赢得议会简单多数或第一大

---

① Iain Dale, *Labour Party General Election Manifestos (1900 - 1997)*, Routledge, 2000, pp. 16 - 47.

② Iain Dale, *Labour Party General Election Manifestos (1900 - 1997)*, Routledge, 2000, pp. 23 - 26.

党的政党上台执政。因此，虽然每个政党也有明确的候选人，但全国大选并非几个政党候选人之间的简单直接比拼，而是各个选区比拼的综合。在选区议席竞争中，各个政党提名的议员候选人情况对议席花落谁家也有很大的影响。另一方面，由于议会内阁制国家的大选是议会议席的竞争，尽可能提出多的候选人，争取覆盖每一个选区是赢得大选胜利的重要条件。以英国为例，20 世纪以来英国下院一直维持 600 多个议席，如果一个政党连一半的选区都不能提出候选人，大选还没有进行就知道不可能赢得政权，因为即使提名候选人全部获胜，也没有获得简单多数的可能。因此，在英国这样的议会内阁制国家，做好地方党组织建设，建立健全基层组织，做好每一选区的竞选工作显得更为重要。第一次世界大战之前，正是由于工党几乎没有基层组织，使得工党既无法开展卓有成效的竞选工作，也无法提出覆盖全国的庞大议会候选人。虽然大选成绩在攀升，但并不能左右英国政局状况，也不可能上台执政。

第一次世界大战后，在上台执政目标的指引下，随着个体党员制度的引入，工党加快了地方组织建设的步伐。从 1918 年到 1924 年，在短短六年的时间里，在书记韩德逊的努力下，通过重组和新建，工党的地方组织建设取得了巨大成就。从地方党组织数量讲，仅在新党章公布后的 1918 年，就由 1917 年的 260 个增加到 398 个，其中政治性组织迅速增加，占到 325 个，而传统占据主体的工会组织减少到 73 个。[①] 以选区党组织为例，到 1924 年，工党的选区党组织几乎覆盖整个英国，没有选区工党的选区由 1921 年的 140 个减少到 19 个。[②] 在加强地方组织数量建设的同时，工党也加强了这些党组织的内涵建设。通过设置专职党务人员，不仅使地方党组织在各级竞选活动中的宣传、组织与动员功能凸显，有力地推动了工党在全国大选中的成效，而且在平时承担起吸收党员、政治教育、团结聚力、筹集经费等职能，对于党的发展壮大，增强在民众中的影响力起到了重要的推动作用。如在 1918 年、1922 年和 1923 年的英国大选中，工党议员的竞选成功率明显提升，由 16.2% 提高到 34.3%，再提高

① Keith Laybourn, *The Rise of Labor: The British Labor Party (1890 - 1979)*, Edward Arnold, 1988, pp. 52 - 53.

② Ross Mckibbin, *The Evolution of the Labour Party (1910 - 1924)*, Oxford University Press, 1974, p. 137.

到 44.7%。[①]

第二，在竞选中工党提出了重建英国社会、实施国有化改革、实行社会主义等目标与主张。如果说工党为实现上台执政而提出全面的竞选纲领，加强地方组织建设只是表明不再满足于劳工主义的目标，民主社会主义主流思想表现并不突出的话，认真研读工党在两次世界大战之间的历次竞选纲领的具体内容，不难发现，工党所提出的一系列目标与举措，都带有民主社会主义的鲜明烙印。

一是提出重建英国社会的治理目标。对资本主义持批判态度，力图改变资本主义社会不公正不合理的状况，重建社会秩序和面貌，既是民主社会主义思想的核心目标，也是民主社会主义的鲜明特质。因此，考察工党对现有社会的态度是评判其是否坚持民主社会主义主流思想的重要标尺。审视工党在第一次世界大战后的多份竞选纲领可以看出，其对重建英国社会的追求是始终不变的。在 1918 年的第一次世界大战后首份竞选纲领中，工党开篇就指出："工党已经离开战时联盟，正呼吁国家的所有民众接受一个对于反对力量来说是挑战的计划。"[②] 在结尾部分再次强调："工党发表全面和建设性计划的目的是建设一个新世界。"[③] 1922 年的竞选纲领针对联合政府解散、保守党执政的现实明确指出，"保守党正在执行一个赤裸裸的反对政策"，呼吁"全体民众接受工党提出的国际和平与国家重建计划"[④]。1923 年竞选纲领针对失业问题严重的情况，指出"无论是否有自由贸易的保护举措，失业问题在每一个西方工业国家都是普遍的，因为它是现有经济制度反复发作的特点"[⑤]。1924 年竞选纲领再次强调，解决失业问题的根本方法是"整个工业体系的必然转变"[⑥]。

二是把国有化和公有制作为重建英国社会，尤其是工业体系，实现工业民主的重要手段。实行生产资料公有制和对每一工业和行业进行民主管理和监督，确保公平分配既是当时社会主义政党对社会主义的基本认知，

---

① 李媛媛：《英国工党地方性组织嬗变研究》，中国社会科学出版社 2009 年版，第 89 页。

② Iain Dale, *Labour Party General Election Manifestos (1900 – 1997)*, Routledge, 2000, p. 16.

③ Iain Dale, *Labour Party General Election Manifestos (1900 – 1997)*, Routledge, 2000, p. 18.

④ Iain Dale, *Labour Party General Election Manifestos (1900 – 1997)*, Routledge, 2000, p. 19.

⑤ Iain Dale, *Labour Party General Election Manifestos (1900 – 1997)*, Routledge, 2000, p. 23.

⑥ Iain Dale, *Labour Party General Election Manifestos (1900 – 1997)*, Routledge, 2000, p. 29.

也是英国工党转变为民主社会主义政党的身份特征，还是工党建设新社会的四大支柱之一，因此，通过国有化实现生产资料所有制的转变，通过国有化实现劳工对工业和企业的民主监督和管理成为工党大选纲领不变的诉求和主张。在1918年的大选纲领中，工党第一次明确提出“在重要工业和公共服务领域，如矿业、铁路、运输、军备、电力领域立即实行国有化和民主控制，为此必须涉及关于劳动时间、工厂状况、安全条件、补偿政策等相关的法案”①。1922年的大选纲领指出工党工业政策的目标是实现“工业重建”，方法是“矿业、铁路等行业的快速国有化和劳工参与工业控制的增长、劳工赔偿法案的改进、其他劳工保护措施的制定”②。1929年针对矿业工人大罢工失败后的悲惨遭遇，工党在大选纲领中指出：“大多数劳工认为矿井和矿物国有化是形成满意工作状况的方法。”③ 进入30年代，工党更是明确提出实现生产资料公有制。如1931年大选纲领指出，“采矿业的悲惨状况表明私有制在组织国家财富上的完全无能，工党如果上台执政采取的第一步是在实行公有制和控制基础上实现采矿业的统一”④。

三是逐步打出明确的社会主义旗帜。与1918年党章与党纲一样，在第一次世界大战后初期的大选中，工党虽然提出了重建英国社会、实行国有化等社会主义主张，但在竞选纲领中并没有打出明确的社会主义旗帜。随着工党超越自由党成为英国第二大党，并且两次实现上台执政，工党对民主社会主义主流思想更加充满信心，开始从话语中逐步打出明确的社会主义意识形态旗帜。最早出现“社会主义”一词的工党竞选纲领出现在1924年。在当年大选纲领中，工党呼吁民众支持自己，“把每一个成功作为取得更大成就的起点，朝着真正的社会主义共同体前进”⑤。在1931年的大选纲领中，面对经济危机的严重和麦克唐纳的背叛，工党更是把进行“迫切的社会主义重建”作为纲领单独的一部分，指出“当前的形势需要进行大胆和快速的行动，资本主义文明的衰变决定了行动不能延迟，工党

① Iain Dale, *Labour Party General Election Manifestos (1900 - 1997)*, Routledge, 2000, p. 18.
② Iain Dale, *Labour Party General Election Manifestos (1900 - 1997)*, Routledge, 2000, p. 21.
③ Iain Dale, *Labour Party General Election Manifestos (1900 - 1997)*, Routledge, 2000, p. 34.
④ Iain Dale, *Labour Party General Election Manifestos (1900 - 1997)*, Routledge, 2000, p. 42.
⑤ Iain Dale, *Labour Party General Election Manifestos (1900 - 1997)*, Routledge, 2000, p. 31.

的任务就是采取积极有力的社会主义重建举措”①。1935 年的大选纲领又进一步把“社会主义重建”明示为“大胆、清晰的政策”，在多个方面提出具体的政策主张。如经济上提出“银行、煤炭、交通、电力、钢铁、棉花等行业实行公有制计划”，政治上提出“废除上议院和改进下议院的议事程序”等。②

第三，无论是上台执政还是改造英国社会，工党都坚持议会道路，反对采用暴力和对抗的方式。工党新党章和党纲通过之时，正是世界社会主义共产主义运动兄弟阋墙、分道扬镳之时，本为一体的国际共产主义运动分裂为科学社会主义与民主社会主义两大分支。虽然科学社会主义和民主社会主义在实现社会主义的目标和手段方面仍有着诸多共识，如在批判资本主义社会基础上提出建立新社会制度、公有制是社会主义社会的主要特征、国有化是实现社会主义的主要手段等，但在实现社会主义的路径上是截然有别的。科学社会主义坚持通过革命和暴力方式打碎旧的国家机器是根本方式，而民主社会主义则坚持在资本主义框架内通过和平的议会选举，上台执政的方式来重建社会。因此，科学社会主义政党是体制外政党，对现有的国家机器持否定的态度；而民主社会主义政党是体制内政党，主张在接受现有基本体制的基础上，通过融入对其进行渐进的改造。考察英国工党新党章通过后的主张与实践，其民主社会主义主流思想得以充分的佐证。

在赢得政权方式上，工党一直积极致力于通过议会选举的方式实现上台执政，对每次大选都给予充分的重视，反对通过破坏性的暴力革命方式获得政权。这一点在工党对待英国共产党的态度上表现得淋漓尽致。在 1918 年之前，由于坚持的是劳工主义思想，没有上台执政的打算，工党对具有马克思主义色彩，主张维持劳工利益的政党与团体持有包容的态度，如社会民主同盟是工党的创始者之一、社会民主联盟在 1901 年是主动退出而非被动开除、第一次世界大战期间从工党分裂出去的社会党得以重新加入工党等。

---

① Iain Dale, *Labour Party General Election Manifestos (1900 - 1997)*, Routledge, 2000, p. 40.

② Iain Dale, *Labour Party General Election Manifestos (1900 - 1997)*, Routledge, 2000, pp. 46 - 47.

第一次世界大战后，在民主社会主义主流思想引领下，为了实现上台执政，避免马克思主义给工党带来不利的影响，工党对具有鲜明革命色彩的英国共产党采取了坚决的排斥和不合作的态度。英国共产党是1920年7月在共产国际指导下建立的马克思主义政党。英国共产党认为，无产阶级专政是英国“从资本主义向共产主义过渡时期镇压反革命的必要手段”，“否认社会革命可以通过议会民主的普通方式来实现的改良主义观点，而认为议会和选举的活动只是一般地提供了通向革命的宣传和鼓动的手段”①。这种观点显然与工党的民主社会主义观格格不入。因此，当在列宁建议下，英国共产党寻求加入工党时，工党以“共产党的目标与工党党章、原则与纲领相左”为由不予接受。这既表明工党加强了组织纪律建设，也“清楚地表明它按党章与党规行事的态度”②。

在此后第一次世界大战和第二次世界大战之间的岁月，面对英国共产党的联合诉求或渗透行动，工党采取了一系列的反对举措。如在20年代，英国共产党员虽然可以以工会代表身份参加工党年会，但工党以决议的形式规定英国共产党员不得成为工党的个体党员，不得提名为议会候选人。面对英国共产党员在20年代后期控制了一些工党地方性组织，工党宣布将这些地方性组织开除出工党。③ 1935年和1936年，英国共产党两次申请加入工党，也得到工党部分地方组织和附属工会的支持，对此，工党不仅发表《英国工党与共产主义》的声明，对工党与英共信奉的两大思想的差异与政策的区别进行说明，而且在年会上连续给予拒绝和否决。用学者的话来说，“没有任何一件提案如此被党的年会一再有力地摒弃”④。随后面对法西斯力量猖獗的新形势，工党内的社会主义团体——社会主义联盟，希望工党与共产党、与脱离工党的独立工党等成立“联合阵线”，基于“共产党早期造成的麻烦”和“选举时会给工党带来的沉重负担”，工党不仅拒绝，而且宣布参加社会主义联盟和参加工党是不相容的，联盟成员将丧失工党党员资格，迫使社会主义联盟解散。其主要领导者克里普斯由于不遵守工党的决定，发起多党合作的“人民阵线运动”，遭致开除出工

---

① 齐世荣：《世界通史资料选辑》现代部分第一分册，商务印书馆1980年版，第382—383页。

② Henry Pelling, etc., *A Short History of the Labor Party*, Macmillan Press Ltd., 1996, p. 39.

③ Henry Pelling, etc., *A Short History of the Labor Party*, Macmillan Press Ltd., 1996, p. 39.

④ 齐世荣：《世界通史资料选辑》现代部分第一分册，商务印书馆1980年版，第441—442页。

党的命运。[1]

与赢得政权靠走和平的议会道路相一致，在重建英国社会上，工党也坚持在现有体制内，采用符合宪法的和平手段，反对采用激进革命的方式。这一民主社会主义思想的鲜明特质在英国大选纲领中不断地再现。1918年的工党大选纲领指出，工党建设新世界“通过宪政的手段”[2]。1922年的工党大选纲领对此又作了进一步的阐述，把“反对革命”作为单独的一部分，指出“工党的计划是反对暴力动乱和阶级战争的最好保障……工党的政策是靠宪政手段带来国家财富更公平的分配，它既不是布尔什维克主义，也不是共产主义”[3]。1929年的工党大选纲领提醒“选民不要相信对手对工党目标、政策和社会主义思想的误传”，再次强调工党“既不是布尔什维克主义者，也不是共产主义者。它反对把暴力、革命和没收作为建立新社会秩序的手段，它相信有序的进步和民主的方式”[4]。

第四，提出、形成和实践民主社会主义的基本价值观。基本价值观是人们从伦理道德的角度辨别是非、形成认识的主要思维取向。基本价值观既具有普世性，又有着独特性。不同群体的人们由于经历、职业、学识、阶级等方面的差异，在基本价值观上会有着一定的差异，从而形成独特的身份特质。基本价值观同时具有相对稳定性和持久性。某一群体的基本价值观形成于某一特定的历史方位，在历史条件、时代背景、地理方位没有发生根本变化的情况下，基本价值观会保持稳定和不变。由于基本价值观具有身份特质和稳定性，在政党政治中，基本价值观成为各政党，尤其是主要政党非常重视的精神要素，也是影响选民投票意向的重要变量。如在英国政治中，保守党具有捍卫传统、追求绝对自由的基本价值观。

工党的新党章确立后，为了尽快实现力量增强，上台执政，进而改造社会的目标，在提出一系列政治、经济与社会目标与主张的时候，其既从社会历史的角度论证这些主张的合理性和必然性，也从道德伦理的角度赋予这些主张合情的外衣，以形成自己的意识形态特质，实现从精神和物质两方面争取更多选民的认可与支持，于是形成了自己的基本价值观。由于

---

① Henry Pelling, etc., *A Short History of the Labor Party*, Macmillan Press Ltd., 1996, p. 39.

② Iain Dale, *Labour Party General Election Manifestos (1900 – 1997)*, Routledge, 2000, p. 18.

③ Iain Dale, *Labour Party General Election Manifestos (1900 – 1997)*, Routledge, 2000, p. 22.

④ Iain Dale, *Labour Party General Election Manifestos (1900 – 1997)*, Routledge, 2000, p. 33.

党纲是阐述党的政策主张的主渠道，工党的民主社会主义基本价值观首先表现在工党的竞选纲领中，随着工党竞选纲领的丰富而逐步形成和完善。审视和分析工党的竞选纲领，可以把其民主社会主义基本价值观分为自由、民主、公正、平等、公开、团结、合作等方面。当然，这几个强调不同侧面、不同站点的基本价值观不是各自独立、界限分明，而是密切联系、有机统一的。

工党的民主社会主义基本价值观首先表现在经济与社会领域。如在1918 年的大选纲领中，工党不仅指出要对主要公共服务行业进行民主控制，而且指出对工会作用给予充分认识和尽可能发挥是民主控制的主要表现，呼吁选民支持它的“社会公正与经济自由计划”①。在 1922 年的大选纲领中，工党指出其社会政策指向“建立一个人道的和文明的社会”，如在儿童事务上“不仅要减少不必要的死亡，也将给每一个儿童平等的受教育的机会”②。在此后多篇大选纲领中，工党一再强调通过议会立法或修改现有法案，来推动经济与社会改革，是工业和社会领域贯彻民主的重要表现。

工党的民主社会主义基本价值观在国内政治与国际政治领域都有着具体的诉求。作为一个立志执政的政党，工党的民主社会主义价值观不仅表现在经济与社会领域，也表现在政治与安全领域。无论是在国内和英联邦事务中，还是在国际事务中，工党都有着直接的表现。在 1918 年的竞选纲领中，工党“欢迎自由和民主在欧洲的扩展”，称自己“呼吁的自由原则作为一个民主权利，不是有选择的和局部的，而是全面普遍的，不仅适用于国际事务，也适用于包括爱尔兰问题、印度问题等英联邦事务。工党若上台执政，将给这些地区人民自主决定命运的权利”③。称“无论是其国内计划的公正，还是国际计划的公正，都是建立在永久的民主原则基础上”④。1935 年大选时，面对日趋严峻的国际形势，工党在竞选纲领中特别强调“通过与国际联盟和其他爱好和平国家的合作来维护世界和平”，

---

① Iain Dale, *Labour Party General Election Manifestos (1900 - 1997)*, Routledge, 2000, p. 18.

② Iain Dale, *Labour Party General Election Manifestos (1900 - 1997)*, Routledge, 2000, p. 25.

③ Iain Dale, *Labour Party General Election Manifestos (1900 - 1997)*, Routledge, 2000, pp. 16 - 17.

④ Iain Dale, *Labour Party General Election Manifestos (1900 - 1997)*, Routledge, 2000, p. 18.

指出“最好的防卫不是拥有大量的先进武器，而是集体安全组织的形成和各国达成减少军事武器的共识”①。

工党的民主社会主义基本价值观在男女平等方面有着鲜明的表现。第一次世界大战后，随着大多数成年女性获得普遍的选举权，发展女性党员，争取女性选票成为工党新的工作重点。于是在大选纲领中，从基本价值观的角度重视女性成为工党的重要标签。在第一次世界大战后首次的1918年大选纲领中，工党就称自己是“真正的女性的党”，“在其他政党忽视或迫害女性时，工党一直代表两性的平等权。在政治上为女性呼吁完全的成人选举权，在工业中呼吁男女劳工同等付薪和参加工会等组织”②。在1929年大选中，尽管女性选举权在前一年已经与男性平权，但工党仍向女性强调“自身的解放还没有完成，在法律、社会和经济方面依然存在必须加以解决，影响女性和孩子的不公正和不正常的事项”③。

工党的民主社会主义基本价值观也表现在对待英国工会罢工的态度上。为了维护自身的利益，工会罢工有其合理性。不过由于罢工是一种不合作行为，并且具有较大的破坏性，与工党追求合作的基本价值观不符，使得工党虽然同情劳工的遭遇，但无论在自己执政时，还是在野时，都对工会组织的罢工行动并不支持。如1924年工党首次执政时，麦克唐纳首相明确表示反对工会采用罢工这种维权方式，并促使工会结束罢工。工党同情劳工，但又反对罢工的民主社会主义思想在麦克唐纳对待1926年工会大罢工事件的态度上表现得最为突出。麦克唐纳曾明确指出：“总罢工这种武器不能用来达到工业方面的目的。它是一种愚笨而无用的作法。刚过去的这次总罢工，没有达到胜利的目标。……如果劳工在总罢工中表现了良好的团结，那么他们就应该通过投票箱来解决矿业和类似的困难。”④

二 英国工党实践民主社会主义思想的作用

在民主社会主义主流思想的引领下，英国工党在思想上形成了基本的

① Iain Dale, *Labour Party General Election Manifestos* (*1900 - 1997*), Routledge, 2000, p. 46.

② Iain Dale, *Labour Party General Election Manifestos* (*1900 - 1997*), Routledge, 2000, p. 18.

③ Iain Dale, *Labour Party General Election Manifestos* (*1900 - 1997*), Routledge, 2000, p. 37.

④ 刘书林：《麦克唐纳社会主义新评》，中国人民大学出版社1989年版，第151页。

共识，保持了思想理念和政策主张的连贯性，在行动上致力于实现上台执政，初步积累了一定的执政经验，无论对工党的政坛发展还是组织发展，执政实践还是思想深化，都起到明显的推动作用。

第一，推动了工党在政坛的初步崛起。理论是行动的向导，考察理论是否有效关键看其实践效果。对于英国工党来说，评判民主社会主义主流思想的成效，首先就是看在其指引下工党在英国政坛的发展状况。审视英国工党在第一次世界大战与第二次世界大战之间的政坛走势，其民主社会主义主流思想的功效还是十分明显的。

工党在确立新党章和党纲不久后，就迎来了八年来的首次选举。虽然面临没有充分的准备、第一次超越劳工主义诉求、自由党领导的联合政府取得第一次世界大战的胜利、自由党劳合·乔治派和保守党联合参加大选等不利条件，但工党还是取得显著的进步，获得 57 个议席，比大选前的 37 个议席增加 20 个。如果从赢得选票角度看，工党的进步更是明显。工党共赢得 225 万张选票，比上次大选 37 万选票的六倍还要多。这些成绩的取得，显示出工党发展的巨大潜力，摆脱了战前停滞不前的局面。

在 1922 年大选中，工党再进一步。无论是获得的 142 个议席，还是收获的 424 万张选票，都比分裂的自由党的两派议席之和与选票之和还多，第一次实现对自由党的超越，成为议会第二大党，即“国王陛下忠诚的反对党”，开始充当后备政府的角色。翌年 9 月，保守党政府因关税改革受阻，决定解散议会重新选举以赢得支持。在 12 月的大选中，工党取得历史性的飞跃，不仅议席上升到 191 席的新高，稳固了第二大党的地位，而且由于支持增加关税的保守党议席未能过半，工党得以受邀组阁。于是在麦克唐纳领导下，工党组建了第一个少数党政府，首次实现上台执政。

由于是少数党政府且没有执政经验，工党首届政府仅执政九个多月就被迫解散。在随后的大选中，工党虽然失利，但获得选票数比上次大选增加 114 万张，选民基础进一步增强。1929 年大选，工党再次赢得上台执政机会，以 288 席的成绩首次以议会第一大党执政。虽然由于麦克唐纳事件造成的内讧，使工党仅执政了两年的时间，并在 1931 年大选中遭受重挫，面临成立以来最大的危机，但很快就从危机中逐步复苏。在 1935 年大选中，工党虽然与保守党还有较大的差距，不能与之抗衡，但已经转危为安，恢复到 20 年代的水平，并在此后的补缺选举中增加 12 席，与保守党流失 34 席形成鲜明的对比。① 也正是工党不可忽视的地位，使其在第二次世界大战期间再次受邀组成联合政府，分得副首相和诸多大臣职位。由第一次世界大战时期象征多党联合的小伙伴，转变为有着举足轻重地位的重要角色。

总体审视工党在两次世界大战之间在英国政坛的表现，虽然有起有伏，也曾形势严峻，但其打破英国传统的两党格局，成为两党制的新主角，迅速崛起于英国政坛是不争的事实。如从 1918 年新党章和党纲通过算起，工党在不到五年时间里就从一个实力弱小的非主流政党成长为议会反对党，不到六年的时间就赢得上台执政的机会，仅 11 年就成为议会第一大党。实际上，如果以 1931 年为界，工党在此前后的发展可以说一直处于上升的势头。在并非比例代表制，对小党明显不利的英国选举制度下，工党能超越自由党，战胜保守党，实现两次上台执政，十分不易。虽然工党得以执政有自由党分裂、保守党政策失误、选举权的扩大等外在因素的影响，但无疑工党自身因素是更为关键的，如政策主张的适宜、竞选纲领的改进、组织动员的得力等，正是这些因素促使更多选民把选票投给工党。而无论是政策主张的适宜，还是组织动员的得力，都与工党确立民主社会主义主流思想、比较准确地判断英国社会状况、确立明确的发展目标、选择适宜的发展路径、进行全面的变革不无关系。

第二，扩大和优化了工党的社会基础。在议会内阁制的国家，工党致力于通过议会道路上台执政，必须把扩大选民基础放在首位。除了靠政策主张吸引选民外，具有稳固的选民基础也很重要。作为工党的一分子，工党党员自然是最为核心的选民。随着民主社会主义主流思想的确立，工党通过吸收个体党员以拓展党员队伍，使诸多中产阶级和新获得选举权的女性得以加入。这不仅壮大了工党的力量，增添了工党胜选的砝码，而且优化了工党队伍的质量。

中产阶级原来主要是自由党的选民和党员，工党原有的组织结构决定着他们很难加入工党。工党个体党员制度的引入，为对自由党不满的中产阶级选民打开了改旗易帜的渠道，吸引其纷纷加入工党队伍，甚至是一些

① David Butler, *Twentieth-Century British Political Facts (1900 - 2000)*, Macmillan Press Ltd., 2000, pp. 233 - 243.

自由党议员也改头换面，加入到工党队伍中来。第一种情况从 1924 年英国《曼彻斯特卫报》刊登的一位青年自由党人的言论“我们青年自由主义者在工党中找到了我们的理想”可以看出。[①] 第二种情况从两次世界大战之间，前后有 14 名原自由党议员，以工党身份重新当选为议员，而没有一名工党议员转换为自由党议员可以看出。[②] 党员、选民和议员队伍的一升一降，助推了工党在政坛的崛起。

与工党原有的劳工党员相比，新加入的中产阶级人士更有可能成长为政治精英。这主要在于传统的劳工出身贫寒，受教育程度普遍偏低，几乎没受过高等教育，视野有限，他们虽然深刻地感受到社会的不公，渴望改造和重建社会，但总体的办法并不多，对议会政治并不熟悉和擅长。而中产阶级人士由于家庭条件较好，普遍接受了高等教育，见多识广。同时，他们大多数不是被动地以工会会员身份加入工党，而是出于自己的志趣，主动地加入工党。因此，在政治活动中不仅有较高的才能，而且更为积极主动，很快成为工党的政治精英。

如在议会层面，1935 年大选后，年轻的中产阶级工党议员大量增加，许多是自由职业者、记者、教师、律师、医生等；[③] 在领导层面，中产阶级出身的艾德礼于 1935 年成为工党第一位非劳工领袖。如果从工党后来的领袖来看，中产阶级党员相比劳工党员的优势更为明显。在艾德礼之后担任工党领袖，甚至是出任英国首相的盖尔克尔、威尔逊、卡拉汉分别出身于殖民官员家庭、知识分子家庭和海员家庭，分别于 1927 年、1935 年和 1931 年加入工党。这些工党的政治精英都在第二次世界大战结束前步入政坛，为工党最终崛起于英国政坛作出了重要贡献。

英国女性原本没有选举权，随着工党民主社会主义主流思想的确立，入党渠道的拓展，成年女性在 1918 年获得选举权和 1928 年再次降低年龄限制，在工党大力宣传男女平等和重视女性举措的示范下——1918 年工党执委会专门给女性留有 4 个席位，1924 年首次执政就安排女性出任内阁成

---

① ［德］马克斯·比尔：《英国社会主义史》下卷，何新舜译，商务印书馆 1959 年版，第 352 页。

② David Butler, *Twentieth-Century British Political Facts (1900 - 2000)*, Macmillan Press Ltd., 2000, p. 250.

③ Henry Pelling, etc., *A Short History of the Labor Party*, Macmillan Press Ltd., 1996, p. 88.

员——无论是参加工会的女工，还是没有工作的家庭主妇，都成为工党党员和选票的新来源。以工党的妇女联盟为例，1918 年仅有 5500 名成员，到 1925 年已经有超过 20 万人。对于女性选民对工党的支持及其对工党的重要性，工党领袖和议员均给予高度的肯定。①

第三，使工党有了初步的执政经验。1924 年初，在麦克唐纳领导下，工党开始了首次上台执政的生涯。从政治、经济、自身等角度看，工党面临的挑战和困难都是巨大的。从自身讲，工党首次上台执政，没有行政管理经验，对议会议事规则和技巧并不熟悉。从政治环境看，工党只是以第二大党的身份执政，不能控制议会，没有按自身意愿施政的空间，政权随时有夭折之虞。从经济环境看，英国还没有从第一次世界大战的创伤中走出，竞争力与美、德等国相差甚远，民众生活水平与条件很差，失业问题严重。

在这种背景下，原本就主张社会是一个有机体，对渐进和平变革社会非常推崇的麦克唐纳，把实践民主社会主义思想的重点放在关注关心中下层民众的社会救济和保障上，没有提出不可能实施的大规模国有化，实现社会重建的宏大目标与政策。如面对失业这一资本主义痼疾，工党政府没有试图改变造成劳工失业的根源，而是改进了失业后的救济力度。具体有放宽失业津贴的发放时间、延长失业津贴的发放期限、提高失业津贴标准和失业人员子女津贴标准等。面对第一次世界大战后大量的退伍残疾军人和孤寡老人，工党政府扩大了养老金的救济范围，改变对伤残军人一性买断的做法，把给予定期津贴视为国家的责任。在医疗与教育方面，取消对妇幼医疗的捐款限制，新建 70 处婴儿服务区，实现标准化班级教学，延长义务教育年龄到 16 岁等。在住房方面，面对中下层民众没有能力购买住房的情况，一方面在自由党支持下通过增加私有房屋出租数量的议案，另一方面提出著名的惠利特住宅计划，通过新建大量的公租房，满足中下层民众的租房需求。②

由于在外交方面受到的牵制较少，麦克唐纳又兼任外交大臣，与内政相比，工党在外交方面迈出的步伐较大，最大的变化和成就是实现英国与

① Gordon Phillips, *The Rise of the Labour Party (1893 - 1931)*, Routledge, 2001, pp. 39 - 41.

② 刘书林：《麦克唐纳社会主义新评》，中国人民大学出版社 1989 年版，第 114—116 页。

苏联的建交。俄国十月革命后，英国联合政府与美国等西方国家多次采取干涉政策，敌视苏俄的红色政权。工党虽然对苏联社会主义道路和模式并不认可，但基于民主社会主义的独立自由观和发展经济的需求，在1918年大选时就明确反对干涉苏俄，要求政府从苏俄撤军，对自由党领导的联合政府与苏联在1921年签订《临时贸易协定》起到了推动作用。但在保守党单独执政后，英苏关系急转直下，甚至在1923年5月出现严重的“寇松通牒”事件。在苏德建立外交关系，开始经贸交流背景下，英苏关系的逆转对英国经济与社会重建十分不利。麦克唐纳在1923年底的大选中就承诺如果上台将恢复与苏联的自由贸易和外交关系。上台后不到一个月，工党政府就宣布承认苏联，与苏联建立外交关系。按照先建交，后谈判的共识，经过大约半年的谈判，两国于1924年8月签署一般性条约和通商条约，标志着两国关系走上正常化。当然，由于没有娴熟的执政经验和保守党的敌视，英苏关系的改进也导致工党政府很快倒台。

1929年5月，工党虽然在全面改进社会政策、逐步进行主要工业国有化、维护世界和平等民主社会主义纲领的指引下再次上台执政，但面对的执政环境仍不乐观。政治上仍为少数党政府，不能控制议会。经济上英国在世界贸易中的比重连续下滑，失业人数达到历史新高。在这种形势下，工党竞选时提出的废除采矿业八小时工作制、废除保守党制定的工会法等并没有得以顺利的兑现。如工会法没有修改，矿工工作时间减少到七个半小时而非矿工要求的七小时。减少失业问题的努力还没有见效，工党政府就在席卷英国的世界经济危机中引发内讧，导致了最为严重的分裂事件和工党政府垮台的命运。

相比较而言，工党政府仍在外交领域取得了一定的成绩。如上台后不久即恢复保守党政府中断的英苏外交关系；促成英国、美国、日本、法国、意大利五国达成限制和裁减海军力量的《伦敦海军条约》；在调整与埃及、印度等殖民地关系上迈出重大步伐。很明显，工党政府在外交领域显示出与保守党政府的不同，具有明显的进步性。无论对英国还是国际社会都是有益的。对于工党政府作出的让步与妥协，如果仅用英国工人阶级的施压或殖民地人民的反抗是无法解释的，因为会出现许多无法回答的问题。如为什么这些反抗与施压对工党政府有效而对保守党政府无效？或者说只针对工党政府施压与反抗而不针对保守党政府施压与反抗？为什么这些施压对国外政策有效而对更加与切身利益相关的国内政策无效？因此，即使有国内外民众施压的影响，也不是起决定性作用的因素，必须看到工党基于自身观念采取的与保守党不同的政策。这些从工党的民主社会主义观和麦克唐纳首相的具体论述中即可找到答案。

麦克唐纳作为一位民主社会主义思想的集大成者，非常认可渐进非暴力的变革，对自由非常重视，表现在国际事务中就是主张维护和平与安全，反对军备竞赛；主张渐进变革，不主张武力镇压。用麦克唐纳自己的话来说，社会主义的世界政策和民族政策都是“建立在人们兄弟般的关系这个信仰上的必然结果”，“只有社会主义才能在外交事务中排除民族忌恨并提供和平的保证”；在英帝国内，“在明智的政治家的指导下，帝国也可以沿着有机体的路线演化”，“每一个国家将走自己的道路，将得到其他国家的支持，因为每一个国家都将对帝国主义控制反感”①。

第四，深化了对民主社会主义的认识。在工党确立民主社会主义主流思想之际，正是柯尔倡导的基尔特社会主义从理论到实践盛行之时。第一次世界大战期间和第一次世界大战后初期，英国成立了一批地方性和全国性的基尔特组织。基尔特社会主义的流行既有第一次世界大战特殊环境的影响，也与工党在第一次世界大战前停滞不前，不能很好维护劳工利益有着密切的关系。如果任其发展，对工党的生存与发展是十分不利的。因此，工党确立民主社会主义主流思想，实际上也是与基尔特社会主义思想竞争劳工，也涉及两种维护劳工利益和路径的选择。经过几年的时间，二者的竞争已经分出了高低，基尔特社会主义销声匿迹，民主社会主义助推工党崛起于英国政坛。基尔特社会主义思想的创立者柯尔本人就承认，“在 1923 年以后，已不再有任何有组织的基尔特运动”②。基尔特社会主义的销声匿迹一方面是由于政府在第一次世界大战后对工会依赖程度降低，另一方面是其生存空间受到激进的共产主义与改良的民主社会主义的两面挤压。与民主社会主义依靠现有国家机器，选择议会竞争和上台执政相比，基尔特社会主义对现有统治力量有着更多的威胁和破坏性，对劳工有

---

① 刘书林：《麦克唐纳社会主义新评》，中国人民大学出版社 1989 年版，第 53 页。

② ［英］G. D. H. 柯尔：《社会主义思想史》第四卷上册，宋宁等译，商务印书馆 1990 年版，第 433 页。

着更多的不切实际性。

在基尔特社会主义退出历史舞台的同时，麦克唐纳的民主社会主义思想开始在工党发展中发挥主导作用。与韩德逊出身工会，擅长事务性工作相比，麦克唐纳既是一位政治家，也是一位理论家。从新世纪初到第一次世界大战结束，写了诸多阐述其民主社会主义思想，批判其他思想的理论著述，也希望工党实现主流思想由劳工主义转变为民主社会主义。第一次世界大战前主要有《社会主义与社会》《社会主义与政府》《社会主义运动》和《工团主义》等。第一次世界大战后主要有《议会与革命》《议会与民主》《工党的政策》和《批判的和建设的社会主义》等。这些著述系统表达了其民主社会主义思想。第一次世界大战之前麦克唐纳虽然先后担任劳工代表委员会执行委员会唯一专职人员，工党全国执行委员会书记和工党议会党团领袖，但由于当时工党没有明确的最高领袖，以及有比麦克唐纳资历更深的哈迪的存在，麦克唐纳的民主社会主义思想并没有在党内得到广泛的认可。第一次世界大战后，随着工党民主社会主义主流思想的确立，特别是麦克唐纳于 1922 年重新当选为工党领袖，并明确议会党团领袖系工党的最高领袖，麦克唐纳的民主社会主义思想得以部分地付诸实践。

麦克唐纳对工党 1918 年党章与党纲、1918 年和 1922 年工党竞选纲领表现出的民主社会主义思想是认可的。如通过议会道路实现社会主义、对资本主义生产资料私有制进行国有化改造、工人参加企业管理与监督等。在实践上，麦克唐纳也曾在关键时刻对韩德逊制订新党章的努力给予肯定和支持。[①] 不过与此相比，麦克唐纳的民主社会主义思想更加右倾，呈现出自己的特色。主要有：社会是一个有机体，国家是社会有机体的器官，不是阶级的工具；虽然资本主义社会存在阶级和阶级对立，但社会主义不是工人阶级的原则，而是全社会的原则；社会有机体一直处于进化之中，其进化是渐进的、缓慢的。麦克唐纳的这些认识既在理论上丰富了工党的民主社会主义思想，在实践上进一步减少了民众对工党执政的担心与恐惧，推动了工党两次上台执政，也为工党在 1931 年的分裂埋下了祸根。

除了麦克唐纳的民主社会主义思想外，在两次世界大战之间，尤其是

---

① Brian Brivati, etc., *The Labor Party: A Centenary History*, Macmillan Press Ltd., 2000, p. 39.

在进入30年代后，基于工党早期民主社会主义实践的经验教训，第二次世界大战时的集体主义体验，以及对经济金融危机的深度反思，工党高层与理论家在深入思考英国发展与未来重建中，进一步深化和丰富了对民主社会主义思想的认识。这些著述主要有艾德礼的《走向社会主义的意志和道路》《工党的展望》、拉斯基的《现代国家的权力》《国家的理论与实际》《论当代革命》等。这些著述蕴含的民主社会主义思想对工党第二次世界大战后的发展产生很大的影响。

三　英国工党实践民主社会主义思想的问题

在看到工党确立民主社会主义主流思想对其政坛发展与思想统一作用的同时，也要看到主要统一在建设未来英国的路径、目标、手段等方面。即在通过议会道路实现上台执政，通过执政进行渐进的国有化改造，通过国有化改造实现重建社会上形成共识。正是变革方式的和平渐进与变革手段的所有制转变构成工党民主社会主义思想的两大属性。不过思想理论的本质属性是抽象简明的，而具体实践是丰富多彩的。不同人物、不同团体由于自身经历、认识视角、所处方位等方面的差异，在坚持本质属性的同时，在具体问题上会产生这样那样的差异，就形成一种思想内的不同流派。因此，工党虽然确立了民主社会主义主流思想，但并非不存在分歧与问题。在两次世界大战之间，工党实践民主社会主义思想的问题主要有两个。一个是工党与独立工党在民主社会主义变革速度上的分歧，即怎样是渐进地变革，在时间上是长期性的，从1918年新党章通过持续到1932年独立工党脱离工党。另一个是工党内麦克唐纳与工会和韩德逊等人在国家利益和阶级利益孰轻孰重上的认识问题，在时间上是短期性的，表现在1931年经济危机席卷英国的危难时刻。

从工党成立过程和早期持守劳工主义思想情况可以看出，独立工党虽然在工党发展中不起决定性作用，但对工党成立和发展的贡献是首屈一指的。一方面，在组织上正是独立工党的不懈努力促成工党的成立，并为工党输送了哈迪、麦克唐纳、斯诺登等一批早期政治精英；其地方组织在工党成立初期也承担了工党地方组织的功能，为工党参与政党竞争提供组织依托。另一方面，在思想上独立工党成立伊始就打出伦理社会主义的旗帜，是推动工党社会主义化最为积极的力量，为工党在1918年实现主流思想的转变提供了思想基础，作出了不小的贡献。

从理论上讲，独立工党信奉社会主义，长期致力于工党的社会主义化，在1918年附属工会接受社会主义思想后，工党实现主流思想由劳工主义向社会主义的转变，独立工党与附属工会在思想领域的根本分歧消除，独立工党与党内其他方面的矛盾应当缩小，但实际上并非如此。一方面是在来自工会代表的韩德逊的领导下，工党的组织变革损害了独立工党的利益，降低了独立工党的作用。为了争取附属工会对工党社会主义化的认可，韩德逊在组织上赋予工会权力保障，不仅规定附属组织在工党执委会席位分配中有半数以上的优势，而且规定这些席位不再细分，由工会、独立工党、费边社等集体选出。由于工会具有巨大的人数优势，这些席位很可能全部为工会获取。同时，作出的建立工党地方性组织的决定，使独立工党的地方性组织在工党发展中的作用明显减弱。另一方面是工党的思想变革与独立工党的设想有着明显的差距的同时，独立工党的领导层在思想上左转。虽然在党章中工党提出作为社会主义标志的生产资料公有制，但并没有出现"社会主义"字眼，并且强调重建的长期性和渐进性。即在费边社代表韦伯的帮助下，韩德逊确立的主流思想实质是费边社会主义，目标是把工党确立为工会支持下的彻底的费边社会主义政党。而独立工党在俄国十月革命影响下，第一次世界大战后在思想主流上整体左转，要求"实行真正的社会主义政策，甚至是马克思主义政策，而不是韩德逊和韦伯制定的政策"。[①] 并且独立工党提名议员在1922年大选中大幅增加，达到32人，在工党内"形成了一个战斗性很强的独立工党集团"。[②]

在1922年大选后的工党议会党团选举中，在独立工党的支持下，麦克唐纳重新当选为工党议会党团主席，并且成为工党历史上官方确认的首位工党领袖。由于麦克唐纳来自独立工党，与已经控制独立工党的左翼在反对第一次世界大战爆发，反对干涉苏俄等问题上持有相同的立场，因此，独立工党是寄希望于麦克唐纳实行明确快速的较为激进社会主义政策。但他们"完全选错了人"，[③] 深信社会有机体学说，主张渐进缓慢变革

---

① Henry Pelling, etc. , *A Short History of the Labor Party*, Macmillan Press Ltd. , 1996, p. 49.

② Henry Pelling, etc. , *A Short History of the Labor Party*, Macmillan Press Ltd. , 1996, p. 45.

③ ［英］G. D. H. 柯尔：《社会主义思想史》第四卷上册，宋宁等译，商务印书馆1990年版，第412页。

的麦克唐纳“对新的工党的同情，大大超过他对自己的独立工党中的左翼，或甚至其中派的同情”①。1924 年成立首届工党政府后，在工党议席有限，稍有不慎政权随时夭折的背景下，麦克唐纳只是提出温和的改良主义政策，没有进行具有鲜明社会主义性质的立法变革。这与独立工党上台执政就立即实行激进社会主义政策，争取在“一代人中获得社会主义的胜利”,② 否则就做反对党的主张相差甚远。

面对麦克唐纳的自以为是和独立工党建议的不为接受，独立工党内的激进派开始逼宫。1925 年 10 月，与麦克唐纳关系不错，又相对温和的艾伦被迫辞职，具有共产主义色彩的马克斯通成为新的独立工党领导人，独立工党与麦克唐纳之间的矛盾日益公开化与尖锐化。双方的矛盾与争论表现在两个方面：一是实践中对待 1926 年英国大罢工的态度。马克斯通表示“如果需要，独立工党将尽其全力”予以支持，也的确提供给矿工五万英镑的资金。而麦克唐纳不支持罢工，认为独立工党的做法使自己“成了共产党人的工具”③。二是理论上对待英国社会主义变革的速度。独立工党认为，资本主义正在走向崩溃，修修补补是无济于事的，必须破除“几代人才能以缓慢的渐进主义实现社会主义的僵死观念”，采取“自觉而果断的社会主义政策”，迅速完成“旧文明向新文明的过渡时期”；当下的首要任务是对铁路、土地、食品、电业等领域进行国有化改造，以实现最低工资制度，奠定“新兴社会主义国家的基础”。而麦克唐纳坚持“实现社会主义不能急躁”，认为独立工党的主张“并不是社会主义”，正在把社会主义“引入泥潭”；社会主义也不仅是“形式上的变革”，而且是“人的本性的改造，即在知识与品德方面的改造”；不能接受最低工资制度，否则就会“像一轮磨盘石一样吊在工党议会党团的脖子上”④。

由于麦克唐纳的坚决反对，独立工党的思想理念和政治主张并没有为工党接受。1927 年通过的新的纲领性文件《劳工与国家》仍是一个具有鲜明民主社会主义色彩的改良主义与渐进主义文件，强调工党将“不停顿

① ［英］G. D. H. 柯尔：《社会主义思想史》第四卷上册，宋宁等译，商务印书馆 1990 年版，第 403 页。

② 刘书林：《麦克唐纳社会主义新评》，中国人民大学出版社 1989 年版，第 140 页。

③ 刘书林：《麦克唐纳社会主义新评》，中国人民大学出版社 1989 年版，第 152 页。

④ 刘书林：《麦克唐纳社会主义新评》，中国人民大学出版社 1989 年版，第 145—148 页。

地但并非过于匆忙地”进行相关行业的国有化，“一步步”地把肮脏的私人企业变成为公众服务的合作企业，① 没有任何的激进主义主张，与1918年党纲说的“甚至在彻底清除现有的一切之后，我们也决不敢妄说用一两年的热情建设就可能重建社会”② 是完全一致的。对此独立工党针锋相对，开始从组织上对抗工党，使双方恶性互动。虽然1931年麦克唐纳与工党主流分裂，但由于独立工党走上了激进的不归路，使其与工党最终由思想与路线之争演变为组织上的分道扬镳。先是独立工党要求本党提名议员在议会投票中服从自己的政策主张，遭到工党否决后，又脱离工党以独立团体参加了1931年英国大选，并于1932年宣布退出工党。这样，对工党成立与早期发展，对工党主流思想社会主义化作出重大贡献的独立工党结束了与工党的联姻。

如果说独立工党与以麦克唐纳为首的工党主流之间的民主社会主义思想实践速度之争以工党胜利的话，在经济与金融危机面前，麦克唐纳虽然贵为工党领袖与英国首相，但在国家利益和阶级利益孰轻孰重面前，最终与工党内主流的争论中失败，也使工党发展遭受严重的挫折。麦克唐纳与工党主流的分裂发生在1931年夏季。7月，由于历史上前所未有的经济危机席卷英国，出现黄金急剧外流与外资大量抽走浪潮，失业人数也迅速攀升至前所未有的275万，于是维护经济体系稳定与解决社会救济需求成为十分棘手的双重问题。维护经济体系稳定是站在国家利益的角度，解决劳工社会救济问题是站在阶级与政党利益的角度。

在这种形势面前，财政大臣斯诺登把维护经济体系稳定放在了第一位，提出通过借贷维护金本位制。但国外银行要求英国政府采取财政紧缩政策，减少各种开支，以维持收支平衡。面对这种附加条件，斯诺登建议麦克唐纳接受，但英国职工大会表示反对。最初麦克唐纳犹豫不决，但进入8月中旬，英国黄金流失形势更加严峻。麦克唐纳决定接受斯诺登的建议，在增加9000万英镑税收的同时，削减包括6700万英镑失业津贴在内的9900万英镑政府开支，通过这种开源节流保持预算平衡，渡过经济难

① ［奥］尤里乌斯·布劳恩塔尔：《国际史》第二卷，杨寿国等译，上海译文出版社1992年版，第413页。

② 《各国社会党重要文件汇编》，世界知识出版社1959年版，第310页。

关。因为麦克唐纳认为，在国家危难之际，工党应当肩负起责任，应当把国家利益置于阶级利益之上。但这一决定既遭到职工大会的反对，也遭到韩德逊等大多数工党高层的反对。他们认为削减开支将会使失业问题更为严重，使劳工利益受到极大的损失，正确的选择是宣布辞职，把难题交给保守党政府。①

由于双方不能达成共识，8 月 23 日麦克唐纳宣布工党政府辞职。但辞职后政权并没有相让。翌日，在没有经过工党执委会同意的情况下，麦克唐纳接受国王组建联合政府的邀请，宣布组建由工党、保守党和自由党联合组成的“国民政府”。麦克唐纳的这一举动在党内只获得不到十名议员的支持，只有斯诺登、托马斯和萨肯三名内阁成员追随加入国民政府，遭到工党大多数高层和职工大会的一致痛批，认为麦克唐纳背叛了工党、工会和广大劳工，已经不适合担任工党领袖。8 月 28 日，工党议会党团举行选举，韩德逊时隔多年再次成为工党领袖。9 月 28 日，麦克唐纳被工党执委会开除出工党。这样，与工党同向同行三十年，可以说是工党早期第一人的麦克唐纳，以一种意想不到的方式，与自己一手创建的工党分道扬镳。

由于工党出现领袖背叛事件、工会坚持不能减少失业救济和独立工党的单独参选，在随后 10 月举行的大选中，工党遭受到了确立民主社会主义主流思想后的致命性溃败，仅仅获得 46 个议席，加上独立工党的获得议席也只有 52 席，还没有自由党所获席位多，可以说是“辛辛苦苦几十年，一夜回到解放前”。工党的分裂犹如保守党 1846 年的分裂和自由党从 1886 年到 1916 年的分裂，面临非常现实的就此一蹶不振之虞。② 对于麦克唐纳不顾党内浩大的反对声音，执意领导国民政府，直至导致工党的分裂与重挫的原因，学术界曾有多种看法。如国王对政治的干预、麦克唐纳蓄谋分裂工党已久、麦克唐纳逞强做国民领袖等。虽然部分因素不乏起到一定的作用，如国王首先邀请工党而非保守党组建联合政府，但并不是决定性因素。至于蓄意分裂工党，无论是从麦克唐纳对工党毕生的服务与贡献，还是从麦克唐纳是一个深谙英国政治的资深领袖来看，都是站不住

① Gordon Phillips, *The Rise of the Labour Party* (*1893 - 1931*), Routledge, 2001, pp. 58 - 59.

② Gordon Phillips, *The Rise of the Labour Party* (*1893 - 1931*), Routledge, 2001, p. 61.

脚的。

思想是行动的先导，思想决定行动。对于麦克唐纳冒工党主流之不韪，同意组建和领导国民政府，只能从麦克唐纳民主社会主义思想与工党主流民主社会主义思想的差异中寻找答案。如前所述，1918 年工会能够接受社会主义作为主流思想，一方面是工会体会到了社会主义的集体控制给工会和劳工带来的好处，另一方面是工党从组织上赋予了工会能够继续控制和主导工党方向的体制。换言之，工会作为实用主义者，是从实用利己的物质角度，而非价值信仰的精神层面，接受社会主义作为主流意识形态的。同时，包括负责推动工党主流思想转变的韩德逊等工党内的诸多高层，也来自于工会。因此，在工会领袖和当时大多数工党高层思维中，阶级利益和劳工利益是第一位的，工党无论思想与组织如何变化，都应当是为实现和维护工会和劳工利益服务的；工会与工党可以作出一定的让步与妥协，但不能长时间和严重地损害工会和劳工的利益。

而麦克唐纳作为社会有机体论者，虽然不否认阶级斗争的存在，但并不把阶级斗争作为社会前进的动力，认为社会前进的动力是基于知识与道德的社会共同体意识，如果“以阶级利益作号召，恰恰与社会主义者以社会全体作号召的宗旨相反”①。因此，在国家处于危难之际，麦克唐纳认为作为执政党，工党应当把国家利益放在第一位，劳工利益放在第二位；工会和劳工也应当把自身利益放在次要位置，帮助国家渡过难关。而麦克唐纳在工党内的资深经历和唯一工党首相的经历，使其产生了一定的自负心理，坚持认为自己是对的，党内大多数不会与己对立，将来也会理解其选择的合理性，看到其正确性。但最终的结果却与麦克唐纳的认识事与愿违，麦克唐纳在政坛的发展盛极而衰，不仅为工党抛弃，也从政治强人变成瘸脚鸭。从麦克唐纳的命运也可以看出，从思想角度看，其相对偏右的民主社会主义思想在党内并不处于主流，而工会和其他高层相对偏左的民主社会主义思想处于主流位置。

---

① 刘书林：《麦克唐纳社会主义新评》，中国人民大学出版社 1989 年版，第 40 页。

第三章　从艾德礼到富特：英国工党民主社会主义思想的摇摆

1935 年 10 月，艾德礼出任英国新任工党领袖。在艾德礼民主社会主义思想的引领下，工党最终于第二次世界大战后完全崛起于英国政坛，其早期确立的民主社会主义理想也得以在执政中实践。伴随实践的经验教训和英国经济社会的变迁，工党民主社会主义思想虽然没有质变，但其主流多次在左右翼思想之间摇摆。直到在富特领导下，左翼极端民主社会主义思想遭遇 1983 年英国大选的惨败，工党的主流思想也开启了转型之路。

第一节　艾德礼的民主社会主义思想与绩效

从 1931 年麦克唐纳组建国民政府，被开除出工党起，工党就进入了一个高层政治的过渡时期。虽然韩德逊和兰斯伯雷前后担任工党领袖，但由于两位均年事已高，并且一个在议会选举中失利，一个一味地主张和平，都没有得到工党内的普遍认可，也就没有形成强有力的领导，并很快挂冠而去。年轻一代的艾德礼在 1935 年工党新领袖选举中取得胜利。艾德礼不仅担任工党领袖长达二十年，直到 1955 年，而且领导工党以绝对优势赢得第二次世界大战后两次大选的胜利，正式确立工党主流大党的地位，也使工党 1918 年确立的民主社会主义目标首次有了实践的机会。因此，艾德礼的民主社会主义思想在第二次世界大战前后工党发展进程中处于主流地位，对工党的发展产生了重大的影响。

一　艾德礼民主社会主义思想的主要内容

艾德礼 1883 年出生于英国伦敦的一个中产阶级家庭。1905 年牛津大学毕业后开始从事律师工作。在与社会底层接触和阅读英国社会主义著作中，艾德礼认识到穷人的窘迫主要不是懒惰或挥霍，而是社会的压迫与不公，开始接受社会主义思想。1907 年和 1908 年艾德礼先后加入费边社和独立工党，并成为一名专职的社会主义活动者。第一次世界大战爆发后，艾德礼虽然已经超过服役年龄，但主动请愿，参加了英国对德作战的全过程。第一次世界大战结束后，一向热衷政治的艾德礼开始步入政坛。随着工党在斯特普尼市议会选举中获胜，艾德礼出任该市的首位来自工党的市长，取得地方执政的初步体验和感悟。1922 年艾德礼首次当选为英国议会议员，并被工党领袖麦克唐纳选为私人秘书，使自己的政治空间由地方拓展到全国。1924 年工党首次执政后，艾德礼出任陆军部次官一职。工党虽然在当年 10 月的大选中失利，但艾德礼赢得连任议员，开始成为前排议员，为实现电力、交通等行业的国有化不断开展议会活动。1926 年英国大罢工爆发前夕，艾德礼反对把罢工作为政治武器，认为这并不能达到矿工的目的，罢工爆发后也为医院的正常用电而努力协调。从 1927 年到 1929 年，艾德礼作为工党代表参加解决印度问题的西蒙委员会，两次赴印度实地考察印度的政治、经济、宗教等问题，初步形成了自己对印度未来发展的认识。1930 年初起，艾德礼先后担任第二届工党政府的不管大臣和邮政大臣。1931 年英国大选后，艾德礼成为工党议会领袖兰斯伯雷的助手。由于兰斯伯雷体弱多病，艾德礼实际负责工党议会党团的日常工作。1935 年 10 月，兰斯伯雷辞去工党领袖职务后，艾德礼作为代理领袖带领工党参加大选，并在大选后的工党领袖选举中战胜其他两位候选人，成为工党新的领袖。

历史地看，艾德礼的当选为工党的发展提供了重要契机。一方面，与此前工党领袖都出身于劳工家庭、受教育程度较低不同，艾德礼出身于中产阶级家庭，毕业于知名大学，接受过专门系统的大学教育。另一方面，艾德礼的当选与其说是一次工党领导人的更迭，不如说是一代领导人的更迭。此前的工党领袖麦克唐纳、韩德逊、兰斯伯雷等人此时都已经七十高龄，而艾德礼刚过知天命之年，正是政治家的盛年时期。历史也证明，艾德礼不负众望。不仅自己成为迄今任职时间最长的领袖，而且带领工党走出低谷，创造了工党发展史上的首次辉煌岁月。艾德礼的民主社会主义思想主要体现在 20 世纪 30 年代当选工党领袖不久出版的《走向社会主义的意志和道路》（1935 年）、《工党的展望》（1937 年）两部著作和 1945 年工党的大选纲领《让我们面向未来》之中。具体地讲，艾德礼的民主社会主义思想可以分为以下五个方面的内容。

第一，对社会主义和资本主义的一般性认识。在艾德礼执掌工党的 20 世纪 30 年代末，工党已经崛起于英国政坛十多年，正处于积蓄力量，争取政权的第二大党位置。随着时间的流逝，对于第一次世界大战后，尤其是 30 年代成长起来的年轻人来说，虽然对工党的现状比较熟知，但对工党的历史，尤其是工党作为一个社会主义政党艰辛的成长史，并不十分清楚。为了增强年轻人对工党的认可，对工党民主社会主义思想的认可，增强工党对包括年轻人在内的广大选民的吸引力和感染力，艾德礼从阐释社会主义的产生、要义、方式、进程、目标等入手，系统回答了关于社会主义与资本主义、英国社会主义、工党与英国社会主义的关系等一系列的问题。

艾德礼认为，社会主义不是某个人的主观发明，它的产生与资本主义的发展有着密切的关系，是资本主义制度带来的结果，是资本主义经济与社会发展问题的必然产物。这种问题就是“生产工具掌握在有产阶级手中，而工人们除开他们自己的劳动力以外几乎没有什么东西或者一无所有”①。造成这一灾难的根源是生产资料的私人所有制。关于社会主义的要义，艾德礼赞同罗素的观点，即社会主义意味着土地和资本的共有制，连同一个民主形式的政府。在生产上它追求使用而不是利润；在分配原则上它主张废除一切不劳而获的财富；在分配方式上它主张平均分配，重视公共利益而非私人利益。因此，在艾德礼看来，社会主义是思想、运动与制度的“三位一体”，即在社会主义思想引领下，通过社会主义运动，实现建立取代资本主义制度的社会主义制度。

对于社会主义运动的方式，艾德礼认为既有暴力的方式，也有和平的方式。出现什么样的方式主要取决于各个国家的形势，在“没有政治自由与结社自由的地方，人们不可避免地会诉之于暴力”②，“在有个人的和政

① ［英］C. R. 艾德礼：《工党的展望》，吴德芬等译，商务印书馆 1961 年版，第 6 页。
② ［英］C. R. 艾德礼：《工党的展望》，吴德芬等译，商务印书馆 1961 年版，第 6 页。

治的自由、民主宪法与广泛的公民投票权的地方，就有用宪法方式达成社会主义目的的可能，政治行动也会成为常规手段”①。

虽然艾德礼认为社会主义制度是资本主义制度的替代物，但他并不认为社会主义是人类进步的最后阶段，只是社会制度向前发展中的下一步。因为社会主义者相信，运动是社会保持生命的条件，社会不是静止的，而是经常变化的，人类的进步是永不停息的，不可能有社会发展的最后阶段。今天所力求达到的目标，只是后来者的起点。“社会主义本身并不是目的，而只是为获得人类将来可能得到最美好的生活条件的手段。我们今天所预料不到的进一步的发展将不可避免地接踵而来。”②

关于社会主义的普遍性目标，艾德礼认为主要有自由、安全、平等、民主政治、公有制，此外还有利用科技发明推动社会进步、创造优美的社会环境、超越狭隘的民主主义推动国际合作。自由是社会主义追求的首要目标。自由首先是个体的自由，是个体的多样性，而不是整齐划一。这是社会强大的关键，无论男女，一切人都能享受到自由。当然自由并不意味着可以为所欲为，社会中不可避免存在一些限制与约束，但社会主义者坚持，这些只是为了获得自由所必需的限制。安全是指社会主义将使人民从由资本主义痼疾带来的、没有基本生活保障的不安全感中解脱，只要有一个好的工作和生活态度，都将有工作做，过上有保障的生活。平等就是实现人与人的社会平等，而不是用一个阶级取代另一个阶级来统治社会。实现平等的根本手段是“完全废除阶级差别，取消阶级”；基本思路“不是降低较高者，而是要提高较低者”③。民主政治就是任何人都必须放弃独裁观念，民众应当具有变革政府政策和人事的权利。没有这种权利，就没有真正的自由；否定这种权利，就会引发暴力。公有制的基本主张是土地、大工业等归社会公有和管理，而不是私人占有。无论在任何组织和机构中，社会的整体利益必须优先于局部的利益。

资本主义作为一个客观的现实存在，是艾德礼宣扬民主社会主义思想、提出民主社会主义主张的前提。因此，艾德礼在深入论述其社会主义

① ［英］C. R. 艾德礼：《工党的展望》，吴德芬等译，商务印书馆 1961 年版，第 7 页。

② ［英］C. R. 艾德礼：《工党的展望》，吴德芬等译，商务印书馆 1961 年版，第 74 页。

③ ［英］C. R. 艾德礼：《工党的展望》，吴德芬等译，商务印书馆 1961 年版，第 79 页。

观的同时，不可避免地表达了其对资本主义的认识。艾德礼首先肯定了资本主义在历史上的贡献与进步。如资本主义带来的交通运输的快速发展、生产力的极大提高和产品的异常丰富使整个世界联系在了一起，降低了工业领域的劳动强度，解决了物质供应不足问题。如果得以恰当的供给和分配，每个人、每个家庭的富裕度和安全感将明显增强。

但由于资本主义制度本身的问题，实际上只有极少数人能够享受富裕的生活，大多数人仍处于饥饿和贫困状态，基本的温饱问题没有解决，对生活担忧的恐惧没有解除，更不用说精神文化享受了。可以说整个社会是“潜在的富裕”和“实际的贫乏”结合在一起。造成这一状况的根本原因是资本主义的私人占有带来的整个社会的无计划性，造成的对私人利润无休止的追逐。正是这一社会制度的性质决定了购买力不能适当地分配，决定了经济危机与萧条会周期性地循环发生。显然，随着世界经济联系得更加密切，特别是随着30年代席卷世界的资本主义经济危机的爆发和对包括英国在内的资本主义体系的巨大冲击，证明“放任自由和经济上的无政府状态和现代世界的情况是不相容的”，证明资本主义已经走向没落，“已经是过时的制度”①，放任自由必须加以控制，社会制度必须进行替代和更换。

第二，对英国社会主义的认识。艾德礼认为，社会主义作为资本主义社会的一种政治运动，没有统一的模式，有着多样性的表现。就英国社会主义来说，有着三个鲜明的特点。一是继续性，抑或称之为继承性。即强调社会主义思想不是外来品，不是一种全新的事物，都可以从过去找到例证。如社会主义对自由的追求可以追溯到反抗国王、贵族等的斗争，对政治与个体自由的强调可以追溯到英国大宪章和人身保护法。英国社会主义的这一特点与英国传统的保守主义民族习惯和文化有着直接的关系。正是这种对继续和继承的强调，使英国在19世纪主要追求政治自由，在20世纪主要追求经济自由和社会平等，使英国社会主义运动发展缓慢，并且沿着平和的方向前进。

二是多样性。多样性是指推动英国社会主义运动的思想观念是多种多

① ［英］克里门特·艾德礼：《走向社会主义的意志和道路》，郑甫译，商务印书馆1961年版，第18—19页。

样的。英国社会主义思想不仅不是一种思想的继承与发展，连一种主导思想的继承与发展都谈不上。这是英国社会主义运动与欧洲大陆社会主义运动的显著区别。在欧洲大陆，社会主义运动深受马克思主义的影响。在英国，马克思主义虽然也曾得以传播，也没有受到苛刻的政治打压，但把马克思主义作为信仰的人很少，受马克思主义影响而加入社会主义运动的人也很少。对英国社会主义运动影响最大的不是马克思主义，而是宗教。英国信仰的基督教对社会主义运动影响甚巨，《圣经》在英国的诵读远远超欧洲大陆国家。在 19 世纪中下叶，正是金斯莱、莫莱斯倡导的基督教社会主义，韦伯、萧伯纳提出的费边社会主义先后盛行，在社会主义运动中处于优势地位，使马克思主义始终没有取得主导地位，而是处于边缘化的位置。对于英国社会主义运动的这一特点，艾德礼给予充分的肯定，认为有效防止了死板的社会主义正教法典的出现，给人以独立思考的权利与空间。

三是实用性。实用性是指英国社会主义不是脱离实际的乌托邦，而是与英国社会现实有着密切的联系。艾德礼指出，从英国社会主义起源起，社会主义者就积极参与政府事务。在工党成立和参加议会活动之前，诸多社会主义者已经成为地方议会议员，通过开展积极的议会活动，影响地方政府的决策，靠这些政治活动的实绩争取广大劳工，使一些对社会主义持迟疑态度的劳工对社会主义和资本主义有了更为深刻和本质的认识，进而转变原有的态度和立场，接受社会主义，向往社会主义。如以前人们普遍认为失业是懒惰、能力差等个人原因造成的，通过社会主义者身体力行的实践和实际情况的改观，使大家认识到“失业现象是经济机构失调所产生的不幸，而不是由于品质败坏”①。即认识到造成失业的根本原因是资本主义制度，是社会因素，而非个人因素。

第三，对英国工党与社会主义、资本主义关系的认识。由于传统的保守党、自由党是资本主义的伴生物，是代表资产阶级和封建贵族利益的两大政党，艾德礼对工党与资本主义关系是在与自由党、保守党与资本主义关系的比较中阐述的。艾德礼指出，在对待资本主义制度方面，自由党和保守党“虽然在许多观点上有所分歧，但却一致接受以资本主义制度为社

① ［英］C. R. 艾德礼：《工党的展望》，吴德芬等译，商务印书馆 1961 年版，第 15 页。

会的基础。两党都认为土地和资本等私有财产的神圣不可侵犯”。虽然它们“激烈地互相攻击，但都是在资本主义制度范围内进行的，而这个制度是任何一党所不愿意破坏的”[1]。工党则与传统两大政党不同，其存在是向英国和世界的整个资本主义社会基础提出挑战。它坚决反对保留资本主义制度的主要社会结构，只是作个别调整与改良的主张，而是旨在建立一个新的社会秩序，建立新的机构，通过一系列相互联系的措施，进行全面的改革。工党之所以提出这些主张，关键在于工党不是历史宿命论者，既有改造社会的意愿，也有改造社会的意志，相信通过努力和智慧一定能够取得成功。

关于工党与社会主义的关系，艾德礼指出，“英国工党是适应英国情况的社会主义运动的一种表现”[2]，是英国社会主义运动的载体。在1945年的大选宣言中，工党明确宣示自己是社会主义的党，并为此感到骄傲和自豪。其目标是在英国“国内建立大不列颠社会主义共和国”，即建立一个自由、民主、进步、高效、有公共精神，物质资源被组织起来为英国人民服务的社会主义国家。[3]

虽然艾德礼主张变革资本主义为社会主义，但其变革英国社会的路径却“不采取其他地方所使用的少数人用暴力和独裁的办法，而是采取久经考验的民主的制宪方法”[4]。工党相信，通过国家授权的政治行动，即和平的议会行动方式，旧秩序可以转变为新秩序。转变的具体路径是在现有西方体制框架内，通过合法的议会选举方式，使更多的候选人当选为议员，实现工党上台执政或影响议会决策，“通过在国内实行一系列的立法和行政措施以及在国际范围内争取和平和合作的建设性政策”[5]。为了增强自己观点的合理性，艾德礼对当时英国社会存在的“不经过暴力斗争社会主义就永远无法实现”，“议会行动只有被用来准备一个不可避免的斗争时才是

---

① ［英］克里门特·艾德礼：《走向社会主义的意志和道路》，郑肃译，商务印书馆1961年版，第1页。

② ［英］C. R. 艾德礼：《工党的展望》，吴德芬等译，商务印书馆1961年版，第8页。

③ 《各国社会党重要文件汇编》，世界知识出版社1959年版，第318页。

④ ［英］克里门特·艾德礼：《走向社会主义的意志和道路》，郑肃译，商务印书馆1961年版，第2页。

⑤ ［英］克里门特·艾德礼：《走向社会主义的意志和道路》，郑肃译，商务印书馆1961年版，第2页。

有用的”等论调进行了批判。一方面，工党虽然承认阶级之间的矛盾与斗争，但“没有一般地把阶级斗争当作一种社会的学说”①，认为资本家和工人之间的关系并不是截然对立，工人也不是没有任何财产，资本家也不是对社会毫无益处。另一方面，工党认为暴力革命意味着征服，无论哪一边取得胜利，都意味着一个极权国家的出现，将给国民带来“重大的不幸”，也是“一件对文明极为危险的事”②。

正是基于对暴力革命非合作，而是对抗方式的认识，艾德礼不仅反对暴力变革社会，也对非暴力但不合作，搞威胁的大罢工不感兴趣。因为如果政府不屈服让步，总罢工很可能导致暴力斗争，劳工的目标也不确定能够实现。也正是艾德礼主张通过和平方式变革社会，决定着英国工党的“社会主义并不像周末革命的产物似的一夜功夫就能实现”③，而是要走一段漫长的道路才能达到，即英国社会变革的进程是长期的，而不是一蹴而就。

第四，对工党社会主义思想与共产主义、法西斯主义区别的认识。艾德礼上台领导工党的时期，正是苏联作为社会主义国家实践科学社会主义时期，是苏联化的科学社会主义——斯大林主义开始崛起于欧洲和世界舞台上的时期，也是德国法西斯主义日益猖獗、在欧洲咄咄逼人、发起对外进攻态势的时期。面对这种国际形势，特别是面对国内保守党对工党社会主义思想的污蔑、对英国民众的蛊惑，艾德礼详细阐述了工党社会主义思想与斯大林主义，即西方话语体系中的共产主义和法西斯主义的区别。

艾德礼认为，在现代世界存在两种不同的社会观念，分别是亚洲观念和西欧观念，也可称为极权观念和自由观念，亚洲观念主要表现为意大利和德国的独裁统治。在这些国家，社会主义变成共产主义，资本主义变成法西斯主义。这是处于意识形态谱系左右两端的极端思想。他们共同的特点是不相信普通民众的力量，认为少数人在社会发展中起着关键的作用；在政策制定中少数人专制，不尊重大多数人们的意见；在社会生活中都要求整齐划一，反对多样性；为了实现自己的目的，都崇尚武力，喜欢通过

---

① ［英］C. R. 艾德礼：《工党的展望》，吴德芬等译，商务印书馆 1961 年版，第 62 页。
② ［英］C. R. 艾德礼：《工党的展望》，吴德芬等译，商务印书馆 1961 年版，第 62 页。
③ 《各国社会党重要文件汇编》，世界知识出版社 1959 年版，第 319 页。

战争达到目的。而工党奉行的社会主义认为社会的富足在于多样性而不是统一性，相信每个人的价值，设法给每个人提供机会。

对于俄国通过武装革命，实现社会转变的原因，艾德礼也进行了分析。一是由于外来进攻所造成的局势决定的；二是列宁理论信奉在独裁背景下，通过武力夺取政权的必要性。虽然艾德礼一定程度上承认俄国革命武力实现社会转变的必然性和合理性，但艾德礼也对这种模式进行了批判。他认为手段和目的不容易分开，通过武力和镇压进行的俄国革命难以带来一个自由和大家拥护的政权，因为它“难以抛弃它获得政权所采取的方法”①。

正是由于俄国共产主义存在这些问题，艾德礼认为英国人民就像不愿意接受法西斯主义一样不愿意接受共产主义。作为一种制度，无论是共产主义还是法西斯主义，“在政治上都是幼稚的”②。这是不符合已经具有多年个人自由和政治民主传统的英法等国大众期望的。因此，艾德礼预言，英国社会主义不可能走上苏联共产主义的道路，成为其翻版。这从英国共产党成立十多年来，其社会主张和政治模式与英国民主传统相悖，在本来十分有利的环境中没有取得质的发展中得到了证实。

第五，工党变革英国社会的具体主张。如果说前面四个方面是对艾德礼社会主义观、英国社会主义观及相关思想的原则性解读。艾德礼代表工党提出的变革英国社会的具体主张则是其社会主义思想的具体化。总体观之，艾德礼变革英国社会的具体主张有三部分内容：由政府建立一个计划化的社会，在经济领域开展国有化改造，在社会领域实行社会保障制度。三部分内容的内在逻辑是：通过有计划的社会，改变经济生活放任自由的状态，为扩大公有制，逐步过渡到社会主义创造条件；通过政府开展一系列的国有化改造，提高工业化水平和公有制比重，为社会富足提供雄厚物质的同时，也更好地推行计划化；通过福利国家建设，提高社会保障水平，使民众享受全方位的福利，摆脱或减弱对生老病死等的恐惧。

对英国社会的经济生活进行计划，改变资本主义社会资本家肆意追逐

① ［英］克里门特·艾德礼：《走向社会主义的意志和道路》，郑肃译，商务印书馆 1961 年版，第 57 页。

② ［英］C. R. 艾德礼：《工党的展望》，吴德芬等译，商务印书馆 1961 年版，第 63 页。

经济利益，不顾及全局的无政府状态，建立一个有计划的社会，是艾德礼变革英国社会的首要主张，也是其社会主义观的鲜明特质。艾德礼指出，实施计划的目的一方面是通过将商品的生产和分配加以适当的组织，“使每个人得到足够的粮食、衣服、住宅和一般的奢侈品，并有足够的闲暇来享受它们”①，即享受到充分的物质生活；另一方面是获得物质生活水平提高的同时，使每个人“享有多少闲暇时间、工作条件以及和其他公民同样享受的生活福利上”②，即享受到充分的精神生活。

实现经济的计划化，不能交给资本家来做，必须由代表国家的政府出面。“国家不是在参加比赛的选手之间作裁判员，以维持一定的秩序，而必须成为一个积极的参加者和领导及组织的力量。”③ 即国家是计划化的主体。计划的内容包罗万象，既有产业结构的规划，也有生产数量的计划；既有工业企业位置的设计，也有财政投入数量和方向的把控。为了圆满地进行经济计划，必须对现有组织机构进行必要的改革，设立新的适宜的结构。如设立国家经济计划委员会和投资委员会，实现对私人企业和产品价格的控制等。

正是实现计划化的重要性，在第二次世界大战后的首次大选宣言中，工党把宣扬计划化放在宣言的首要位置，称“国家需要进行一次大检修，需要一个大计划来进行对家庭、工业和机械、学校、社会事业的近代化与重新装配”④。计划的目的是给公民以社会生产力所能提供的最高生活水平。这个生活水平不仅表现在公民能够购买的商品的数量上，而且也表现在“控制私人企业”是实现人人就业目的所不可缺少的手段上。通过适宜的经济控制和价格控制来“保证在从战争到和平的过渡中能首先解决最首要的事情，每个公民（包括复员的男女军人）都得到合理的安置”⑤。

为了实施计划化，加强国家对经济的控制，必须提高公有制的比重，

---

① ［英］克里门特·艾德礼：《走向社会主义的意志和道路》，郑肃译，商务印书馆 1961 年版，第 6 页。

② ［英］克里门特·艾德礼：《走向社会主义的意志和道路》，郑肃译，商务印书馆 1961 年版，第 25 页。

③ ［英］克里门特·艾德礼：《走向社会主义的意志和道路》，郑肃译，商务印书馆 1961 年版，第 20 页。

④ 《各国社会党重要文件汇编》，世界知识出版社 1959 年版，第 319 页。

⑤ 《各国社会党重要文件汇编》，世界知识出版社 1959 年版，第 320 页。

发挥出公有制的优势。而提高公有制比重的基本路径是对诸多行业和工业进行国有化改造。艾德礼提出的首要国有化机构是金融机构，即把英格兰银行收归国有。因为只要英格兰银行实现国有化，政府就能够加以控制，“就能将国家的信贷用来实行作为它的政策基础的伟大发展计划，并将资本引导到最有益于国家繁荣的途径中去”[①]。继金融机构之后，如果要使计划成为现实，艾德礼认为“土地是应归国家控制和归国家所有的最重要的因素”[②]。因为任何一项生产和建设活动都需要一定的空间，只要土地私有制存在，就必须付一大笔开支或利润给地主。

在控制金融和土地的基础上，针对工业领域，艾德礼提出了国有化改造的主要行业和顺序。首先是煤炭业。因为煤炭是各种工业生产的主要燃料和动能，是发展其他工业的基础和依赖。煤炭供应的多少和价格的变化对其他行业有着直接的影响。然后是运输业。这里包括公路、铁路、内河、航空等多个领域。通过成立全国运输委员会对运输业实行集中统一管理，减少不必要的恶性竞争与无序状态。最后是其他逐步适合进行国有化改造的行业，如钢铁业。在改造方式上，艾德礼一再强调，不是采用没收的方式，而是采用补偿的方式。没收是革命的手段，不仅会产生混乱和反对，而且是不公平的。而补偿是符合宪政的行动，也是工党在英国“走向社会主义联邦的过渡期……的变革策略”[③]。

1945 年第二次世界大战结束后，面对十多年来的首次全国大选，工党在大选宣言中反复突出一个基本认识观：社会主义的经济制度和社会秩序截然不同，对公有制的承诺是工党社会主义思想的灵魂，也是与资本主义格格不入之处。[④] 在具体主张上，工党不仅提出了具体的银行、土地、工业等国有化纲领，而且从节约开支、增加就业、提高效率、增强购买力、增大安全系数等多个角度，详细阐述了对于实行公有制，实现社会主义化

---

① ［英］克里门特·艾德礼：《走向社会主义的意志和道路》，郑肃译，商务印书馆 1961 年版，第 29 页。

② ［英］克里门特·艾德礼：《走向社会主义的意志和道路》，郑肃译，商务印书馆 1961 年版，第 30 页。

③ ［英］C. R. 艾德礼：《工党的展望》，吴德芬等译，商务印书馆 1961 年版，第 99 页。

④ Tudor Jones, *Remaking the Labor Party*: *From Gaitskell to Blair*, Routledge, 1996, pp. 23 – 24.

的行业和工业的好处，抨击了私有制的弊端和问题。如针对煤炭和钢铁工业，指出“私人的垄断保持了钢铁的高价格，并使一些效率低而费用大的厂矿继续存在”，“在公有制下把它们（指煤炭公司——笔者注）合并起来会在经营方面节约很多金钱，并且可能使生产方法近代化和在全国的每个煤矿里提高安全水平”①。

工党无论是提出计划化，还是实行国有化，都只是手段，目标是使广大民众过上更富足和有尊严的生活。因此，艾德礼一再强调社会保障事业的重要性。艾德礼指出，人类的恐惧主要有两类，“一是对战争的恐惧，二是对缺乏维持生活的物质条件的恐惧”。由于社会处于急剧变化之中，后一种恐惧在英国“比以往许多年更为普遍”②。在实现社会主义需要时日的背景下，“在资本主义制度继续存在的时候，救济的事业是需要的”，“根据周密考虑的计划来组织社会事业必须和经济建设同时进行”③。工党主张提供这些社会服务，并不是英国走向社会主义的替代办法，而是英国走向社会主义进程中的必要组成部分，也是自己为民众服务的神圣职责所在。为此，艾德礼在多个场合和著述中，驳斥了“社会服务支出是浪费”的观点，在教育、医疗、卫生、房屋等涉及民生领域提出一系列的主张与设想，成为其社会主义思想的重要组成部分和鲜明的特质。

此外，在外交事务与对待殖民地方面，艾德礼也对英国传统的政策进行了解读和评析，对传统两大政党的做法提出了批评，提出比传统两大政党明显具有进步性的主张和观点，如愿意在联邦内扩大自治的范围，赞成印度的民族自决，若执政将努力促进印度的完全自治；重视集体安全体系的作用，主张加强国家之间的经济联系与合作等。

二 艾德礼民主社会主义思想的定位与绩效

若想从思想史的角度定位艾德礼的社会主义思想，必须把其思想置于工党主流思想的发展进程之中去审视。比较艾德礼的思想观点与此前1918

① 《各国社会党重要文件汇编》，世界知识出版社1959年版，第319页。

② ［英］克里门特·艾德礼：《走向社会主义的意志和道路》，郑肃译，商务印书馆1961年版，第5—6页。

③ ［英］克里门特·艾德礼：《走向社会主义的意志和道路》，郑肃译，商务印书馆1961年版，第37页。

年党章党纲和两次世界大战期间英国工党大选纲领体现出的社会主义观，可以看出艾德礼的思想坚持了第一次世界大战后工党的主流思想，核心思想并没有发生变化，是典型的传统民主社会主义思想。从思想史的角度看，英国工党主流思想相对稳定，继承多于变化。但这并不是说艾德礼的民主社会主义没有多少新意，只是说其思想没有出现向右或向左的明显转向。实际上，随着形势的变化以及个人因素的影响，在坚持民主社会主义思想内核的基础上，艾德礼也丰富和发展了工党的民主社会主义思想。

艾德礼的思想没有出现转向，坚持了工党 1918 年形成的社会主义意识形态，是典型的民主社会主义思想，这可以从多个方面得到证实。结合前面详述的艾德礼的社会主义思想，可以提炼出以下几个方面：对待资本主义上，对资本主义制度持严厉批判的态度，主张建立新的国家机构，形成新的社会秩序取代资本主义；看待社会主义上，坚持从制度层面审视社会主义，认为社会主义是一种制度，是取代资本主义的更进步的社会制度，明确提出在整个英国建立社会主义共和国；在社会变革方式和速度上，艾德礼坚持采用合乎宪政的方式，即和平的议会选举方式，争取赢得大多数的支持来进行，而不是通过暴力和革命的方式，明确强调变革的进程不是一朝一夕的，是一个长期的过程，欲速则不达。在所有制问题上，把私有制和公有制分别看作是资本主义和社会主义的本质特点，从私有制的弊端抨击资本主义，从公有制的优点颂扬社会主义，把提高公有制的比重，用公有制控制国家发展的主要行业和领域作为工党执政的目标；在基本价值观上，坚持自由、民主、平等、合作等早期提出的社会主义基本价值观，从多个角度论证自由、民主、平等等对于每个个体和整个社会的重要性与必要性；在对待马克思主义和英国共产党态度上，坚持认为马克思主义并不适合英国国情，与英国传统文化并不融合，强调工党的社会主义与马克思主义的区别，对英国共产党仍然坚持排斥与不合作的态度，惧怕与英国共产党的合作影响工党的发展；在对待罢工态度上，虽然对劳工的遭遇表示同情，但并不主张动辄采用罢工的产业行动，对罢工的负面结果表示担忧，主张通过政治方式解决问题。基于这些高度的不变性，玛格丽特·柯尔指出，在 1918 年工党新党章和党纲通过以后，直到艾德礼时期，在以后四十年的时间里，“经过了一次又一次的选举，工党的政策和纲领始终明显地保留着《工党与社会新秩序》的观点”①。

艾德礼的思想丰富和发展了工党的民主社会主义思想，主要体现在两个方面。一是艾德礼在工党已有民主社会主义思想的基础上，既全面系统论述了民主社会主义的一般性特点与主张，又就英国特色民主社会主义思想进行了开拓性梳理和提炼。无论是 1918 年的党章和党纲，还是第一次世界大战后工党的竞选纲领，受篇幅的限制，都不可能长篇大论地详谈英国的民主社会主义思想。在艾德礼之前，虽然麦克唐纳也曾就其民主社会主义思想通过著书立说进行了系统的表达，但当时麦克唐纳并非工党的领袖，民主社会主义思想也没有在党内取得主流和主导地位。因此，艾德礼在 30 年代末，发挥自己知名大学毕业、学识渊博的优势，通过著书立说的方式，以工党领袖的身份系统阐述民主社会主义思想，这是对工党主流民主社会主义思想的丰富。更值得肯定的是，艾德礼把对民主社会主义的认识从共性深化到个性，在丰富普遍性认识的基础上，发展出特殊性思考。其对英国社会主义继续性（继承性）、多样性与实用性的分析是比较深入和到位的，标志着民主社会主义思想英国化实现了系统总结。这也从理论的角度展现出英国民主社会主义思想，也即工党独特的民主社会主义思想，与欧洲大陆国家民主社会主义思想的差异。

二是艾德礼对工党民主社会主义社会建设思想进行了深刻的论述。在 1918 年工党通过新党章和党纲、打出民主社会主义意识形态之时，它仍处于十分弱小的地位，不仅与保守党无法相提并论，与已经分裂的自由党两派也无法比肩。在这种背景下，工党虽然喊出了上台执政的口号，提出了一些执政的主张，但无论工党自身的高层，还是工党的基层党员和选民都知道工党不可能在即将来临的大选中取得执政地位，甚至是在未来几次大选中赢得政权。因此，工党新党纲虽然对未来执政方略作了一些阐述，但不可能有详细的举措，主要目的还是通过党章和党纲宣示工党与传统两大政党意识形态和政治立场的不同，通过对现实社会进行批判和改造，勾画未来新社会制度的美好蓝图，以吸引和扩大选民基础。进入 20 年代后，工党虽然两次上台执政，但并没有明显的大选优势和施政空间。如第一次上台执政本身就在意料之外，是英国历史上第一次第二大党上台组阁。在

---

① ［英］玛格丽特·柯尔：《费边社史》，杜安夏等译，商务印书馆 1984 年版，第 345 页。

这种总体弱小的政治背景下，工党在大选中主要强调两点：一个是资本主义已经衰落，只有工党为代表的社会主义力量才能够改造英国，为民众带来一个美好的前景；另一个是工党改造社会的主要举措是国有化，加强对工业和行业的控制、管理和监督。显然，从工党党纲和大选宣言看，在艾德礼之前，由于处于自身孱弱，没有充分施政可能的发展阶段，工党突出强调的一是对资本主义的破除，二是在新社会建设上突出强调通过公有制和国有化发展经济，即明显重视经济建设，对社会建设关注不足。虽然也曾提到剩余财富、为全体民众谋福利，但对于怎样谋福利语焉不详。虽然多次提到对劳工的关注与保护，但主要是针对工作状况、条件与待遇等方面，本质上还是经济领域，而不是社会领域。

艾德礼出任工党领袖后，逐步从麦克唐纳事件中走出，实现复苏的工党开始从成为英国大党、执政党出发，在阐述其施政主张时，不仅重视经济建设，也开始重视社会建设。从保障每一个民众基本尊严、减少恐惧与困窘、践行民主社会主义价值观出发，对起托底作用的社会保障主张进行了详细的阐述。尤其是工党第二次世界大战期间与保守党合作，艾德礼作为副首相负责国内经济与社会事务，有了联合执政经历后，面对第二次世界大战后的首次大选，工党更是对涉及每个选民和家庭的社会事务进行了较多的论述。不仅包括之前反复提到的失业救济与就业举措，更涉及教育、医疗、养老、住房等生老病死、衣食住行各个方面。艾德礼关于社会保障领域的思想，是在新的时代背景下对工党传统民主社会主义思想的发展。这些思想既为民众了解工党、认可工党、减少对工党的疑虑，助推工党上台执政起到了积极作用，也为工党执政后推进社会建设，践行民主社会主义思想提供了理论支撑。

如果说艾德礼民主社会主义思想与此前工党民主社会主义思想有较为明显变化的话，主要体现在对苏联态度上。此前无论是麦克唐纳还是韩德逊，虽然认为苏联的共产主义模式不切合英国实际，但对列宁领导的俄国十月革命表示理解，也不主张武装干涉苏俄，反而在工党执政后立刻推动英国与苏联的建交。而在30年代，艾德礼则对苏联共产主义进行了批判。当然这种变化不仅是个人思想的变化，也与所处的时代背景密不可分。20年代共同的弱势地位使苏联与工党实现接近，而30年代苏联斯大林主义的表现和苏联对德国纳粹的绥靖政策使工党非常不满。正是由于对苏联共产主义有着根深蒂固的认识和反感，尽管第二次世界大战时期由于形势的需要，英国与苏联结成了反法西斯联盟，艾德礼也在大选中提到战后继续维持和巩固这种联系与合作的重要性，尤其是在制止战争中的作用，但随着形势的变化，艾德礼领导下的英国很快与苏联分道扬镳，走上联美抗苏的道路。

在艾德礼民主社会主义思想的引领下，工党的影响力在30年代末进一步恢复。1939年9月，第二次世界大战爆发，为了形成合力，保守党首相张伯伦邀请工党组成战时联合政府。工党虽然拒绝了保守党的邀请，但接受了战时大选停摆，等战争结束后再举行的建议，没有趁机引发国内动乱，而是按照民主社会主义原则，做一个建设性的反对党。1940年5月，在张伯伦同意辞职后，工党又同意参加由丘吉尔领导的战时联合政府，获得劳工大臣、军需大臣等多个内阁职位。艾德礼本人作为工党的领袖，先是成为战时小型内阁成员，后又出任副首相，负责国内事务，使工党获得了直接管理国家经济与社会事务的机会，也使工党民主社会主义思想得到初步实践。

1945年7月，在第二次世界大战结束后的首次大选中，艾德礼领导的工党取得历史性胜利，以393席对210席的压倒性优势战胜保守党，夺得近三分之二的议席，也使工党首次赢得自由施政的政治空间。“如果不把没有什么重要性的挪威算在内的话，社会主义政党占据议会绝对多数席位而执政的情况，在欧洲历史上尚属首次。”① 表面上看工党的胜利十分出人意料，因为工党在不被国内外媒体和政界看好的情况下，战胜领导英国取得战争胜利的天然领袖丘吉尔，并且是以绝对多数取胜。理性地看工党的胜利又在情理之中，因为自1943年起，英国的民意测验就显示工党处于明显的领先位置，到大选之前总体呈现差距越拉越大的态势。

工党能够取得压倒性胜利，成为战后英国重建的可信赖选择，除了保守党过于自负，认为胜券在握，不重视大选外，从工党自身讲，也说明其民主社会主义思想和竞选纲领得到了选民的广泛认可。为什么工党没有重大变化的民主社会主义思想在两次世界大战之间总体上不能赢得选民，而

① ［英］唐纳德·萨松：《欧洲社会主义百年史》，姜辉等译，社会科学文献出版社2008年版，第144页。

在战后却得到选民的认可呢？这与“战争使工党得到了一笔相当珍贵的财富”，“战争通常是巨大社会变革的不可思议的预兆”是分不开的。[①] 正是英国民众在第二次世界大战时的社会体验、思想变化和对社会变革的渴望助推工党获得了广泛的社会支持，以绝对优势实现上台执政。

战争爆发后，英国再次由和平状态转入战时状态，为了取得战争的胜利，同时尽可能少地降低伤亡，英国民众的生活秩序与生活状态都发生了巨大变化。在生活秩序上，战前社会各阶层居住处所相对稳定，相互之间生活交往较少。战争开始后，为了躲避敌人的空袭，在人员疏散和转移中，不同职业、阶级、地区的人们开始群居在一起。在国难当头、生命随时危在旦夕的境遇下，各类不同群体之间的合作意识、团结意识与共同体意识明显增强，开始超越狭隘的阶级利益和个体利益。通过日常的接触和来往，无论是中上层中的有识之士，还是底层民众，都在相互了解中认识到，下层民众的贫困主要不是懒惰所致，更不是不可左右的命运，而是社会制度和体制造成的结果。

在生活状态上，为了满足战争的需要，国家对部分工业企业实行控制和管理，企业生产高速运转，大量工人甚至是农民都投入生产劳动之中。经济的超额运转不仅使失业问题不复存在，也使民众的生活水平和收入水平上升，使大多数普通民众再次感受到公有制和国家控制的切身好处。战前英国长期处于经济大萧条之中，第二次世界大战时期民众又为国家安全付出了巨大的牺牲和生命代价，因此，民众渴望战后不要再回到战前的大量失业、经济停滞状态，而是继续实现充分就业，有较高的工资收入和稳定的生活水平，也认为实行计划生产的制度“比战前的那种混乱要公正，而且觉得它更有效率”，“没有理由认为这个经过战争考验并证明是成功的制度会在和平时期实行而得不到同样的成功”[②]。在这种背景下，传统上对个人利益非常重视，对私有制有着天然爱好的英国社会，对公有制、对国家控制的态度开始发生明显的转变。总之，战争带来的高于一切的社会共同目标、国家控制下的高效率的经济活动，与工党长期追求的社会主义有

---

① ［英］唐纳德·萨松：《欧洲社会主义百年史》，姜辉等译，社会科学文献出版社 2008 年版，第 144—145 页。

② ［英］玛格丽特·柯尔：《费边社史》，杜安夏等译，商务印书馆 1984 年版，第 284—285 页。

着诸多的相似之处。用后来工党领袖富特的话来说，这一生产生活状态比“任何时期都更接近于社会主义社会”，甚至是“某种实践中的社会主义”①。

就在英国社会思潮出现转向态势之时，具有深远意义的《贝弗里奇报告》犹如一剂强心剂，给处于渴望和朦胧中的英国民众描绘了美好的蓝图，给英国社会舆论的明显左转注入强劲的动力。1942 年 11 月，受英国战时内阁财政大臣暨战后重建委员会主席阿瑟·格林伍德的委托，英国著名经济学家贝弗里奇围绕战后英国社会保障计划，发表了名为《社会保险和相关服务》的报告，即著名的《贝弗里奇报告》。报告在深入调研的基础上，详细分析了英国当时社会保障制度的现状与问题，系统提出了重建英国社会保障制度的原则与举措。该报告不仅分析全面，涉及各个年龄段的人们，涉及人们生活的各个方面，而且有别于传统的对贫困人口的社会救济，提出针对所有人正常的社会需求。如针对孕妇和产妇的生育保障、针对老年人的养老保险等。报告认为，只要坚持普遍性、保障基本生活、统一性、权利与义务对等四个原则，通过政府对国民收入的合理再分配，就能够为民众提供一个“从摇篮到坟墓”的完整社会保障体制，使每个人无论遭受什么样的不幸与打击，都不至于穷困潦倒，而保证享有尊严的生活。

《贝弗里奇报告》给长期遭受战争和困境的英国民众勾画了一个美好的梦想，引起了强烈的、积极的社会反响。这一报告的委托人阿瑟·格林伍德本身就来自工党，报告发表后工党又在议会内外积极回应报告的建议。在联合政府内工党积极推动社会改革，通过详述教育制度的《国民教育法》；在议会外工党发表名为《工党的现实计划》的文件，明确把充分就业、重建秩序、社会安全和教育改革作为当下的四大任务。② 显然，“战时的经历对选举的结果是非常重要的。工党领袖的天才是把握住了国民的情绪，同时引导了国民的情绪”③。而保守党领袖丘吉尔最初持反对的态

① ［美］史蒂文·克雷默：《西欧社会主义——一代人的经历》，王宏周等译，东方出版社 1992 年版，第 254 页。

② Stephen Brooke, *Labor's War: The Labor Party during the Second World War*, Clarendon Press, 1992, pp. 105 – 109.

③ ［英］托尼·布莱尔：《新英国：我对一个年轻国家的展望》，曹振寰等译，世界知识出版社 1998 年版，第 11 页。

度，告诫人们“千万不要忘记，我们这届议会已到了第八个年头了，我作为首相不能在此阶段对束缚我的继任者负有责任，”① “重建立法超出一个起源战争、为了战争而成立的联合政府的宏大目标”。② 在议会辩论后大多数议员认可《贝弗里奇报告》情况下，虽然也作出战后进行医疗、住房等领域改革和重建的承诺，但拒绝在战时实施，实际上是一种无奈消极的搪塞之举。保守党与工党对英国民意的这种迥异态度，决定了保守党虽然领导英国民众取得战争的胜利，但战后英国民众却抛弃了保守党。

工党上台执政后，在有利的政治空间下，无论是在政治、外交领域，还是在经济、社会领域，其政策都显示出与保守党政府的不同，显示出民主社会主义的特点。其中经济与社会领域的国有化改革与福利国家建设与普通民众的生活息息相关，改革力度颇大，特色最为鲜明，成为工党民主社会主义实践的两大标志。在部分行业和工业国有化改革上，面对第二次世界大战后英国一片废墟、百业待兴的情况，民众对美好生活的向往，着眼于经济发展与社会建设的双重考虑，艾德礼上台伊始即承诺：“我们也决意尽快地实施带有工党明显特色的纲领：我们的社会主义政策，我们的国有化政策。”③

艾德礼政府的国有化改革是有重点、有顺序、有民主地推进的。有重点指不可能也没必要把所有工业都变成公有制，只需要把关系国计民生的基础行业，如银行、煤炭、电力、运输、钢铁等进行国有化改造，变成公有制即可。因为这些行业和工业直接决定着其他工业生产的成本与正常运转。对此，工党著名理论家柯尔明确指出：“谁控制了这些关键性的位置，谁就是工业体系的主人。如果这些工业和服务行业能置于民主管理之下，并且组织得能为国家利益服务，那么其他工业和服务业由谁拥有和管理便是次要的事了。”④ 有顺序指根据具体难度，本着先易后难的原则，逐步地推进和改造，如银行业改造得到保守党的认可，煤炭、交通等长期处于亏

---

① ［英］T. F. 林赛等：《英国保守党（1918—1970 年）》，复旦大学世界经济研究所译，上海译文出版社 1979 年版，第 136 页。

② Stephen Brooke, *Labor's War: The Labor Party during the Second World War*, Clarendon Press, 1992, p. 171.

③ 齐世荣：《当代世界史资料选辑：第二分册》，首都师范大学出版社 1996 年版，第 171 页。

④ ［英］乔·柯尔：《费边社会主义》，夏遇南等译，商务印书馆 1984 年版，第 51 页。

损状态，私人资本不愿意投入，这些就优先进行。有民主是指由私有到公有的改造既不采用没收的方式，更不采用革命的方式，都是在宪政之内，采用补偿的温和方式进行，即“民主社会主义者的政策”①。

艾德礼政府国有化改革的基本程序是：首先制订某一行业或工业的国有化改革法案，然后由英国议会通过该法案，再后按照法案成立该行业或工业的国家管理局或管理委员会，最后由管理局或管理委员会在法案规定期限前接管相关企业。最早进行国有化改造的是英格兰银行。1945 年 10 月，第一个国有化法案《英格兰银行法》获得英国议会通过。1946 年 3 月，英格兰银行由私人银行转变为国有银行。由于政策温和，工党高层意见一致，改造的行业又都是平时亏损或经历过战时控制的行业，国有化改革总体顺畅。从 1945 年到 1948 年，在短短三年时间里，就通过了银行、煤炭、民航、电信、运输、电力、煤气七个领域的国有化法案和企业的国有化转制。只是由于保守党的反对和工党内态度不一，使得钢铁业的国有化进程稍显滞后，直到 1950 年大选后的第二个任期才最终完成。

工党政府进行的国有化改革是一次大规模的社会主义试验，其正面效益还是十分明显的。从经济角度看，通过企业的转制，使英国公有经济的比重占到国民生产总值的 20%。国有企业提供的低廉的生产和运输成本促进了英国私营经济的发展，推动了英国经济的重建。从社会角度看，国有企业由于追求双重目标，不仅提供了诸多新的就业机会，降低了劳工失业的压力，而且工作环境、工作强度和福利待遇都远远超过私有企业。同时，劳工，特别是工会高层得以参与企业的管理与监督。虽然这些不能从根本上改变劳工和工会的地位，但至少改变了劳工一味处于被压榨的境遇。

正是基于艾德礼执政的显赫成绩和继续推进钢铁工业国有化的需要，在 1950 年大选中工党对国有化改革给予很高的评价，把国有化改革视为五年执政的重要成绩。如煤炭、电力、燃气等工业的国有化取得一揽子的成果。在经济领域，不仅总产量和单人平均产量都远远超过第二次世界大战前的水平，扭转了整个行业长期衰退和低落的局面，而且作为基础行业为其他工业的发展提供了重要动能，避免了英国工业的坍塌。在社会领域，增强了企业的社会责任与社会意识，不再单单追逐经济利益，而是同

① ［英］盖茨克尔：《社会主义与国有化》，李奈西译，商务印书馆 1962 年版，第 10 页。

时重视公共利益。在此基础上，明确提出将采取实际步骤继续推进国有化，利用公有制减少私人垄断，具体的工业有制糖业和水泥业。通过仔细研判，如果化学工业的国有化对国家利益来说是必不可少的，工党也将采取适当的程序把其国有化。①

但毕竟国有化改造是一项前所未有的事情，没有经验或做法可供借鉴和参考，同时在思想上存在把国有化和公有制设想得过于美好，对国有化改造产生的问题考虑不足，造成国有化改造的效果事倍功半。随着时间的推移，国有化改造的问题无论是在经济层面，还是在社会层面都愈加凸显。一方面，作为企业，经济效益是第一位的，但由于多种因素的影响，企业国有化后并没有取得盈利，而是继续处于亏损的状态。如由于国有企业担负着提供公共服务的社会功能，因此国有化企业除非特殊情况，一般不解雇劳工。没有失业压力后，许多企业出现劳工懈怠、出工不出力的情况。由于担负着社会功能，即使购买的原材料价格提升，政府也不让生产的生活资料，如燃料、电力等提价，使国有企业利润很少或陷入亏损。同时，企业不是按照市场需要进行生产，而是根据政府的指令性计划进行生产，造成效率低下，调动不了管理者的积极性。

另一方面，社会效益也并没有从本质上实现。国有化改革的目的是限制资方，提高劳工的社会地位。但实际上资方得到大量资金补偿，不仅经济效益没有损失，而且大多数又被任命为企业经理或管理委员会成员。虽然企业的所有制变了，但资方控制企业的局面没有改变。除了个别工会领袖外，绝大多数劳工并没有成为企业的真正主人。对此，时任工党大臣的克里普斯明确地说："让工人掌管英国工业，即使总的来说是令人向往的，但几乎是不可能的。"② 唐纳德·萨松也指出："引入更多的工业民主或者工人控制的思想，从来没有被认真对待。"③ 正是国有化改革的两方面效益都大打折扣，在1951年的大选中，工党既没有把国有化与和平、充分就

---

① Iain Dale, *Labour Party General Election Manifestos (1900 - 1997)*, Routledge, 2000, pp. 66 - 67.

② ［英］阿伦·斯克德等：《战后英国政治史》，王子珍等译，世界知识出版社1985年版，第19页。

③ ［英］唐纳德·萨松：《欧洲社会主义百年史》，姜辉等译，社会科学文献出版社2008年版，第178页。

业、生产效率、生活水平等作为执政成绩大肆宣扬，也没有提出进一步国有化的领域与举措，仅仅提到不确定是在私有企业进行国有化改造，还是兴办公有企业，“将在符合国家利益的地方开始新的公有企业”①。

与国有化改革相比，工党在社会领域的福利国家建设中取得的成绩还是比较卓著的，成为民主社会主义思想的重要标识，也是工党能够实现连续执政、坐稳英国两大政党位置的关键。给所有人，特别是中下层民众提供抵御社会风险的保障，是工党几十年来的梦想。在早期执政时期和第二次世界大战期间，工党利用自己有限的权力，为保障低收入者的生活尽了自己的努力。第二次世界大战结束后，面对有利的政治条件和民众对基本需求的渴望，工党开始大刀阔斧地推动社会保障体制的完备。艾德礼在新政府成立伊始就指出，虽然“在战争中和战后出现的问题……对于任何政府来说都将是一个负担”，但工党“有社会改革的方案，这些方案是在战时政府领导下准备的，工党大臣在其中发挥了应有的作用。我们决意实施那些伟大的方案”②。

艾德礼政府的福利国家建设也是从通过相应法案入手的。由于工党控制着议会，从 1946 年到 1948 年，短短两年多的时间里，英国先后通过《国民保险法》《国民医疗保健法》《住房法》《房屋管理法》《教育法》等一系列法案。其中《国民保险法》和《国民医疗保健法》因其覆盖面广、变革力度大和影响力深远，而被称为工党社会改革的“两个伟大的里程碑”，③ 依据《国民医疗保健法》建立的国民医疗保健制度更是被英国学者比喻为“王冠上的宝石”。④《国民保险法》规定，建立面向全体民众的国民保险制度，凡是未达到退休年龄的英国成年民众，都必须参加国民保险，在将来需要时都能够按照规定享受失业救济、疾病救济、生育救济、孤寡救济、养老救济等经济补助。《国民医疗保健法》规定把所有私立医院全部转化为公立医院，除特殊规定外，一律实行免费医疗，以为民众提供优良的预防、诊断和治疗服务，保障民众的身心健康。通过这些立法活

---

① Iain Dale, *Labour Party General Election Manifestos* (*1900 – 1997*), Routledge, 2000, p. 76.

② 齐世荣：《当代世界史资料选辑：第二分册》，首都师范大学出版社 1996 年版，第 171 页。

③ ［英］阿伦·斯克德等：《战后英国政治史》，王子珍等译，世界知识出版社 1985 年版，第 25 页。

④ Brian Brivati, etc., *The Labor Party*: *A Centenary History*, Macmillan Press Ltd., 2000, p. 76.

动，艾德礼政府使英国民众的生老病死、伤残孤寡、破产失业等都有了基本的社会保障，建立起了一套“从摇篮到坟墓”的社会保障体制。1948 年 7 月，艾德礼自豪地向世人宣布，英国已经建成世界上第一个福利国家。

总之，第二次世界大战结束后，艾德礼领导的工党政府进行了一次全方位的民主社会主义改革尝试，也是一场和平的社会革命。其改革的基本目标是建立一个更加公正平等的新社会，保障每个人基本的就业、医疗、教育等社会权利；基本假设是公有制有利于确保经济增长，扩大劳工权益；基本路径是一方面通过法律方式建立完善的社会福利制度，另一方面是通过国家和平干预，实现部分行业与企业的所有制转变。这场改革在把民主社会主义思想表现得淋漓尽致的同时，也使英国经历了 20 世纪以来影响最大的社会变革。这场前所未有的改革在福利国家建设上总体是成功的，满足了社会各阶层的基本需要。这一举措也得到保守党的认可和继承，成为此后英国两党共识政治的核心内容。但客观地讲，由于没有经验，没有他国模式可以借鉴，这种超出英国经济能力，过于大包大揽的福利制度的问题也是明显的，从长远看会使英国背上沉重的负担。而国有化改革与理想目标相差甚远，如果说充分就业、劳工参加管理等社会目标部分实现，企业改革的核心目标，追求经济效益并不理想。但无论怎么说，工党的改革路径是和平的、宪政的方式。用艾德礼自己的话就是：“我凭着本届政府执政经验再次确定我对民主社会主义的信念。我们绝不以牺牲我们祖先所争取来的自由为代价。正是社会民主能使我们免除经济力量的暴虐和国家绝对权力的危害。”① 这一和平变革的实践，基本上彻底打消了英国民众原有对工党变革社会的顾虑，使路径选择不再是后继工党理论家强调的内容，使民主社会主义思想的内涵主要围绕公有制与社会主义的关系、社会主义是一种制度还是一种价值等问题展开。

第二节　英国工党关于民主社会主义思想的争论

“在左右两翼的争论中，所有制问题的地位是最重要的，它是争论的

① 齐世荣：《当代世界史资料选辑：第二分册》，首都师范大学出版社 1996 年版，第 172 页。

核心。”① 随着国有化改革问题的暴露，在 50 年代初期执政时工党内对国有化的认识就开始产生分歧。1951 年，由于工党失去政权，没有了执政的顾忌，工党内从反思国有化，再识公有制开始，脱离传统民主社会主义思想的右转思想不断涌现，左右翼之间从个人观点分歧到党的路线之争，使工党主流社会主义思想呈现出左右纷争状态。在 50 年代后期，随着盖茨克尔成为党的领袖，工党内右翼力量获得最高领导权，但在民主社会主义思想论争中盖茨克尔并没有取得胜利。这说明工党内主流思想的争论虽然暂时进入低潮，但并没有形成共识，成为工党主流思想在 60 年代反复摇摆的根源。

一　英国工党右翼民主社会主义思想的兴起

1951 年工党下台后，在反思工党执政教训、总结工党失利原因中，工党高层和理论家既有共同的看法，也有明显的分歧。由于福利国家建设既受到民众的普遍认可，也为保守党接受，在福利国家建设上工党内没有大的分歧，一致认为这是工党的成就与骄傲。但在国有化问题上，面对国有化改革带来的诸多问题，面对保守党在大选中提出要对国有化的煤炭、铁路等行业重组，立即停止进一步国有化水泥、化学等其他工业的承诺与大选胜利的现实，工党内在是否需要进一步国有化、国有化与公有制是否是社会主义的本质等问题上产生分歧，从而使偏离第一次世界大战后三十多年传统民主社会主义认知的右翼思想逐步兴起。

柯尔是第二次世界大战后 50 年代英国右翼民主社会主义思想的鼻祖。如前所述，作为工党历史上最著名的思想家之一，柯尔在第一次世界大战前后提出并倡导基尔特社会主义，为英国工党社会主义化作出了贡献。20 年代中期，随着基尔特社会主义运动的偃旗息鼓，柯尔进入英国牛津大学执教。自己虽然没有冲在英国政坛的前线为工党冲锋陷阵，但凭借其深厚的理论功底和睿智思想，影响着工党思想舆论的发展变化。1931 年，在费边社陷入停滞之时，柯尔发起成立新费边研究局和社会主义咨询与宣传协会，对英国社会进行深入研究，为工党发展提供理论支持和进行思想渗

① 谢峰：《政治演进与制度变迁：英国政党与政党制度研究》，北京大学出版社 2013 年版，第 5 页。

透。1939 年，柯尔又推动新费边研究局和费边社合并，自己亲自担任合并重组后的费边社主席。第二次世界大战期间，柯尔受战时内阁邀请，参加了有关战后重建、人力资源建设等方面的多项调研与咨询活动。在这种实践与思考中，柯尔的社会主义思想不仅进一步发展，而且显示出与当时主流思想的差异，成为第二次世界大战后工党右翼民主社会主义思想的源头。

柯尔民主社会主义思想集中体现在 40 年代初期第二次世界大战期间写作和出版的《费边社会主义》一书中。与其他社会主义者一样，柯尔著述也是着眼于第二次世界大战后英国社会的重建，希望能给英国民众指明一个美好的未来。在具体观点主张上，一方面，柯尔与艾德礼等人一样，认为把银行、燃料、电力、运输等关键性工业和服务行业转为公有，由国家管理十分必要。因为“谁控制这些关键性的位置，谁就是工业体系的主人”①。如果这些工业和服务行业能置于民主管理之下，就“能够被用来作为制定新工业秩序的工具，而这种秩序是建立在为国家服务的计划基础上的”②。

另一方面，柯尔并不认为公有制是社会主义的标志，更不是社会主义的最终目的和归宿，只是实现社会主义的一种可供选择的手段。柯尔认为，社会主义主要就是三种思想：“使人人有同等机会，保证人人享有基本的生活水平，还有民主自由。”③ 即这些是社会主义信仰的基础。而对于很多人认同的社会主义基本原则，也就是生产资料、分配和交换应当由全体人民共同拥有，柯尔明确说“在这里一字不提”，④ 即并不是社会主义的标志。没有提到的原因是对于他以及几乎所有的社会主义者来说，“公有制本身并不是目的”，而是实现上述三种“目的的手段”，“整个社会应当拥有生产资料这一命题，没有绝对的效力”⑤。人人享有同等的机会、有保障的基本生活水平和尽可能多的民主自由才是目的，才是“所有正派的人应当一直期望和试图促进的目的”，“生产资料公有是实现这些目的的一种

① ［英］乔·柯尔：《费边社会主义》，夏遇南等译，商务印书馆 1984 年版，第 51 页。
② ［英］乔·柯尔：《费边社会主义》，夏遇南等译，商务印书馆 1984 年版，第 50 页。
③ ［英］乔·柯尔：《费边社会主义》，夏遇南等译，商务印书馆 1984 年版，第 24 页。
④ ［英］乔·柯尔：《费边社会主义》，夏遇南等译，商务印书馆 1984 年版，第 24 页。
⑤ ［英］乔·柯尔：《费边社会主义》，夏遇南等译，商务印书馆 1984 年版，第 24 页。

手段，主要适合于你我生活于其中的这种类型的社会，但它并不是不管时间和地点，在任何意义上对任何社会都有道义的必要性”①。很明显，柯尔对社会主义的新解读，对公有制与社会主义关系的新认识有别于第一次世界大战后工党长期对社会主义的认识。

第二次世界大战结束后，柯尔的右翼民主社会主义思想继续发展。在艾德礼国有化改革进行得如火如荼的1948年，柯尔作为费边社的主席没有随波逐流，再次指出传统主流的民主社会主义思想观点需要变革与修正。他指出：“民主社会主义并不是已经发展完备，因而只能简单地加以接受或反对的教义，而是一种发展着的、还有很大改进余地的社会学说，随着情况的变化和那些停留在理论阶段的概念开始在实践中应用——有时是被错误地应用了——它需要不断用新思想加以充实。”② 虽然柯尔的思想在此时呼应者不多，在工党内并不处于主流地位，但他提出的对社会主义的新认识提供了思考社会主义的新视角。同时，也影响着其学生，后来先后担任工党领袖的盖茨克尔、威尔逊等人社会主义观的形成与发展变化。这些都为50年代以后党内右翼民主社会主义思想的强势提供了理论基础，为工党主流思想在左右反复中渐进右转提供了思想和组织资源。

在柯尔社会主义思想影响下，面对英国实现战后重建后的重大经济社会变化和国有化改革争议的适宜土壤，50年代工党内试图超越和修正传统主流民主社会主义思想，对社会主义进行再认识和再定义的右翼思想不断涌现。其中系统论述工党民主社会主义思想应当变革、进行重大调整的是右转的思想家安东尼·克罗斯兰。

克罗斯兰是第二次世界大战后英国工党重要的理论家和政治活动家，是欧洲民主社会主义思想的重要开创者。克罗斯兰出身于英国伦敦的文职家庭，从小受到系统良好的教育，大学毕业于牛津大学。第二次世界大战时期克罗斯兰参加了英国在欧洲和非洲地区的反法西斯战争，战后初期在牛津大学讲授经济学，1950年开始参与政治活动。在六七十年代的工党威尔逊政府和卡拉汉政府，克罗斯兰先后担任经济大臣、教育科技大臣、商

---

① ［英］乔·柯尔：《费边社会主义》，夏遇南等译，商务印书馆1984年版，第24页。
② ［英］玛格丽特·柯尔：《费边社史》，杜安夏等译，商务印书馆1984年版，第330页。

务大臣、环境事务大臣和外交大臣等职务。克罗斯兰在积极参与政治活动的同时，以其渊博的知识储备不断著书立说，先后出版了《英国经济问题》《社会主义的未来》《当代社会主义和其他问题论丛》等著作，系统阐述其对英国社会问题、当代资本主义和社会主义的看法。其中最著名、最系统的著作是1956年出版的《社会主义的未来》一书。此时正是工党在执政六年取得重大成就，又连续两次大选失利，处于迷茫争论的关键时期。全书共有21章，围绕第二次世界大战后英国资本主义的新变化、社会主义的新目标、社会领域的平等问题和传统的经济问题四大方面，对民主社会主义思想进行了全新解读。

首先是关于第二次世界大战后资本主义变化的认识。克罗斯兰从多个方面指出，鉴于经济的快速增长以及经济权力结构的巨大变化，战前社会主义者的预言已经破灭，"社会主义讨论的知识框架已经变得不合时宜"①。如预言的资本主义崩溃和生活日益贫困化不仅没有出现，而且经济不断在增长，就业得以广泛实现；没有经过革命方式已经实现资产阶级手中的权力向政府转移，企业内部权力从管理者手中转移到劳动者手中；随着企业所有权与经营权的分离，企业高层的权力分配出现明显变化，企业的利润功能发生转变，不再不惜任何代价追逐利润最大化。进而从意识形态、阶级状况、社会发展、生产资料所有制的重要性、政府政策等方面指出英国资本主义的程度变化已经带来性质的变化。作为具有特定含义的英国资本主义社会"特指具有英国在19世纪30年代到20世纪30年代间的基本社会、经济和意识形态的社会"。"可以肯定地说，1956年的英国不再是这样的社会"②，即英国已经不是资本主义社会了。

其次是全新阐述社会主义的目标和内涵。克罗斯兰在概述欧文主义、劳动价值论、基督教社会主义、马克思主义、费边主义、独立工党的传统等英国社会主义多种传统与思想的基础上指出，多样性和异质性是英国社会主义的特征，"没有一种可以用来指导未来的正统思想"，"社会主义思

---

① ［英］安东尼·克罗斯兰：《社会主义的未来》，轩传树等译，上海人民出版社2011年版，第21页。

② ［英］安东尼·克罗斯兰：《社会主义的未来》，轩传树等译，上海人民出版社2011年版，第39页。

想随着时间的变化而变化，不同的时间就会流行不同的理论"①。传统社会主义思想关注的五大核心议题——剥夺财产收入、合作、工人控制、社会福利、充分就业——在战后时代要么已经基本实现，要么在观念上不合时宜了。"每个理论都是具体社会及其思想反映的产物。既然外部因素并非固定不变，那么理论就必然随时间的变化而变化。"② 在传统资本主义已经改良，几乎改变原有存在方式的新背景下，以关注资本主义罪恶，阐述推翻资本主义制度为主要内容的传统社会主义思想已经过时。审视英国社会主义思想史，许多自称"社会主义者"常常混淆社会主义的目标与手段。实际上，无论是欧文主义、马克思主义、费边主义，还是基督教社会主义、工团主义、基尔特社会主义，各种社会主义思想流派"在实现社会主义的手段上极为不同，而且任何一种手段都不能比其他手段更能胜任'社会主义'这个标签。唯一为所有思想流派所共有的一点就是基本理想和基本道德价值"③。当下社会主义的理想就是实现一个公平、合作和无阶级社会，其中实现社会平等占有十分重要的地位。"对社会平等的信念，实际上一直是各种社会主义理论中最强有力的伦理诉求，也仍然是当今社会主义思想的最鲜明特征。"④

再次是对英国社会平等的系列问题进行深入分析。克罗斯兰在分析社会救济的免费性、普遍性与社会平等之间关系的基础上，通过与美国、瑞典等国家的比较，从经济学、社会政治学、伦理学等多个角度详细论述了为何要追求社会平等，阶级因素与社会平等的关系，为什么在教育、消费、财富分配、企业权力等领域仅仅做到机会平等是远远不够的，如何实现社会平等等问题。主要观点有：社会平等要求公共服务的普遍可获得性，但公共服务普遍性并不必然导致社会平等；不平等是导致社会敌对情绪与意识的重要因素，追求更高程度的平等有助于弱化敌对情绪与意识；

① ［英］安东尼·克罗斯兰：《社会主义的未来》，轩传树等译，上海人民出版社 2011 年版，第 50 页。

② ［英］安东尼·克罗斯兰：《社会主义的未来》，轩传树等译，上海人民出版社 2011 年版，第 59 页。

③ ［英］安东尼·克罗斯兰：《社会主义的未来》，轩传树等译，上海人民出版社 2011 年版，第 65 页。

④ ［英］安东尼·克罗斯兰：《社会主义的未来》，轩传树等译，上海人民出版社 2011 年版，第 74 页。

仅仅追求机会平等很可能“仅仅会导致新的精英阶层（依赖于能力与智慧）代替旧的精英阶层（依赖于血统）”，[①] 造成社会普遍性的不安全和不满情绪，形成一个患神经官能症的社会；“要在英国实现更大程度的社会平等，就需要一套更加平等的教育制度以及更加平等的消费形式”[②]。

最后是重新审视传统社会主义经济问题。克罗斯兰认为，由于英国社会主义的理想和目标已经发生变化，对社会主义经济的传统观念和实现社会主义目标的经济政策也应当有新的认识。如在私人利润问题上，传统社会主义观，尤其是马克思主义观认为，追求私人利润是资本家剥削劳工的表现，动机是不道德的，会导致资源的分配不公，工党政府若刻意鼓励高额利润，是对社会主义事业的背叛；而实际上利润积累是资本创造的重要方式，是任何经济体发展经济不可缺少的，社会主义者必须承认利润积累的必要性，赞成利润积累活动。在公有制和国有化问题上，大多数早期社会主义者认为，“生产资料所有制、分配、交换就是判断一个社会是资本主义社会还是社会主义社会的唯一标准”，“把社会主义等同于公有制，而且认为人类社会的所有不幸都可以通过国有化方案而得以消灭”；[③] 实际上，从战后国有化经验看，国有化在经济方面的重要性一直在弱化，仅仅所有制方面的变化并不一定会给社会变革带来决定性的影响；无论是从经济角度看还是从社会角度看，诸如更高的劳工生活水平、更和谐的劳资关系、更合理的权力分散、更密切的合作程度、更全面的社会经济平等、更合理的资源利用等社会主义目标的实现，“基本都不需要在所有制上进行大范围的变革，这种变革更不是实现上述目标的充分条件”[④]。在计划的作用上，社会主义者原来普遍认为企业投资应该由政府来计划，“都把计划视为社会主义的核心特征”，“视为社会主义同资本主义最直接的差别”，[⑤]

---

① ［英］安东尼·克罗斯兰：《社会主义的未来》，轩传树等译，上海人民出版社 2011 年版，第 159 页。

② ［英］安东尼·克罗斯兰：《社会主义的未来》，轩传树等译，上海人民出版社 2011 年版，第 180 页。

③ ［英］安东尼·克罗斯兰：《社会主义的未来》，轩传树等译，上海人民出版社 2011 年版，第 309 页。

④ ［英］安东尼·克罗斯兰：《社会主义的未来》，轩传树等译，上海人民出版社 2011 年版，第 308 页。

⑤ ［英］安东尼·克罗斯兰：《社会主义的未来》，轩传树等译，上海人民出版社 2011 年版，第 324 页。

即经济是否有计划是社会主义政党和右翼政党的重要区别，但现在左右翼在计划问题上已经不再极端对立，计划问题已“不再是‘左’和‘右’之间的一个根本区别”，现在的问题“不是要不要计划，而是计划多少，为了什么而计划的问题”①。

显然，克罗斯兰基于战后英国和整个资本主义的新变化，以及工党艾德礼政府执政的经验教训与社会反响，基于工党再次赢得大多数选民的认可和支持，早日重返执政前台的考量，对工党数十年来传统的社会主义观进行了全面的修正，给予了全新的解读。这种修正式的思想变革，而非深化式的思想发展，使工党的主流思想出现变轨式的倾斜。若变革成功，必将对工党的发展产生重大影响。同时，无论一个思想家和政治家是否赞同克罗斯兰的思想观点，但毋庸置疑的是，克罗斯兰无论是观点体系的完整性，还是思维逻辑的缜密性，与柯尔相比都更胜一筹，更具说服力，也使其思想理论有着众多的追随者和信仰者，也不易被对手简单地否定，被历史轻易地摒弃。

正是克罗斯兰思想的这一特点，新世纪担任工党领袖和英国首相的布朗对克罗斯兰及其《社会主义的未来》给予了极高评价。布朗在为《社会主义的未来》写的序言中说道：“战后没有哪一个工党理论家能像A. 克罗斯兰一样，对工党的思想产生如此大的影响。”“对于战后工党来说，A. 克罗斯兰的这部著作好比震耳晨钟，将工党从梦呓中唤醒。”“今天，无论是重读，还是初读这本书，我们都会惊讶地发现，那些曾被A. 克罗斯兰视为工党使命最为核心的价值，仍然鲜活有效，只不过具体政策偏好可能有些变化罢了。”② 虽然布朗的评价有溢美之词之嫌，但至少将当时诸多对工党发展迷茫者从梦呓中唤醒，对后来诸多工党精英的思想价值观产生重大的影响，乃至推动工党主流思想的重大嬗变等都是不争的事实。

如果说柯尔与克罗斯兰主要以理论家的身份助推工党右翼思想的兴起，那么盖茨克尔则主要以政治家的身份助推工党主流思想的右转。盖茨

---

① ［英］安东尼·克罗斯兰：《社会主义的未来》，轩传树等译，上海人民出版社2011年版，第327页。

② ［英］安东尼·克罗斯兰：《社会主义的未来》，轩传树等译，上海人民出版社2011年版，布朗序第1页。

克尔1906年出生于政府官员家庭，从小受过良好系统的国民教育。1927年加入工党。在整个30年代，柯尔不仅在伦敦大学从事政治经济学教学，而且积极参加新费边研究局的活动。作为柯尔的助手，盖茨克尔思想的形成深受柯尔的影响，使其从政伊始就以工党右翼身份出现。1945年盖茨克尔首次当选为英国议员。在艾德礼政府时期，盖茨克尔先后担任燃料与动力部次官、燃料与动力大臣、财政大臣等职务，直接参与和负责煤炭国有化改革、财政收支等事务。1955年艾德礼宣布隐退后，盖茨克尔战胜来自左翼的比万，成功当选为工党新领袖。

面对工党在大选中的连续失利和党内在思想上的分歧与政策上的对立，盖茨克尔坚决推动工党的现代化变革，推动工党思想与时俱进的右转。1956年，为了使自己的思想为大家接受，盖茨克尔基于自己担任艾德礼政府大臣，从事国有化工业的经历和认识，公开出版了《社会主义与国有化》一书，详细论述国有化与公有权的关系、英国工党所主张的社会主义的更加广阔的最终理想等问题。其表达和蕴含的右翼民主社会主义思想与同年克罗斯兰出版的《社会主义的未来》呈现遥相呼应之势。

盖茨克尔开篇就指出，工党民主社会主义理想是创造“一个没有社会阶级而有上述含义的机会均等、高度的经济平等、充分就业、迅速发展的生产力、工业民主以及社会成员间普遍合作精神的社会”①。这里面并没有把公有制、国有化等作为社会主义的标志，而是从基本价值观的角度论述了社会主义的特质。在整部著述中，盖茨克尔虽然也肯定了公有制和国有化在消灭不劳而获、维持充分就业、转移资本家权利和实现为服务而合作等方面的一些作用和成就，但强调这些成就并不都是国有化改革带来的，不能过于扩大国有化的效果，并且在从劳工利益、经营管理、企业效率等多个方面分析国有化存在问题的基础上，指出选民不会同意“把国有化的范围扩大到新的未知的领域中去”，② 不扩大国有化的范围，通过财政、货币、信贷等其他手段也能够维持充分就业，在非国有化制度下也能够促进民主、平等的发展和实现。

总之，在理论上，盖茨克尔明确否定了国有化和公有制是社会主义的

---

① ［英］盖茨克尔：《社会主义与国有化》，李奈西译，商务印书馆1962年版，第6页。

② ［英］盖茨克尔：《社会主义与国有化》，李奈西译，商务印书馆1962年版，第42页。

标志，认为它们只是实现社会主义的一种手段。用盖茨克尔自己的话来说就是："国有化既然是工业管理和所有权在制度上的转变，就必须被当作一种手段，而不应该同上述的最终目的混为一谈。人们之所以往往把国有化当作目的，并或多或少把它和社会主义等同起来，是因为一向有人把它看作必然能达到预期目的的唯一可采用的手段，而不是把它看作实现社会主义理想的一种手段。"[①] 在实践上，盖茨克尔明确反对进一步扩大国有化的范围，主张把现有国有化企业的问题解决好，维持现有公私共存的混合经济状态，警告如果反其道而行之，将继续被广大选民所抛弃。

二　英国工党左右翼关于民主社会主义思想的交锋

工党内部围绕国有化和公有制的民主社会主义思想争论的公开化是从1951 年大选失利后开始的。[②] 大选失利后，面对国有化的问题，持中间立场的艾德礼、莫里森等人认为，国有化的方向并没有错，问题主要出在具体细节上，主张在全面审视的基础上，稳妥谨慎地继续推进国有化。换言之，既不像以前那样大刀阔斧地改革，又不能退缩停止国有化改革。但随着党内右翼民主社会主义思想的兴起，特别是克罗斯兰、盖茨克尔等人把国有化和公有制与社会主义本质的分离，党内视公有制为圭臬的左翼开始从理论到实践，与右翼展开时而激烈、时而缓和的争论和交锋。左翼力量的代表是艾德礼政府时期的卫生与住房大臣安奈林·比万。

比万出生于煤矿工人家庭，小学毕业就开始在煤矿上班，从小对劳工的遭遇有着切身的体会与感受，这为他左翼社会主义观的形成提供了深厚的土壤。青年时代的比万积极参加和领导劳工运动，1926 年煤炭工人大罢工的失败使比万认识到，仅靠经济与社会领域的劳工斗争是不能从根本上解决问题的，必须付诸政治途径。1929 年，比万首次当选为英国议会议员，开始步入英国政坛。1944 年，比万当选为工党全国执委会委员，进入工党高层行列。在第二次世界大战后艾德礼执政时期，比万先后担任卫生与住房大臣和劳工大臣。正是在比万的主持和努力下，英国免费医疗制度开始实施，战后重建家园工作顺利完成，基本社会保障制度得以建立，福

---

① ［英］盖茨克尔：《社会主义与国有化》，李奈西译，商务印书馆 1962 年版，第 7 页。

② Tudor Jones, *Remaking the Labor Party: From Gaitskell to Blair*, Routledge, 1996, p. 19.

利国家初步建成。因此，比万被誉为“英国福利国家的总工程师”[①]。

在长期的政治生涯中，比万从一开始就显示出自己鲜明的左翼立场，不仅激烈抨击保守党的政策，而且多次与党内右翼进行争论。如在第二次世界大战爆发之前，比万由于主张与英国共产党结成反法西斯联合阵线，一度被工党开除出去。第二次世界大战后，比万雷厉风行，不愿妥协的左翼色彩既推动了工党社会改革计划的实施，也再次与右翼力量发生冲突。1951 年初，由于新任财政大臣盖茨克尔在医疗预算中把一些免费项目改为收费，比万旗帜鲜明地表示反对，即使艾德礼免去其卫生与住房大臣职务，改任劳工大臣，他仍不妥协。在上述改动于 4 月生效后，比万愤而辞职。正是比万鲜明激进的左翼立场使党内左翼都聚集在其周围，所以他成为第二次世界大战后初期工党最为著名的左翼领袖。由于比万的核心作用以及党内左翼常常借助左翼刊物《论坛》周刊发表观点和见解，这一时期的左翼又被称为“比万派”或“论坛派”。

工党下台后，没有了执政的约束，比万更加毫无顾忌地在理论与实践中显示其左翼民主社会主义思想，系统体现比万民主社会主义思想的著述是 1952 年出版的《代替恐惧》一书。该书从政治到经济、从内政到外交、从公有到私有、从近代到当下，详细论述了比万对一些理论问题和国内外现实问题的看法和认识。

在变革社会方式上，比万与工党传统社会主义思想一样，坚持走议会道路的民主方式，但在对英国议会历史作用及如何发挥上有不同的认识。比万首先对议会在推动社会民主、实现社会变革中的作用给予肯定，指出议会制度是现在存在的“使普通男女具有一种新的权力的政治上的民主制度”，[②] 认为劳工运动的重点必须由工会行动转到政治行动，必须尽力在议会夺回在工业战场上的损失。[③] 但同时指出，并不是议会的存在就意味着民主的实现，“议会作为社会变革的工具这个职能，没有受到研究政治理论的人们的足够的注意”[④]。实际上，英国议会的政治民主只是在 1929 年

---

① ［英］阿伦·斯克德等：《战后英国政治史》，王子珍等译，世界知识出版社 1985 年版，第 35 页。

② ［英］比万：《代替恐惧》，李大光译，商务印书馆 1963 年版，第 5 页。

③ ［英］比万：《代替恐惧》，李大光译，商务印书馆 1963 年版，第 28 页。

④ ［英］比万：《代替恐惧》，李大光译，商务印书馆 1963 年版，第 11 页。

成人全面普选权实现后开始的。关于如何发挥议会的作用，比万认为，从经济角度看，“在社会主义者看来，议会的权力应当逐步向前地运用起来，直到把经济活动的主流置于公共指挥之下为止”；[①] 从政治角度讲，社会主义者应当“首先是要负责使他们自己的各项主张得以实现，其次是要提高议会行动的威信”[②]。

在看待马克思列宁主义和苏联等现实社会主义国家上，比万既对苏联社会主义模式和政策进行了部分批判，又不像其他民主社会主义者那样进行全盘的否定，对一脉相承的马克思、列宁等思想的作用也给予了肯定性评价。从第一次世界大战结束到第二次世界大战结束，从艾德礼到克罗斯兰，英国主流民主社会主义思想对马克思主义和苏联这一现实社会主义超级大国持否定的态度，非常强调工党社会主义思想与马克思主义和共产主义的区别。如克罗斯兰虽然不否认马克思作为社会主义思想家的才智、声望和影响，但认为“不管是在实际政策方面，还是对于我们社会的正确分析，甚至是适当的概念工具或框架，马克思很少或者说根本没有为当代社会主义者提供什么现成的东西。他的预言，几乎毫无例外地没有得到证实；他的概念工具，现在也已经不合时宜了”[③]。作为一个出身于劳工家庭的工党精英，比万有着比较强烈的阶级意识，深受马克思主义的影响，对马克思主义有着良好的认识和高度的评价。比万指出，如果说自己算受过政治训练的话，就是“马克思主义方面的教育”。“研究近五十年来历史的人都不能否认，与马克思、恩格斯和列宁的名字连在一起的思想是激动人心的。马克思、恩格斯和列宁用精神武器有效地武装了全世界工人阶级领导者的头脑，表明了他们的教导是有机地联系着他们时代的政治与社会的实际的。”[④] 比万虽然也批评苏联对外输出革命，搞扩张主义和军备竞赛，对内搞中央集权主义和独裁统治，对异己者进行残酷的镇压和迫害，但强调要用历史的眼光看待这些问题，要看到苏联发展的好的趋势，看到苏联做法的被动性和防御性。

---

① ［英］比万：《代替恐惧》，李大光译，商务印书馆 1963 年版，第 33—34 页。

② ［英］比万：《代替恐惧》，李大光译，商务印书馆 1963 年版，第 35 页。

③ ［英］安东尼·克罗斯兰：《社会主义的未来》，轩传树等译，上海人民出版社 2011 年版，第 5 页。

④ ［英］比万：《代替恐惧》，李大光译，商务印书馆 1963 年版，第 19 页。

在对国有化和公有制的认识上，比万与盖茨克尔、克罗斯兰等人的右翼民主社会主义思想截然对立。比万认为公有制是社会稳定的基础，是改变资本主义社会贫困与社会不平等的前提，因为“社会稳定的一个必要条件是：某一种财产所有制必须占统治地位。在未来的社会中，占统治地位的应该是公有财产。……只有在做到这一点的时候，宁静的态度才会代替成为竞争社会的通常气氛的那种到处弥漫着的不安状态”[①]。对于国有化的作用，比万把国有化紧密地与社会主义联系在一起，给予高度的评价，认为“把一种工业转为公共所有，仅仅是走向社会主义的第一步。这是十分重要的一步，因为如果没有这一步，就没有建立起继续前进的条件”[②]。具体来说，无论是对于减少部分人控制国家机器，还是改变劳工在企业中的地位，无论是对于加强国家对投资、生产等经济行为的控制，还是预防通货膨胀的压力，都是很有裨益的。对于工党、保守党一些人对国有化进行的指责，比万进行了明确的驳斥。比万指出，工党在国有化过程中出现问题的根本原因不是“方式过于粗暴或者做得过火，而是由于它对因袭的意见作了过多的让步”，“是由于不会以干净利落和直截了当的方式把社会主义政策执行到底”[③]。至于公有企业出现的官僚主义情况，比万认为这并不是由所有制性质决定的，私有企业同样存在官僚主义现象。因此，虽然比万承认“混合经济是西方大多数人所愿意要的，社会主义的决定性胜利不一定需要是普遍性的”，但强调在英国，“公私营企业之间的关系尚未达到可以使它们安定下来的状态”，在“能够梦想统一之前，公有财产与私有财产之间的权力关系必须剧烈地加以改变”[④]。即国有化改革的方向并没有错，只是在某些具体方面需要改进，国有化改革将继续推进下去，这是英国社会变革必不可少的步骤。

在对待民主社会主义和资本主义的态度上，比万有着自己独特的见解，显示出与右翼民主社会主义思想的差异。一般地讲，工党精英论述自己思想体系时都用“社会主义”一词，如麦克唐纳、艾德礼、克罗斯兰等，为了凸显工党社会主义思想的民主特色，比万是较早采用民主社会主

① ［英］比万：《代替恐惧》，李大光译，商务印书馆 1963 年版，第 123 页。
② ［英］比万：《代替恐惧》，李大光译，商务印书馆 1963 年版，第 107 页。
③ ［英］比万：《代替恐惧》，李大光译，商务印书馆 1963 年版，第 102—103 页。
④ ［英］比万：《代替恐惧》，李大光译，商务印书馆 1963 年版，第 122 页。

义来称代工党思想的。在《代替恐惧》中，比万用专门一章论述民主社会主义思想。[①] 他指出，民主社会主义是“现代社会的产物”，是“相对论哲学的产物”，民主社会主义的目的是“使一般人都可以消费所能生产的最好物品”，“以满足每个人的需要”，在哲学上民主社会主义“基本是冷静的”，具有包容性和非好战性等特质。[②] 民主社会主义的信念是“自由的人们能够运用自由的制度来解决当前的社会问题与经济问题，只要给他们这样做的机会”[③]。关于资本主义社会，比万一直持批判的态度，认为资本主义社会是一个竞争的社会，其主要特征是“狂热地把财富积聚在私人手中”[④]，追求个人利益和个人享乐，“对于作为社会生存和社会延续的主要条件的共同价值观念是完全不加考虑的”[⑤]。这些共同价值观念有平等、公平、民主、合作等。正是资本主义社会存在的严重不平等、不民主造成了社会的不稳定，其最终要被社会主义所取代。比万把全民社会保障视为社会主义与资本主义区别的重要例证，认为“国家保健事业和福利国家已经成为可以互相换用的名词”，“免费的保健事业是纯粹的社会主义”，“它与资本主义社会的享乐主义是对立的”[⑥]。

从比万持有的这些民主社会主义思想中不难看出，除了在走和平的议会变革和坚持平等、民主等基本价值观上与右翼民主社会主义思想有共同认识外，在诸多方面与右翼民主社会主义思想是冲突对立的，甚至与艾德礼等走中间路线的民主社会主义思想也有着明显的不同。特别是在国有化和公有制问题上，以比万为代表的左翼更坚定地表现出对工党 1918 年党章与党纲的持守，呈现出对党章信仰的原教旨主义色彩，由于持守这样一种民主社会主义思想，其在实践中不可避免地与右翼民主社会主义者产生冲突与争论。

从 1952 年到 1955 年，围绕是否支持保守党政府的防务政策、是否认

---

① 需要说明的是，比万英文著述中用的词语是 democratic socialism，李大光用中文将其翻译为“民主的社会主义”，实际上就是现在通常说的“民主社会主义”。

② ［英］比万：《代替恐惧》，李大光译，商务印书馆 1963 年版，第 171—173 页。

③ ［英］比万：《代替恐惧》，李大光译，商务印书馆 1963 年版，第 100 页。

④ ［英］比万：《代替恐惧》，李大光译，商务印书馆 1963 年版，第 55 页。

⑤ ［英］比万：《代替恐惧》，李大光译，商务印书馆 1963 年版，第 58 页。

⑥ ［英］比万：《代替恐惧》，李大光译，商务印书馆 1963 年版，第 85 页。

同联邦德国加入北约等问题，比万领导“论坛派”在英国议会投票、工党年会投票中多次与工党主流表达不同的观点，投出相左的反对票或拒绝参加投票，与工党议会党团不保持一致。比万的这一看似对抗性做法遭到党内右翼和大工会的不满，他差点再次遭到开除出工党的命运。在自己民主社会主义思想不能付诸实践的背景下，比万开始向党内最高权力角逐，以扭转在党内权力结构中的不利位置。1954 年，比万竞争工党司库职务，但负于右翼的盖茨克尔。1955 年大选失利后，艾德礼辞去担任二十年的工党领袖，比万又参与工党新领袖的竞争，再次负于盖茨克尔。

面对左翼在国有化问题上的固守和在外交、防务问题上与右翼的激烈争论，善于走中间路线的艾德礼在 1955 年大选中提出折中式的大选纲领。关于国有化改革，工党既没有像 1945 年大选和 1950 年大选那样长篇大论，而是仅占整个竞选宣言的一小部分，也没有放弃和回避国有化和计划化，而是提出扩大国有化和再次国有化的主张。宣言指出，“只有政府准备对国家资源实行计划化，英国的生产能力才能实现逐年提高”；“钢铁业和公路运输业的公有制对国家需要来说是必不可少的，工党上台后将把保守党政府私有化的这些企业再次国有化，同时也将把部分化学和机械工具工业转变为公有制”；“如果有必要，工党将建立新的公有企业”[①]。在外交与防务政策上，既表示英国要在北约发挥领导作用，不惧重整军备的重额负担，又在氢弹试验问题上与年初投票相左，表示为了实现世界和平，作为世界裁军的第一步，工党将建议立即中止氢弹试验。[②] 政策主张的模棱两可、领导团队的年老体弱、左右两翼的长期内讧和保守党执政的成绩斐然使工党在大选中仅获得 277 个议席，不仅再次失利，而且与保守党相差甚远，折射出工党的政策主张并没有得到大多数选民的认可。

大选结束后，艾德礼宣布引退。在新领袖选举中，右翼的盖茨克尔战胜左翼的比万和中间立场的莫里森。面对选民的流失和大选的连续失利，占据主导地位的盖茨克尔、克罗斯兰等人一方面发表《社会主义与国有化》《社会主义的未来》等理论著述，推动工党社会主义思想的变革，另

---

① Iain Dale, *Labour Party General Election Manifestos (1900 - 1997)*, Routledge, 2000, p. 85.

② Iain Dale, *Labour Party General Election Manifestos (1900 - 1997)*, Routledge, 2000, pp. 81 - 82.

一方面，也力图团结比万等人，通过党内团结来增强党的凝聚力、吸引力和战斗力，树立党的良好形象。1956年，在盖茨克尔的提议下，比万成为工党影子内阁外交大臣与工党司库。与此同时，工党大选的连续失利和匈牙利事件、波兹南事件中苏联干涉他国内政表现出的大国大党主义，使比万既认识到党内合作与妥协的必要性，又在国防和外交事务中逐步改变一些原有的立场，如由反对英国发展核武器转为反对英国单方面放弃核武器、对苏联的对外行为进行严厉的批判和完全的否定。盖茨克尔策略的转变和比万立场的转变使工党左右翼的斗争暂时趋于缓和。

在1959年大选中，盖茨克尔既想着眼于形势的新变化和对社会主义的新认识，又想团结左翼力量，争取传统选民的支持，于是与1955年大选一样，工党再次发表折中式的纲领。一方面，历史上第一次在大选纲领中专门列出一节，阐述工党的社会主义伦理道德。纲领指出："工党所有的诺言建立在人人平等的社会主义信仰之上。这一信仰曾激励着社会主义的先驱，现在仍激励着工党，为社会公平和人权而斗争。""英国政府必须把清晰的政策建立在社会主义伦理准则基础上……世界上数百万的人民仍希望英国起道德领导作用，着急地等待着英国大选的结果。"① 另一方面，用比1955年更多的篇幅、更为肯定的话语阐述国有化。在公共所有制部分，开篇指出"国有化工业在战后英国起到重大的作用，矿井实现现代化作业，核电站已经修建……"然后对保守党打压、诋毁国有化的举动和政策进行猛烈的抨击，指出作为有计划扩展的一部分，工党上台后"必然扩大公有制的领域"，将把私人对钢铁业的垄断和长途公路运输重新国有化。虽然也说了工党"没有进一步国有化的其他计划"，但"假如某一工业在整个国家都呈现失败状态，在必要情况下，政府将保留把全部或部分企业转变为公有制的权力"②。结果工党在大选中再次铩羽而归，遭遇大选的三连败，更为严重的是，无论是支持选民人数，还是当选议员人数，都比1955年更差。作为一个反对党，从理论上讲，受政党政治钟摆效应的影响，不说实现上台执政，至少应该实现实力的回升和支持率的提高。而工党三次大选的成绩一次比一次差，愈加不是保守党的对手，说明其政策主

---

① Iain Dale, *Labour Party General Election Manifestos (1900 – 1997)*, Routledge, 2000, p. 101.

② Iain Dale, *Labour Party General Election Manifestos (1900 – 1997)*, Routledge, 2000, p. 96.

张是很不适宜的。

面对工党的连续失利，盖茨克尔更加认同工党变革的紧迫性、必要性和正确性。随着英国工人家庭的富裕化、阶级冲突与对立的减弱、保守党对混合经济的认同、西方国家进入经济发展的黄金时代，以批判和取代资本主义为主要旨归，以国有化和公有制为主要手段的工党政策主张与目标已经不合时宜。把公有制等同于社会主义的目的论，把社会主义神话论，已经成为工党发展和竞争的桎梏。为了推进工党的现代化，扩大党的社会基础，吸引更多、更广泛的选民支持，塑造党的新形象，必须修改党章关于公有制的论述。因为正是党章第四条关于公有制的论述，用最权威的方式把公有制等同于社会主义，把工党与公有制捆绑成为一体。

盖茨克尔对英国社会和工党的认识并非个案，实际上是工党内右翼力量对英国社会、社会主义、公有制、国有化等认识的缩影。大选刚一结束，党内右翼道格拉斯·杰伊就在报刊和公开场合阐述工党现有的错误，以及变革工党社会主义认识的必要性，提出限制进一步国有化的范围、拓展公有制概念的含义、疏远工党与工会的联系，甚至是改变工党的名称等激进主张。工党总书记摩根·菲利普斯提交的大选调查报告也强调，工党在是否认可和领导私人公司上模棱两可的态度是造成大选失利的重要原因。

在这种背景下，在随后不久召开的工党布莱克本年会上，盖茨克尔虽然没有激进地认可改变工党名称、减少与工会的联系等建议，但主动地引导大家头脑冷静地讨论敏感的国有化与公有制问题，诸如国有化必须做哪些？为什么？公有制能有助于什么？为什么公有制对于英国和工党是必需的？他这样做的目的是推动工党舆论的转变，认可党章公有制条款的修改。在年会讲话中，盖茨克尔指出，由于许多现有的国有化工业并不受欢迎和工党在公众心中关于未来对国有化政策的困惑，所有关心大选的人都会认同国有化主张是工党失去选票的重要缘由。[①] 为了消除这种困惑，盖茨克尔提出他考虑的英国民主社会主义的基本、首要原则，包括对社会公正的信仰，对财富公平分配的关心，没有势力、特权和限制性社会障碍的无阶级社会的理想等。很明显这些原则“是从伦理的，而非所有制的角度

---

① Tudor Jones, *Remaking the Labor Party: From Gaitskell to Blair*, Routledge, 1996, p. 46.

对社会主义的认识”，“是对社会主义永恒目标与灵活的、权宜性的手段的区分”，“是一个充满平等主义和人道主义理想的清单”①。

基于这一深思和认识，盖茨克尔认为需要向整个国家清楚地表明：工党既不打算放弃公有制，也不打算把每一个私人企业国有化；公有制本身并不是目的，只是一种手段，并且对充分就业、更大平等和更高生产效率来说也不是仅有和最重要的手段。② 工党若想成为一个能够吸引所有年龄群体，而不是仅仅挥舞昔日时代旗帜的政党，必须勇于直面工党的目标和原则等根本问题，而现有对这些问题的阐释是过时的 40 年前的党章，也是一个被公众误解为只有一个国有化目标的党章，因此必须对党章上工党的目标和原则进行重新阐释。

虽然盖茨克尔清楚自己的观点并不能为每个人都接受，但仍然努力去推动。一方面，盖茨克尔指出，在一个 40 年后完全变化的社会，即使制定工党党章的韦伯和韩德逊看到他们的话仍被认为神圣不可改动，也会感到困惑和惊恐。另一方面，盖茨克尔要求执委会，在接下来的几个月里，尽快制定和阐述反映当下 1959 年，而不是 1918 年的英国民主社会主义的根本原则。③ 然而，毕竟自 1918 年工党党章和党纲通过后，以公有制为特质的社会主义思想是“工党官方认可的，处于正统地位的主导思想”，④“公有制思想一直被认为是工党社会主义承诺的持久的象征”⑤。对于许多工党党员和工会会员来说，公有制不仅意味着经济与社会收益，更是一种不容置疑的神话与图腾。

因此，盖茨克尔的演讲显得曲高和寡，仅得到少数人的支持，其受到的并不是认可，而是猛烈的抨击和驳斥。许多左翼人士认为盖茨克尔的演讲削弱了工党的社会主义身份，破坏了工党共同的方向和目标，表示出对传统社会主义观和党章公有制条款的强烈捍卫和固守。如芭芭拉·卡素尔明确鄙弃修正主义者变革和文明化资本主义的思想，坚持用正统的社会主义观来捍卫公有制。后来成为工党领袖的迈克尔·富特指出：“试图分离

① Tudor Jones, *Remaking the Labor Party: From Gaitskell to Blair*, Routledge, 1996, p. 47.

② Tudor Jones, *Remaking the Labor Party: From Gaitskell to Blair*, Routledge, 1996, p. 47.

③ Tudor Jones, *Remaking the Labor Party: From Gaitskell to Blair*, Routledge, 1996, p. 48.

④ Tudor Jones, *Remaking the Labor Party: From Gaitskell to Blair*, Routledge, 1996, p. 24.

⑤ Tudor Jones, *Remaking the Labor Party: From Gaitskell to Blair*, Routledge, 1996, p. 1.

目的与手段是一个谬论，因为社会主义是一个信念，这种信念认为只有动员起全社会的资源才能达到目的。”[①] 工党最大的附属工会——英国运输与普通工人工会领袖库恩斯坚决反对修改党章公有制条款，称工会“可以有不要社会主义的国有化，但不能没有不要国有化的社会主义”[②]。比万虽然与盖茨克尔的关系早已缓和，但对采取计划经济和公有制的苏联十分反感，左翼色彩明显褪色，在左右翼年会争论中以调解人的面目出现，表示其“主要观点现在是，将来仍然是，在现代复杂的社会中不可能通过放任私人经济冒险来达到合理的秩序。因此，我是一个社会主义者，我信仰公有制”[③]。一些人甚至警告盖茨克尔，如果他坚持修改公有制条款，必须承担可能的反应与后果，实际上是用弹劾和逼迫盖茨克尔辞职来捍卫公有制条款。

面对强烈的反对浪潮和一味坚持可能导致领袖地位不保的态势，盖茨克尔从修改党章第四条的激进主张撤退，提出一个妥协折中的方案。即在不对党章公有制条款做任何变动的基础上，增加一个新的对工党目标的声明，作为对 1918 年工党党章蕴含的民主社会主义基本准则和目标的“重申、详述和澄清”。这一做法既没有改动和取消党章公有制条款，也表达出了盖茨克尔等人对民主社会主义的新认识，于是得到工党左右翼和工会的接受，在 1960 年 3 月工党召开的执委会会议上顺利通过。在这一名为《英国工党的目标》的决议中，工党在照搬自己 1918 年制定的党的目标基础上，根据第二次世界大战后英国社会发展的新情况和工党执政的历史性成就，陈述了新的十二条声明，以重新确定并且扩大和澄清工党的目标。

“新十二条声明”开篇指出，“英国工党是一个民主社会主义政党。它的中心理想是人类的友爱。它的目的是普遍实现这个理想”[④]。在具体目标上，通篇闪耀着具有鲜明伦理色彩的平等、公平、合作、民主、自由等基本价值观，并把这些作为社会主义的目标与理想，没有任何对资本主义社会进行制度替代的话语，没有了 1918 年党纲和 1945 年大选纲领的豪言壮

---

① Tudor Jones, *Remaking the Labor Party: From Gaitskell to Blair*, Routledge, 1996, p. 50.

② David Powell, *What's Left? ——Labor Britain and Socialist Tradition*, Peter Owen, 1998, p. 233.

③ 齐世荣：《当代世界史资料选辑：第二分册》，首都师范大学出版社 1996 年版，第 184 页。

④ 《各国社会党重要文件汇编》第二辑，世界知识出版社 1962 年版，第 81 页。

语，实际上是把社会主义由制度追求演变为价值追求，对资本主义的态度由推翻转变为将其塑造得更加美好。如第一条声明工党“主张人类应该在承认彼此的基本尊严的前提下，以平等的地位互相关怀”。第六条明确说工党“力图建立一个以共处、合作和服务为基础的社会主义社会”。第十二条称“作为一个民主的政党，工党认为没有政治上的自由，便没有真正的社会主义”①。

关于工党传统上对计划化和公有制的信仰，“新十二条声明”既给予了重新确认，又表示不能无原则地盲从和追求。如第七条强调“国家的经济必须有计划，一切权力的集中都必须服从整个社会的利益”。第十条表示，工党坚信自己主张的社会目标和经济目标“只有通过公有制的扩大才能实现。公有制应扩大到足以使社会能够控制经济中的支配力量”，但同时强调混合经济的合理性与必要性，“承认公营企业和私营企业在经济中均占有一定的地位”，不能不加考虑地扩大公有制，“应该根据上述目标的要求和客观环境并根据对有关的工人和消费者意见的适当考虑而随时作出决定”②。

显然，《英国工党的目标》是一个左右翼妥协的结果。以盖茨克尔为代表的右翼修改党章公有制条款，实现工党主流社会主义思想根本转变，使工党以全新现代政党形象呈现在英国政坛的目标并没有实现，但通过变通的方式，通过扩大党追求目标的维度，赋予社会主义新的内涵，肯定混合经济合理性，凸显工党的价值原则的诉求得以实现初步表达。而工党左翼实现了对计划化、国有化和公有制的捍卫。新目标虽然提出了新内涵，但并没有喜新厌旧，而是建立在对原有认知基础上的丰富和发展，并没有动摇公有制作为工党社会主义标志的核心地位。正是这一妥协性的安排，找到了党内左右都能接受的公约数，使其在当年 10 月的工党年会中顺利通过，成为工党的重要决议案，也使工党围绕民主社会主义内涵的十年争论暂时平息。

工党内部在主流思想上关于民主社会主义内涵争论的偃旗息鼓对工党发展产生双重的影响。一方面，短期内加强了工党的团结，增强了工党上

---

① 《各国社会党重要文件汇编》第二辑，世界知识出版社 1962 年版，第 81—82 页。

② 《各国社会党重要文件汇编》第二辑，世界知识出版社 1962 年版，第 82 页。

台执政的内聚力。长期的争论与斗争的结果使左右翼都认识到，废除公有制条款是不现实的，无原则的扩大公有制也是不合适的；既要坚持公有制的信仰，又要发展社会主义的价值目标。这在一定程度上减少了工党的冲突源，有助于形成合力。进入60年代后，工党实力和影响力逐步恢复，在60年代的第一次大选中就取得胜利，从自身角度讲，这与工党在主流思想上不再争论，内耗减少，有着密切的关系。

另一方面，从长远上不利于工党主流思想的与时俱进，不利于提高工党在政坛的竞争力。由于盖茨克尔修改党章公有制条款未果，使得1918年确立的党章并没有改变，也使后来的工党领袖“都相当清楚这个历史的教训，在接下来的将近30年里，他们都避免重复这一被证明的重大战略失误，”[①] 即不敢轻易提出修改党章，特别是对于公有制条款的动议。但毕竟经过四十年的沧桑巨变，英国的政治、经济、社会等领域都发生了巨大的变化，选民的政治意识、社会诉求和身份认同等也随之变化，党章作为一个政党性质、目标的主要表现载体，理应随之丰富和发展，才能更好地吸引选民，增强党的竞争力。而工党党章以不变应万变，显然给人以僵化之感，既束缚了政策主张的选择，不敢迈出大的步伐，又不利于提升选民的认同，增强工党在政坛的竞争力。

如果横向比较同期欧洲大陆民主社会主义政党思想变革及其影响的话，更能看出工党主流思想变革的滞后性及负面影响。在工党思想纷争的同期，德国社会民主党和瑞典社会民主党先后于1959年和1960年通过修订后的纲领。第二次世界大战后，坚持传统路线的德国社会民主党在大选中连续失利，一直处于在野党地位。为了争取选民的支持，树立新的政治形象，经过几年的时间，德国社会民主党最终在1959年通过具有重大里程碑意义的新纲领，即《哥德斯堡纲领》，为调整方针政策起到举旗定向的根本作用。新纲领开篇指出，“自由、公正和团结互助，即从共同紧密联系中产生的相互义务，这些都是民主社会主义意愿的基本价值”。社会主义的持久任务就是“保卫自由和公正”，同时“也要经受自由和公正的考验”。德国社会民主党作为一个由不同信仰之人组成的思想自由的共同

① ［英］唐纳德·萨松：《欧洲社会主义百年史》，姜辉等译，社会科学文献出版社2008年版，第297页。

体，其“一致性建立在共同道德的基本价值和相同的政治目标基础之上”，党努力追求的目标是“一个体现这种基本价值精神的生活制度”[①]。关于所有制的作用与应用，新纲领在肯定公共企业和公有制在“防止私人统治市场”“保护不受大经济集团优势威胁”作用的基础上，对公有制的应用限制了条件。采用公共所有制的合适和必要范围是“其他手段无法建立一种健康的经济权力关系秩序的地方”。而生产资料私有制只要“不妨碍建立一个公正的社会制度，就有资格获得保护和促进”[②]。在最后部分，纲领明确称德国社会民主党“已经从一个工人阶级政党变成了一个人民政党”，“欢迎每一个承认民主社会主义基本价值和基本要求的人加入它的行列”，世界的希望也在于“在民主社会主义基本价值基础上建立起一种制度”[③]。

瑞典社会民主党在第二次世界大战后一直处于执政地位，在 1960 年修订的新纲领中，开篇指出“社会民主主义旨在使民主贯穿于整个社会秩序和人际关系，以便使每个人都有机会过上富裕而有意义的生活”，“这个社会主义的社会观是实现关于自由、平等、合作与博爱的主张的宣示”[④]。随后虽然对私人企业和资本主义制度存在的问题进行了批判，但并没有像之前纲领那样号召劳动工人进行阶级斗争，也没有提出取消私有制，清除资本主义制度等目标，只是提出“社会民主主义的改革工作的目标是清除残存于当今社会的弊端，从社会主义立场出发研究并解决发展所带来的新问题”[⑤]。解决的原则就是在全体人民中推行自由、平等、合作等基本价值观，并对这些价值观的含义、重要性、相互关系、运用领域等作了详细的阐述。关于企业所有制的选择和作用，强调“不同的企业形式不应当作是目的本身，在企业形式之间所作的选择应取决于完成什么任务”。只有“在维护公民重要利益所必须的范围和领域内”，社会民主党政府才会把有关的金融机构和企业实行社会所有或者社会控制，只有“在私人企业不能满足重要需求时”，才会建立社会所有或社会控制的新企业。无论是私人

---

① 张世鹏译：《德国社会民主党纲领汇编》，北京大学出版社 2005 年版，第 70 页。

② 张世鹏译：《德国社会民主党纲领汇编》，北京大学出版社 2005 年版，第 75—76 页。

③ 张世鹏译：《德国社会民主党纲领汇编》，北京大学出版社 2005 年版，第 84—85 页。

④ 高锋等：《瑞典社会民主主义模式：述评与文献》，中央编译出版社 2009 年版，第 185 页。

⑤ 高锋等：《瑞典社会民主主义模式：述评与文献》，中央编译出版社 2009 年版，第 185 页。

企业还是集体企业，“都应发挥创造能力和主动精神，反对官僚主义”①。

总结德国社会民主党和瑞典社会民主党纲领的新变化可知，两者的共同特点都是对资本主义不再是替代而是医治，对社会主义由强调制度特征到强调伦理特征，对公私两种所有制形式由态度迥异到平等对待，对自身的定位由工人政党到全民政党，在继续肯定福利国家与经济计划的同时认同混合经济。这些变化与工党右翼的修正主义主张可以说是大同小异、相差无几。思想纲领的变化带动了两大政党政策主张的变化，也确立起新的政党形象，赢得更多的选民支持。德国社会民主党 1966 年首次成为联合执政党，1969 年首次成为主要执政党，正式确立起自己德国左翼政党代表的地位。瑞典社会民主党则进一步巩固了自己一党独大的局面，实现了在第二次世界大战前后连续执政 44 年的壮举，似乎成为天然的执政党。而同期工党虽然也曾实现上台执政和连续执政，但都是险胜，在执政中步履维艰，在发展中内部纷争，直至从 1979 年开始大选连续失利，长期远离政权。显然，从内因看，这与工党主流思想没有实现与时俱进不无关系。因此，总体来讲，50 年代末工党民主社会主义论争的结果对其自身发展是弊大于利。

第三节　威尔逊—卡拉汉时期英国工党民主社会主义思想的反复

随着 1960 年《英国工党的目标》的通过，工党内部在意识形态领域的争论暂时偃旗息鼓。1963 年 1 月，盖茨克尔英年早逝，威尔逊成为新一任英国工党领袖。基于历史的教训，威尔逊早期对工党民主社会主义思想采取模糊化处理的态度，但基于现实执政的需要，威尔逊在意识形态上又逐步右转。进入 70 年代，由于工党大选的失利和左翼力量的再次崛起，威尔逊再次执政后又被迫左转。左转后的工党更是步履维艰，威尔逊最终挂冠而去。继承工党领袖和英国首相职位的卡拉汉在短暂的三年执政时间里，又开始了右转的尝试与探索，工党的主流意识形态在整个六七十年代一直是飘忽不定、左右反复。

① 高锋等：《瑞典社会民主主义模式：述评与文献》，中央编译出版社 2009 年版，第 189 页。

一　威尔逊对英国工党主流思想的模糊化处理

虽然威尔逊执政时期工党步履维艰，在政党竞争中处于弱势，但从影响力看，威尔逊在工党历史上占有重要的地位，并不是昙花一现、默默无闻的领袖，而是和麦克唐纳、艾德礼和布莱尔一样，成为引领工党发展的四大领袖。[①] 威尔逊从 1963 年到 1976 年担任工党领袖，1964 年到 1970 年、1974 年到 1976 年出任英国首相。他既是工党历史上唯一一个带领工党取得四次大选胜利的领袖，也是工党历史上第一个急流勇退、主动辞去英国首相职务的工党领袖。无论是威尔逊带领工党以脆弱的优势连续赢得大选，还是威尔逊主动卸任，都与工党主流思想的变化有关。适宜的策略与选择推动工党在竞争中取胜，但这种权宜之计又使工党更加陷入发展的困境。

威尔逊出身于一个相对富有的教师之家，毕业于牛津大学的哲学、政治学和经济学专业，接受了比较系统的专业学习，主要的研究旨趣是经济学，1935 年大学期间加入工党，1937 年大学毕业后留校任教，并担任在此任教的贝弗里奇的研究助理，其对社会主义、对英国经济发展等的认识深受贝弗里奇的影响。第二次世界大战爆发后，威尔逊离开高校，进入政府从事文职工作，这为他后来走上仕途积累了初步经验。在战后首次进行的 1945 年英国大选中，威尔逊被工党推选为煤矿工人居多的奥姆斯克尔克选区候选人。为了赢得选举的胜利，威尔逊出版了自己的第一本著作《关于煤炭的新政策》，初步表达了自己对社会主义、国有化等问题的认识。威尔逊认为，从经济角度讲，国有化将使英国煤炭业再次走上繁荣；从社会角度讲，国有化有助于发挥技术人员的积极性，有助于解决劳资关系问题；社会主义和提高工作效能并不矛盾，如果推行得当，社会主义反而是发挥工作效能的唯一手段。[②]

艾德礼政府成立后，首次当选为工党议员的威尔逊被任命为公共工程部次官。从 1947 年起，威尔逊先后担任海外贸易大臣和贸易大臣职务。

---

① 四位工党著名领袖一方面都曾长期担任工党领袖，达到十年以上；另一方面都领导工党取得两次以上大选的胜利。

② 《威尔逊及其对外主张》编译组：《威尔逊及其对外主张》，上海人民出版社 1975 年版，第 16—17 页。

在1951年工党左右翼纷争出现时，威尔逊立场鲜明地站在比万一边，和比万一道辞去大臣职务，成为50年代比万领导的“论坛派”的重要成员。虽然在对公有制、国有化和社会主义认识上有着相同或相近的看法，但作为一个努力追求权力顶峰的政治家，威尔逊与比万表现出的原教旨主义色彩不同，而是具有较大的灵活性。这一特点在对待50年代末期盖茨克尔寻求修改党章公有制条款、放弃国有化政策问题上表现得淋漓尽致。威尔逊一方面明确表示反对摒弃党章公有制条款，指出“如果一个政党在大选后数日（或者在其他任何时间）就决定推翻它曾经认为是正确和适当的政策，因为它认为这些政策从选举角度来看是不得人心的了，对这样的政党，我是不会感到——我相信选民也是不会感到——有信心的”①。另一方面同意在现有党章内容的基础上，就党的目标发表新的声明，并且认为“新十二条声明”是“英国社会主义的永久不变的目标”②。

进入60年代，随着比万的去世，威尔逊已经成为工党内仅次于盖茨克尔的政治精英。在既不能背离公有制，又必须争取更多选民支持的背景下，威尔逊开始思考如何为工党上台、英国发展找出新道路，带有威尔逊鲜明特质的社会主义思想开始逐步地呈现出来。作为工党全国执委会主席，在盖茨克尔的认可下，威尔逊负责起草的指导工党新十年发展的《工党在六十年代》文件为1961年的工党年会通过。该文件指出，科学革命是第二次世界大战后英国社会的“最重要的特征”，是工党一系列政策的基础，是工党创造一个“不同的更好社会”的前提。③ 为了顺应英国社会的这一变化，工党提出了加强经济计划性、增收资本增值税、提高毕业年龄、废除大学收费制度等一系列可以“博取人心的新型社会主义”主张。④

1963年1月，盖茨克尔溘然长逝。在新领袖竞选中，经过两轮投票，

① 《威尔逊及其对外主张》编译组：《威尔逊及其对外主张》，上海人民出版社1975年版，第100页。

② ［英］哈罗德·威尔逊：《英国社会主义的有关问题》，李崇淮译，商务印书馆1966年版，第11页。

③ 刘成：《理想与现实——英国工党与公有制》，江苏人民出版社2003年版，第115页。

④ 《威尔逊及其对外主张》编译组：《威尔逊及其对外主张》，上海人民出版社1975年版，第109页。

威尔逊战胜时任副领袖乔治·布朗，当选为新一任工党领袖。为了巩固工党在民意测验中的领先位置，争取夺回阔别十多年的政权，威尔逊在一年的时间里，通过年会演讲、著书立说等多种渠道，积极宣传自己的社会主义思想，争取选民的认同和支持。威尔逊的民主社会主义思想集中体现在1963年秋天撰写并出版的《英国社会主义的有关问题》一书之中。

在政治方面，无论是英国社会主义的特点还是马克思与英国社会主义的关系，威尔逊的民主社会主义思想与此前工党主流理论家和领袖的思想并无二致，显示出思想理论的继承性。如在思想来源上，他强调英国的社会主义并不是起源于欧洲大陆的社会主义，而是“以一望而知的英国的思想和英国的制度为基础的”；他认为马克思主义对英国社会主义的影响甚小。[①] 在实现路径和特点上，他指出“英国的社会主义本质上是民主的和渐进的”，“一向拒绝在革命方面使用武力或采取工业行动来达到政治目的”，“无论是在中央或地方政府，它都是用耐心的组织、持久的教育以及用投票箱取得胜利的办法来建立它的权力的”，法国和俄国革命的暴力形式对“英国的工人运动没有吸引力”，因为英国社会主义运动关心的“不是破坏而是建设”[②]。在思想效用上，威尔逊指出，虽然工党在60年代面临的任务与成立伊始面临的任务有着重大的转向，但无论是经济动力的恢复还是减轻贫困的措施，抑或修正错误的价值标准，英国社会主义运动都还有其必要性，“社会主义的适应性就包含在它对于这些问题的答复之中”[③]。

在经济和社会方面，威尔逊对工党此前的民主社会主义思想基本观点既有继承，也有变化，更有创新。继承主要表现为对计划化的强调，变化主要表现为对公有制和国有化的灵活性对待，创新主要表现为对科学革命的重视。威尔逊明确指出，实现英国经济增长动力的恢复，推动英国经济的健康发展是工党领袖考虑的首要问题，也是对“当代英国社会主义适应

---

① ［英］哈罗德·威尔逊：《英国社会主义的有关问题》，李崇淮译，商务印书馆1966年版，第5页。

② ［英］哈罗德·威尔逊：《英国社会主义的有关问题》，李崇淮译，商务印书馆1966年版，第5—6页。

③ ［英］哈罗德·威尔逊：《英国社会主义的有关问题》，李崇淮译，商务印书馆1966年版，第13页。

性的最大考验”，而完成这一目标的基本手段是“经济与社会的计划化”[①]。这种社会主义计划的基本特征是坚持“社会正义和相当一部分工业的公有制”[②]。在经济计划与社会计划的关系上，威尔逊认为这是不可分割、整体统一的工作，不能厚此薄彼。“无论在全国范围内或地区范围内，经济扩展和社会再发展必须齐头并进。”[③]

威尔逊在对保守党政府十多年来缺乏计划，主要依靠货币调节经济进行批评的基础上，论述了工党相信经济计划、依靠经济计划的传统，对艾德礼政府时期实行经济和社会计划化给予高度的评价和肯定。由于各个产业面临的国内国际情况不同，威尔逊强调工党的经济计划工作将采取“实际的、有差别的和金融的措施”[④]。正是这种实际的、有差别的务实性使威尔逊在工业组织形式上持有灵活多样的观点，既认可某些行业的私有制形式，也主张某些行业实行公有制，还提出某些行业或企业实行公私合营的混合所有制；在国有化问题上，不是一味地国有化，而是有选择地国有化，如实现钢铁和供水业的国有化；在公有制的扩展途径上，主要不是把私营企业国有化，而是沿着指明的方向建立新的企业或扩大现有企业，如在运输领域把现有的、获利大的公有企业做大。

如果说威尔逊关于计划化和国有化的观点并没有多少新意的话，把社会主义与科学革命捏合在一起可以说是威尔逊民主社会主义思想的突出特点。威尔逊指出，如果用一个名词来说明现代社会主义，那就是“科学”。[⑤] 科学不仅将带来一场技术革命，而且将带来一场经济与社会革命。一方面，科学革命是不可阻挡的历史潮流，其带来的信息化、自动化、工业化变革，极大地促进了生产力的发展和生产率的提高，将使生活产品极大丰

① ［英］哈罗德·威尔逊：《英国社会主义的有关问题》，李崇淮译，商务印书馆 1966 年版，第 27 页。

② ［英］哈罗德·威尔逊：《英国社会主义的有关问题》，李崇淮译，商务印书馆 1966 年版，第 87 页。

③ ［英］哈罗德·威尔逊：《英国社会主义的有关问题》，李崇淮译，商务印书馆 1966 年版，第 87 页。

④ ［英］哈罗德·威尔逊：《英国社会主义的有关问题》，李崇淮译，商务印书馆 1966 年版，第 32 页。

⑤ ［英］哈罗德·威尔逊：《英国社会主义的有关问题》，李崇淮译，商务印书馆 1966 年版，第 38 页。

富、劳动强度明显减弱、劳动时间大大缩短、休闲时间更加宽裕，在理论上将为全体民众带来更多的物质享受和精神享受。另一方面，如果不能很好地顺应和驾驭科学革命，不仅将在国际竞争中处于落后，无法为英国经济的恢复和发展提供有力的动力，而且也会带来许多人失业、社会分配更加不平等等新的社会问题。为此，必须有效应对和驾驭科学革命，做到趋利避害，使英国充分得益于科学革命，使英国民众受惠于科学革命。

正是由于科学革命无论是对国家还是对每个人都有着巨大的影响，威尔逊把科学与工党的民主社会主义思想紧密地联系在一起，提出工党要"以社会主义来充实科学，以科学来充实社会主义"①。相互充实的方法就是通过采取一系列社会主义的政策来推动科学革命的进展与应用，通过对科学的重视来丰富社会主义的内涵。根据英国的基本国情，威尔逊认为应对科学革命、推动英国发展的基本逻辑路径是环环相扣的四点：改进英国教育制度，造就更多的科学精英；改进英国用人机制和待遇，使学有所成的科学精英留在国内，而不是出走国外；给科学精英提供施展自身才能的舞台，更加合理明智地使用他们，实现人尽其才；政府和企业必须重视科学研发，有目的和有计划地把科学研究的成果运用到工业生产中去。为了实现这些任务和目标，鼓励大家重视和正视科学革命这一现实，威尔逊称英国民众已经对科学革命"表现出极大的兴趣"，为此"科学的训练，科学研究的动员，科学之应用于工业"应当"成为英国下一代人的社会主义的中心任务"，工党和英国劳工的标志应由"布的便帽"转变为"白色的实验室的外衣"②。

在外交方面，威尔逊的民主社会主义思想体现出传统的左翼色彩。威尔逊虽然也强调美英同盟和北约对英国安全与外交的影响，但与保守党相比，更加注重东西方关系的缓和与不同国家之间的沟通。因此，威尔逊反对发展和建立英国独立的核威慑力量，从加强安全角度讲，认为加强常规的陆地部队武装即可。因为一方面由于英国的相对衰落，依靠英国建立耗资巨大的单边核威慑力量是不现实的；另一方面建立核威胁力量不利于国

---

① ［英］哈罗德·威尔逊：《英国社会主义的有关问题》，李崇淮译，商务印书馆1966年版，第40页。

② ［英］哈罗德·威尔逊：《英国社会主义的有关问题》，李崇淮译，商务印书馆1966年版，第49页。

际形势的缓和，只是保守党和部分人对大英帝国昔日荣耀的留恋而已。在对中国的态度上，威尔逊认为不应当漠视中国共产党对中国的有效统治，不应当把中华人民共和国排除在联合国之外，应该由中华人民共和国政府代表中国占有联合国及其安理会的职位。显然，无论是在防务安全方面还是中英关系上，威尔逊不仅与保守党政府不同，而且与工党内右翼力量不同，而是与传统的工党左翼持有相同或相近的立场。

从威尔逊的成长经历和主要思想观点不难看出，威尔逊最初是以左翼身份出现在英国政坛的。随着英国社会的变化、自身认识的变化和带领工党上台执政的需要，到60年代以后，威尔逊的民主社会主义思想开始右转，以灵活的姿态和中间的立场活跃在英国的政坛。他既没有摒弃公有制和国有化，又没有僵化于公有制与国有化；既重视计划化这一传统社会主义观的制度特征，又强调社会主义意味着建立“一个更合理的和更平等的社会”；既没有把社会主义这一意识形态标签抛弃，又避开传统争论的核心内容，另辟蹊径地把社会主义和非意识形态化的科学革命密切联系在一起。这一巧妙的嫁接使工党既不是囿于公有制的原教旨主义，又不是脱离公有制的修正主义，赋予了工党新的独特的“技术专家治国的集体主义”意识形态标识，[①] 从而减少了党内的争论，加强了党内的团结，塑造了工党紧跟时代步伐而非纠缠于内讧的现代政党形象。

1964年10月，英国迎来新的全国大选，工党发表名为《新英国》的竞选纲领。纲领共由四部分组成，其中第二部分“计划新英国”占有整个内容的一半多，使整个纲领带有浓郁的计划化和科学革命的色彩。纲领首先对科学革命浪潮下保守党执政13年没有抓住机遇，解决国家的问题，使经济走走停停进行了批判，指出其根本原因就是经济没有计划性，实行自由的市场经济。然后指出无论是实现财富的分享，充分的就业，工业的发展，还是结束交通运输业的混乱，抑制商品价格的上涨，解决国际收支平衡问题，只能靠“社会主义计划”。

工党提出的计划十分广泛，可以说无所不包，如成立新的经济事务部负责制定涉及投资、进出口、税收、就业、生产等方面的全国经济计划；通过工业领域的全国计划，使政府和企业知道该采取什么举措；根据威尔

① Tudor Jones, *Remaking the Labor Party*: *From Gaitskell to Blair*, Routledge, 1996, p. 76.

士、苏格兰、北爱尔兰和英格兰的实际情况，制定切合实际的、不同的地方性计划；运输系统是最需要计划的行业，工党将制定一个覆盖公路、铁路、运河在内的全国联系网络系统；全国计划的成功不仅有利于在政府和工业之间形成新的伙伴关系，而且有利于制定相应的新政策来检查价格的持续上涨；税收制度必须有计划地改革和检查，这对形成一个公正的全国收入政策是有利的，收入实现有计划的增长又有利于抑制通货膨胀。①

关于科学技术，纲领指出，把现代技术注入工业是实现经济快速发展必不可少的有效方法，工党将建立技术部在全国层面指导和推动这项工作；未来的工党政府将投入一半以上的资金用于工业领域的研究，也将采取新的举措推动新的科学发现在工业中的应用。②

在容易引起争论的公有制和国有化问题上，纲领并没有像对待计划化那样，或以前对待国有化那样长篇大论，只是用简短的一段话提及。在基本观点上，一方面强调公共部门在全国计划中作出了重要的贡献，将把现有的国有化工业做大做强；另一方面也没有提出大规模的新的国有化改造计划，只是把私有的钢铁业重新国有化，把已经归社区所有的供水业重组为完全的公有制。同时强调为了实现科学技术的快速运用，工党将根据具体情况，推动建立公有企业或私有企业。③

显然，工党的大选纲领是威尔逊此前民主社会主义思想的具体化。在意识形态上，选择了不左不右的中间立场，不失原则又不僵化地对待公有制和国有化。在总的竞选策略上，采取了淡化、模糊，甚至可以说是回避和超越意识形态色彩的做法，突出行之有效的计划化和充满现代气息又令人向往的科学技术，即为了一路向前，取得胜利，工党“这辆结构复杂的大篷车”在承诺社会主义最终目标与追求选举胜利之间采取的是“明智的平衡举措”④。这一策略还是收到一定的成效。从吸引选民的角度看，计划

---

① Iain Dale, *Labour Party General Election Manifestos (1900 – 1997)*, Routledge, 2000, pp. 109 – 114.

② Iain Dale, *Labour Party General Election Manifestos (1900 – 1997)*, Routledge, 2000, pp. 110 – 111.

③ Iain Dale, *Labour Party General Election Manifestos (1900 – 1997)*, Routledge, 2000, p. 110.

④ ［英］唐纳德·萨松：《欧洲社会主义百年史》，姜辉等译，社会科学文献出版社 2008 年版，第 299 页。

化和国有化的阐述稳固了原有的选民基础，科学化的新意加之保守党的问题又吸引了部分处于游弋观望的中间选民。从促进党的团结的角度看，坚持传统的左翼认为威尔逊对公有制和计划化的强调，将形成技术专家治国的集体主义，推动经济组织向非资本主义的转变，而右翼的修正主义者认为，威尔逊对大规模公有制的放弃，实际上是对更有活力的混合经济的认可。[①] 本来基于盖茨克尔时期第四条争论的后果，妥协精神在60年代的工党内各派之间就占据主导地位，使得各有所获的左右翼难得的在一段时期内更加团结一致。因此，威尔逊以务实的中间派出现，对工党主流思想采取模糊化处理，在提出伊始并没有受到党内左右翼的夹击和不满，反而“无论是对工党的团结，还是拓展工党在大选中的吸引力都是很有帮助的”[②]。威尔逊适宜的竞选策略与主张，加之保守党首相霍姆形象的不佳，政党政治的钟摆效应，使工党以四席的微弱多数赢得大选，时隔13年重返执政前台。

二 威尔逊模糊化英国工党主流思想的双重影响

威尔逊上台执政后，开始把自己的竞选理念和执政思路付诸实践。从短期看，威尔逊淡化意识形态色彩，避免思想理论争论的考量还是在执政初期收到了理想的成效。在西方政党政治中，对主流政党执政绩效的评价就是大选的结果。为了扩大执政根基，拓展施政空间，1966年初威尔逊宣布解散议会，提前大选。在3月的大选中，工党发表名为《抉择的时刻》的竞选纲领，无论是在竞选策略还是具体观点上，都坚持上次大选时的做法和主张，在强调工党执政一年半成就的基础上，呼吁选民支持工党，给建设一个充满活力的英国社会提供有利的政治环境，最终的大选结果不仅是工党取得了胜利，而且是以明显的优势取得大选的胜利。工党共获得363个议席，比上次大选增加了46个席位，比其他政党议席总和还要多96席。[③] 这是工党历史上第一次以执政党的身份实现议席增加，为工党较为自主地实施经济与社会政策提供了有利的政治条件。

---

① Tudor Jones, *Remaking the Labor Party: From Gaitskell to Blair*, Routledge, 1996, pp. 84 - 85.

② Tudor Jones, *Remaking the Labor Party: From Gaitskell to Blair*, Routledge, 1996, p. 86.

③ David Butler, *British Political Facts*, Palgrave Macmillan, 2011, p. 268.

威尔逊对工党主流思想的模糊化处理能够在短时期内收到成效，在大选中实现力量的增强，是由以下几个方面原因决定的。一是按照大选的承诺，采取了一系列有利的社会政策。与敏感的经济政策相比，社会政策既是工党执政的强项，又更加直接关系着每个人的衣食住行等切身利益。同时，正如威尔逊所说那样，顺应和利用好科学革命的机遇，首先需要改革教育体制，培养和造就一大批高素质的人才。因此，威尔逊执政后，在不利的政治环境下，还是尽可能地在社会政策上有所作为。如在医疗领域，在新建医疗机构，以满足民众就医需要的同时，提高国民保健开支。从1965年起不仅取消了看病的处方费，而且增加了养老金、疾病和失业救济金的标准。在教育领域，在把教育部改组为教育与科学部的基础上，在高等教育上实施高等教育双重制体系，推动开放大学的建立，使没有经过普通高等教育的民众能够通过灵活多样的教育，接受技能教育和继续教育，更好地适应科技革命的需要；在基础教育上，增加经费投入，推行小班教学的同时，重视学生综合素质的提高和知识的掌握，取消小学毕业分流考试制度，加快综合中学改组和建设。在就业领域，在自由党的支持下，通过了《多余劳力补贴法》和《工会争议法》。《多余劳力补贴法》规定，如果因为劳动力过剩而不是工人自身原因而解雇工人时，必须由资方和政府出资，根据工人的工龄给予合理的补偿，以保证其基本的生活需要。《工会争议法》则给予工会更多的法律保障，使它们在工人就业合同受到撕毁威胁时能够采取必要的行动。威尔逊政府采取的这些举措既总体上具有普惠性，又对中下层民众更为有利，增进了工会及其代表会员对工党的信任和支持。

二是在敏感的国有化问题上，严格按照大选的宣示付诸实践。威尔逊政府成立后，按照大选的承诺，很快启动了钢铁业的重新国有化进程。1965年4月，威尔逊政府发表关于钢铁工业国有化的白皮书，提出把14个钢铁公司国有化。这项工作最终在1967年4月以合并成立国有的英国钢铁公司告终。与此同时，也完成了归集体所有的供水业的国有化转变。对其他行业现有企业的所有制性质并没有改变。在1966年大选中，工党只是针对英国港口的亏损情况，提出建立国家货运局，把港口转变成国有，没有其他国有化的主张。由于当时英国钢铁生产和用水供应的确不能满足英国生产生活的需求，威尔逊政府的这些少量变革并没有引起保守党和民众的激烈反对。这样虽然威尔逊政府给人以改革色彩，但在所有制问题上总体没有改变十多年来的结构和状况。

三是工会在政府执政实践中的让步与配合。威尔逊上台执政时，英国经济病已经开始显现，贸易赤字达到八亿英镑。面对解决财政赤字，扩大福利投入的双重压力，威尔逊政府并没有采用通常的货币贬值办法。因为英镑贬值既有损英国的大国形象，使工党背上贬值之党的名声，又会降低民众的购买力水平。对此在采用降低利率、增加进口关税、减少公共建设开支、加强经济计划性等货币、关税、财政政策的同时，威尔逊政府采用了稳定物价和工资的政策，避免物价和工资的飞涨。这就需要主要靠工资谋生的劳工的集体代表工会的配合。由于经济大臣布朗来自工会界，工党又时隔多年才上台执政，工会界采取暂时让步与合作的态度，同意政府成立“国家物价和收入委员会”，根据物价和收入变动情况，提出不具有强制性的建议。而自己和资方一道，尽可能配合政府，不轻易提出增长工资或大幅度增长工资的诉求，以减少财政赤字，推动经济形势的好转。

四是英国政党政治的特点。由于任何政策的实施和效应发挥都有个过程，都需要时间，从 1964 年 10 月大选到 1966 年 3 月大选，在短短不到一年半的时间里，即使威尔逊政府的政策适宜，也不可能产生重大的成效，实际上也的确没有取得显著的成效。更何况工党议席优势非常脆弱，施政的政治空间非常有限。对此广大选民是非常清楚的。因此，既然大多数选民在第一次大选中选择了一个政党，只要这个政党没有明显的政策败笔，原有选民就愿意继续给予这个政党支持，提供更多的时间使政党兑现诺言，同时也会吸引一部分新的选民支持，从而实现大选的连续胜利，获得更大的施政空间。这从英国多次出现的两次临近大选的结果可以看出。如在此之前的 1910 年 1 月和 11 月，自由党连续赢得英国大选的胜利；在此之后的 1974 年 2 月和 10 月，威尔逊领导下的工党又连续赢得大选的胜利。

在肯定威尔逊对工党主流思想模糊化处理的短期成效的同时，也要看到从长远讲，威尔逊的解决路径是有问题的。威尔逊并没有从根本上解决党内的争论，确立起为大多数认可的主流思想，只是采取了灵活的、一定程度上也可以说是投机性的策略。“通过把计划化作为科学革命与英国社会主义传统观念的关键思想连接线……通过搁置和隐藏关于公有制和民主社会主义性质与目标的根本分歧，来掩盖了左右两翼在意见与原则上的不同”,[①] 使工党的内讧症候暂时平息，但工党的意识形态病症并没有治愈，工党两翼都不是很满意，工党的力量也没有实现实质性增强。同时，这种骑墙的做法能够保持一时，但很难持久。因为坚持中间立场，完全不偏不倚很难做到。当外在形势出现较为明显的变化，就会促使政策向一边倾斜。无论是向左转还是向右转，都会使另一方不满意。要么是传统主义者对这种现代化目标失望，去阻止这种只是把资本主义现代化，而不是取代它的做法；要么是伴随着对党内和解的关切，修正主义者最终也将对这种反资本主义的修辞和工党重塑公有制形象感到沮丧。[②] 事实也证明，随着1966 年大选后英国经济病的急剧爆发，威尔逊被迫在思想和政策上右转，不仅引起工会和传统选民的不满，也使党内矛盾再次走向公开化，最终导致在大选中失利。因为“如果没有繁荣稳定的经济基础，现代社会民主主义不可能完成它的最终任务。在缺乏建立在充分就业或接近充分就业基础上的增长型经济的情况下，改良主义的福利和再分配政策不可能实现”[③]。

从理论观点上看，作为一种社会主义思想，工党的民主社会主义思想本身就与经济学上的凯恩斯主义在加强对宏观经济的控制，扩大财政开支等方面有着相近之处。在 20 世纪 30 年代欧美经济遭遇历史上最为严重经济危机的冲击下，传统的自由主义经济模式受到广泛的质疑，以 1936 年凯恩斯出版的《就业、利息和货币通论》为标志，主张国家采用扩张性的经济政策，通过增加需求促进经济增长的凯恩斯主义应运而生。传统的古典自由主义经济学认为，市场能够通过价格、工资等自动调节需求与供给的平衡，需求不足是经济衰退的症状，而不是原因。而受经济大萧条的影响，凯恩斯认为生产与就业的水平取决于总需求的水平，政府完全可以通过实行适当的财政政策，扩大政府开支和社会需求，刺激经济发展的同时实现充分就业，提高社会保障。凯恩斯主义应时代而生，其主张政府调控、扩大开支的理路与工党加强对经济控制、提高社会保障的主张不谋而

---

① Tudor Jones, *Remaking the Labor Party*: *From Gaitskell to Blair*, Routledge, 1996, pp. 76 - 77.

② Tudor Jones, *Remaking the Labor Party*: *From Gaitskell to Blair*, Routledge, 1996, p. 86.

③ ［英］唐纳德·萨松：《欧洲社会主义百年史》，姜辉等译，社会科学文献出版社 2008 年版，第 357 页。

合，成为战后工党政府实现战后重建的指导性经济思想，凯恩斯本人也曾在艾德礼政府中任职。

在以传统自由主义为代表的微观经济学问题重重，无力解决现实经济问题背景下，以凯恩斯主义为逻辑体系的宏观经济学理论在战后欧洲经济发展中得到广泛认可，也取得不菲的成效。正是这一显著的成效使凯恩斯创立的宏观经济学与爱因斯坦的相对论、弗洛伊德的精神分析法并称为20世纪知识体系的三大革命。但现实是丰富多样的，理论是高度集约的，同任何理论一样，凯恩斯主义也有着它的问题，也有它带来的问题。社会现实不可能像凯恩斯设想的那样通过适度的财政赤字、增加需求、扩大生产、满足就业、推动发展等实现完全的良性循环。经过十多年的发展，在英国经济政治地位持续下降，产品竞争力明显减弱，海外市场份额减少背景下，凯恩斯主义的理论缺陷在现实中就以英国经济病的形态显现出来。即福利开支越来越大，财政负担越来越重，经济效率低下，经济发展陷入停滞状态。这一状况最早出现在保守党执政的后期，因此也成为威尔逊上台执政必须面对的问题。正是在这一意义上，有学者指出："1964 年是英国现代史上的重要的分水岭。这不仅是因为保守党战后漫长的执政岁月结束，由工党上台执政，更重要的是战后共识政治进入了医治英国病的新时期。"①

在威尔逊首次执政时，由于经济环境没有明显恶化以及工会的配合，这一问题没有表现得特别明显。但就在工党还沉浸在大获全胜，实现连续执政的喜悦中时，英国经济病再次爆发：物价指数急剧上涨，国际收支严重失衡，黄金储备大量外流，失业人数迅速增多。在这种经济形势面前，以国家利益而非政党利益优先，发出"即使到执政的最后一天，政府也必须根据整体的国家利益来作出最终的决定"② 的威尔逊，采取了以冻结和管制工资增长、削减公共开支为主要内容的紧缩性财政政策。这一政策刚开始还得到工会的理解和配合，但随着工资管制期的不断延长和物价上涨造成的购买力不断下降，工会界不再忍让，通过各种方式表达不满。一方

① 崔士鑫：《历史的风向标——英国政党竞选宣言研究（1900—2005）》，北京大学出版社 2013 年版，第 149 页。

② Henry Pelling, etc., *A Short History of the Labor Party*, Macmillan Press Ltd., 1996, p. 129.

面，各业工人罢工此起彼伏，特别是没有得到工会同意的非官方罢工大量出现，对英国正常的社会秩序和经济生产造成严重的影响。另一方面，工会在诸多场合开始批评和指责工党，不与工党保持一致。

面对工会的这些表现，威尔逊并没有认识到自身存在的问题，而把问题认定为工会权力过大。于是在经济稍有好转后，希冀利用工党在议会中的优势，通过法案来限制工会的权力，规范工会的行为。1969 年 1 月，按照威尔逊的意图，由就业大臣卡斯尔牵头起草的白皮书发表。这份名为《代替冲突》的白皮书，虽然模仿比万的《代替恐惧》书名，从政府的角度也的确是希望减少劳资冲突，减少工会的破坏性，但对工会权力和行动作出诸多的限制。工党与工会有着制度化和组织化的联系，工会及其会员是工党选票和财力的主要供给者，两者一向被视为劳工运动的政治翼和产业翼，现在“号称工会的政治代表的工党要用法律来限制工会，这是闻所未闻的事情”①，也是之前保守党政府都没去尝试的事情。

威尔逊的举措在工党内引起强烈的反应，无论是议会内组织还是议会外组织，无论是内阁成员还是工会界，都发出巨大的反对声音。在内阁中，不仅以克罗斯曼为代表的左翼反对，就连提出实施紧缩性政策的右翼卡拉汉也反对，担心引起工党与工会关系的对立。在议会党团，以左翼为代表的工党后座议员表示，若投票表决将投反对票。在议会外，工党全国执委会投票表决反对按白皮书建议来制定相关法案。在工会界，职工大会和工党的附属工会纷纷表示不能接受白皮书的建议，职工大会以压倒性多数通过决议，坚决反对用立法手段限制和惩罚工会。面对各方的怨声载道，威尔逊显得曲高和寡，最终去掉了对工会进行惩罚的条款，也标志着用法律手段规范工会行动的努力以失败结束。

美国学者罗威尔曾指出：“在英国，一个政治团体之对于它的追随者的控制，以及它的激发热情和赢得选票的能力，并不在于它的理论的动人，或者它的主义的完美，而是在于人们对于它的行动效果的信仰。”② 从这一点来看，威尔逊通过张扬科学革命的旗帜，用充满现代化气息的话语

---

① 冉隆勃等：《当代英国——政治、外交、社会、文化面面观》，中国社会科学出版社 1990 年版，第 117 页。

② ［美］罗威尔：《英国政府：政党制度之部》，秋水译，上海人民出版社 1959 年版，第 175 页。

来充实民主社会主义思想的内涵，亦可说是模糊了民主社会主义思想的本质，最终是失败的。因为这一策略的行动效果是不理想的，最终不仅没有解决英国经济病，实现英国经济的快速发展，而且导致工党与工会战后第一次走上对立，产生了深深的裂痕，即诸多工会会员对其行动效果不是信仰，而是充满愤懑的情绪，有一种背叛的感觉。在这种背景下，虽然1970年初英国经济实现好转，威尔逊想抓住时机争取连任，但在6月提前进行的大选中却事与愿违，同样的策略与主张换来的是不同样的结果。由于以工会会员为主的部分体力劳动者改变投票方向，使支持工党的人数比上次大选减少11%，而支持保守党的人数增加5%，[①] 工党以287席对330席失去政权。

三　英国工党左翼的崛起与主流思想的摇摆

从政党政治的角度看，1970年英国大选结果只是一次普通的政党交替。但从战后英国工党发展史的角度看，1970年则是工党发展史上的重要转折年份，是一个不好的历史记忆。从工党完全崛起于英国政坛，成为两党制新成员的1945年到1970年，工党虽然也曾连续大选失利，远离政权，但多次实现以绝对优势获胜和连续执政，取得不菲的执政业绩，从执政时间上也以12年对13年与保守党平分秋色。但1970年大选失利后，工党虽然在1974年卷土重来，但执政根基非常薄弱，执政结果是导致1979年大选的一败涂地，进而遭遇长期远离政权的厄运，根本没有与保守党抗衡的实力，进入第二次世界大战后的中衰时期。工党在政坛发展的这一走势与命运，与进入70年代英国工党左翼的崛起与主流思想的摇摆有着密切的关系。

在威尔逊担任工党领袖和英国首相的60年代，虽然公开采取的是淡化意识形态、超越左和右争论的策略，但在执政中实际上是打左灯向右转。与盖茨克尔旗帜鲜明地修改党章，指责国有化相比，只是程度的差异，而不是方向的改变。1970年英国大选后，虽然威尔逊仍是工党的领袖，但工党主流思想向右转的探索与实践走向终结，主流思想出现明显的逆转。出现这一状况的根本原因是工党内左翼力量崛起，开始在党内权力

---

① 张契尼等：《当代西欧社会民主党》，东方出版社1987年版，第58页。

竞争中占据优势。威尔逊无论是为了维持自身的领袖地位，还是为了保持党的团结，避免左翼从党内分裂出去，都必须向左翼作出妥协。

由于工会是工党依靠和借重的重要力量，没有工会的经济支持工党就无法正常运转，没有工会的政治支持工党也无法实现上台执政，因此工党主流思想的左转首先是附属工会，特别是附属工会左转的结果。历史地看，在工党成立之前和1918年党章通过之前，工会是英国劳工运动和工党发展中的右翼力量。但1918年党章通过后，特别是经历第二次世界大战前后工党执政时的体验，工会的主流开始成为工党内左翼力量的代表。出现这一重大转变的原因是：虽然时代在变，但工会作为劳工经济与社会利益维护者的身份是不变的，否则工会就无法生存和发展。而深受渐进主义传统文化影响的工会，在早期对还未付诸实践的社会主义、公有制、国有化等充满疑虑，惧怕影响工会及其代表劳工的现实利益。但历经工党的多次上台执政，尤其是第二次世界大战后艾德礼时期的执政，工会的权力得到急剧扩张，劳工的权益得到充分保障，劳工的状况得以明显改善，工会和劳工的政治地位得以极大的提高，工会成为英国社会生活中不可或缺的组成部分，工会的合法性与必要性成为英国两党共识政治的重要内容，劳工的总体境遇可以说实现从奴隶到将军般的转变。在工会及其会员看来，这一切都是工党民主社会主义实践的结果。因此，从总体上，工会及其会员对社会主义有着特殊的感情，对公有制与国有化给予高度的评价和肯定，甚至是把工党党章中的公有制条款视为一种图腾，视为社会主义的标识。

正是由于这一情况的存在，虽然工党内的右翼思想在50年代十分强劲，一些工会的领袖职位也为右翼人士担任，但在修改党章公有制条款问题上工会还是罕见地保持了一致。在威尔逊执政早期，工会作出了一定的牺牲，配合工党政府采取了一些限制工资增长的政策，但这并不意味着工会与会员的基本观念发生了重大转变，而是由于工党时隔多年才上台执政，在工党的游说下，在威尔逊勾画的美好蓝图的憧憬下，工会最初接受了工党的建议，愿意通过投桃报李，以暂时的让步实现更大的收益。但结果却是适得其反，不仅没有使会员获得新的收益，反而要限制工会的政治权力，使工会非常愤怒，会员也感到背叛和欺骗，非常希望回到原有的轨道，实施传统的社会主义政策。这样在60年代末，在工会会员中产生了一股强劲的左转思潮。

随着工会主流思想的左转，工会的领导权也转移到左翼人士手中。在工党六大附属工会中，运输与普通工人工会的杰克·琼斯、混合机械工人工会的休斯·坎伦、店员工人工会的理查德·西布鲁克和矿工工会的劳伦斯·达利都是左翼人士。[①] 由于附属工会人数众多，与选区工党、合作社和社会主义团体相比，其在工党年会中有着巨大的选票比重，特别是运输与普通工人工会、混合机械工人工会是工党附属工会中的超级巨无霸，这样到1970年，工党年会成为左翼控制的第一个组织机构。

基于工党与工会之间特殊复杂的组织关系，工党与工会的左转相向而行。伴随威尔逊经济与社会政策右转的无所作为，工会思潮的明显左转，60年代初沉寂的党内左翼也开始复苏。左翼力量的主要代表有托尼·本、迈克尔·富特、克罗斯曼等人。他们以工党左翼刊物《论坛》周刊为载体，不断批评威尔逊政府背离传统的右翼政策，极力宣扬其传统的民主社会主义思想。如托尼·本认为，威尔逊执政的乏善可陈和大选失利表明，工党右转的政策主张是失败的，必须回到传统的民主社会主义轨道。其主要主张有：用民众民主代替议会民主，民众应直接参与企业的管理；扩大而非限制工会的权力，工会有权监督私人企业，管理国有企业，直至管理整个国家经济体系；实施扩大公有制战略，提高国有化企业在工业中的比重；推动党内民主化，削弱议会党团的自主权，提高议会外组织在工党决策中的权力，使广大党员都能够参与决策等。[②]

在工党与工会均左转的同时，保守党政府的政策起到了推波助澜的作用。在英国经济病的作用下，60年代可以说是英国失去的十年。在整个资本主义体系中，无论是国民生产总值、工业生产总值，还是黄金外汇储备，都先后被日本、西德、法国超越；就发展速度而言，在整个60年代，英国的经济发展速度和工业生产速度均居美国、日本、西德、法国、意大利等主要资本主义国家的末位。[③] 希思政府执政后，面对通货膨胀严重、

---

① Lewis Minkin, *The Contentious Alliance: Trade Unions and the Labor Party*, Edinburgh University Press, 1999, pp. 115 - 116.

② 张世鹏：《西欧社会民主主义政党指导思想的历史演变》，山东人民出版社2014年版，第305页。

③ 具体数据参见齐世荣《当代世界史资料选辑》第二分册，首都师范大学出版社1996年版，第524—527页。

失业率高、经济发展停滞的英国经济病，他把责任归因于实施二十多年的英国经济发展模式，开始背离两党形成的共识政治，采取了与威尔逊政府相比有过之而无不及的政策。

在经济政策上，摒弃传统的凯恩斯主义，奉行以减少国家干预、降低公共开支、鼓励私人资本为特点的货币主义政策。在社会政策上，认为工会无限的权力和利己主义的特质是影响英国经济发展的重要因素，必须对工会肆无忌惮的罢工行为进行规范和限制。于是在保守党的主导下，新的《工业关系法》于 1971 年 8 月通过。该法案表面上是想规范劳资双方的行为，以削弱劳资冲突，降低罢工行动的发生，但实际上对工会的罢工权力从法律上设置了一系列的条件，进行了严格的限制。如工会必须比以前更加正式地登记；建立全国工业关系法庭解决非官方罢工、同情性罢工等不合法行动；全国工业关系法庭有权在罢工前设置一个调节期，有权在工会中进行无记名投票以确定有计划的罢工是否得到多数会员的支持等。显然这一法案比威尔逊政府《代替冲突》白皮书的诉求要苛刻很多，也招致工会的激烈反对，因此，各种罢工行动不仅没有减少，而且更为频繁。1972 年因罢工造成的损失工作日为 2400 万，是 1926 年英国矿工全国大罢工以来的最高水平。①

面对保守党越来越右的政策和工会的激进反应，似乎工党左翼的主张更为合理和现实。为了维护党的团结，实现重返政权，奉行实用主义的威尔逊开始邀请更多的左翼人士参加影子内阁，深受鼓舞的左翼力量也加大了对工党权力的争夺。1971 年的工党副领袖选举，托尼·本和富特同时参加，尽管都没有获得成功，但富特得到 126 张选票，比 50 年代著名左翼领袖比万的最高纪录还要多 15 张，系左翼人士在第二次世界大战后领袖选举中的最高票数。② 1972 年的工党执委会选举，托尼·本和富特同时进入执委会。到 1973 年 6 月，在全部 29 个执委会成员中，左翼人士已经占到 15 人，历史上首次处于多数。与执委会构成相一致，执委会的各种政策制定委员会和小组，如国内政策委员会、工业政策委员会、公共部门小

① Henry Pelling, etc. , *A Short History of the Labor Party*, Macmillan Press Ltd. , 1996, pp. 144 - 145.

② David Butler, *British Political Facts*, Palgrave Macmillan, 2011, p. 163.

组等，都为左翼所控制。与此同时，绝大多数工会作为理性的工团主义者也认识到，虽然威尔逊政府的政策主张引起诸多的不快，但与保守党相比，工党的主张还是要温和许多，对工会更为有利。改变自身处境的方法不是与两大政党对立对抗，而是仍然需要依靠工党，通过与工党的妥协与合作，推动工党政策主张的左转，推动工党的上台。

在这种互有所需的背景下，1972 年 1 月，工会界的联合组织——英国职工大会与工党迈出改进关系、加强合作的关键一步，成立由工党执委会代表、议会党团代表和工会领袖代表各六人组成的“联络委员会”。联络委员会作为职工大会和工党的联合办事机构，负责协调双方在经济发展、社会福利、工资待遇等方面的立场与主张，推动双方的合作与协调。1973 年 2 月，联络委员会发表名为《经济政策和生活费用》的文件。在该文件中，工党承诺上台执政后将考虑工会对自由集体谈判的关切，废除保守党政府对工会权力的法律限制，实施降低房租、增加福利、扩大公有制、加强对私人企业监督、减少贫富差距的传统民主社会主义政策；职工大会则承诺采取支持和配合工党的政策，帮助工党在大选中获胜，通过与工党政府合作，在一定范围内作出让步，自愿限制工资过快增长，帮助工党政府解决经济难题，从而得到工党的回报，实现自身的利益。由于这一文件是以工党与职工大会在社会生活领域相互作出承诺的形式问世，又被英国社会称为二者之间的“社会契约”。工党与工会“社会契约”的达成，不仅标志着双方关系重大的改进，也为工党主流思想的转变起到了重要的助推作用。随后 6 月，在工党年会上，工党通过了托尼·本起草的 1973 年纲领。该纲领突出工党民主社会主义政党的身份特征，强调没有工业权力的根本性转变不可能实现英国经济的有效治理，被认为是自“工党 1934 年《为了社会主义和和平》之后最左的政治文件”①。

1974 年初，随着第四次中东战争引发的石油危机和经济危机席卷英国，保守党政府与矿工工会的矛盾愈加激烈。在这种形势下，保守党首相希思决定解散议会提前大选，通过大选胜利来确认政策的合理性。在竞选中，保守党虽然对工会作出一定的让步，但总体上坚持已有的主张，希望通过稳健和坚定的行动来推动问题的解决，建设公正的英国。工党在执委

① Tudor Jones, *Remaking the Labor Party: From Gaitskell to Blair*, Routledge, 1996, p. 91.

会主席托尼·本的主导下，发表名为《让我们一起工作——走出危机的工党之路》的竞选纲领。该纲领是工党与工会之间“社会契约”和1973年工党年会纲领的具体化，在抨击保守党执政三年八个月带来物价飞涨、银行破产、工人失业、房价攀升、主权受损等一系列连锁性危机的基础上，提出带有鲜明左翼色彩的主张。主要有：把与职工大会达成的“社会契约”作为未来工党新经济政策的核心，通过工会对工党政策的包容及与工党的自愿合作，在价格、收入、税收等各个方面取得成功；废除保守党制定的《工业关系法》《住房金融法》等法案，重新谈判英国加入欧洲共同市场的条件；在健康、教育、消费、人力资源建设、妇女和女孩保护等方面加强国家层面的计划和协调，建立一个负责任的社会系统，改进公共服务水平；为了控制物价、刺激投资、鼓励出口、创造就业、保护劳工和消费者，将把造船、修船、海洋工程、港口、飞机制造等行业转变为公有制，公有制的扩展并不局限于亏损和受资助的行业；建立强有力的国有企业委员会和全国劳工委员会，恢复被保守党政府注销的公有制企业和资产，将现有的国有化工业进一步社会主义化，使其管理对工人更负责任，对消费者的需求反应更为敏捷。[①] 所有这些主张的最终目的是改变英国社会中存在的不平等状况，推动经济与社会平等，实现“财富和权力平衡向英国劳工和他们家庭的根本性和不可还原性的转变”。[②] 显然，正像纲领所说那样，纲领内容是1973年“社会契约”和年度纲领的具体化，纲领目标是“社会主义的目标”。[③] 从意识形态上讲，不要说与工党不敢大张旗鼓地呼吁公有制的纲领相比，即使与第二次世界大战后高举国有化改革大旗的1945年竞选纲领相比，也明显激进得多，是工党有史以来最左的大选纲领，系工党主流思想左转的标志。

在历经二十多年的共识政治，即意识形态和政策主张向中间靠拢，差异渐趋缩小之后，英国两大政党的立场与主张第一次走上对立化。在各自得到自己核心选民支持，但都令中间游弋选民失望的背景下，两党的支持率明显下降，但没有拉开距离。工党以301席对297席的微弱优势成为第

① Iain Dale, *Labour Party General Election Manifestos (1900 - 1997)*, Routledge, 2000, pp. 183 - 191.

② Iain Dale, *Labour Party General Election Manifestos (1900 - 1997)*, Routledge, 2000, p. 192.

③ Iain Dale, *Labour Party General Election Manifestos (1900 - 1997)*, Routledge, 2000, p. 191.

一大党，但未能获得单独组阁的一半以上议席。由于工党和保守党都没能争取自由党联合组阁成功，工党得以第一大党的身份成立少数党政府，重新夺回政权。

随着诸多左翼人士当选为工党议员，继工会和工党议会外组织左转后，工党议会党团也出现明显的左转，有 26 名新议员加入由“论坛派”改名的论坛组织。为了安抚左翼、维护党的团结，威尔逊任命左翼代表托尼·本和富特分别担任工业大臣与就业大臣。在执政实践中，威尔逊政府采取了一系列有利于劳工，履行“社会契约”的政策，如提高矿工工资，促使其结束罢工；废除三天工作制和强制性工资制度等。但受制于议席的限制，大刀阔斧的国有化改革无法进行，废除保守党制定的《工业关系法》遭遇失败。

在这种背景下，威尔逊抓住民意测验领先的时机，宣布解散议会，在一年之内举行第二次大选。由于时间间隔仅仅半年，工党政策主张并没有变化，只是更加突出其为劳工服务的色彩，即突出其思想左转的旗帜。如专门把带有党派色彩、意识形态色彩的“社会契约”作为独立的一部分，指出“工党挽救国家的宣言和纲领的核心是工党政府和工会达成的社会契约”，“社会契约并不仅是关注工资收入，而是覆盖国家政治的所有方面”，“只有社会契约才能够在未来数年重建对英国民主工作的信心”①；明确指出工党“是一个民主社会主义政党”，再次强调工党的目标是“实现财富和权力平衡向英国劳工和他们家庭的根本性和不可还原性的转变”②。大选结果并不出意料，工党扩大了议席优势，以过半的 319 席赢得大选，但比议会半数仅多三席，施政空间并不宽裕。

获得议会多数后，托尼·本作为工业大臣，成为威尔逊政府国内政策制定的主导性力量，抱着“资本主义已经无可挽回地崩溃，必须被一个新的、公有经济取代的信仰”，③ 开始了战后英国经济的第二次国有化浪潮。与战后第一次国有化浪潮相比，第二次国有化浪潮有三个鲜明的特点。一

---

① Iain Dale, *Labour Party General Election Manifestos (1900 - 1997)*, Routledge, 2000, pp. 198 - 199.

② Iain Dale, *Labour Party General Election Manifestos (1900 - 1997)*, Routledge, 2000, pp. 212 - 213.

③ Tudor Jones, *Remaking the Labor Party: From Gaitskell to Blair*, Routledge, 1996, p. 90.

是国有化的领域由燃料、交通、金融等基础行业推进到机械、电子、航空等制造业和新兴产业；二是国有化的对象由私人资本不愿意触及的亏损企业扩展到私人资本盈利的企业；三是国有化的方式由原来的政府出资收购私人企业到政府购买私人企业股票，建立公私合资的国家控股公司，或新建类似的公司。如 1976 年威尔逊政府收购了英国最大汽车公司利兰公司 95% 的股票；1977 年继任的卡拉汉政府把英国三大飞机和航空公司收归国有，整合重组为英国宇航公司。经过这些举措，在 70 年代后期，就非金融领域的国有化程度讲，英国在西方国家中居于第二位，仅次于奥地利；英国国有企业的产值达到国内生产总值的 11%，职工人数占劳动力总数的 8%，固定资产投资占全国固定资产投资总额的 20%，各项数据均位于西欧各国的前列。[①] 不过令人遗憾的是，与艾德礼政府时期的国有化一样，效果并不理想，除了个别企业有所成效外，大多数是入不敷出，并没有为英国经济发展助力。如第二次世界大战后英国政府共向国有化的航空业提供 15 亿的资金，其中仅 1978 年就提供 8.5 亿英镑的资金，但最后只收回了 1.5 亿英镑。[②]

在推进工业关系根本性转变和经济制度根本性变革的同时，威尔逊政府在社会事务中也努力促成社会平等，扩大工会和劳工的权力和权益。如废除了保守党政府的《工业关系法》，制定了新的《工会和劳动关系法》，通过了《反性别歧视法》等。但遗憾的是，威尔逊政府的国有化改革与艾德礼政府的国有化改革一样，结果并不理想，无法为解决英国严重的经济问题提供可行的方案。到 1976 年初，即使工会界履行“社会契约”的承诺，在限制工资增长、不轻易罢工等问题上配合工党政府的政策，也无法解决英国经济与社会领域出现的问题。有些指标，如失业人数、国际收支、英镑比值等反而更加严重。本来党内右翼就对左翼主导工党的政策与发展方向不满，没有明显取得成效的举措给右翼提供了口实，使党内的争论再次兴起。

一系列左转的政策主张原本就不是威尔逊的本意，只不过由于左翼的崛起，为了党的团结和自己的领导地位，威尔逊委曲求全接受了左翼对政

① 李兴耕：《当代西欧社会党的理论与实践》，黑龙江人民出版社 1989 年版，第 249 页。

② 金重远：《战后西欧社会党》，上海人民出版社 1997 年版，第 27 页。

策的主导。在新的形势面前，威尔逊深知问题的棘手性，深深感受到作为左右翼“夹心饼干”的难受与疲惫。1976 年 3 月，威尔逊以担任工党领袖时间太长，需要为年轻人让路为由，出人意料地选择了急流勇退，宣布辞去工党领袖与英国首相职位。在新领袖选举中，左右翼主要代表托尼·本、卡拉汉、克罗斯兰、富特、詹金斯、希利多达六人参加竞选，经过三轮末尾淘汰制投票，来自右翼的外交大臣卡拉汉逆转战胜左翼的就业大臣富特，当选为新的工党领袖和英国首相。

卡拉汉虽然出身于工会，但在政治立场上属于工党内的中右人士，在 50 年代的党内左右翼冲突中就支持盖茨克尔对工党主流思想的变革。盖茨克尔去世后，卡拉汉曾参加工党领袖的竞争，负于威尔逊。在威尔逊政府时期，卡拉汉先后担任财政大臣、内政大臣和外交大臣三个重要内阁职务，对英国经济社会状况与问题有着全面的掌握。与威尔逊相比，卡拉汉的执政背景和执政环境更为险恶。一方面，威尔逊是在工党处于民意领先，远离政权多年背景下当选工党领袖与英国首相的，工会愿意作出一定的让步和牺牲。即使在执政后期，威尔逊唯一领导工党四次赢得大选的资历，以及其传统左翼、相对温和的特点也是卡拉汉难以望其项背的。另一方面，卡拉汉是在威尔逊政府步履维艰，威尔逊挂冠而去的背景下出任英国首相的，其承接的英国经济与社会问题积重难返，可谓是一块烫手山芋，承接的政治环境是工党在补缺选举中接连失利，工党在议会中的优势仅剩一席。

面对左翼主导下威尔逊政府的无所作为和进退维谷，作为右翼的卡拉汉试图改变首相被架空和挟持的局面，以一名有担当的强势领导人在继承中创新，换一种思路来解决英国面临的社会困境。继承主要体现在把威尔逊政府没有完成的国有化行业继续推进。威尔逊政府先后整合和收购相关私人企业，成立国有大型的航空公司、造船公司及其他制造业公司，作为保守党私有化英国工业，英国经济停滞不前背景下的新探索，也更好地安抚左翼。变革则是确立改变原有的凯恩斯主义模式，实施适度紧缩的社会政策，探索解决问题的新路径。卡拉汉首先是在维持党内团结，继续保持左右翼力量都进入内阁的平衡表征下，增强了右翼对经济与社会事务的话语权。如安排右翼代表希利继续担任财政大臣，左翼代表托尼·本继续担任能源大臣，左翼代表富特从就业大臣职务调整为下院领袖兼枢密大臣，免去左翼代表芭芭拉·卡斯尔的健康与就业大臣职务。[①]

面对失业人数继续攀升，英国经济停止不前，贸易赤字愈加严重的现实，卡拉汉认为这与英国劳工工资过高、增长过快有着密切的关系，过高的劳动力成本降低了英国产品的竞争力，阻碍着英国经济的发展。为此，卡拉汉政府成立伊始，就坚定地继续实施限制性工资增长政策。但这一举措没有，也不可能很快收到成效。国际收支的失衡和庞大的预算开支导致英国贬值岌岌可危，不得不向国际货币基金组织借贷维持汇率的稳定。面对国际货币基金组织开出的削减公共开支、抑制通货膨胀的贷款条件，本就对国家福利待遇过高、政府财政负担过重不满的卡拉汉接受了这一条件。1976 年 9 月，卡拉汉政府作出削减 34 亿美元公共开支的反通货膨胀举措。战后英国发展奉行的基本理论是凯恩斯主义，即通过高福利、高消费和适度的通货膨胀和财政赤字来拉动经济的增长，解决普遍就业问题。这一基本发展模式不仅为保守党总体接受，成为工党引以为豪的成绩，而且是工党成为和保持主流政党的重要源泉。很明显，卡拉汉政府的这一基本治理思路的调整不是简单的修补和完善，而是重大的方向性转变。

在随后当月召开的工党年会上，卡拉汉就采取这一政策的必要性和合理性进行了官方的正式阐述。卡拉汉说："很长时间以来，或许是从战后开始，我们忽视了英国社会和经济的重大变化。我们一直生活在借贷的时代，依靠向国外借钱来保持我们的生活水平，而没有去解决英国经济的症结。过去我们习惯于认为，通过减税和扩大政府开支的办法能够走出衰退，实现增加就业。我坦诚地告诉你们，那种选择已经不复存在了。即使这种做法在第二次世界大战后存在过，每次也是通过向经济注入大剂量的通货膨胀而起作用，并且随之而来的是更大程度的失业。"[②] 显然卡拉汉的这一讲话是对工党长期坚持凯恩斯主义的反思与批判，认为凯恩斯主义虽然能解决英国一时的问题，但也给英国经济社会发展带来严重的问题，必须采取新的发展路径。如果说削减公共开支只是在行动上抛弃了凯恩斯主义的话，卡拉汉的这一讲话标志着工党从思想上抛弃了凯恩斯主义，并且

---

① 托尼·本在 1975 年 10 月已经由工业大臣调整为能源大臣，内阁具体调整情况参见 David Butler, *British Political Facts*, Palgrave Macmillan, 2011, pp. 35 – 38。

② Patrick Seyd. , *The Rise and Fall of the Labour Left*, St. Martin's Press, 1987, p. 23.

是坚定地，而非权宜之计地抛弃凯恩斯主义，是工党主流思想再次转变的标志。卡拉汉时期工党思想的这一重大转变从其经济顾问伯纳德·多诺修在80年代对撒切尔主义的评价中也可以看出。多诺修指出："现在以撒切尔主义为特征的宏观政策，连同当下为人熟悉的语言，实际上在卡拉汉时期的1976年就以其初始形式存在了，从国库，从银行，特别是从国际货币基金组织，以及部分从美国国库，都能看到它。"①

遗憾的是，卡拉汉的这一重大调整无论是在党内还是在重要盟友工会那里，都没有得到广泛的认可和支持，并且最终由于具体策略失误，造成了工党下台和更加困顿的局面。在党内，传统的右翼修正主义代表，对凯恩斯主义倍加推崇的现任外交大臣克罗斯兰认为，卡拉汉的做法背离了工党的传统，偏离了民主社会主义实现充分就业，再分配财富与资源，提高社会福利的诉求，只能作为解决燃眉之急的暂时之举。而托尼·本和富特等左翼更是认为这不仅是对工会和劳工利益的损害，也是淡化对资本主义的批评和对社会主义的宣扬，并提出了"替代性经济战略"。虽然出于避免党的分裂的需要，持不同立场者作出了妥协，但也进一步强化了左翼争夺工党高层职位和权力的进程。在随后不久的副领袖选举中，富特以166票对128席战胜右翼人士希利。这一选举结果不仅表明左翼虽然暂时失去工党发展的主导权，但其力量有了新的发展，仍处于上升的势头，而且表明卡拉汉的右转思想虽然控制着党的发展方向，但并没有赢得广泛的认可。因此，从思想史的角度讲，这一重大转向使卡拉汉时期的工党进入一个主流思想混乱的"意识形态分裂"时期，② 稍有不慎，就会遭遇更大的危机和问题。

劳工是英国公共开支和福利政策的主要受惠者，公共开支的削减意味着各种津贴补助的缩减。按照工党与工会达成的，也是工党再次执政后坚持的"社会契约"，工会同意自愿性限制收入增长，配合工党治理经济，很大程度上是由工党给予的社会福利做支撑的。即"社会契约"的达成是双向度的，是互利互惠的，劳工的收入受限，增长缓慢，但福利是有保

① ［英］唐纳德·萨松：《欧洲社会主义百年史》，姜辉等译，社会科学文献出版社2008年版，第569页。

② Tudor Jones, *Remaking the Labor Party: From Gaitskell to Blair*, Routledge, 1996, p. 103.

障，有提高的。而现在削减公共开支意味着劳工的生活从两个方面都受到影响，引起诸多工会高层和劳工的不满，小规模的罢工抗议行动开始出现，工党与工会的裂痕出现。只是由于职工大会的劝说和第三阶段限制性工资增长幅度由第二阶段的4.5%提高到10%，才没有使工会和工党分道扬镳，工会同意再给工党一段恢复经济的治理时间。

应该说，通过财政、收入、货币、国有化等多种手段的综合治理，进入1978年，英国经济状况有了明显的改善。国际收支由赤字转为盈余，英镑持续升值，通货膨胀降低到个位数，失业人数回落，普遍生活水准有了提高。以至于许多人认为英国经济已经摆脱长期存在的痼疾，呈现出“稳定和繁荣”的良性发展态势。① 受经济好转的影响，民意测验工党的支持率多年来首次超过保守党。考虑到工党在一年前已经再次沦为少数党政府，只是在自由党的支持下才得以继续执政，而自由党以政治诉求没有满足为由，宣布到1978年7月本年度议会会期结束，不再继续两党之间的协议，英国社会普遍认为卡拉汉将宣布秋天提前进行大选，在争取连任的同时改善执政的政治空间。

但卡拉汉却作出了错误的决定，他过于看重上台后实施的财政紧缩政策的经济功效，而对工会和劳工的激进反应估计不足，在宣布不提前举行大选的同时，宣布限制性工资政策进入增长幅度不超过5%的第四个阶段，以巩固和扩大经济治理的成果。在经济形势好转的情况下，不仅没有恢复工会自由集体谈判的权力，而且使工资增长幅度降低5%。这引起了工会、劳工和工党左翼的激烈反应。本就对卡拉汉政府政策不满的工会与劳工认为，以前经济形势不好时要求工会作出让步和牺牲还可以理解，现在经济形势好转不仅没有弥补劳工的损失，反而进一步限制工资增长速度，是典型的以怨报德。工党左翼也认为卡拉汉背离了“社会契约”，背离了广大中下层民众。于是各业工会开始不顾“社会契约”的束缚，举行各种罢工行动，要求谈判提高收入待遇，职工大会年会和工党年会先后通过反对卡拉汉政府政策的决议。这不仅表明工党内左翼力量的强大，也标志着实施数年的“社会契约”走向终结。

以1978年9月福特汽车公司工人罢工为开端，英国各行各业掀起了声

① Brian Brivati, etc., *The Labor Party: A Centenary History*, Macmillan Press Ltd., 2000, p. 213.

势浩大的罢工行动，其中以 1979 年 1 月公用事业工人举行的六周大罢工为甚。虽然在罢工过程中卡拉汉政府作出一定的让步，同意并劝说资方提高工人的工资增长幅度，但已经无法满足愤怒的工人的要求，使英国进入一个极度愤懑而又混乱的冬天。罢工不仅使生产活动受到极大的影响，而且带来的公共服务歇业使正常的社会秩序被打乱，使每个家庭的衣食住行受到牵连，也对工党和工会造成严重的负面形象。在此有利形势下，保守党在新任领袖撒切尔夫人的带领下趁机发难，提出对工党政府的不信任案。虽然在 1978 年 12 月首次未果，但由于苏格兰国家党不再支持工党，最终在 1979 年 3 月的再次投票中以一票优势获得通过，迫使卡拉汉政府宣布提前进行大选。

在大选中，保守党直面英国之前冬天发生的混乱与无序，旗帜鲜明地承诺若上台执政，在经济上将降低税率，开展私有化运动，把已经国有化的航空业和造船业转变为私有，提高企业的活力与效率；在社会领域将修改工会法，取消工会的特权和集权，鼓励工会政策决策的投票表决，推动工会的民主化，减弱工会对社会的破坏力。而工党的竞选纲领虽然名为《工党的道路是一条更好的道路》，但整个纲领在许多问题上没有明确的立场与主张，通篇只是在强调降低物价、减少失业、提高生产、推动公平、促进民主。如既不敢像保守党那样旗帜鲜明地支持私有化，又没有了对国有化的追求；既强调公共交通的重要性，又没有提出如何建立更紧密一体的交通系统的举措。特别是在深深体会到工会威力的现实面前，又使出与工会合作的“社会契约”，希望通过政府、工会与资方的合作来改进工业关系，实现经济增长和收入提高。在英国经济衰退、社会混乱的现实面前，在工会负面形象已由 1964 年的 12% 上升到 1978 年的 31% 的数据面前，① 工党的竞选策略是自掘坟墓，竞选纲领显得十分苍白和空洞，纲领名称更显得滑稽与可笑。大选的结果也不出意料，工党的选票进一步流失，最终以 269 席对保守党 339 席的明显劣势失利。大选的惨败表明，卡拉汉推动工党主流思想右转并没有得到党内的认可，在政党竞争中也以失败而告终。

---

① Brian Brivati, etc., *The Labor Party: A Centenary History*, Macmillan Press Ltd., 2000, p. 213.

第四节　富特时期英国工党民主社会主义思想的激进左转

1979年大选失利后，在总结反思失利原因中，工党左翼开始了对党的最高领导权的争夺，并在1980年11月的领袖选举中如愿以偿。在左翼领袖富特的领导下，工党的民主社会主义思想急剧左转，但思想的左转并没有带来工党的重返执政，反而使工党一步步走上危险的悬崖。

一　英国工党左翼通过组织变革推动思想变革的努力

一般来讲，考虑到执政的需要和首相的合法性权力，在执政时期，工党内不同派别的纷争相对弱小。只要不是对工党传统的重大背离，如30年代初的麦克唐纳事件和60年代末的《代替冲突》事件那样，工党内很少形成对以首相为代表的执政力量的集体性挑战与攻击。但在在野时期，领袖没有了首相这一重要的权力砝码，不同意见者不再受工党执政的束缚，在反思和重新规划定位中，党内无论是政策主张争论，还是权力职位之争，都会不同程度地放大和公开化。如50年代左右翼之间激烈的争论和70年代左翼的再次崛起。

1979年5月，随着大选的被迫提前和竞选的失利，基于对现有政策的不同反思，工党的这一特性再次重现。处于主导地位的右翼卡拉汉和希利认为，从英国经济形势的好转可以确定，采取反通货膨胀的货币主义政策是适宜的，即基本方案和理路是正确的，问题出在工会的利己主义表现，是工会的不配合导致工党的失利；需要调整的不是经济政策，而是具体的策略，如处理与工会的关系，限制性工资政策的实施时间与幅度等，使其不给自己带来负面的影响。而左翼的托尼·本和富特等认为，工党大选的失利证明，卡拉汉和希利主导的经济与社会政策是失败的，不顾及广大劳工利益的货币主义右翼政策，背离了工党的民主社会主义性质，工党应当坚定不移地实施更替型经济战略，进一步扩大公有制，改善与工会的关系，加强与工会的合作，切实把广大劳工的利益放在首位。而未能实行社会主义政策的原因是左翼没有获得最高领导权，最终决定权掌握在领袖和议会党团手中。若想争取对工党政策的主导权，必须争取领袖职位，转变决策机制。

从权力机制的角度看，左翼的看法是有道理的。因为党的领袖作为党的最高领导，在人事安排上具有决定权。无论是执政时期的政府内阁成员，还是在野时期的政党主要职位，领袖拥有决定性的话语权，决定着政府政策与政党主张的导向。但左翼若想赢得工党领袖职位十分不易，现有的领袖选举制度是议会党团选举领袖，选区工党、附属工会和其他社会主义团体在领袖选举中并没有选举权。而从意识形态讲，“长期以来，议会党团是右翼势力的集中地，选区工党、工会和附属组织则容易向左的方向倾斜”①。正是这一机制性安排和总体上的意识形态倾向，从 1922 年工党明确议会党团领袖是工党全党领袖起，除了麦克唐纳事件后的特殊时期，明显左翼的兰斯伯雷短暂出任工党领袖，并且最后被迫辞职外，其他领袖均以中间或右翼的形象当选。即使个别领袖，如威尔逊、艾德礼等早期以左翼身份跻身党内高层，但随着时间的流逝和观点的变化，当选领袖时都已经明显中间化。而典型左翼代表比万、托尼·本均多次竞争工党领袖未果。

虽然工党的领袖选举机制和权力运作机制形成已久，若想实现制度方面的重大变革面临巨大的挑战，但也面临着难得的机遇。一是从 70 年代初起，经过十年的发展，左翼无论是在赢得高层职位，还是在基层力量上已经取得巨大的发展。在高层职位上，可以说除了领袖职位外，包括执委会主席、工党副领袖等职位都先后获得；在群众基础上，持有左翼思想的基层党员和新党员越来越多，他们对卡拉汉的右翼政策和竞选失败非常不满。二是左翼高层从参与政权，在内部引导威尔逊政府，特别是卡拉汉政府的不尽如人意的体验中，也更加坚定了夺取最高领袖职位的决心。三是附属工会系工党内的强大力量，此时主要大工会不仅继续保持 70 年代中前期为左翼领导的局面，而且被卡拉汉政府变本加厉、忘恩负义的右翼政策深深伤害，极力想改变右翼主导工党的局面。四是虽然面对大选的失利，左右翼之间认识不一，工党领袖和工会领袖认识不一，甚至是相互指责，但无论怎么说，是在右翼主导下工党失去了政权，使得右翼的观点和

① 谢峰：《政治演进与制度变迁：英国政党与政党制度研究》，北京大学出版社 2013 年版，第 27 页。

指责显得苍白无力。在右翼政策失败的情况下，许多持中间立场的议员也愿意给左翼机会，支持其尝试和实践自己的主张。五是执政的保守党政府采取打压工会、推动私有化运动、实施货币主义的政策，工党右翼主张虽然与其有着差别，但也有着诸多类似的地方，而左翼的主张与保守党迥异。显然，对于工党组织内外的传统选民来说，从理论上左翼而非右翼更是自身利益的依靠和保障，他们更加认可的是左翼力量。

在这种多重叠加机遇下，在附属工会和选区工党的支持下，大选结束后，左翼为实施真正的社会主义政策，很快开始为夺取工党的主导权发起进攻，即为了实现思想变革，首先争取组织变革。于是第二次世界大战后工党最为严重的党内斗争开始，用后来工党领袖布莱尔的话来说，这一时期的“工党政治有点像热月政变期间的革命法国，充满内讧、阴谋和激烈的相互指责”①。由于现有工党领袖仅由数百人的工党议员选举产生，广大普通党员没有选举权，现有竞选纲领由领袖认可后发表，其他高层没有决定权，左翼推动组织变革是在扩大党内民主，增进政治参与，推进决策科学化的名义下进行的。在 1979 年 10 月的工党年会上，来自左翼的迈克尔·米彻指出：“我认为，支持扩展选举权的根本原因在于：一个政党的领袖不应仅对本党议会党团负责，而应对整个运动负责，因而领袖应由那些他对之负有更大责任的人选举产生。”② 托尼·本代表左翼提出在全党而非仅仅在议会党团内选举党的领袖、现任议员的下届大选的当然议员候选人资格需重新审定、党的竞选纲领的决定权由工党领袖手中转移到全国执委会手中三个提案。③ 由于左翼在议会外组织具有明显的优势，这些提案显然是以推动党内民主为名，寻求实现削弱领袖和议会党团权力之实。经过激烈的争论，最终关于议员候选人资格重新认定和由全国执委会决定竞选纲领的两个议案获得通过，迈出了左翼夺取权力的关键一步。

虽然改变领袖选举方式的提案未能通过，但左翼并不屈服，而是在已有成果基础上继续努力。托尼·本和富特等人不断通过演讲、与工会领导

---

① ［英］托尼·布莱尔：《旅程：布莱尔回忆录》，李永学等译，译林出版社 2011 年版，第 29 页。

② 谢峰：《政治演进与制度变迁：英国政党与政党制度研究》，北京大学出版社 2013 年版，第 164 页。

③ Eric Shaw, *The Labor Party Since 1979: Crisis and Transformation*, Routledge, 1994, p. 16.

人沟通等方式争取大家的支持，最终实现重大突破。在1980年的工党年会上，主要在工会界的支持下，工党作出由议会党团、附属组织、选区工党等成立专门的选举团，来代替现有议会党团选举领袖的决定，具体方案由翌年初的专门会议投票决定。

面对党内斗争愈加激烈，左翼不断取得胜利的态势，在大选失利后没有辞职，原本想继续大干一番的卡拉汉选择引退，希望通过自己的尽快辞职，赶在新领袖选举制度产生前，靠现有规则的优势使右翼继续执掌工党。对此左翼首先提议待新的选举制度确立后再选举工党新领袖，在卡拉汉坚决辞职，提议未果后，积极投入竞选中，共有富特、西尔金和肖尔三位左翼人士参加。在11月的新领袖选举中，虽然由于左翼候选人众多，造成选票分散，唯一右翼候选人希利在第一轮投票中以112对83明显领先于富特，但在第二轮的希利与富特的两人对决中，富特以139对129的10票优势逆转，当选为新任工党领袖。① 这一投票结果对工党左翼来说，是数十年党内政治竞争的最大胜利，历经数次失败后，首次有了对工党思想理念和政策主张的主导权，而不是仅仅的施压和建言；对富特个人来说，也报了上次领袖选举失利的一箭之仇，迈上从政的新高度，有机会把自己的思想转变为全党的声音。当然，这一并不明显的优势也表明，左翼力量与思想至少在议会党团并不占有明显的优势，如果左右继续对立或者分裂，将对工党造成致命的影响。后来的事实证明，虽然多数党员希望富特的当选能给工党带来渴望已久的团结局面，但实际上“富特的当选不是一个团结新纪元的序曲，而是一个无法弥合的裂缝的前奏”②。

1981年1月，工党专门召开会议讨论新的选举制度。在核心的选举团构成及比重上，各方代表总共提出两大类型、七种方案。一类是把工会和其他附属组织作为一个整体，选举团由议会党团、选区工党、工会及附属组织三部分组成，在四种具体方案中，三部分的比重分别为3∶3∶4、3∶4∶3、1∶1∶1、2∶1∶1；另一类是把工会和附属组织分开，选举团由议会党团、选区工党、工会、附属组织四部分组成，在三种具体方案中，四

---

① David Butler, *British Political Facts*, Palgrave Macmillan, 2011, p. 163.

② ［英］安东尼·桑普森：《最新英国剖析》，唐雪葆等译，中国社会科学出版社1988年版，第114页。

部分的比重分别为 33：33：33：1、75：10：10：5、38：30：30：2。[①] 在七种方案中，第一种工会占的比重最高，工会与附属组织、选区工党总和的比重也是最高。根据左翼在工党议会内外组织、中央和地方组织的实际情况，第一种是对左翼最为有利的。经过激烈的辩论和投票，最终左翼如愿以偿，第一种方案获得通过。这一方案使右翼占优势的议会党团由独揽领袖选举大权，减少到仅剩 30% 的决定权。这一对左翼最有利的新制度的产生，是工党组织机制的一项重大变革，是左翼控制工党取得的又一新胜利，充分显示了当时左翼力量在整个工党内的强大，左翼思想在整个党内有着比较深厚的土壤。

工党通过组织体系控制工党的又一努力表现在 1981 年 10 月的副领袖选举中。在左翼已经具有领袖职位，大多数选民并不希望政治倾向失衡，以避免工党走上极端的背景下，强硬左翼托尼·本又投入到副领袖的选举中。在选举团选举领袖的第一次实践中，托尼·本虽然最终没有成功，但也仅是功亏一篑，只以不到 1% 的微弱劣势负于右翼的希利。工党左右翼的立场观点都是非常明了的，左翼在组织体系上这一系列目标的实现，既是工党左翼思想处于优势的表现，也预示着工党的主流思想又将在发展实践中产生新的、更大的回转。

二　英国工党民主社会主义思想激进左转的表现与后果

通过一系列的组织变革，工党左翼获得最高职位，也获得了对工党政策主张的制定权和主导权，战后第一次成为工党发展史上的主角，而不再像以前那样处于无足轻重或反对位置，也为其制定和践行左倾的民主社会主义思想提供了重要的平台。工党在这一时期民主社会主义思想的鲜明左转一方面体现在工党的年度纲领和竞选纲领等一系列官方正式文件和决议中，另一方面体现在左翼代表，尤其是工党新领袖富特的一系列演讲和访谈之中。

富特出生于中产阶级家庭，父亲是一名自由党的议会议员。早年在牛津大学期间，受到工党社会主义者的影响，转而信仰社会主义，于 1934

---

① 谢峰：《政治演进与制度变迁：英国政党与政党制度研究》，北京大学出版社 2013 年版，第 165—166 页。

年加入工党。富特具有优秀的文采，从30年代到50年代，在二十多年的时间里，先后在《新政治家》《论坛杂志》《标准晚报》《每日先驱报》等从事编辑和政论写作工作，合作出版《罪人》《靠左》等一系列著述，对保守党政府的绥靖政策给予严厉的抨击，主张英国进行单方面裁军，反对重新武装西德，显示出鲜明的左翼色彩。

富特1945年第一次当选为英国议员，但由于其左翼立场，在右翼力量强大、右翼思想崛起的50年代，富特在工党议会党团中是一直处于边缘化的后座议员。进入威尔逊时期，在威尔逊走中间路线的背景下，不断发表左翼观点的富特开始引起党内人士的关注，逐步成为党内左翼力量的代表之一，也为进入党内高层创造了条件。1970年工党下台后，随着左翼力量的崛起，富特开始作为左翼代表向工党高层努力。从1970年到1972年，富特连续三年参加工党副领袖的选举，虽然最终均告失败，但其影响力，尤其是在左翼中的影响力呈现出上升的趋势。1974年3月，威尔逊再次执政后，富特首次进入内阁，被任命为就业大臣。1976年初威尔逊辞职后，富特又投入到领袖选举中，在第一轮投票中甚至居于首位，只是在多轮投票后憾负于卡拉汉。卡拉汉政府成立后，富特出任枢密大臣兼工党下院领袖。在当年10月的工党副领袖选举中，富特锲而不舍的努力终于获得成功，进入工党的最高领导层，为其赢得工党的最高领导权奠定了重要基础。①

工党左翼内部立场观点也有着差异，与托尼·本的强硬姿态相比，富特属于温和左翼。如面对80年代初英国的社会现实，托尼·本指出："面对世界性衰退中英国资本主义的衰落，我们实际上只有两种选择，要么是撒切尔夫人维多利亚式的资本主义，要么就回到1945年极左翼的工党传统上来。"② 其中撒切尔夫人开出的药方，虽然对国家具有一定的益处，有助于提升英国的竞争力，但对于广大中下层民众来说，他们失去了许多基本的保障，犹如是一场噩梦，这正是托尼·本极力攻击和反对的。托尼·本大力推动的实际上是战后初期比万等左翼主张的快速变革的经济政策。

---

① 富特70年代参加工党领袖和副领袖选举得票情况，参见 David Butler, *British Political Facts*, Palgrave Macmillan, 2011, pp. 163 - 164。

② 谢峰：《政治演进与制度变迁：英国政党与政党制度研究》，北京大学出版社2013年版，第33页。

而富特虽然在目标上与托尼·本差别不大，但在实施进程中强调渐进性，强调理性，尊重发挥议会的作用，主张团结党内右翼，而托尼·本更加强硬，具有鲜明的民粹主义激进色彩，强调斗争而不是团结，如提出实施不给予任何补偿的工业国有化主张，认为为了党的纯洁，在必要时可以清除右翼等。正是富特与托尼·本在左翼立场上的这些差距，使得富特无论是在工党全党内，还是在左翼内部，都有着更大的影响力和认可度，在与托尼·本一起参加的工党领袖和副领袖选举中，得票都远远高于托尼·本，并最终作为左翼代表当选为工党的最高领导人。当然，也正是富特和托尼·本主要目标的相近，富特在党内有以托尼·本为首的强硬左翼的牵制，如托尼·本指出，撒切尔夫人能够以“极大的魄力捍卫她所代表的阶级”，“我们也应该为我们代表的阶级同样勤奋地工作”，[①] 使得工党的主流思想达到历史上最左的时期。

富特领导下的工党回归传统，激进左转既有国内党内因素的影响，也有着深厚的国际背景。英国工党左翼得势之时，正是欧洲大陆左翼盛行的年代。1981 年 5 月，来自左翼政党的同道，法国社会党候选人密特朗在总统大选中战胜右翼政党的在任总统德斯坦，终于在自己的第三次总统竞选中圆梦，登上权力的顶峰。这也是在战后第五共和国时期，左翼政党第一次赢得最高职位。密特朗能够在第一轮大选落后的情况下，在第二轮选举中逆转现任总统，很大程度上是得益于其左翼的社会主义主张和在政党谱系中注重与共产党等其他左翼力量的合作。上台执政后，密特朗旗帜鲜明地提出建设“法国式社会主义”。其在经济与社会领域的基本思想和路径是：强化政府在经济发展中的作用，加强国家对经济事务的干预，强调经济计划化的作用，实施扩大国有化举措，渐进性地推动经济体系的结构性改革，改革税收制度，努力扩大就业，增加社会福利开支等。而德国社会民主党自 1969 年大选获胜，第二次世界大战后首次上台执政以来，历经勃兰特和施密特两任总理，到 1981 年已经连续执政 12 年之久，并且无论是在内政还是外交方面，均取得了不菲的成绩。

客观地讲，无论是法国社会党还是德国社会民主党采取的经济与社会

---

① ［英］安东尼·桑普森：《最新英国剖析》，唐雪葆等译，中国社会科学出版社 1988 年版，第 109 页。

政策，虽然与右翼政党相比属于典型的左翼政策，但在党内比较，并不属于典型的左翼政策，至少说没有工党富特、托尼·本等人的政策左。不过由于这些政策与工党左翼政策有相近之处，又与右翼政党政策有着明显的区别，特别是两大政党靠这些政策主张与思想理念能够实现上台执政和连续执政，自然给工党左翼树立了标杆，提供了榜样，认为只有采取类似的社会主义政策，而不是背离社会主义的政策，才能实现工党重新上台执政。对此，富特并不讳言。在 1981 年底接受美国学者克雷默采访时，富特对法国社会党密特朗靠左翼思想和主张历史性地首次赢得总统大选给予很高的评价，表示将加强与法国社会党的合作。富特指出，工党在经济政策上与法国社会党“有许多同样的思想、同样的实践和希望”，相信法国社会党“正在尝试贯彻他们的经济理论”，表示工党不会漠视法国社会党正在实施的经济政策，而是“随时与他们研讨磋商”，这样将来大选获胜后，“就能为奉行共同一致的经济政策而发挥重大的作用”；70 年代中期威尔逊与卡拉汉执政时，工党更替型经济战略未能很好地实施，从外在角度看，就是没有找到实施同样战略的同道，如果那时候法国社会党就已经执政，工党就有了“更好的机会遇到志同道合的国家”，就会有更大的动力“大力推进积极的扩大经济的政策”①。

在回答克雷默的访谈中，富特对其左翼民主社会主义思想的形成与主张、工党历史上与现实中面临的一些重大问题，以及工党需要实施左翼政策的原因与路径进行了清晰的表达。如关于社会主义经济计划，富特认为，由于战后处于物质和资金都非常匮乏的重建时期，在艾德礼时期工党“没有充分运用社会主义的计划手段”是可以理解的；工党的衰落也不是起始于艾德礼时期，而是起始于 50 年代保守党当政时期；但 60 年代的威尔逊政府对英国衰落是有责任的，工党在这个时期没有抓住机遇，与时俱进地“实施一项雄心勃勃的社会主义经济计划”。关于工党对欧共体及欧洲统一大市场的立场，富特表示，欧共体“是以自由市场为基础建立起来的”，“共同市场常常与自由市场的概念联系在一起”，共同市场的形式与社会主义是“格格不入的”，“不适合英国的国情，它们只能适应其他类型

---

① ［美］史蒂文·克雷默：《西欧社会主义——一代人的经历》，王宏周等译，东方出版社 1992 年版，第 265—266 页。

的经济”，这是工党特别是工党左翼“始终对它存在深深疑虑的原因”；正是基于这一认识，富特主张英国退出欧共体和欧洲共同市场，“以一种非正式成员的身份”与欧共体保持联系；由于社会党国际是民主社会主义的国际组织，富特在看轻欧共体的同时，对社会党国际非常器重，认为“社会党国际作为一个整体所制定的有关国际事务的政策，要比通过共同市场或其他任何组织制定的政策都有更多向工党说明的理由，这可以成为英国工党为整个欧洲的社会主义发展作出贡献的一种途径”。关于工党争取上台执政的方略，富特坚持工党在70年代提出，现在大力推动的更替型经济战略“是个比较好的战略”，只要给民众解释清楚，工党“可以重新取得人民的支持”，“境遇会比以前好得多”；针对一些人认为这一战略的理论基础“在某种程度上属于陈旧的社会主义理论”，富特坚持这些所谓“旧的社会主义理论至今尚没有付诸实践”，工党的经济方略一定能够“有效地付诸实施”。关于对工党发展有着很大影响的工会，富特在批评威尔逊政府、希思政府、撒切尔政府和新成立的社会民主党对工会态度的基础上指出，虽然任何一届工党政府都必须对议会负责，不能仅代表工会的利益，完全按照工会的意见行事，但“工会代表了英国的一股强大的民主势力，假如政府长期与工会对立，特别是工党内阁与它对立，那是愚蠢的”；“假如英国想要恢复它的经济，那么唯一的办法是与工会结成联盟，无休止的矛盾冲突于事无补”①。

如果说访谈是对富特左翼民主社会主义思想的扼要化和个人化表达，那么，1982年9月工党年会通过的纲领就是对工党左翼民主社会主义思想的系统化和官方化阐述。该纲领的批判力度、变革深度、内容广度、阶级意识等都达到工党战后历史上前所未有的程度。整个纲领由原则与首要任务以及五个部分的29个问题组成，仅作为概要的“原则与首要任务”部分就达到九千字。纲领的第一个特点是对整个资本主义和英国资本主义进行无情和严厉的批判。纲领指出，在国内，英国资本主义是失败的，资本主义自私自利、贪得无厌的信条决定了它并不能解决一系列的经济、社会、生态等问题，“英国是一个仍然被不平等和特权深深撕裂的国家，也

---

① ［美］史蒂文·克雷默：《西欧社会主义——一代人的经历》，王宏周等译，东方出版社1992年版，第258—264页。

是一个仍然被贫困和肮脏的城区毁损了容貌的国家”①。在国际上，资本主义政府和跨国公司控制着国际经济秩序，国与国之间存在着严重的贫富差距和鸿沟。

第二个特点是在政治立场上洋溢的鲜明阶级意识。纲领开篇强调工党是一个民主的社会主义政党，通篇反复强调工党的社会主义性质，阐述工党的社会主义原则、社会主义远景、社会主义目的、社会主义要求、社会主义任务、社会主义政策、社会主义政治等。虽然称工党的目标是“建立一个人人都能享受丰富多彩生活的无阶级社会”，但实现这一目标的手段是鲜明的阶级与阶层意识，突出工党传统的劳工政党定位。如明确指出工党的“首要任务是使权力和财富的对比发生有利于劳动人民及其家庭的不可逆转的根本的变化”，强调要使控制经济和工业的资方“对社会、对工人和消费者负完全的责任”②。

第三个特点是民主社会主义主张的无所不包。仅就其提出的社会主义目的而言，既涉及国内，又涉及国际，既涉及经济社会事务，又涉及政治与意识形态。诸如实现没有压迫和战争的世界、实现充分就业、建设广泛的民主、推动社会平等、重建服务行业、改善环境、保护人权等。

第四个特点是变革英国社会的彻底性和坚定性。纲领在对英国现有资本主义进行批判的基础上，明确提出通过激进的社会改革和斗争来建立一个真正平等和自由的社会主义社会。如在“工党的作用”部分指出：“社会主义的政治不仅是赢得选举，而且是要团结起来为改造社会而斗争”，“工党必须在向社会主义前进而进行的激进改革的广阔运动中起先锋作用”③。

在最能代表工党回归传统民主社会主义的政策主张上，纲领突出强调三个方面。一是实现充分就业。纲领指出“劳动权对社会主义来说是有极其重要的意义的”，重申工党 1944 年白皮书宣布的维持稳定的高就业率是

① 中共中央党校科学社会主义教研室国外社会主义问题教学组编：《社会党重要文件选编》，中共中央党校科研办公室，1985 年，第 428 页。

② 中共中央党校科学社会主义教研室国外社会主义问题教学组编：《社会党重要文件选编》，中共中央党校科研办公室，1985 年，第 427—428 页。

③ 中共中央党校科学社会主义教研室国外社会主义问题教学组编：《社会党重要文件选编》，中共中央党校科研办公室，1985 年，第 438 页。

政府“主要的目的和职责”之一，[①] 工党将努力为社会所有成员提供充分的就业机会。二是发挥公有制的作用。纲领指出，工党无论是推动经济增长，还是促进公共责任和工业民主，所有“社会经济目的只有通过扩大公共所有制才能实现，这种公有制应扩大到足以使社会能够控制经济中的支配力量”；无论何种形式的公共所有制，“都能在工党将来的计划中发挥作用”；工党的“长期目标是用这些不同形式的公有制来代替大部分私人所有制，从而为民主社会主义的英国奠定必要的基础”[②]。三是处理好与工会的关系。为了实现工党的目标，纲领呼吁保持“一个得到工会运动支持的强大的团结的党”，因为“它能为我们的纲领战斗，并能不顾既得利益者的反对，动员和维持公众对激进的社会主义政策的支持”[③]。

纵观富特的访谈与工党的年度纲领，工党“在国家层面上，它没有发展出任何新的思想，只是热衷于挖掘70年代形成的旧的替代经济战略，因为这一战略还没有被检验，所以还保持着其全部的吸引力……左翼的分析非常简单：替代经济战略能够阻止英国历史性的经济衰退，能够为社会主义开辟道路”[④]。这一明显的左转思想不仅是工党成为民主社会主义政党后主流思想最大幅度的摆动，犹如把工党带回到第二次世界大战结束时的激情岁月，而且由于左翼处于领导地位，更加显示出其坚定性和清晰性，褪去了过去二十年工党主流思想“犹抱琵琶半遮面”的状态。

工党主流思想的激进左转和左翼夺权的胜利在赢得一些传统力量支持的同时，也引发了长期主导工党发展，持有相对温和思想的中右翼力量的激烈反对。在高层方面，出现自30年代麦克唐纳事件以来工党最为严重的组织分裂事件。面对无法阻止与扭转的局面，在工党改变领袖选举方式的次日，刚刚辞去欧盟委员会主席职务，长期在工党党内和政府中担任副领袖、财政大臣、内务大臣等要职的罗伊·詹金斯联合比尔·罗杰斯、大

---

① 中共中央党校科学社会主义教研室国外社会主义问题教学组编：《社会党重要文件选编》，中共中央党校科研办公室，1985年，第431页。

② 中共中央党校科学社会主义教研室国外社会主义问题教学组编：《社会党重要文件选编》，中共中央党校科研办公室，1985年，第433页。

③ 中共中央党校科学社会主义教研室国外社会主义问题教学组编：《社会党重要文件选编》，中共中央党校科研办公室，1985年，第437—438页。

④ ［英］唐纳德·萨松：《欧洲社会主义百年史》，姜辉等译，社会科学文献出版社2008年版，第801页。

卫·欧文和雪莉·威廉斯等前内阁成员退出工党。不久，他们宣布成立社会民主党，得到一批工党议员的响应。到 1982 年底，先后有 29 名工党议员退党，其中投入社会民主党的议员达到 25 人。① 在基层方面，工党党员人数锐减。由于许多工党党员对工党的激进左转十分失望，也转而投入到保守党、社会民主党的怀抱。从 1979 年到 1982 年，工党的个体党员由 66 万人迅速下降到 27 万人。② 如果说此时工党集体党员的急剧下滑主要由保守党政府的打压工会政策所致，个体党员的明显下滑则与工党主流思想的左转有着直接的联系。

1983 年 5 月，借英国与阿根廷之间马尔维纳斯群岛战争胜利的东风，为了扩大执政的优势，保守党政府宣布提前大选。在国际上，保守党政府通过战争的胜利重振了英国的国威，显示了英国的实力。在国内事务中，虽然失业工人居高不下，但通货膨胀问题得到很好的解决，私有化运动又使许多工人成为企业的股东，名义上成为企业的主人，在经济上与企业的命运休戚相关。撒切尔政府表示将继续实施新自由主义的政策，推进英国经济的复兴。对于保守党执政四年的状况，除了一些非常执着于传统的深红选民，大多数选民是认可的，愿意再给保守党执政机会。

工党由于思想的急剧左转和组织的严重内耗，在民意测验中远远落后于保守党，根本就没有上台执政的可能。工党的竞选纲领虽然名为《为英国带来新希望》，篇幅达到三万字，达到历史新高，比 1979 年的竞选纲领多了一倍，内容非常翔实，但其思想理念和政策主张是 1982 年年度纲领的翻版，是工党历史上最左的大选纲领。如其经济与社会政策的指导思想仍是引发英国经济病的凯恩斯主义，主要主张有实施大规模扩张计划，并用于交通、住房、节能、新技术等公共投资中，重建社会服务；加强国家对工业的计划性，成立经济与工业计划部，实施全国性的五年计划，确立经济增长目标；废除保守党政府的反工会立法，提高养老金、儿童补助金、单亲家庭和残疾人家庭的专项补助，推动同工同酬和男女平等，扩大教育、医疗等社会公益投入；实施国有化战略，帮助和鼓励现有国有企业做大做强，在建筑材料、健康设备、电子产品等领域建立新的国有企业，

① David Butler, *British Political Facts*, Palgrave Macmillan, 2011, pp. 280 – 281.

② Henry Pelling, etc. , *A Short History of the Labor Party*, Macmillan Press Ltd. , 1996, p. 199.

恢复被保守党私有化的造船、航天等行业。[①]

在保守党执政初见成效，英国选民总体思想右转、英国经济愈加融入世界经济的背景下，工党的竞选纲领可谓是南辕北辙。虽然纲领包罗万象，承诺看似满满，但承诺犹如虚幻的肥皂泡，前景犹如不切实际的乌托邦，除了工会和笃信工党的传统选民外，很少有人相信工党能实现这些。最终工党不出意料地失败，但失利的程度还是出人意料。工党仅获得 845 万张选票，是战后历史上的最低点，首次未能赢得 1000 万选票，比保守党少了 450 万张，仅比社会民主党和自由党联盟多了不到 70 万张。在直接决定能否上台执政的议席数上，仅获得 209 个席位，比保守党少了 188 席，比自己上次大选少了 60 席。无论从哪个角度讲，工党都是一次惨败，根本没有与保守党角逐的实力，甚至有被第三党超越之虞，来到成为主流政党后最危险的时刻。剖析工党惨败的原因，时任工党副领袖希利的总结还是十分中肯的，他说："这场选举并不是输在竞选活动的三周内，而是败于在这之前的三年当中。……在过去三年里，工党由于内部的不团结、极端主义、政策的不稳定以及总体执政能力的欠缺，为其自身树立了一个极其糟糕的公众形象。"[②] 显然，这些问题的产生，都与三年来左翼控制和领导工党，使主流思想激进左转有着密切的关系。

---

① Iain Dale, *Labour Party General Election Manifestos (1900 - 1997)*, Routledge, 2000, pp. 245 - 253.

② ［英］丹尼斯·卡瓦纳：《英国政治：延续与变革》，刘凤霞等译，世界知识出版社 2014 年版，第 159 页。

第四章　从民主社会主义到社会民主主义：英国工党主流思想的转型

工党在1983年英国大选中的惨败表明，左翼主导下工党民主社会主义思想的激进左转无法适应当时已经发生复杂深刻变化的英国社会形势，无法助推工党上台执政，更加遭到大多数选民的唾弃。在温和左翼代表尼尔·金诺克的领导下，工党扭转了思想左倾的局面，开启了渐进地右转之路，也逐步确立起工党现代政党的形象。1994年布莱尔出任工党领袖后，大刀阔斧地继续推进工党的思想变革，以1995年工党党章公有制条款修改和1997年上台执政后实施新“第三条道路”为标志，最终实现了工党主流思想的转型，由民主社会主义转变为社会民主主义。2010年工党下台后，面对新“第三条道路”的问题和经济金融危机的新形势，新任工党领袖埃德·米利班德又对工党的意识形态进行了微调，但小幅的左转并没有超出社会民主主义的范畴。

第一节　金诺克与英国工党主流思想的渐进右转

1983年大选失败后，已经七十高龄的富特宣布辞去工党领袖职务。在首次使用新选举制度的领袖选举中，年轻的温和左翼尼尔·金诺克成为工党新任领袖。面对保守党执政成绩显赫、英国政治经济形势的新变化和党内左翼力量的强大，处于危险境地的工党在金诺克带领下，开始了艰难的重塑之路。金诺克对工党主流思想的调整，是与组织变革密切相连的。在渐进控制住工党方向的同时，金诺克对党的核心价值观念、经济指导思想、公有制的作用、工党与工会的关系作了新的阐述，使工党开始以紧跟时代步伐的现代政党形象出现在英国政坛，为 90 年代工党主流思想的最终转型奠定了基础。

一　金诺克推动英国工党主流思想右转的原因

金诺克 1942 年出生于威尔士的特雷迪加矿区的一个矿工家庭，父母都是工会会员和工党党员。出身于这样一个典型工党党员和选民家庭，第二次世界大战后工党左翼领袖比万和富特又先后作为该选区的工党候选人当选为英国议员，使金诺克从小就受到社会主义思想，特别是左翼思想的熏陶，耳闻目睹了工党的诸多活动与著作，在 15 岁时就加入了工党。大学毕业后，金诺克在工人夜校从事教学和管理工作，深受工人的好评，使其在职业生涯初期就赢得较好的社会基础。1970 年，金诺克首次当选为英国议员。在左翼逐渐崛起的年代，金诺克善于演讲与雄辩，积极参加左翼“论坛派”的活动，发表左翼的声音，如反对英国加入欧共体、主张加强与工会的关系等。70 年代威尔逊和卡拉汉执政时期，因与两位首相在威尔士和苏格兰权力下放问题、限制性工资增长政策等问题上意见相左，金诺克并没有进入内阁。富特担任工党领袖后，金诺克成为工党影子内阁的教育大臣，首次成为前座议员，提出取消私人学校，建立综合中学，加大政府教育投入等主张。

在 1983 年的党领袖选举中，金诺克虽然没有任何的政府工作经验，但第一次参加竞选就以 71% 的绝对优势战胜其他三位候选人，成为工党历史上最为年轻的领袖。金诺克一举成为工党领袖，与当时的有利条件是分不开的。一方面，当时是左翼思潮盛行，左翼主导工党的年代，工会、地方工党等左翼强大的力量仍希望党内最高职位属于自己人。而金诺克既持有左翼观点，又在立场主张上不激进，强调维护党的团结，属于党内中间偏左的温和左翼，从思想观点上是合适的人选。另一方面，在 70 年代中期，工党三位领袖都 60 多岁，特别是卡拉汉和富特参加英国大选时均 70 岁左右。威尔逊因年事已高主动挂冠而去，卡拉汉和富特领导下的工党在大选中接连失利，党内希望能够出现一位年富力强的领导人带领工党走出低谷，金诺克与辞职的富特相差近 30 岁，从年龄上正是合适的人选。他担任党内最高职务，不仅是新一任工党领袖，更是新一代工党领袖。

从1983年执掌工党到1992年大选后辞去工党领袖职务，金诺克一直担任工党最高领导人。虽然金诺克是一位具有左翼思想的领袖，但面对80年代的国内外政治经济环境，基于工党自身和其他同类政党左翼思想的经验教训，为了实现工党的复兴，作为温和左翼的金诺克认识到必须改变过左的思想理念与政策主张，实现主流思想的适度右转，才能扩大党的社会基础，重新使工党成为英国民众信赖的政治力量。

首先，工党左翼思想的惨败和金诺克的左翼身份是推动工党主流思想右转的自身原因。从1919年工党确立起社会主义政党身份起，工党就以纲领型政党身份出现在英国政坛，社会主义既是其意识形态特征，也是其追求的目标。但在什么是社会主义，社会主义是一种制度还是价值观念；公有制是社会主义的目标，还是实现社会主义的手段；实现社会主义的速度是快速变革还是渐进推进；是把国家经济发展放在首位，还是把保障民众社会利益放在首位等一系列问题上，工党内便产生了不同的认识与主张，从而形成了左、中、右等倾向不一的思想。在工党早期发展历程中，由于大多数时间处在在野位置，这些争论不会造成大的后果。唯一一次重挫是左右翼30年代在麦克唐纳执政时期酿成的组织分裂。但正是这一惨痛的教训，使工党在主流思想上统一了认识与目标，实现了战后完全崛起，取得了显赫的执政业绩，成长为新的政坛主角。

从工党主流思想的演变轨迹可以看出，随着50年代工党失去执政地位，特别是进入50年代后期的大选连续失利，以经济与社会政策为主，辅以外交与政治问题的左右翼思想争论就时隐时现。相对来说，左翼思想更加突出工党的意识形态特质，强调原则性与继承性，彰显工党纲领型政党本色；右翼思想更加着眼于工党的与时俱进，强调现实性与灵活性，彰显工党选举型政党需求。而随着工党成长为主流政党，首要目标不再仅仅满足于保护劳工的利益，而是上台执政，中右思想长期在党内发展中处于主流和主导地位。在富特担任工党领袖前，左翼思想并不能完全主导工党的发展方向与政策主张，最多是左右力量妥协，左右思想折中而已。

在富特领导工党的时间里，左翼力量完全控制工党，可以说左翼思想第一次得到尽情释放和表达，但最终的结果却是，思想走得越远，实践中摔得越重。工党面临着泡沫化，失去两大政党地位的危险，再次来到了何去何从的十字路口。工党早已成为主流政党，维持政党在政坛的实力和影响力是主流政党的首要目标，而发挥实力和影响力的首要选择就是上台执政。因此，虽然金诺克来自左翼，但面对左翼思想的惨败，为了实现工党尽快重返执政前台，必须把工党的主流思想从激进的左翼主张脱身，进行适当的右转以迎合选民的需要。这是一个理性政治家无论是实现自身抱负，还是实现政党目标的不二选择。关于 1983 年英国大选结果对工党主流思想的影响，中国学者谢峰曾给予一个中肯的评价。他指出："如果说 1979 年大选的失败推动工党快速左转，那么四年后 1983 年大选的惨败，则使工党明显呈现出右转的趋势。"①

虽然大选惨败推动了工党主流思想的右转，但转变的程度与速度则受多方面因素的影响。除了党内阻力的大小、选民认可的程度等因素外，金诺克作为工党领袖，其自身情况是影响右转之路的重要变量。一方面，如前所述，金诺克能够当选为工党新领袖，是偏左的工会和选区工党大力支持的结果。工会和选区工党之所以选择金诺克，因为他在思想主张上属于党内的温和左翼，工会和地方工党认为其既能够维护工会和劳工的利益，又在观点立场上比较温和，有助于工党上台执政。在这种基础上，虽然金诺克认识到右转是必然的趋势，但他深知任何重大的主张都必须得到工会和选区工党的认同。没有它们的认可，急于求成和大幅右转都将适得其反，只会造成党的内讧和分裂，甚至是威胁自己的领袖地位。因此，转变以工会为代表的党内大多数力量的态度和认识，需要时间，需要合适的环境，只能渐进地进行。另一方面，金诺克本身长期属于党内的温和左翼，具有左翼的社会主义思想，认为左翼的社会主义思想是正确的，既有利于维护以劳工为代表的中下层民众的利益，又有利于建设一个公平民主的英国社会。作为党的最高领导人，让其急剧地转变思想观念，无论从政治环境来说还是从个人思想来说，都是不现实的。只能从对社会现实的耳闻目睹和深入思考中，渐进地改变自己的认识与主张。

其次，保守党政府政策的成功是推动工党主流思想右转的直接原因。在西方多党竞争的政治格局中，执政党政策主张的实践效果对其他以通过选举上台执政为目标的主流政党影响甚巨。因为执政党地位决定了它能够

---

① 谢峰：《政治演进与制度变迁：英国政党与政党制度研究》，北京大学出版社 2013 年版，第 5 页。

把思想理念和政策主张付诸实践，能够为选民提供切身的感受和体会。良好的执政绩效有助于政党实现连续执政，碌碌无为的政策实践只会使政党一系列的宣扬与游说显得苍白无力。因此，执政党的执政绩效会为其他主流政党反思和调整自己的思想与主张提供直接的鉴戒，只有正确认识执政党的经验与教训，才有助于一个政党确立适宜的方针政策，提高选民的认可度和信赖性。

与多党制相比，在两党制的政党格局中，执政党政策主张的影响更为直接和深远，因为多党制中选民的选择多样，而两党制中选民的选择基本是非此即彼。如果注重汲取对方的成功经验，就很可能实现上台执政和连续执政，如果不注重汲取对方的成功之道，就很可能导致长期远离政权。英国是典型的两党制国家，在这方面有着诸多经典的案例，特别是保守党能够屹立英国政坛数百年而不倒，并且总体在与自由党和工党竞争中略占上风，与其在坚持自身保守主义基本价值观的同时，具有“与时俱进的精神”和“在理论和意识形态上的灵活性和实用性”，[①] 在政策主张中注意吸收自由党和工党的可取之处有着密切的关系。如在19世纪后期，面对自由党的强势表现和选举权的不断扩大，保守党改变原有轻视普通民众的态度，吸收自由党重视中下层民众诉求的做法，在话语上提出“富有同情心的保守主义”，在执政中通过一系列关系普通民生的法案，从而扭转了与自由党竞争中的颓势局面。在第二次世界大战后，面对工党取得的执政业绩，保守党在理论与意识形态上向左转，接受了工党奉行的凯恩斯主义思想，推行全面的社会福利政策，保持英国混合经济的构成，认可工会在英国社会中的地位。正是这一共识政治的形成，助推保守党在50年代实现了连续执政，而工党遭遇大选的连续失利。

1979年保守党撒切尔政府上台后，虽然失业人数居高不下，贫富差距进一步拉大，工会受到严重的打压，但在1983年大选中取得397个议席，比1979年大选暴增58个，巩固了执政之基，自然有其成功之道。如在经济指导思想上，撒切尔政府不像原来希思政府和卡拉汉政府那样，既摒弃共识政治，放弃凯恩斯主义，又放弃得不彻底、不坚决，不是遇到困难又回到凯恩斯主义的轨道，采取诸多加强经济干预的做法，而是坚定地奉行

---

① 史志钦：《英国保守党何以老而不衰?》，《当代世界》2013年第9期。

货币主义政策，推行新自由主义的路线，主张最大限度地减少国家对经济的干预，减少货币发行量，避免预算赤字，坚信让市场发挥主导作用能够提高经济效益，带来最大的经济效益。这一思想的逻辑认知是："从长远来看，是微观经济的变化——它影响着经济的结构，例如放松管制——而不是宏观经济调控在决定着工作机会的数量"；允许预算赤字上升"会使货币供应量进一步增加，从而导致通货膨胀……只会阻碍而不会促进经济的增长。"① 这一思想的价值观基础是：只要不人为地制造不平等就是平等，依靠政府人为地推动平等是有害的，不仅会造成一个单一的社会，而且无助于调动人的积极性与主动性，提高经济效益，促进生产力发展。

在具体经济与社会政策上，撒切尔政府大力推动私有化运动，削减政府在社会保障领域的开支。在短短几年时间里，把原工党政府国有化的钢铁、汽车、交通、电信、供水、电力等诸多制造业和公共服务业全部私有化，把在养老、失业、医疗等社会保障方面的公共开支逐年降低。这些举措虽然遭到工党的抨击和一些下层民众的反对，加大了贫富差距，但也收到多重有益的正面效果。从国家角度看，在减少政府开支，减轻国家负担，抑制通货膨胀的同时，又调动了个人的积极性，推动了企业的复苏和英国经济的振兴。从个体角度讲，许多国有企业私有化后，推行民众资本主义，发行企业债券和股票，企业工人通过购买股票和债券成为企业的股东，使企业的经济状况与他们自身利益直接休戚相关，随着企业取得良好的经济效益，包括企业员工在内的经济收入明显增多。

在对待工会态度上，撒切尔政府采取强硬的工会政策，规范和削弱工会的权力。一定程度上讲，撒切尔夫人能够登上英国权力的顶峰得益于英国工会。正是70年代中期工会与希思政府的对抗，进而导致希思大选失利，才使撒切尔挑战希思成功，成为保守党领袖；正是工会与卡拉汉政府的对抗，导致卡拉汉大选失利，使撒切尔夫人成为英国首相。但撒切尔深知，如果不驯服和规范工会，让其肆意行动，自己将重蹈前两任英国首相的旧辙，英国经济也不可能实现振兴。因为英国工会由于传统的原因，不如德国等国家工会负责，仅考虑狭隘的自身利益，不顾及国家的发展，如

---

① ［英］玛格丽特·撒切尔：《通往权力之路：撒切尔夫人》，李宏强译，国际文化出版公司2005年版，第461—462页。

限制解雇工人、提出过高的工资要求等，造成企业和国家负担沉重，生产成本居高不下，产品竞争力差等问题，必须阻止它们不负责任地发起行动，削弱它们手中的权力。于是撒切尔政府通过《就业法》《工会法》等法案的制定和修改，对工会的罢工行动设置了诸多条件，对雇佣非工会会员提供了法律保护，对工会豁免权力运用进行了限制，对工会专权行为进行了改革。这些举措虽然遭到工会的反对，激起工会的反抗，但撒切尔政府毫不退让，通过强硬举措使钢铁工人罢工失败，使煤矿工人罢工流产，沉重打击了工会的力量与士气，减少了英国工业改革与复苏的阻力。虽然使一些底层工人的收入受到一些影响，但实际上主要是削弱了工会领袖的权力。由于多年来工会肆无忌惮的罢工对英国社会秩序造成了严重影响，从 70 年代起英国舆论就开始认为工会是“坐地行劫的贵族”①，“在整个欧洲，都有一种反对工会权力的趋势，因为工会被认为是通货膨胀的发动机”②，加之工会人数开始萎缩，撒切尔政府的工会政策并没有对保守党的选民基础造成负面的影响，反而随着经济的复苏，一些传统的劳工选民也开始认可其政策的合理性与必要性。

在对外事务中，撒切尔政府重视与西方盟国的合作，强调对苏联的强硬，在国际事务中取得了重大胜利。在对待欧共体态度上，与工党提出退出欧共体不同，撒切尔政府虽然也对欧共体存在的保护主义、联邦主义、法德接近、实施的共同农业政策、英国会费分配过高等不满，但对欧共体的总体态度是改造而非退出，即在融入中推动欧共体向有利于英国的方向发展。在对苏联与英国核力量问题的态度上，面对苏联对阿富汗的侵略，坚决与美国一道，对苏联进行意识形态攻击和经济制裁，主张进一步加强英国的核力量，增强与苏联抗衡的实力，防止和抵御苏联的军事扩张。在维护海外利益方面，面对阿根廷对福克兰群岛（即马尔维纳斯群岛——笔者注）的控制，撒切尔政府一改英国战后在海外节节退让，不断萎缩的状态，坚定地维护英国对福克兰群岛的控制与主权。通过七十多天与阿根廷之间的海陆空联合作战，最终取得了这场距离英国本土万里之外战争的胜

---

① ［英］阿伦·斯克德等：《战后英国政治史》，王子珍等译，世界知识出版社 1985 年版，第 269 页。

② ［英］彼得·詹金斯：《撒切尔夫人的革命》，李云飞等译，新华出版社 1990 年版，第 248 页。

利，重振了英国的国威，似乎重现了英国昔日的荣耀。英国在对外事务中的这些态度和举动，虽然有些不利于国际社会的和平，加速了局势的紧张和军备竞赛，但似乎使英国又回到日不落帝国的年代，增强了大多数民众的自豪感，得到了他们的欢迎，撒切尔夫人也成为叱咤国际社会和国内政坛的政治强人，进一步巩固了执政地位与优势。

面对保守党政府在内外政策上的成功和自身的惨败，工党虽然在平时的辩论和宣讲中会对保守党的一些政策继续抨击，但也清楚地知道，必须汲取其合理的，能够得到大多数选民认可的政治主张与理念。由于在思想谱系上保守党的思想居于右侧，这决定着金诺克领导下工党的主流思想必须向右转，这样才有助于增强自身的竞争力。

再次，英国社会状况的重大变化是推动工党主流思想右转的深层原因。政党是代表一定阶级或阶层的利益，为取得和巩固国家政权而活动的政治组织。[①] 而阶级是与特定生产关系相联系，在经济上处于不同地位的人群共同体。现代意义上的政党是人类社会政治文明发展到近代的产物，是资本主义的伴生物，最早出现于首先完成资产阶级革命的英国。英国传统的两大政党托利党和辉格党，即后来的保守党和自由党，正是作为维护封建贵族和新兴资产阶级利益的代表出现在英国政坛。工党的诞生则与英国劳工队伍的壮大有着密切的关系。如前所述，正是为了更好地维护广大劳工的利益，伴随着 20 世纪的曙光，工党作为劳工利益的代表出现在英国政坛。从历史的眼光看，工党能够在 20 世纪上半叶一步步地发展壮大，崛起为英国的主流大党，除了工党自身的努力外，与英国处于工业化阶段，工党代表的劳动工人一直处于队伍发展壮大进程之中有关。因为以从事体力劳动为主体的劳工的壮大，从理论上就意味着工党党员队伍的壮大和选民基础的壮大。

进入 20 世纪 70 年代后，随着以计算机为代表的现代信息技术的发展和应用，社会生产力得以极大提高，劳动强度则明显减弱，民众的物质生活条件普遍改善，开始有更多的时间和财富追求更高的生活，使西方国家长达二百年的工业化发展态势开始发生重大变化，进入一个后工业化阶段，以传统工业和制造业为主的第二产业开始衰落，以高新技术产业和服

---

① 王韶兴：《政党政治论》，山东人民出版社 2011 年版，第 43 页。

务业为代表的第三产业日渐蓬勃。这一态势表现在就业结构上就是长期处于增长态势的第二产业的从业人数和第一产业的从业人数一样，出现大幅度的减少，而第三产业的从业人数则出现大幅度的增多，即社会领域的从业者开始大大超过传统的制造业从业人数。英国作为最早的工业化国家和典型的发达资本主义国家，这一状况表现得非常明显。如在 1961 年，英国三大产业从业人员的比例分别是4%、48%和48%，到1987 年，英国三大产业从业人员的比例就转变为 2.4%、29.8%和 67.8%，第三产业从业者超过就业总人数的三分之二。①

工党传统上是第二产业劳动者的政党，拥有人数众多的劳工选民。随着传统劳工的减少，工党本身的选民基础在减少。而从 70 年代以来，多次明显左倾的大选纲领又不利于吸引其他选民，扩大党的社会基础。与此同时，随着社会的发展，传统的选民也出现分化和分层现象，一些熟练工人、工会高层和特殊从业者由于生活环境和薪资待遇的改善，他们的生活方式、思维模式和价值取向脱离了传统的劳工阶层，与传统的有产阶级的生活状况更加接近，和有产阶级、第三产业的从业者共同分享着消费资本主义的富足。于是在英国，原来相对简单明确的社会阶级状况复杂化，社会阶层的界限逐渐模糊和多样化。与传统分为无产阶级和资产阶级的社会构成相比，英国与主要西方国家一样，形成了一个中间大、两头小的橄榄形社会结构。

与收入状况、就业形式、思维模式和生活方式相一致，这些已经中产阶级化的劳工群体和第三产业从业者群体即日益广泛的白领、金领，在多个方面都与传统劳工选民即蓝领工人不同。一方面在政治认同上，基于特殊的历史渊源和组织联系，传统劳工选民对工党有着天然的认同。虽然在平时也会对工党某些方面的表现不满，甚至是与工党对抗，但在思想上认为工党是自己人，二者之间的矛盾犹如是一家人内部的矛盾，在选举中一般还是投票支持工党上台执政。而新兴群体，特别是部分受益于私有制的群体，对国有化和公有制、社会福利制度、中央集权下的经济管理模式等既不熟悉，又没有感觉，表现在政治意识上则是没有明确的政党认同，对工党并没有天然的感情，属于中间化的游弋民众，无论在大选中还是在平

① 钱乘旦：《英国通史》，江苏人民出版社 2016 年版，第 195 页。

时，都基于自身的利益和政党具体的政策，而非传统的意识形态标签作出自己的选择。如在 1979 年大选中，约有 10%—11% 的熟练工人抛弃了工党，约有 16% 的年轻男性工人也转向不支持工党。[①]

另一方面，在身份归属上，传统劳工选民基本上都加入了矿工、交通、纺织等蓝领工会或混合工会。这些工会基本上都是工党的附属工会，在壮大工会实力的同时也增强了工党的实力和影响力。而随着传统劳工队伍的减少和撒切尔政府的打压，进入 70 年代，特别是 80 年代后传统工会基本上开始走下坡路，人数不断降低，而新兴的白领工会不断涌现和增强。如从 1979 年到 1983 年 9 月，英国建筑工会减员 25%，而经过多年的发展，在仪器和电视工程、化学等部门的行政人员、技术工人等人数，从占工人总数的 20% 增长到 40% 以上。[②] 由于利益诉求和代表人群的差异，这些工会与工党的联系并不密切，如有的并不是工党的附属工会。并且由于这些人就业形式的灵活性、思维的现代性，他们并不一定都加入工会队伍，即非工会会员的劳动力越来越多，劳动力的入会率，即工会的组织化程度越来越低。传统选民和工会的这些客观变化和撒切尔政府的主观打压，使工会开始盛极而衰。如在 1978 年底英国工会会员有 1300 万人，工会组织率为 55%，而到了 1982 年工会会员降为 1100 万人，工会组织率历史上首次下降到 50% 以下。[③]

总之，英国社会状况的产业结构、就业结构、阶级与阶层结构的这些重大变化使选民与政党之间的关系不再清晰有线，而是复杂化和多样化。由于工党的传统选民和工会状况变化较大，相对来说，这些变化对工党比对保守党造成的冲击更大，向工党提出了新的挑战。例如“尽管工会运动盼望有一个工党政府来恢复它们的权力，可是工党却再也不能依赖工会会员来选举它执政。这是一个深刻的变化”[④]。当然，英国社会的变化并不是都对工党不利。从理论上，同时在战后七八十年代兴起的和平主义、女权

---

① ［英］唐纳德·萨松：《欧洲社会主义百年史》，姜辉等译，社会科学文献出版社 2008 年版，第 749 页。

② 熊子云：《当代国际工人运动史》，团结出版社 1989 年版，第 130—131 页。

③ 熊子云：《当代国际工人运动史》，团结出版社 1989 年版，第 127 页。

④ ［英］彼得·詹金斯：《撒切尔夫人的革命》，李云飞等译，新华出版社 1990 年版，第 265 页。

主义、生态主义的支持者在思想上属于左翼，对工党是有利的。工党作为社会主义政党，如果“很好地扩大自己对于支持新社会运动的这些大多数中产阶级人群的诉求，以解决自己在动员迅速变化的工人阶级上所面临的越来越大的困难”①，也会摆脱在政党竞争中不利的局面。但遗憾的是，在急剧变化的英国社会面前，工党在思想理论上并没有与时俱进，提出更有针对性的政策主张吸引更多的选民，扩大自己的社会基础，反而由于思想的僵化与左转，流失了原有的部分选民，遭致与保守党竞争不堪一击的局面。因此，英国社会状况的重大变化要求工党的思想理念与政策主张进行适当的右转，更好地整合和吸引不同群体，扩大自己的选民基础。

最后，世界政治经济形势的新变化是推动工党主流思想右转的外部原因。从国际政治形势看，80 年代初期是世界总体局势再度紧张的时代。苏联侵略阿富汗和美国的强烈反应，标志着从 70 年代初开始的美苏和国际局势缓和告罄。卡特总统在阻止苏联对外扩张方面的不利，导致自己在争取连任中以悬殊的差距告负。来自共和党的右翼人士里根上台后，从加强军备竞赛拖垮苏联、意识形态攻击指责苏联、政治外交角度孤立苏联、经济贸易抵制和制裁苏联等多方面推行对苏联强硬的政策，遏制苏联的扩张，捍卫世界的自由和民主，在西方世界获得了良好的声誉。从世界经济角度看，一方面，以苏联为首的社会主义国家的传统计划经济弊端开始显现，诸多国家纷纷寻求摆脱苏联模式的束缚。虽然这些国家改革的内容与步伐不一，但在减少国家控制一切经济事务，注意发挥商品和市场作用，发展私营经济方面有着共同之处。另一方面，战后风靡欧美发达国家的混合经济模式不仅在英国，在其他国家也遭遇不同程度的危机。美国总统里根上台后，面对美国经济的衰退和停滞，采取了与撒切尔政府相似的经济与社会政策，如通过放松政府对企业的限制和调动企业的积极性与活力、通过大规模减税减轻实体企业的负担、通过控制货币供应量抑制通货膨胀、通过削减政府的公共开支减少财政赤字等，也收到较为理想的效果。自身已有政策的失败和世界政治经济提供的这些现实右转案例，必然对工党内外思想的右转提供正面的启示和激励，金诺克若想带领工党实现重返

① ［英］唐纳德·萨松：《欧洲社会主义百年史》，姜辉等译，社会科学文献出版社 2008 年版，第 772 页。

执政前台，必须正确审视公有制、国有企业、计划经济、福利制度等在社会生活中的作用。

从世界范围看，除了宏观的世界形势和特殊盟国美国的影响外，同为民主社会主义性质，同处社会党国际，同属欧洲议会社会党党团的欧洲左翼政党，特别是法德等大国的社会党也对英国工党主流思想的调整有着直接的影响。与富特担任领袖时法德两国社会党和社会民主党同时执政的春风得意相比，到金诺克上台时，法国社会党和德国社会民主党的境况都不如意。法国社会党虽然在密特朗的带领下，推行激进的法国式社会主义，但并没有取得理想的效果。由于各种经济和社会改革步子过大，出现了一系列经济和社会问题。到 1984 年底，密特朗的威望就下降到执政后的谷底。即使密特朗采取丢车保帅策略，更换了总理，也没有改变民众对经济与社会政策的不满。在 1986 年初的法国国民议会选举中，法国社会党负于右翼的保卫共和联盟，首次在法国政坛呈现总统与总理来自不同政党的左右共治局面。此后密特朗虽然得以连续执政，但其并不是依靠激进的左翼思想与政策，恰恰是靠放弃激进的左翼政策，采取右转的策略。而德国社会民主党在 1982 年的大选中，败于右翼的基督教民主联盟，失去了执政地位。这一变化虽有政党政治钟摆效应的作用，但与德国社会民主党政策偏左有着更为直接的关系。短短几年，无论是自身，还是身边同类政党类似偏左政策的命运，都提示工党必须改变原有的思想路线，不能继续向前走，必须改变方向往回走。

二　金诺克推动英国工党主流思想右转的路径

虽然 1983 年大选的惨败表明激进的左翼思想走进了死胡同，新任工党领袖金诺克也有意调整工党的主流思想，但强大的左翼力量和浓厚的左翼思想是不会主动消退的，如金诺克想在 1984 年工党年会调整过左的政策，但没有成功，年会通过多项支持矿工罢工、支持地方议会政府法律等典型的左翼政策。① 主流思想是由主导力量推动和实施的，若想实现主流思想的右转，树立工党的现代政党形象，必须削弱产生激进左翼思想的组织力量，实现对工党发展方向的有效控制。因此，金诺克对工党主流思想

① 殷叙彝：《当代西欧社会党人物传》，黑龙江人民出版社 1989 年版，第 139—140 页。

的转向是从削弱激进左翼在工党内的影响与实力开始的。从总体上看，以1987年大选为界，金诺克对工党主流思想的变革分为两个时期。“第一个时期里以‘破’为主，即要破除激进左派在组织和意识形态上的控制与杯葛；第二个时期才以‘立’为主，使工党在主流意识形态的现代化方面有实质性进展。”① 当然，任何组织与思想的变化都不是截然分开，分段进行的，在第一个时期也有思想转变之处，在第二个时期也有组织体系的进一步调整。

作为一个联盟型政党，与其他主流政党相比，工党党内一直是派别更多，矛盾更为复杂，以至于有学者说“英国国内的政治斗争不是在工党与保守党之间，而是在工党内部进行的”②。在金诺克担任领袖之初，工党党内共有右翼、温和左翼、强硬左翼和极端左翼四大派。从人数上讲，温和左翼和右翼占有多数，强硬左翼相对较少，极端左翼最少。从影响和权力来说，由于左翼处于最高层，一部分右翼高层分裂加入到社会民主党中，右翼力量处于历史上最为虚弱的一个时期。金诺克作为温和左翼的代表，在强硬左翼的支持下，赢得了最高职位，但自身的权威度和影响力还很有限，在党内还没有打下稳固的根基。强硬左翼以托尼·本和矿工领袖斯卡吉尔、伦敦议会领袖利文斯通为代表，手中权力和影响力达到历史上的顶峰，在工党高层、议会党团、附属工会和地方工党都有代表和影响。极端左翼主要活跃在地方，在伦敦、利物浦和谢菲尔德等大城市议会党团有着较大的影响。在思想观点上，以对国有化和公有制的态度为例，右翼认为无论是国有化还是公有制，都是实现社会主义的手段，而不是社会主义的目的，要灵活地对待国有化和公有制。温和左翼认为公有制是社会主义的特质，工党要追求公有制，国有化是实现公有制的重要路径，但不能急于求成，不能不切实际地为公有制而国有化。极端左翼和强硬左翼在对公有制和国有化的认识上是相同的，都认为公有制不只是社会主义的标志，更是变革资本主义制度的根本手段，工党应坚定不移地贯彻社会主义的立场与原则，在执政中凸显公有制，大力推进国有化，实现生产方式的快速和

① 张志洲：《英国工党社会主义意识形态变迁研究》，社会科学文献出版社2011年版，第161页。

② 冉隆勃等：《当代英国：政治、外交、社会、文化面面观》，中国社会科学出版社1990年版，第71页。

重大变革。在实现进路上，右翼、温和左翼和强硬左翼走的是宪政路线，寻求在资本主义体制框架内，通过合法、和平的执政手段推动目标的实现，而极端左翼则激进得多，在正常道路无法实施的情况下，主张通过罢工、歇业等对抗和不合作路线迫使对方屈服，这已经超出西方国家，尤其是英国这样主张渐进变革国家的主流政党文化。

面对党内的这种复杂局面，金诺克采取了依靠温和左翼，联合右翼，反对和分化强硬左翼，打击极端左翼的策略。反对和分化强硬左翼主要表现在对待强硬左翼发起的大罢工的态度上。1984 年 3 月，由于对保守党政府关闭煤矿又不进行安置和补偿的不满，在斯卡吉尔领导下，矿工工会在没有依法投票表决情况下，发动全国矿工大罢工，试图以罢工的手段影响经济社会的正常运行，迫使政府作出让步。对此，金诺克并没有听从托尼·本等强硬左翼的主张，从团结争取工会的角度支持罢工，显示工党与工会之间的密切关系，而是采取模糊的态度，一方面批判保守党的工会政策，另一方面希望通过议会，而非罢工的方式解决问题。金诺克采取这一态度，还是很有道理的。一是罢工本身就是一种通过对抗迫使对方屈服的行为，这与工党作为主流政党寻求通过议会道路和法律程序解决分歧的主张是背道而驰的，而这次罢工又在工会内部没有经过民主的程序，不是一次合法的罢工。二是工会本身的形象并不好，各项民意测验指标都显示，民众更为同情的是雇主而非矿工，高达四分之三的民众不接受矿工的罢工举动，认为这是一个不负责任的行为。在这种背景下，工党盲目地支持工会，只会强化工党阶级党、劳工党的旧形象，不利于争取其他大多数选民。三是保守党政府在前期执政实践中，对待工会毫不妥协，积累了对付工会的丰富经验，做好了打击工会的充分准备，工会罢工最终将适得其反。虽然由于工党内左翼思想浓厚，金诺克还不能左右工党的主流态度，当年工党年会通过了支持矿工罢工的决议，但其变革工党主流思想，不迎合强硬左翼的新变化已经显现。

矿工工会罢工最终以失败结束，在与保守党政府抗争无果后，在 1985 年工党年会上，斯卡吉尔又寻求利用在工党内的实力，让未来的工党政府作出赔偿罢工损失的保证。面对这一绑架工党、有害无利的诉求，金诺克一方面在辩论中对斯卡吉尔宣称的“工党是工会在议会代表”观点进行了批驳，针砭时弊地批判了罢工的策略和方式，对因罢工造成的矿工工会分裂和25000个工作岗位的流失等后果进行指责，强调工党“是统一的有组织的工人运动的一个自主的部分，是工人运动的政治一翼，它为了整个运动的利益必须面对个别工会的当前利益和日常政策的要求而保持自己相对的独立性”,[①] 表示无论工党年会通过怎样的决议，他如果领导工党上台执政，都不会对工会遭受的罢工损失进行赔偿，表现出与富特时期迥异的思想与立场。另一方面积极地分化强硬左翼，做部分强硬左翼的工作，争取他们对自己立场主张的理解和支持。在力量衰落、政府打压、罢工失败的现实背景下，以迈克尔·米切尔为代表的强硬左翼人士与工会“也认识到不能再依靠议会外的大众工业行动和阶级政治战略”，“渐渐地从左翼阵营中脱离出来向右转”[②]。虽然在极端左翼支持下，年会最后以55%的支持率通过了将来对矿工工会进行赔偿的决议，但由于达不到三分之二多数，该决议对工党并没有约束力，标志着金诺克在与强硬左翼斗争，争取工党主导权中取得了重大的突破。

金诺克对极端左翼的打击主要表现在对利物浦极端左翼的打击与开除上。极端左翼势力主要集中于作为工党地方性组织的部分选区工党，其从民粹主义出发，非常激进，常常提出看似极端疯狂的主张和提议。如果说强硬左翼的思想与观点只是影响到工党政坛发展的话，极端左翼则因其革命色彩浓厚，破坏性更大，进一步威胁着英国既有的政治体制。因此，与强硬左翼相比，极端左翼虽然人数少，不能控制工党整体的走势，但对工党造成的负面影响更深。

历史地看，受传统文化的影响，英国并不具备激进主义的土壤，极端思想很少产生和得到广泛的认可。作为政党谱系中的极左组织，英国共产党自1921年成立后，长期处于小集团规模，党员数量一直处于几千人到几万人，在英国政坛无足轻重，不能产生有效的声音就是最好的例证。工党在早期历史发展中，也多次与英国共产党划清界限，开除党内的共产党员，消除其对自身发展的影响。正是由于这一原因，极端左翼在党内很少形成气候，也没有主导各地政权。但在工党激进左转的80年代初期，由于极端左翼的做法迎合了利物浦等工业衰退城市数量可观的底层劳工选民

---

① 殷叙彝:《当代西欧社会党人物传》，黑龙江人民出版社1989年版，第140页。

② 刘成:《理想与现实——英国工党与公有制》，江苏人民出版社2003年版，第200页。

的心理，受到他们的欢迎和推崇，极端左翼控制的利物浦地方工党赢得了英国地方选举的胜利，历史性地实现上台执政。

工党极端左翼执政后，无视当地严峻的经济社会形势和财政赤字问题，继续盲目推进市政基础设施建设和福利制度建设，加大住房建造和改造力度，致使债台高筑，财政收支状况更加失衡。到 1985 年 9 月，地方财政处于崩溃局面，根本无力偿还到期债务。为了阻止地方工党政府这一与保守党政府背道而驰的行为，撒切尔政府促使英国议会通过停止向地方政府拨款的议案，企图使极端左翼改弦易辙。但面对这一施压，地方工党政府并不屈服，不是采用压缩财政开支、提高地方税等渡过难关，而是宣布解雇全部 3.1 万名市政公务员，靠公务员对保守党政府的不满，靠整个社会的瘫痪向保守党政府反施压。并且在随即到来的工党年会上，提出支持自己行为，对地方议会中极端左翼议员可能遭受处罚进行补偿的提案。不是工会罢工导致了社会无序或瘫痪，而是由政府主动解雇职员造成了大面积社会瘫痪，这在英国历史上还是第一次，充分显示出工党极端左翼举措的极端性和战斗性，为此被称为工党中的“战斗倾向派”。

极端左翼的这一做法受到包括英国共产党在内的社会各界的严厉批判，对工党形象造成恶劣影响，如果任其发展，将会对工党造成致命的打击。对此，金诺克作为工党领袖，表现出对极端左翼绝不妥协的态度。金诺克表示，“人们是不能用无法履行的诺言取得胜利的”，“你们不能拿人们的工作职位，拿他们的住宅，拿他们的不容放弃的服务当作儿戏”①。金诺克的言论虽然遭到了党内部分极端左翼的诋毁，却受到了绝大多数党员的认可和肯定，其中不乏许多左翼势力，极端左翼的打算与要求就此流产。为了进一步减少极端左翼对工党的负面影响，金诺克随后在党内发起了鉴别“战斗倾向派”运动。在 1986 年年会上，大会以压倒性优势将利物浦的 8 名“战斗倾向派”分子开除出工党，强硬左翼代表艾瑞克·赫弗和玛格利特·贝克特也在执委会改选中失利落选。

为了更加突出工党作为主流政党的温和色彩，减少民众对工党战斗性的误解，减少保守党对工党与共产主义政党同为红色旗帜的攻击，工党废除了从成立伊始就存在的以红色为主的党标，改为欧洲大陆民主社会主义

① 殷叙彝：《当代西欧社会党人物传》，黑龙江人民出版社 1989 年版，第 140 页。

政党普遍采用的红白相间模式，以白色为主色调，配之以黑色党名和红绿组成的玫瑰花。虽然囿于问题的敏感性和自身的出身，金诺克并没有对此做过多的注解，但实际上是金诺克通过白红绿黑四种颜色，传递工党主流思想右转，扩大党的社会基础的一个重要举动。因为“标识和形象规定并维系着所有重要的社会运动和政治运动。它们传达着一种含义。修改或抛弃它们，是发生变化的最明显的标志。那种认为任何一个教堂、教派或政党只是抛弃了自己形象和标志的说法，本身就是矛盾的”①。工党这一系列组织与形象上的变动，既标志着金诺克在争取党的主导权，削弱和打击党内强硬左翼与极端左翼中取得了重大胜利，也标志着即将拉开工党大幅思想变革的序曲。

经过几年的努力和斗争，在成功阻止工党左转，拉开与工会距离，加强党的团结背景下，工党于 1987 年 6 月迎来新一届大选。工党发表了《英国和工党一起赢》的竞选纲领，在对保守党执政八年失业率居高不下、家庭负担加重、犯罪率不断上升、不同群体鸿沟加大等批评的基础上，从降低失业率到反对贫困，从遏制犯罪到加强工业，从自由公平到增进民主等，对工党的未来计划进行了详细的阐述，呼吁选民支持工党。但最终的结果是工党又一次铩羽而归，遭遇第三次大选的失利。工党共赢得 229 个议席，比上次大选增加 20 席，但与保守党获得的 376 席相比，仍有 147 席的巨大差距，根本无法动摇保守党的执政地位。工党的这一成绩并不出人意料，因为当时各种民意测验指数均显示保守党将以明显的优势获胜，平均支持率以 43% 对 30% 完胜。②

工党在看似团结一致，遏制各种左翼成功的背景下，仍不足以与保守党抗衡，既由于保守党治理经济的卓然有效，实现多年 3% 以上的连续增长，也有工党自身的问题。金诺克虽然在获取工党主导权，阻止工党进一步左转上取得了成功，但由于权力转化为思想实践需要一个过程、自身的左翼色彩等因素的影响，工党在主流思想上也并没有迈出大幅度向右转的步伐。工党团结度加强了，但现代性仍然不足，无法成为可信赖的选择。

---

① ［英］唐纳德·萨松：《欧洲社会主义百年史》，姜辉等译，社会科学文献出版社 2008 年版，第 849 页。

② David Butler, *British Political Facts*, Palgrave Macmillan, 2011, p. 313.

如金诺克抨击保守党给每个家庭造成了沉重负担，承诺工党如若执政将加强各种社会保障制度，但其开出的药方仍然是凯恩斯主义的高税收政策；在保守党执政总体收到成效的背景下，在工党称之为“比过去五十年任何一次选举都更加尖锐重要”的选举中，工党没有看到保守党政策的部分合理性和现实性，开篇就给选民提出四个非此即彼、势不两立的选择；[①] 在防务上，仍承诺上台后停止使用英国的核威慑力量，这一在民意测验中不受欢迎的主张。[②] 显然，这种左翼色彩浓郁，充满折中妥协和模棱两可的主张，无助于改变工党传统的左翼党、劳工党和阶级党形象，大选的失利也就不可避免。从思想史的角度看，工党的这一大选纲领，在反映出金诺克第一个任期工党政策转变“踌躇性和零碎性”的同时，也反映出工党主流意识形态“从传统的国家社会主义到多种形式的欧洲社会民主的有限性”[③]。

三 金诺克推动英国工党主流思想右转的内涵

工党在大选中仍不足以与保守党抗衡但又实现议席小幅回升使金诺克认识到，工党变革的方向是对的，但变革的力度是不足的。于是在当年工党年会上，金诺克决心对工党的政策主张进行彻底的审查，与时俱进地调整工党的社会主义观念与政策。他指出：“任何严肃的政党如果不对自己的政策进行认真的审查，才是对本党的原则和需要它胜利的人民的背叛”，必须承认“随着小型高技术生产取代传统的大规模制造业，英国的工业结构和阶级结构有了很大变化；由于撒切尔政府的私有化政策，越来越多的居民和工人拥有了自己的住宅和股票”，所有这些社会和经济变化“都使英国的选民情况发生变化，不承认这个现实就是自欺欺人”[④]。应当说，金诺克的这一认识在思想层面极大地推动了工党的转型，它标志着工党开始进入由破转立的新阶段。虽然金诺克并没有具体论述公有制、国有化、福利制度等长期困扰工党的问题，但“传达给英国选民一个象征性的重要事

---

① David Butler, *British Political Facts*, Palgrave Macmillan, 2011, p. 291.

② Henry Pelling, etc., *A Short History of the Labor Party*, Macmillan Press Ltd., 1996, p. 176.

③ Tudor Jones, *Remaking the Labor Party: From Gaitskell to Blair*, Routledge, 1996, p. 119 - 120.

④ 殷叙彝：《当代西欧社会党人物传》，黑龙江人民出版社 1989 年版，第 147 页。

实，即该党采取了现代化立场，并抛弃了老式社会主义"①。这样在得以把握工党发展方向之后，在大选惨败打击工党原有自信，产生有利于变化的背景下，在金诺克的第二个任期，工党的社会主义思想开始发生重大的变化。

第一，对公有制和国有化的认识变化。如前所述，在整个工党思想史上，公有制都是一个核心的论题。它既是工党从劳工主义政党转变为社会主义政党的标志，又是第二次世界大战后工党理论上和实践中争论的核心。理论争论的核心是公有制是否为社会主义的本质特征，实践争论的核心是如何评价公有制在英国社会发展中的作用。而国有化是把其他所有制形式转变为公有制的路径。从出身看，金诺克对公有制有着特别的感情，在 70 年代他以对公有制的原教旨主义立场崭露于工党，主张工党执政后对保守党改变性质的企业进行再国有化。对金诺克来说，这既是他的民主社会主义观基石，是一个意识形态上的承诺，也是统筹各种资源，使其高效组织，协调一致的仅有手段。② 但随着劳工队伍力量的急剧下滑、工党队伍中劳工比重的降低、劳工生活水平的改进、家庭和共享所有制的增多和工作模式的转变，特别是撒切尔政府私有化革命后大选的接连胜利，金诺克也在渐进地改变原有的认识和观念。

首先是回避使用国有化这一长期存在，又引起争议的手段。在 1986 年工党发表的名为《社会所有制》的文件中，提出实施包括合作企业、市政企业、地方企业等在内的，既非私有又非国有的社会公共所有制形式。当然，在这里社会所有制只是一种过渡形式，最终目的还是要实现工党再次国有化有关工业的承诺。对此，金诺克在同年出版的著述《开辟我们的道路》一书中承认，这是"扩展公众参与英国经济的总策略"③。但在 1987 年大选后，在对政策进行审查和反思过程中，金诺克对社会所有制的实质、社会所有制与公有制的关系、对待公有制和国有化的态度等方面有了重大转变。这主要体现在 1988 年和 1989 年先后发布的《民主社会主义的目标与价值》和《迎接挑战，推动变革》两个文件中。《民主社会主义

---

① ［英］奈杰尔·福尔曼等：《英国政治通论》，苏淑民译，中国社会科学出版社 2015 年版，第 105 页。

② Tudor Jones, *Remaking the Labor Party*: *From Gaitskell to Blair*, Routledge, 1996, p. 115.

③ Tudor Jones, *Remaking the Labor Party*: *From Gaitskell to Blair*, Routledge, 1996, p. 118.

的目标与价值》称，“我们现在不会，永远也不会去实施单一形式的公有制。然而，我们为之奋斗的明确目标则是经济中的很大部分为社会所有制。社会所有制主要不是看在经济中采取某种明确形式，而是取决于每个人掌握自身生活的权利，在影响其生活的决策中有发言权和公正地分享由于参与社会事业所作出的贡献而应得到的好处”[①]。《迎接挑战，推动变革》则在对社会所有制进一步阐述的基础上，明确提出“放弃把公有制作为工党政策和社会主义策略的主要工具”[②]，即拒绝再像过去那样把扩大公有制作为工党的政策。在实践中，工党以绝对多数否决了矿工工会要求将来把保守党政府私有化企业再次国有化的提案。

在这样一种思想指导下，1992 年在英国大选历史上，工党第一次在纲领中没有出现公有制和国有化的字眼。即使强调发挥政府在国家电网中的作用和职责，也只是强调“公共控制”的方式，而非公共拥有的形式。[③]至此，虽然工党的党章没有改变，但工党对公有制和国有化的认识已经改变，已经不再把公有制看作社会主义的标志，国有化也不再是实现社会主义的必然路径。

第二，对社会主义本质的认识变化。长期以来，社会主义被认为是一种制度，一个比资本主义更进步的制度，生产资料公有制是社会主义的本质特征。既然在政策审查和反思中，公有制已经不再被视为社会主义的本质特征，那社会主义的本质是什么呢？对此，金诺克通过演讲、工党文件等形式从伦理角度进行了明显的修正和深入的表达。金诺克明确表示，工党社会主义的目的就是“民主社会主义的诉求”，就是对“团结、民主、公正和真正个体自由的承诺”。工党的这些价值诉求“要投入实践，而不是束之高阁”，是“现实生活的目的，而不是声明、图符和圣物”[④]。显然，金诺克强调的是工党社会主义的现实伦理目的，而不是一些限定不变的社会主义目标。在急剧变化的英国社会现实面前，作为工党传统温和左翼的金诺克，已经与战后左翼思想先驱比万的社会主义思想渐行渐远，而

---

① 金重远：《战后西欧社会党》，上海人民出版社 1997 年版，第 36 页。

② Tudor Jones, *Remaking the Labor Party: From Gaitskell to Blair*, Routledge, 1996, p. 123.

③ Iain Dale, *Labour Party General Election Manifestos (1900 – 1997)*, Routledge, 2000, pp. 245 – 253.

④ Tudor Jones, *Remaking the Labor Party: From Gaitskell to Blair*, Routledge, 1996, p. 121.

与50年代争论的右翼代表克罗斯兰的社会主义思想有着惊人的相似之处，以至于有英国学者认为："50年代的工党修正主义者已经充分表达了未来80、90年代修正主义者的多数主题与思想。"①

由于金诺克控制了工党的发展方向，在工党纲领性文件中，金诺克对社会主义本质的这些新认识得到很好的展示。如《民主社会主义的目标与价值》强调，"民主社会主义的明确目的，也是工党的真正目标，是创造一个真正的自由社会，政府在这个社会中的根本目标是保护和扩展个人自由"②。《迎接挑战，推动变革》则再次确认自由、团结、民主等是工党的社会主义基本价值观，工党的目标就是建立一个个体自由，更加公正和民主的社会。在这样一种认知下，工党的所有政策主张都与其基本价值追求连在一起。如从意识形态的角度讲，多种形式的社会所有制是"获得对经济实现公共和民主控制的必要手段，有助于实现个人的自由和尊严，公平和富有同情性社会的构建是民主社会主义的持久道德目标"③。1992年的英国大选指出："大选不仅是英国两大政党之间政策的选择，也是政党之间价值观的选择，工党信念的核心是对个人自由的信念。"④ 工党对社会主义基本价值观的新诠释和反复强调，使自身明显向早已社会民主主义化的欧洲大陆社会党靠拢，标志着工党微妙又十分重要的意识形态转变已经完成，因为工党在它的纲领中，"不仅消除了诸如公有制、计划化和再分配税收系统，而且连克罗斯兰修正主义者聚焦的追求平等、充分就业等中心目标也不再关注"⑤。

第三，对国家与市场的认识变化。市场是社会分工和商品生产的产物，自从有了社会分工和商品交换，市场就已经产生。但资本主义社会之前的市场是以小农经济为基础的，目的是解决基本的生活问题，只是人类社会发展到资本主义阶段，市场才成为追逐利润、扩大生产、发展经济的主要途径，成为富有现代内涵的专业词语。作为批判和改造资本主义的劳

---

① ［英］唐纳德·萨松：《欧洲社会主义百年史》，姜辉等译，社会科学文献出版社2008年版，第296—297页。

② Eric Shaw, *The Labour Party Since* 1979: *Crisis and Transformation*, Routledge, 1994, p. 103.

③ Tudor Jones, *Remaking the Labor Party*: *From Gaitskell to Blair*, Routledge, 1996, p. 118.

④ Iain Dale, *Labour Party General Election Manifestos* (*1900 – 1997*), Routledge, 2000, p. 316.

⑤ Eric Shaw, *The Labour Party Since* 1979: *Crisis and Transformation*, Routledge, 1994, p. 103.

工政党，工党在早期发展中与其他欧洲社会党一样，对资本主义市场持有批判的态度，主张对其进行管控。正是资本主义的市场竞争造成生活状况的贫富悬殊，带来周期性的经济危机，形成集权的寡头政治；正是市场存在利己主义的特点，带来严重的经济与社会问题，工党作为一个社会主义政党，对国家非常重视，非常注重政府利用手中的国家权力，对市场进行合理的干预和调控，推动社会向进步、有序、公平的方向发展。工党传统左翼追求快速的国有化和公有制也是认可国家行政权力，排斥市场作用的表现。战后工党奉行的凯恩斯主义经济思想，也是在特定历史条件下，主张发挥国家这一“看得见的手”的积极作用，限制市场这只“看不见的手”的负面作用。

在第二次世界大战后的执政实践中，工党通过发挥国家作用的凯恩斯主义，在社会领域取得了显赫成绩，但在主导经济发展中产生了诸如生产效率低下、产品竞争力差、经济发展滞胀等微观或宏观问题，不再成为工党吸引选民的重要砝码。而保守党主张减少国家干预，发挥市场作用的货币主义政策取得不菲的经济成效。在这种现实面前，金诺克在对国家与市场的认识上，开始改变工党的传统看法，对市场机制的作用给予充分的肯定，对国家的定位出现了微妙的变化。

1986 年，在《开辟我们的道路》这本书中，金诺克一改批评资本主义市场竞争的立场，对资本主义和市场经济都给予肯定性评价。金诺克指出：“市场可能是一股强大的、有益的力量。它能够是一个出色的协调机制，能够刺激创新，提高生产效率，并为个人提供一个能够尝试的经济环境。”① 如果说在 1987 年大选前，金诺克对市场的肯定还是谨慎的，在大选后则是旗帜鲜明的。如在 1989 年的《迎接挑战，推动变革》文件中，工党明确指出：“在许多经济领域，市场和竞争对于满足顾客需求、提升生产效率和促进技术革新都是十分必要的，也是推动经济向前发展，实现不断增加的多样转变的最好的手段。”②

当然，作为一个左翼政党领袖，金诺克强调市场在现代经济体系中的重要作用时，并没有像右翼保守党那样宣称国家管的越少越好，尽可能地

① Tudor Jones, *Remaking the Labor Party: From Gaitskell to Blair*, Routledge, 1996, p. 119.

② Eric Shaw, *The Labour Party Since 1979: Crisis and Transformation*, Routledge, 1994, p. 86.

放任自流，而是认识到市场有着自身的不足，国家在现代经济发展中并不能袖手旁观，仍要在必要时发挥其应有的作用。如在《迎接挑战，推动变革》等文件中指出："尽管市场对于决定许多商品和服务的价格和可用性是一个充足的系统，但市场对于决定一个像样生活必不可少的健康照顾、教育等的供应或质量不是，永远也不会是一个充足的机制。"① "虽然市场在扮演重要角色，但它不会自行在教育和培训、科学和技术、新产品和能力方面产生足够的投资。"②

金诺克对国家，即政府的定位是对市场起促进或补充作用。一方面，政府要"在有助于市场在它能够、愿意和应该发挥作用的地方正常运转"，另一方面，政府要"在市场不能、不愿意或者不应该发挥作用的地方代替或加强市场体系"。例如，要使私人企业真正成为生产和分销诸多商品和服务的最有效方式，前提是"政府为了消费者的利益而监管商业行为，并为了竞争的利益而限制垄断行为"③。借用工党 1992 年竞选纲领的话语就是"现代政府的战略角色不是取代市场，而是确保市场正常适宜地运转"④。从金诺克的这些观点看，在国家与市场的关系上，市场是第一位的，国家是第二位的，这是工党社会主义经济思想的重大转变，是工党主流思想转型的重要标尺。

第四，对劳资双方的定位发生变化。工党起源于工会领导的劳工运动，在经济上受惠于附属工会的赞助和会费，在组织上工会与工党有着制度化、组织化的联系，在选举上工会会员是工党选民的主要基础。这一系列的独特关系和联系使工党无法也不能脱离与工会的联系。虽然工党 1918 年以后有着上台执政的宏大目标，但为劳工服务，更好地维护工会及其代表的劳工的利益长期是工党的首要目的。正是工党与工会之间的这种鲜明特点，工党与工会被社会各界称为劳工运动的两翼，即政治翼和产业翼。第二次世界大战后，随着工党成长为主流政党，成为国家利益的整合者，而工会保护劳工利益诉求的稳定性，工党与工会之间的利益冲突开始显

---

① Tudor Jones, *Remaking the Labor Party: From Gaitskell to Blair*, Routledge, 1996, p. 121.

② Tudor Jones, *Remaking the Labor Party: From Gaitskell to Blair*, Routledge, 1996, p. 124.

③ Tudor Jones, *Remaking the Labor Party: From Gaitskell to Blair*, Routledge, 1996, pp. 124 – 125.

④ Iain Dale, *Labour Party General Election Manifestos (1900 – 1997)*, Routledge, 2000, p. 320.

现。如以收入政策为例，“工会运动的目的不是阻止其成员的工资要求，而是在生活的现有制度下，尽力在开放市场中使工人的劳动力和技能出售到最好的程度”，如果工会不能做到“成员加入工会的保护和提高生活标准，工会将要衰落和最终死亡”①。而工党会根据国家的现实情况，要求工会作出让步和牺牲，配合政府采取限制性工资政策。于是从60年代工党再次执政起，即从威尔逊政府发表《代替冲突》反而引发冲突起，“工会问题就成了政党政治的支配因素”②。

虽然工党与工会之间的矛盾初现，甚至引发了冲突，但由于工会实力和社会影响力的强大，特别是工党对英国资本主义与社会主义、市场经济与国家干预等认识的不变，在相当长的时间里，工党对企业中劳资双方的定位是不变的。资方是追求大额利润，榨取劳工的自私自利者，是改造和批判的对象，如国有化改革一方面是改变所有权，另一方面就是改变私营企业主的身份；而劳方是推动社会进步、实现企业民主的积极力量，是工党治理英国经济与社会需要借重的力量。正是这一定位才使工会在限制性工资政策上作出“让步与牺牲”，才使工党与工会相爱相杀，是一家人，内部会吵吵闹闹，对外则保持一致。

不过随着80年代工会构成的多元化和传统工会的衰落，撒切尔政府打压工会政策的深得人心，工党民主社会主义思想在国有化和公有制、国家和市场、社会主义基本价值观等重大理论问题上认识的转变，金诺克对劳资双方的定位和认识也发生了重大转变。既然公有制不是社会主义的标志，就不应再追求社会主义的制度替代，肯定资本主义市场竞争在推动英国经济发展中的作用，就应当肯定资方对英国社会的贡献，就不应该一味地批判和变革他们，政府需要做的就是努力使资方趋利避害而已。而作为劳方代表的工会的所作所为和社会形象也说明，虽然其有推动社会进步的一面，但也仅代表部分人、部分群体的利益，也有自我的一面，对社会稳定和发展并非都起积极的作用。既然对劳资双方的认识和定位发生了重大变化，工党对自身在劳资关系中的定位必定也会发生重大改变。工党不再作为工会的劳工运动盟友去改造和规范资方，而是作为社会秩序的稳定者

① Brian Brivati, etc., *The Labor Party: A Centenary History*, Macmillan Press Ltd., 2000, p. 213.

② ［英］彼得·詹金斯：《撒切尔夫人的革命》，李云飞等译，新华出版社1990年版，第2页。

和社会发展的推动者，站在中立的角度具体问题具体分析，注意规范双方的行为，从而为经济与社会发展创造有利的条件。

金诺克在劳资关系上的这一重大变化既表现在对待工会罢工及其赔偿要求的实践中，也体现在工党通过的一系列纲领性文件之中。如 1985 年发表的《新伙伴关系，新英国》文件，首次将工党、工会和资方之间的关系定位为社会伙伴关系。1991 年发表的《机会英国》文件，在强调个人权力重要性，个人有权反对任何形式强权时，首次将工会与政府、公司一起纳入可能存在的强权行列。① 1992 年大选宣言呼吁，“每一个企业的每一个雇工都必须参与新的伙伴关系，以便使每一个训练有素，才华横溢的人都用最现代的技术创造高质量的产品”②。

通过考察工党对这些基本问题认识的变化，不难发现在金诺克的领导下，1987 年大选后的工党，“并非仅仅是像在 1987 年以前那样重塑自己的形象，而是接受了许多由保守党倡导的议程。通过这样做，工党加入了其他西欧左翼政党走向一种新修正主义综合之道路的行列中，这种道路就是为 21 世纪准备（或他们希望）一种新社会主义”③。即工党的主流思想出现明显的右转，就像 50 年代保守党左转认同工党的部分思想与主张一样，工党在 80 年代末开始接受保守党的一些思想与主张。选举是考察思想转变的最好晴雨表。工党思想右转的整体性和主流性从 1988 年的工党领袖选举结果和 1992 年的英国大选选举结果也可以看出。1988 年 10 月，由于对金诺克领导下工党思想的急速右转不满，党内资深强硬左翼代表托尼·本再次挺身而出，挑战工党的领袖职位。结果金诺克以 88.6% 对 11.4% 的得票率战胜托尼·本。④ 1992 年 4 月，英国再次举行大选，在大选之前的多家民意测验中，工党一直与保守党不相上下，互有领先。虽然最终结果是工党再次铩羽而归，但工党赢得了 34.4% 的选票和 271 个议席，分别

① 刘成：《理想与现实——英国工党与公有制》，江苏人民出版社 2003 年版，第 216 页。

② Iain Dale, *Labour Party General Election Manifestos (1900 - 1997)*, Routledge, 2000, pp. 319 - 320.

③ ［英］唐纳德·萨松：《欧洲社会主义百年史》，姜辉等译，社会科学文献出版社 2008 年版，第 815 页。

④ David Butler, *British Political Facts*, Palgrave Macmillan, 2011, p. 164.

比上次大选增加了3.6%和42个。[①] 英国领袖选举的毫无悬念和英国大选工党选票和议席的明显提升说明，工党思想的转变得到党内的普遍认可，也得到更多民众的认可，从方向性来说是正确适宜的。当然也要看到，无论是从思想转变本身的彻底性来看，还是从英国大选结果来看，虽然在金诺克时期工党的主流思想创新较大，有的甚至是发生了根本性的转变，但并没有实现完全的转型，还有进一步改进的空间。如党章是一个政党性质的根本体现，但工党的党章在金诺克时期并没有修正。随着金诺克在大选后宣布辞去领袖职务，工党主流思想的彻底转型交到新的领导人手中。

第二节 布莱尔与英国工党社会民主主义思想的确立

金诺克辞职后，担任金诺克时期影子内阁大臣，与金诺克同属一代人的约翰·史密斯以绝对优势当选为工党新领袖。由于金诺克时期工党主流思想已经大幅度调整，而试探性地印制没有公有制条款的党章又受到较多指责，故史密斯执掌工党后并没有首先选择在主流思想方面作出重大的创新，而是寻求通过组织体系的调整变化，推动工党的民主化进程，塑造工党的现代政党形象。应当说史密斯的变革逻辑是适宜的，收到了理想的成效。从1992年秋季工党的民意支持率超过保守党起，工党就一路领先，两者的差距越拉越大，到1994年春季已经超过20%。媒体普遍认为，史密斯成为英国新首相毫无悬念，只是何时大选的时间问题。可惜的是天妒英才，与60年代的盖茨克尔一样，正当工党处于上升之时，史密斯因病突然去世，未能成为新的英国首相，也未完成工党完全转型的历史任务。年轻一代的右翼代表托尼·布莱尔成为新的工党领袖，在另一右翼代表戈登·布朗的大力支持和辅助下，布莱尔打出“新工党，新英国”的口号，实现了工党党章公有制条款的重大修订，夺回了阔别十八年之久的英国政权，提出了在思想史上具有重大突破的新“第三条道路”思想，最终完成了工党主流思想由民主社会主义向社会民主主义的转型，也实现了工党在政坛的连续执政13年，创造了新的历史辉煌。

---

① David Butler, *British Political Facts*, Palgrave Macmillan, 2011, pp. 269－270.

一 布莱尔的社会主义观与英国工党的现代性改造

托尼·布莱尔1953年出生于苏格兰的一个中产阶级家庭，1975年牛津大学法学专业毕业后从事律师职业，不久加入工党。进入80年代后布莱尔开始参与工党的地方政治活动，1982年首次参加英国议会补选失利。在1983年的大选中，布莱尔在首次划出的塞奇菲尔德选区当选为议会议员，开始走上英国政坛。1988年布莱尔首次进入工党影子内阁，先后在金诺克和史密斯时期担任影子内阁的能源大臣、就业大臣和内政大臣职务。虽然在首次竞选议员时布莱尔与大多数当时的工党议员一样，表现出温和左翼的立场与主张，但作为比金诺克和史密斯年轻的一代，特别是非劳工家庭出身，与工会联系较少、感情不深的中产阶级政治精英，布莱尔在思想上更为解放和灵活，在耳闻目睹工党极左路线惨败和右转之路复兴的体会中，迅速成为工党右翼的代表，为金诺克和史密斯推进工党现代化之路作出了重要贡献。在1994年新领袖选举中，年仅41岁的布莱尔以57%的支持率当选为工党领袖，成为工党历史上最年轻的最高领导人。

布莱尔出任工党领袖之时，历经金诺克和史密斯的改造和调整，工党已经从组织和政策层面实现了较大幅度的变革，在民意测验中长期处于明显领先优势，但作为政党意识形态的标识，工党的党章仍停留在1918年。工党已有的现代化变革是策略性的权宜之计，还是根本性的转变，民众并不清楚，工党也没有给予明确的宣示和回答。在这样一种情势下前行，按照政党政治的发展规律，工党很可能在下次大选中赢得选举，但这并不是因为工党表现多么令人满意，选民对工党多么信任，而是民众对长期执政的保守党产生厌倦，对保守党的幻想破灭。工党赢得一次大选胜利没有问题，但能否赢得多次大选的胜利，是否能够实现长期执政和稳固执政并不好说。稍有不慎，很有可能重蹈当下连续多次大选失利，远离政权十多年的苦涩命运。

在这样一种形势下，致力于实现工党长期执政，而“不是执政一任，在一阵狂喜中上台，抱负远大，然而昙花一现后垮台”[①] 的布莱尔认识到，

---

① ［英］托尼·布莱尔：《新英国：我对一个年轻国家的展望》，曹振寰等译，世界知识出版社1998年版，第14页。

若想实现长期执政，必须建设一个全新的、充满活力的英国，既避免重蹈工党执政下英国经济病的爆发，又避免保守党执政下英国贫富差距不断扩大的裂痕，用执政的业绩来赢得选民的支持；若想重塑一个英国，建设一个年轻的国家，赢得选民手中的选票，必须有一个紧跟时代步伐的现代化政党，用正确适宜的纲领、政策和形象来争取选民，吸引选民；而建设现代化的政党，必须准确把握时代发展的脉搏，正确分析工党兴衰成败的经验教训，实现从组织到思想，从政策到纲领的全方位变革；在金诺克领导下，工党恢复了实力，但未能赢得政权，根本原因是“方向正确，但脚步太慢”，① 即工党实现了变革，但变革的力度还不够、不彻底，金诺克本人还有着明显的左翼痕迹。

因此，布莱尔上任伊始，就打出了“新工党，新英国”的旗帜，反复强调变革图新的决心和信心，塑造工党与时代同步、与国家共荣的全新形象。在 1994 年 7 月就任工党领袖的讲话中，布莱尔明确表示：“有信心者进行变革，犹豫不决的是持怀疑态度者。已进行变革的工党有远见和信心在变革的世界中领导英国——这是我们对英国人民的承诺。”工党“能改变自己的历史道路，在这变革着的新世界中建立一个崭新的、自信的、充满机会的家园”②。在当年 10 月当选领袖后的首次工党年会上，布莱尔又指出：“不进行变革的政党将会死亡，工党是一个生机勃勃的运动而非一座历史纪念碑。”③ 透过这些讲话我们不难看出，布莱尔把变革作为工党实现自我发展、重返政坛执政的抓手，寻求通过改变自我来改变国家，通过改变自我实现上台执政，通过改变国家实现长期执政，并且这种变革“不是一点一滴地调整或变化，而是彻底改变它的做事方式、思维、纲领，以及最重要的态度”④。

在各种变革中，思想变革是第一位的，其他变革都是为思想变革服务

---

① ［英］托尼·布莱尔：《旅程：布莱尔回忆录》，李永学等译，译林出版社 2011 年版，第 43 页。

② ［英］托尼·布莱尔：《新英国：我对一个年轻国家的展望》，曹振寰等译，世界知识出版社 1998 年版，第 41—42 页。

③ ［英］托尼·布莱尔：《新英国：我对一个年轻国家的展望》，曹振寰等译，世界知识出版社 1998 年版，第 35 页。

④ ［英］托尼·布莱尔：《旅程：布莱尔回忆录》，李永学等译，译林出版社 2011 年版，第 42 页。

的，因为思想决定着方向，决定着行动，决定着政策。对此，布莱尔有着清醒的认识，他在《第三条道路：新世纪的新政治》中指出："我一直认为，政治的首要问题是思想问题。如果没有自己强烈追求的目标和价值观念，一个政府无论占有多大程度的多数，都只会是无舵之舟，难以发挥作用。"① 作为一个民主社会主义政党，在思想理论上，如何认识社会主义？社会主义与工党有着怎么的关系？这些都是不可回避的核心问题，也是工党能否实现彻底变革的逻辑起点。如前所述，自1918年以来，社会主义是一种制度，一种比资本主义进步，能够取代资本主义的制度，公有制是社会主义的标志是党内的共识。虽然盖茨克尔、金诺克等人多次从价值层面诠释社会主义，变更公有制是社会主义的必然属性，但工党党章中的公有制条款始终屹然不动。对此，布莱尔深刻地认识到，正是长期束缚于这种认知，实际上是对社会主义的曲解给工党的发展和变革带来了一系列的问题，造成非常尴尬也是非常危险的局面，必须清晰、全面、准确地表达工党的社会主义观，纠正党内外对工党的错误认知，树立工党良好的现代政党形象，摆脱不该有的束缚，制定和实施适宜的政策。布莱尔社会主义观的核心思想是：社会主义是一种包含公平、自由、责任、民主、正义、团结等进步思想的基本价值，这些也是工党发展中孜孜追求的目标，而公有制只是在适当条件下实现这些基本价值的手段，并不是社会主义的目标和本质，必须在新的历史条件下，改变党章中不合时宜的公有制条款。但"国有化和公有制是工党作为社会主义政党的标志，是政党建党以来致力于追求的目标，它与工党社会主义政党的形象是紧密联系在一起的，对之进行修改是涉及政党性质的大事"②。于是首先论证基本价值与社会主义的关系，进而论证公有制认识对工党的影响，再而修改已经过时的工党党章成为布莱尔重塑工党，推动工党思想彻底变革的逻辑理路。

在1994年7月就任工党领袖的讲话中，布莱尔首次以党领袖的身份明确宣示自己的社会主义观，即"社会主义不是限定在某一时期的某种固定

---

① ［英］托尼·布莱尔：《第三条道路：新世纪的新政治》，林德山译，参见陈林等《第三条道路：世纪之交的西方政治变革》，当代世界出版社2000年版，第5页。

② 谢峰：《政治演进与制度变迁：英国政党与政党制度研究》，北京大学出版社2013年版，第5页。

的经济理论，而是一套适用于任何时期的价值观和原则”[①]。在随后不久召开的工党年会上，布莱尔继回答了社会主义不是什么之后，又明确回答了社会主义是什么的问题。他称自己“所理解的社会主义”是“相信社会、共同努力、团结一致、相互合作、伙伴关系”，这个社会价值观的四个支柱是“机会、责任、公平、信任”，工党的任务是“在现代社会中应用那些价值观”[②]。在1995年4月表决通过党章修正案的讲话中，布莱尔再次重申了对社会主义的这一基本认识。布莱尔称大家不是孤立的个体，都是人类共同体和大家庭的成员；大家通过共同努力所取得的成就远比各自为战所取得的成就大；只有既对自己负责，又相互负责，同舟共济才能获得成功。这些既是“团结的精神”，又是自己“坚信的社会主义”。[③] 在当年7月纪念工党战后大选胜利50周年讲话中，面对工党在第二次世界大战后能够以绝对的优势上台执政和执政取得的显赫成绩，布莱尔没有把其归结于具体的国有化改革、社会保障体制建立、外交战略调整等所谓的社会主义政策，而是归结于“清晰的目标感和方向感”，目标和方向就是工党自成立以来的“核心信条：公平、免于贫困、社会平等”[④]。正是靠着这些目标和信念，工党政府成功地把理想与现实结合了起来，把所有有进步思想的民众动员起来，团结在自身周围，实现了英国社会重大的变革。

为了证明自己关于社会主义和基本价值观认识的正确性和合理性，布莱尔从历史、现实和自身等多个维度进行论证。从历史角度布莱尔强调这些不是自己的主观臆想，而是工党从劳工代表委员会成立时就有的传统和信念。在历史发展进程中，工党无论是推进性别和民族平等，还是减少民众对各种困厄的恐惧都是向这一目标努力。艾德礼执政的强大动力也是内心坚守的“社会主义的目标是给个人更大的自由”信念。从现实角度布莱尔强调这些价值观经受住了时间和历史的检验。无论是西欧各国民主社会

---

① ［英］托尼·布莱尔：《新英国：我对一个年轻国家的展望》，曹振寰等译，世界知识出版社1998年版，第39页。

② ［英］托尼·布莱尔：《新英国：我对一个年轻国家的展望》，曹振寰等译，世界知识出版社1998年版，第47—48页。

③ ［英］托尼·布莱尔：《新英国：我对一个年轻国家的展望》，曹振寰等译，世界知识出版社1998年版，第69页。

④ ［英］托尼·布莱尔：《新英国：我对一个年轻国家的展望》，曹振寰等译，世界知识出版社1998年版，第15—16页。

主义政党进行的国有化实践的不尽如人意，还是苏联共产主义模式的垮台，都用现实的证据证明把社会主义当作制度追求，把公有制当作社会主义的标识是不牢靠和不妥当的，“社会主义的道德基础是唯一经受住了时间考验的东西”①。从自身角度布莱尔强调正是这一优良的传统和信念促使自己加入到工党队伍，并为之努力奋斗。早在1983年他首次当选为工党议员的议会演讲中就指出：“我是一个社会主义者，不是因为阅读了能够引起我幻想的教科书，也不是把传统抛在脑后，而是因为我相信社会主义与一种理性的和道德的存在最紧密地相呼应。它代表着合作……代表着友善……代表着平等……”② 显然布莱尔的社会主义观不是传统的制度替代的制度社会主义，对资本主义社会不再是批判和取代，而是从道德层面寻求价值的伦理社会主义，对资本主义社会坚持完善和修补的态度。

关于这种伦理社会主义的丰富内涵和特征，布莱尔既有总体的宏观论述，也有具体的微观阐述。如在宏观上，布莱尔指出：“这种社会主义是基于一种道德上的判断，即人与人之间是相互依赖的，他们对自己也对彼此负有义务。良好的社会支持该社会中个人所作的努力，共同的人性要求每个人都有一块立足之地。”这种社会主义的逻辑假设是“只有大家都好个人才能好”，“只有承认人们的相互依赖，个人才会有所作为”③。这种社会主义的实现路径是创建一种适宜的政治形式，以形成一个具有容忍、公平、创业精神和包容能力的国家，更好地解决贫困、偏见和失业等现实问题。虽然时代不同，面对的问题和环境不同，但这种社会主义的基本价值观是不变的。正因为如此，布莱尔称这种社会主义既是半个世纪前艾德礼倡导的社会主义，也是当下自己心中希望的社会主义。

在微观上，布莱尔在《第三条道路：新世纪的新政治》中进行了深入明确的诠释。他指出，工党的基本价值观主要包括个人价值平等、机会均等、责任和社会意识四个方面。“对于一个能够最大限度发挥所有人的个

① ［英］托尼·布莱尔：《新英国：我对一个年轻国家的展望》，曹振寰等译，世界知识出版社1998年版，第24页。

② ［英］托尼·布莱尔：《新英国：我对一个年轻国家的展望》，曹振寰等译，世界知识出版社1998年版，第19页。

③ ［英］托尼·布莱尔：《新英国：我对一个年轻国家的展望》，曹振寰等译，世界知识出版社1998年版，第24页。

人自由和潜力的公正社会来说，它们是必不可少的”。工党的使命就是“促进并协调四个价值观念”①。个人价值平等是指无论一个人的出身、能力、信仰和背景怎样，在基本权利上是平等的，社会和政府应当鼓励他们发挥各自的才能，消除对某一类人的歧视和偏见，维护他们的权利和尊严。机会均等是新工党的重要价值观念，它既反对抽象的、绝对的平等观，又反对不受任何限制的绝对自由，更反对漠视为个人或家庭提供机会的责任，强调为每一个个体或组织提供同等的机会，而非同等的结果，从而发挥人的创造性和能动性。责任指个人、国家和社会之间权利和义务的对等性和双向性，从而避免权利和机会成为自私和贪婪的动力。社会意识是指既不能让国家取代公民社会，也不能为了自由阻止国家应有的行动，而是“把国家当作一种有能力的力量，在适宜的伙伴关系下，保护有效的社区和自愿组织，鼓励它们更多地应对新的需求”②。

布莱尔在强调工党基本价值观内核不变的同时，作为一个立志于上台执政的主流政党领袖，也清醒地认识到工党所处的时代和形势在不断变化。如工党传统上吸引两类人，一是包括工会精英在内的劳工队伍，主要是体力劳动者；二是一部分经过学习，认知和认可民主社会主义思想的人。但随着社会的变迁，这两类人加在一起人数也是有限的，构不成社会的主流和主体，根本不足以成为支持工党获胜和连续执政的选民基础。因此，必须结合时代和社会的新情况，立足于解决新问题，调整践行基本价值观的具体方法、手段和政策。用布莱尔自己的话就是，“需要从概念上把我们对价值观（永恒不变）的承诺与价值观的实现（因时而动）区分开来”，“需要对纲领和政策进行一次彻底的、从上到下的重新定向”③。

在需要调整和重新定向的诸多内容中，党章和党章公有制条款是中心任务。一方面，党章对党的性质与宗旨、思想与目标、组织与机构、原则与纪律等作出明确的规定，是一个政党开展活动、规范事务的根本性法

---

① ［英］托尼·布莱尔：《第三条道路：新世纪的新政治》，林德山译，参见陈林等《第三条道路：世纪之交的西方政治变革》，当代世界出版社 2000 年版，第 7 页。

② ［英］托尼·布莱尔：《第三条道路：新世纪的新政治》，林德山译，参见陈林等《第三条道路：世纪之交的西方政治变革》，当代世界出版社 2000 年版，第 9 页。

③ ［英］托尼·布莱尔：《旅程：布莱尔回忆录》，李永学等译，译林出版社 2011 年版，第 43 页。

规，是一个政党区别于其他政党的根本性标识。另一方面，由于党章公有制条款的存在，战后半个世纪以来，党内围绕执政或纲领中是否扩大或放弃公有制、公有制是否是工党民主社会主义的目标等多次展开激烈的争论，成为影响工党施政和工党形象的重要因素。于是，在对工党变革和基本价值观的论述中，明确公有制与工党的关系，表达自己对工党现有党章的看法和态度，成为布莱尔变革工党主流思想的主要内容，也是布莱尔改造工党，走向现代化的重要一环。

在布莱尔看来，既然基本价值观是工党民主社会主义的特征，是民主社会主义不变的目标，显然公有制并不是工党民主社会主义政党的标志，也不应该是工党社会主义的目标，而是工党实现民主社会主义基本价值观的手段。在第一次世界大战时期，为了从意识形态上区别于自由党，推动工党上台执政，建立属于工党的意识形态标识，工党党章中明确公有制条款的地位是有道理的，在一段时期内也确实推动了工党的发展壮大和上台执政。但在发展中，工党内诸多人错误地理解公有制和社会主义的关系，把公有制等同于社会主义，奉公有制为圭臬，不顾社会的实际，一味地追求扩大公有制，采取与扩大公有制相关的国家控制、国有化改革等举措，结果造成工党在政党竞争中处于下风，多次大选失利的局面。即使取得大选的胜利，也是惊险胜出，在执政中既受政治环境的束缚，也受党章公有制条款的限制，在碌碌无为中结束了不长的任期。因此，从布莱尔担任工党领袖起，就在理论上批判对工党公有制条款的错误认识，在实践中积极推动党章公有制条款的修改。

布莱尔指出，1918 年通过党章公有制条款反映了当时党内的主流思想，是工党追求变革的表现。但经过半个多世纪的时代变迁，现在除了极少数极端左翼外，已经没有多少人相信公有制条款，公有制条款已经成为工党的一个象征。但正是这种象征与图腾地位的存在，即把公有制与社会主义等同在一起，使工党无法真正地拥抱真实的现代世界，无法深入地推进改革，无法采取有效的行动。如主张和推进国有化不符合当下英国国情，无助于工党实现大选胜利和连续执政；放弃和回避国有化，又会给指责工党背叛原则的人提供口实，指责工党“领导层太怯懦，不敢踏上真正的社会主义道路”，[①] 因此，固守党章第四条是拒绝变革，对工党发展有害无利。为了不断地赢下去，必须废除党章公有制条款，修改党章“不是诡计，不是公共关系手段，也不是起草措辞问题，它是工党脱胎换骨的关键”，是“重大、深层并且持续地改变党内思考、工作和执政的方式”[②]。通过从本源的社会主义基本价值观层面修改党章，对工党进行再定义和再认识，创造一个“坚实、可持续、强壮”，既“在海浪击打之下坚不可摧”，又“可以聚集朋友、击退敌人”的新“思想、态度和政策”的核心。[③] 这个核心将工党“关于社会、社会正义、民主、平等、伙伴关系的价值观置于最前沿”，既让工党向民众做的承诺和对自己的定位“再也没有任何分离和脱节”，[④] 摆脱了党内关于公有制和私有制多年来喋喋不休的争论，又为变革劳资双方的关系，建立雄厚的公共服务和繁荣奠定了基础，有助于推动工党扩大社会基础，吸引更多的选民支持工党，加入到工党队伍中来。从思想史的角度看，对党章的修改并“不是抛弃原则”，只是摒弃和扭转对工党的误解，“恢复工党真正的意义”[⑤]。

在实践中，布莱尔修改党章公有制条款还是面临着巨大的挑战。如有些人是公有制原教旨主义者，坚决反对取消公有制条款；有些人从小就是在公有制的认知下认识工党，加入工党的，可以接受平时不宣扬公有制，也不主张扩大公有制，但接受不了从党内大法的角度变更公有制条款。即使如此，布莱尔出任工党领袖后就即刻坚定不移地推动党章的修订。在当年 10 月召开的工党年会上，布莱尔就提出修改党章中党的目标和价值观念的动议，结果被大会否决，反而通过了一项重申第四条款的决议。面对这一挫折，布莱尔并没有放弃，而是更加积极地努力，并不悬殊的表决差

---

① ［英］托尼·布莱尔：《新英国：我对一个年轻国家的展望》，曹振寰等译，世界知识出版社 1998 年版，第 12 页。

② ［英］托尼·布莱尔：《旅程：布莱尔回忆录》，李永学等译，译林出版社 2011 年版，第 67 页。

③ ［英］托尼·布莱尔：《旅程：布莱尔回忆录》，李永学等译，译林出版社 2011 年版，第 73 页。

④ ［英］托尼·布莱尔：《新英国：我对一个年轻国家的展望》，曹振寰等译，世界知识出版社 1998 年版，第 64 页。

⑤ ［英］托尼·布莱尔：《新英国：我对一个年轻国家的展望》，曹振寰等译，世界知识出版社 1998 年版，第 65 页。

距给他以更多的信心和勇气。一方面，通过多种场合阐述认识误区和公有制问题，指出“除非放弃公有制这一过时的意识形态，选民不会把权力交给工党，党将走向死亡，必须把新第四条作为下次大选的目标，把新第四条写进21世纪的党章中”①。另一方面，努力争取党内一些有影响人物和力量的支持，并取得理想的成效。如工党副领袖约翰·普雷斯科特认可了布莱尔的观点；苏格兰地方工党作为工党传统的大本营，也支持修改党章，对工党进行新定位和新解释。

布莱尔的不懈努力最终在半年之后取得胜利。在1995年4月的特别会议上，工党党章以近三分之二的多数得以修改。在新党章第四条中，取消了原党章对公有制的明确追求，而从基本价值观的角度对工党做了明晰的宣示。新第四条指出：“工党是一个民主社会主义政党，它相信通过共同的努力一定能够实现比单独行动所能实现的更多的目标，从而为每一个人创造发挥真正潜能的手段，为所有人创造一个权力、财富和机会掌握在多数人而非少数人手中，享受权利是基于承担义务的社会，使大家能够在团结、宽容和相互尊重的精神下自由地一起生活。”② 以第四条修改为标志的工党党章的变化，是工党思想史上的一件重大事件。因为它用最清晰、最直接的语言明确了公有制是实现社会主义的一种手段，而非社会主义目标本身的定位，把社会主义作为一种基本价值观念用最权威的语言表达了出来。这一全新的论述使工党在历史上“第一次正式地不再把改变所有制关系作为奋斗目标，表明工党意识形态发生了重要的，具有历史意义的变化”③，标志着布莱尔对工党社会主义观的再诠释成功实现，标志着工党结束了多年来对社会主义认识争论不休的局面，从思想上完成对工党的现代性改造。虽然出于党内接受程度的考虑，布莱尔很注意用词，新第四条在开头保留了“民主社会主义”这一政党定位，但其对社会主义的认识、实现社会主义的路径与此前已经明显不同，是工党在意识形态领域的重大转折，是工党社会主义观的重大突破。

---

① Tudor Jones, *Remaking the Labor Party: From Gaitskell to Blair*, Routledge, 1996, p. 139.

② Brian Brivati, etc., *The Labor Party: A Centenary History*, Macmillan Press Ltd., 2000, pp. 312 - 313.

③ 谢峰：《政治演进与制度变迁：英国政党与政党制度研究》，北京大学出版社2013年版，第78页。

二　布莱尔新“第三条道路”思想的理念与主张

作为一个以上台执政和连续执政为目的的主流政党，工党主流思想的转变不仅表现在党的性质、党对社会主义与资本主义、私有制与公有制等重大理论问题的认识与定位上，也表现在党提出的治国理政的一系列内政外交、经济社会等思想上。一方面，党章是党对自身与重大问题的认识，随着党章的修改与调整，作为党章具体化政策层面的思想必然要随之改变与调整。另一方面，党的基本价值观的基本诉求虽然没有变，但基本价值观的含义必须随着时代增加新的内涵，实现基本价值观的手段与方法必须有着不同程度的调整。于是伴随布莱尔的全新社会主义观和对工党的现代性改造，其在治理国家上也提出了一系列的新思想。这些新思想发端于布莱尔出任工党领袖后，与工党自身的思想变革同步，形成于布莱尔领导工党取得 1997 年大选胜利后的执政实践。由于思想需要有相应的称号才能流行并得到广泛的理解，而自己的治国理政思想既想实现超越英国政党政治中保守党的新自由主义，又超越老工党的民主社会主义，故布莱尔给其命名为“第三条道路”。

历史地看，“第三条道路”并不是一个新概念，在世界社会主义运动史上，出现过多种形态和含义的“第三条道路”。作为一种理论探索和实践尝试，影响比较大的“第三条道路”主要有三类。一是在 20 世纪初，民主社会主义的鼻祖伯恩斯坦提出通过议会斗争和选举的方式，在维护既有资本主义制度和马克思暴力革命变革资本主义制度之间，走出一条社会主义和平过渡和取代资本主义的“第三条道路”。第二次世界大战后在社会党国际的引领下这种道路付诸实践，包括英国工党在内的西方民主社会主义政党，走的都是既非欧洲右翼政党的资本主义道路，也非苏联等现实社会主义国家的发展道路。第二次世界大战后英国工党以凯恩斯主义、混合经济、福利国家建设等为特质的已有发展模式，属于欧洲民主社会主义政党“第三条道路”中的一种。二是 20 世纪 70 年代，以意大利共产党、法国共产党、西班牙共产党为代表的西欧国家共产党认识到苏联模式的问题后，探索出的一条既不同于苏联社会主义，又不同于欧洲民主社会主义道路的发展道路，又称“欧洲共产主义”。三是第二次世界大战后波兰、匈牙利、捷克等国在不同历史环境下，多次提出的性质不一的“第三条道路”。如第二次世界大战后初期提出的既不是资本主义道路，又不是苏维埃道路的人民民主道路；在冷战中期的五六十年代，在东欧国家和苏联矛盾频发背景下，东欧国家领导人纷纷提出马克思主义本土化，与本国国情结合，超越苏联模式的“第三条道路”。因此，从名字上看，布莱尔提出的“第三条道路”并无新意，但从内涵上看，布莱尔提出的“第三条道路”不是对历史上欧洲民主社会主义政党“第三条道路”的简单沿袭或稍加调整，而是在新的时代背景下，有着全新的含义，比较形象的比喻是旧瓶装新酒。正是在这一意义上，学术界对应着布莱尔提出的“新工党，新英国”这一响亮口号，把布莱尔的“第三条道路”称为新“第三条道路”。

布莱尔指出，新“第三条道路”是“进步的中左力量在英国和其他地方正在形成的新政治的最好的称号”，是“一种现代化的社会民主主义”，是“以灵活、创新和富有远见的方式”致力于实现“社会公正与中左政治目标”。新“第三条道路”的价值观基础是引导进步政治一个多世纪的“民主、自由、公正、相互责任和国际主义”①。但正如基本价值观的含义会随着时代而丰富一样，新“第三条道路”是建设21世纪的新英国的崭新道路。从政党政治角度讲，新“第三条道路”是在看到老工党高福利、高税收、高膨胀、高控制的弊端，以撒切尔主义为代表的新右派忽视社会与集体事业，对经济和社会事务追求放任自流的问题基础上，提出的新形势下的发展道路。这种道路是对已有政党政治中左翼和右翼思想的超越，而不是折中。从党内政治看，长期以来，工党的发展方向由两类思想控制。一类是把国有化和政府管制当成目的而非手段，持原教旨主义观点的强硬与极端左翼，另一类是思想观点与前类相似，但主张缓慢变革的温和左翼。而新“第三条道路”是在看到这些思想路径问题的基础上，提出的全面革新工党，更好治国理政的新思想。正是在这一意义上，布莱尔指出：“第三条道路也标志着左派内部的一种第三条道路”，“第三条道路是对社会民主主义的一次认真的重新评估，它深入到了左派的价值观念，以从根本上发展新的方式。”②

---

① ［英］托尼·布莱尔：《第三条道路：新世纪的新政治》，林德山译，参见陈林等《第三条道路：世纪之交的西方政治变革》，当代世界出版社2000年版，第5页。

② ［英］托尼·布莱尔：《第三条道路：新世纪的新政治》，林德山译，参见陈林等《第三条道路：世纪之交的西方政治变革》，当代世界出版社2000年版，第6页。

在这样一种定位中，布莱尔在肯定老工党和保守党一些政策合理性的同时，如高度中央集权色彩的民主社会主义适合于战后初期的英国社会，撒切尔政府的新自由主义改革举措许多是实现英国现代化发展的必要行动等，主要是对工党传统执政思路和保守党近年来连续执政的方略进行批判，指出它们存在的问题，在与两种传统执政思想的比较中，阐释新“第三条道路”思想的合理性、必要性与创新性。

第一，在经济事务上，以调整政府与市场关系为核心，对政府与劳资双方关系、宏观和微观经济政策等都作出重大的调整。第二次世界大战后英国工党执政的指导思想是凯恩斯主义。凯恩斯主义的逻辑前提是无论是经济发展还是社会就业都取决于总的社会需求，逻辑进路是通过国家干预的相对积极的财政政策，扩大社会需求，推动经济增长，实现充分就业。在这种思想体系中，无论是解决经济问题还是社会问题，政府都起着关键作用。但进入70年代后的事实说明，政府的大包大揽带来了一系列问题，国家负担繁重，财政赤字严重，不能调动企业和个人的积极性，整个经济体系陷入停滞状态。保守党政府推行的新自由主义政策主张减少政府对经济的干涉与控制，减轻政府的社会负担，充分发挥市场在资源配置中的作用，但市场的趋利性不仅造成贫富差距的严重，公共服务的降低，社会裂痕的加大等社会问题的增多，而且对于国家构建安全完备的经济体系是不利的。因为在市场驱动下企业追求的是个体利益和经济利益，而不是公共利益和包括政治安全在内的整体利益。

布莱尔认为，事实证明老工党和保守党的做法都是不妥当的，可能一时效用明显但不会长远，会解决一方面的问题也会带来另一方面的问题，在经济全球化的背景下，必须发挥政府和市场两方面的积极性。在坚持市场配置资源，增强企业活力，提高企业效益和经济效率的前提下，在可能的地方实行竞争，在必需的地方实行调控，在使经济体系既安全又良性循环的基础上，推动社会公共事业的发展。对此，布莱尔进行了经典论述。布莱尔指出：“我认为市场经济符合公众利益，但并不等同于公众利益。所以我认为在公众利益中应有干涉和控制手段，但这些手段不可作为取消市场经济的企图，这一点很重要。”政府不应该代替企业规划和决策，“把企业界管死”，但“在需要政府来完成国家利益的时候，政府不能推卸责任”。总之，在布莱尔看来，“政府在现代经济中所起的作用既有限又至关重要”[1]。关于市场与政府主要的作用领域，布莱尔认为，市场发挥作用的领域是“位于创造财富和产生就业前沿的”企业这一基本经济单位，而“在促进市场竞争、鼓励长期研究和投资、帮助公民具有在现代经济中取得成功所需要的技能和抱负方面，政府发挥着极其重要的作用”[2]。

对政府与市场有了这样一种认识后，在经济领域政府的作用就是为企业和劳方的共同发展创造有利和谐的条件，而不只是维护劳方利益的工具。于是布莱尔提出在政府、企业、劳方三者之间建立共荣共存的伙伴关系是必要的。在政府和企业之间，“新工党与企业的伙伴关系对国家的繁荣来说是十分重要的”,[3] 政府不是企业的领导者，不应对企业按照商业规律作出的雇佣决定指手画脚，而是努力为企业创造公平竞争的环境，和企业一道为创造有活力的现代经济创造条件。如通过公私伙伴关系，为企业的研发注入资金，增强英国的科技实力和国际竞争力。在政府和劳方之间，政府不再是工会和劳工的代言人，而是代表整个国家说话，不希望社会把工会与工党政府混淆在一起，所以在执政中工党政府会听取工会的意见，但不会盲从于工会的意见。在有关工会立法时，工党不会简单地照搬过去废除已有保守党政府立法的做法，而会把“罢工前投票表决和其他改进工会内部民主的措施”考虑进去。工会立法的原则是公平，有助于劳资关系的改进、企业秩序的稳定和经济的发展；立法的目的是“建立一个公平积极的体系来保证努力工作、遵纪守法的人受到公平对待”[4]。至于能否利用好这一体系创造的好机会，则取决于工会自身。简言之，在对待工会上，工会由工党的劳工运动盟友转变为国家治理的社会伙伴，工会从工党政府那里得到的是公平而不是偏袒。在劳资关系上，企业不是对立阶级的战场，劳资双方有着诸多的共同利益，应努力“在工作场所建立现代化的

---

① ［英］托尼·布莱尔：《新英国：我对一个年轻国家的展望》，曹振寰等译，世界知识出版社 1998 年版，第 132 页。

② ［英］托尼·布莱尔：《第三条道路：新世纪的新政治》，林德山译，参见陈林等《第三条道路：世纪之交的西方政治变革》，当代世界出版社 2000 年版，第 16 页。

③ ［英］托尼·布莱尔：《第三条道路：新世纪的新政治》，林德山译，参见陈林等《第三条道路：世纪之交的西方政治变革》，当代世界出版社 2000 年版，第 14 页。

④ ［英］托尼·布莱尔：《新英国：我对一个年轻国家的展望》，曹振寰等译，世界知识出版社 1998 年版，第 159 页。

工业伙伴关系以取得可持续增长和高就业”①。一般来讲，劳方和资方能够为了共同的利益和睦相处，成功的企业建立在劳资双方的伙伴关系和合作态度之上。即使劳资双方发生利益冲突，政府要做的不是挑边站队，而是以调节者的身份出现，努力创造公平的体系，公平地化解冲突。

在这样一种认识观指导下，布莱尔提出“新经济”的概念。新经济的核心思想是在全球化和知识经济时代，没有经济增长就没有社会公正，必须把经济增长放在第一位，建立充满活力的现代经济。其宏观经济政策彻底抛弃了老工党的凯恩斯主义，既继承保守党政府的新自由主义经济政策的优点，通过让市场发挥更大作用增强企业活力与产品竞争力，实现英国经济繁荣，又弥补新自由主义的问题，不采取放任自由主义，通过政府财政、税收等政策，促进投资，激发企业尤其是大量出现的中小企业、高科技企业的活力，实现英国经济的可持续发展。在微观举措上，主要有调整英国金融货币体系的监管与决策体制，为抑制通货膨胀、发挥金融杠杆作用创造更好的政治条件；不把保守党政府私有化的企业国有化，为私营企业松绑，不干涉企业的内部事务，简化企业登记注册手续；在税收政策上降低企业税，实行税额减免政策，对新创立企业提供财政补贴；在劳资冲突中坚持中立立场，根据实际情况对劳方或资方提出批评，采取对其不利的政策；从议会立法和资金投入两方面改善投资环境与条件，加大在基础设施建设和卫生、教育等领域的投入等。

第二，在社会事务上，推动福利制度由第一代向第二代转变，建设一个权利与责任对等的公民社会。传统民主社会主义观认为，建设完善的社会保障制度，解决民众基本的衣食住行问题，使得每个家庭在困难与厄运来临时免受经济上的困境，保证每个人作为人的基本尊严是社会主义的重要特征。凯恩斯主义能够成为工党第二次世界大战后的主导思想，也与其以满足需求，解决就业为首要目标有着密切的关系。即在传统民主社会主义观中，社会事务是第一位的，经济发展是为社会事务服务的。在这种思想主导下，工党建立了一套完整的“从摇篮到坟墓”的福利制度，为英国民众特别是中下层民众生活水平的改善，也为英国社会秩序的稳定作出了

---

①［英］托尼·布莱尔：《新英国：我对一个年轻国家的展望》，曹振寰等译，世界知识出版社1998年版，第27页。

贡献。但英国社会的高福利也带来了一系列问题。在经济领域，大量财政收入投入到公共开支中，而投入社会再生产，特别是生产资料再生产的少，影响了英国经济的高效运转。在社会领域，高福利带有劫富济贫的色彩，造成一批社会寄生者，不愿走入劳动力市场，不利于调动个人的积极性，不能充分激发社会的活力。而保守党政府的新自由主义政策从社会义务中后退，认为民众的能动性能够自动填补这种空白。但这种政策带来了贫富和地区差距拉大、刑事犯罪上升、社会凝聚力丧失等社会问题，构建了一个强者生存、人际冷漠的英国社会，与资本主义长期宣讲的平等、公正等是背道而驰的。

布莱尔认为，要解决这两方面的问题，应当按照社会主义基本价值观的要求，建设一个权利与义务对等，人人具有社会意识和责任，重在机会平等的公民社会与社区。强大的公民社会既是一个多样性，又是一个包容性的社会。多样性避免了对个性的压抑，能够发挥和张扬每个人的特性。包容性则要求个人、父母和作为一个整体的社会共同承担责任，而不把责任都推卸到政府身上。如教育孩子是政府的重要工作，但教育孩子不能仅仅依靠学校和政府的力量，父母在孩子教育中起着重要作用。在构建公民社会过程中，政府要与各种非政府机构建立伙伴关系，推动公民社会的形成。

强调公民社会的构建并不是政府不负责任，从社会事务中退缩，而是“大政府意味着更好的政府”的时代已经过去。“政府在现代社会发挥作用的关键是它做了什么、做得怎样，而不是它做了多少。”① 为了激发社会的活力，新“第三条道路”不再不分区别地给予救济福利，而是根据具体情况，采用机会与责任对等、机会平等高于结果平等的原则，给予有能力者工作福利，给最需要救济者经济福利。新工党在福利方面的目标“不是让人们一直依赖救济，而是给予人们就业及财政上的独立”②。具体的路径就是改革现有的以现金救济为标志的第一代福利制度，实施面向就业的，更好地遵循基本价值观的第二代福利制度。第二代福利制度的理念是给人

① ［英］托尼·布莱尔：《第三条道路：新世纪的新政治》，林德山译，参见陈林等《第三条道路：世纪之交的西方政治变革》，当代世界出版社2000年版，第23页。

② ［英］托尼·布莱尔：《新英国：我对一个年轻国家的展望》，曹振寰等译，世界知识出版社1998年版，第27页。

"更多的是一种扶持，而不仅仅是施舍；不仅确保儿童的抚养和跳板，还提供培训。最重要的是，它将作为成功的跳板，而不仅仅是缓解措施失败后的安全网"①。遵循这一理念的原因是"一个民族的自立在于工作，而不是依靠福利"②。福利作为一种社会补救措施，不是简单的赠予，而是一种扶持的手段。

在第二代福利观的指导下，新"第三条道路"推行救济与培训并重的福利政策，把通过培训提高就业技能作为重要的福利，通过树立工作至上的观念，重塑福利国家，推动英国发展。具体的思路是缩小传统福利救济的范围，将主要救济对象集中在完全无劳动能力的老人和残疾人身上，而对大多数救济需求者采取教育和培训的方式，使他们具备就业或再就业的技能，具备自我救助和保障的能力。由于这些通过培训就业和再就业者，总体上仍处于劳动力市场的底层，属于社会中的较弱群体，政府对他们走进工作岗位后并没有置之不管，而是坚持实行最低工资制度和最低工作条件标准，使这些人享受到劳动的应有收益，感受到做人的价值，维护了社会秩序的稳定。

第三，在政治事务上，对内坚持权力下放，对外主张融入国际社会，无论是内政还是外交，都呈现出一种更加积极作为的姿态。英国是一个多民族多地区国家，除了处于主体地位的英格兰外，还有苏格兰、威尔士和北爱尔兰三个地区。由于历史的原因，这些地方长期与英格兰若即若离。如从1921年爱尔兰脱离英国独立，但由北部六郡组成的北爱尔兰仍留在英国起，北爱尔兰的独立与留存、和平与稳定，就成为一个重大的问题，各种暴力冲突与流血事件不时爆发，困扰着英国中央政府。到70年代后，苏格兰和威尔士的自治与独立问题也开始浮现。面对这些问题，作为一个富有渐进主义、保守主义传统的单一制国家，无论是保守党还是老工党都主张通过加强中央集权来避免分裂，认为地方政府分权将助长民族分裂主义。如撒切尔政府对苏格兰采取强硬政策，在苏格兰地区推行撒切尔主义，对苏格兰地区的住房、教育、卫生等政策进行干预。但实践并不成

---

① ［英］托尼·布莱尔：《新英国：我对一个年轻国家的展望》，曹振寰等译，世界知识出版社1998年版，第158页。

② ［英］托尼·布莱尔：《新英国：我对一个年轻国家的展望》，曹振寰等译，世界知识出版社1998年版，第56页。

功，撒切尔夫人自己都承认，撒切尔主义在苏格兰的成绩单，政治上是负面的，保守党的信念并没有得到苏格兰人的认可，并没有增加苏格兰的国家统一感，保守党在苏格兰仍然被认为是英格兰的，而非本土的政党，撒切尔夫人本人被当成“英格兰发言人”①。

面对这种关系国家统一和凝聚力的重大政治问题，布莱尔在强调“永远不会同意任何威胁分裂联合王国的事情”的同时，与经济社会思想一样，在政治领域也提出了解决问题的新“第三条道路”。这一药方就是建立中央和地方的伙伴关系，实行权力下放和地方自治，使其在自我管理的收获和成就中增加对英国的认同感。布莱尔指出：“随着新一代的成长，随着对不同态度和不同世界观的了解，工党对政府的作用和英国在世界上的地位的看法已经改变。”“庞大的中央集权的政府已经不合时宜。权力下放和分权才是时代的主旋律。”② 因为随着人们接受更好的教育，新技术带来的信息快速自由流动，大家希望更多地为自己负责，拥有更大的民主自治权力。中央政府应当通过权力下放，满足地方民众的这种政治需求。通过满足这种需求，不仅在政治上减少了这些地方与中央政府，与英格兰之间的冲突和对立意识，而且在权力下放中，对于地方民众来说机会与责任并存，强有力社区的构建等都是与工党的基本价值观一致的。正是在这一意义上，布莱尔称“工党的价值观是良好的苏格兰价值观”③。

在对外事务中，第二次世界大战后无论是保守党执政还是工党执政，都主张与美国保持特殊的关系。但在对欧态度上，由于自身地理位置和综合实力，英美之间和英国与英联邦国家之间特殊关系的存在，英国长期对欧洲联合和欧洲事务持反对和犹豫的态度。这从其 50 年代拒绝加入欧共体，70 年代加入后又三心二意都可以看出。特别是工党，由于认为欧洲一体化会对英国的独立和主权构成威胁，其长期对一体化持排斥态度，甚至在富特时期主张退出欧共体，直到金诺克后期才谨慎地开始认可欧洲的联

---

① ［英］玛格丽特·撒切尔：《撒切尔夫人回忆录：唐宁街岁月》，本书翻译组译，远方出版社 1997 年版，第 421—422 页。

② ［英］托尼·布莱尔：《新英国：我对一个年轻国家的展望》，曹振寰等译，世界知识出版社 1998 年版，第 300 页。

③ ［英］托尼·布莱尔：《新英国：我对一个年轻国家的展望》，曹振寰等译，世界知识出版社 1998 年版，第 317 页。

合。面对冷战后东西方之间分裂的结束、欧洲一体化的加速、全球统一市场的形成，特别是经济与金融、媒体与文化、犯罪与污染等无论是好事还是坏事都在全球化、跨国化的现实，布莱尔在对外事务中也推动工党的思想理念发生了重大的转变，主张积极主动地融入欧洲，融入国际社会。

关于全球性事务，布莱尔指出："民族国家对于解决今天许多的跨国问题来说太小了"，"在国际问题领域，我们必须保持向外看而不是做孤立主义者"，"把国际接触视为解决跨国问题的逻辑方法，而不是对境内主权的一种威胁"①。关于欧洲事务，布莱尔在坚持不应该把欧盟建成一个联邦制的超级大国的基础上，支持建设一个改革的欧洲，表示工党政府将在欧洲事务中提出自己的变革议程。布莱尔指出："欧洲是今天英国可以行使权力和发挥影响的唯一途径。如果要保持其作为全球性国家的历史作用，英国必须成为欧洲政治的核心部分。"② 为此英国"在欧洲渐趋孤立的势头必须停止，并以建设性的参与取而代之"③。布莱尔主张积极融入欧洲，加强与各种机构的主动合作有着多重的目的。一是只有通过外向的合作，而非内向的孤立才更有助于解决各种跨国性问题，在融入中实现英国的复兴和繁荣。二是正是通过国际合作，发挥英国的独特作用或关键作用，来彰显英国的全球性大国地位，重现昔日的荣耀和风采。三是国际合作与接触是传播新工党基本价值观的重要路径。如在欧洲事务上，布莱尔明确表示："工党在欧洲问题上将态度坚定。坚定地捍卫我们信仰的价值观。"④"欧洲的概念不只是一个更大的自由市场。我们希望的是一个能够显示我们共享的民主、开放、责任、公正、社会凝聚力和团结这些价值观念，并在它们受到威胁时能够保护它们的欧洲。"⑤

---

① ［英］托尼·布莱尔：《第三条道路：新世纪的新政治》，林德山译，参见陈林等《第三条道路：世纪之交的西方政治变革》，当代世界出版社 2000 年版，第 27—28 页。

② ［英］托尼·布莱尔：《新英国：我对一个年轻国家的展望》，曹振寰等译，世界知识出版社 1998 年版，第 329 页。

③ ［英］托尼·布莱尔：《新英国：我对一个年轻国家的展望》，曹振寰等译，世界知识出版社 1998 年版，第 325 页。

④ ［英］托尼·布莱尔：《新英国：我对一个年轻国家的展望》，曹振寰等译，世界知识出版社 1998 年版，第 329 页。

⑤ ［英］托尼·布莱尔：《第三条道路：新世纪的新政治》，林德山译，参见陈林等《第三条道路：世纪之交的西方政治变革》，当代世界出版社 2000 年版，第 29 页。

在布莱尔新的政治观指引下，布莱尔政府成立后不久就在全民投票的基础上，在议会通过扩大苏格兰、威尔士地方议会权力的法案，赋予这些地区在司法、卫生、教育等方面的立法权和管理权；通过谈判，与爱尔兰和北爱尔兰主要政治力量达成和平解决北爱尔兰问题的“贝尔法斯特”协议，成立新的北爱尔兰自治政府；在欧盟问题上，不仅很快签署了《欧洲社会宪章》，欢迎欧元区的成立，原则上支持英国争取早日加入欧元区，而且同意扩大欧洲议会权力，积极参与欧盟宪法的制定，认同设立固定的欧洲理事会主席；在全球问题上，积极地配合美国，参与东欧、中东等地区热点问题的解决，甚至以“人权高于主权”“为民主和价值观而战”为由，冲在以美国为首的北约打击南联盟的前列。这些都显示出新工党在解决政治、外交问题上与老工党的不同与变化。

三　英国工党主流思想的社会民主主义转型与动力

分析布莱尔的社会主义观、新“第三条道路”思想和英国工党的新党章可以看出，历经多年的争论与踯躅，到布莱尔时期，工党的主流思想在金诺克时期右转的基础上进一步系统地右转，由民主社会主义转变为社会民主主义。

对待资本主义上，民主社会主义对资本主义持批判的态度，认为资本主义是一种存在剥削和压迫的制度，最终要通过和平的方式用社会主义代替资本主义；社会民主主义虽然仍认为资本主义存在不平等、不公正等问题，但对资本主义总体上持肯定的态度，没有了取代资本主义的目标，只是要不断地改进和完善它。

对待社会主义上，民主社会主义不否认社会主义存在民主、公平等基本价值观，但首先认定社会主义是一种社会制度，一种比资本主义更加进步，应当追求的制度；而社会民主主义则不再提及作为制度的社会主义，不再有制度替代的目标，而是突出社会主义的基本价值观，即对社会主义的追求由制度追求和伦理追求的二元性转变为伦理追求的一元性。

对待公有制上，民主社会主义把生产资料公有制作为党的目标和社会主义意识形态标识，社会民主主义则把公有制与社会主义脱钩，公有制仅是实现社会主义基本价值观的一种可供选择，即公有制是实现社会主义价值追求的一种手段，而非社会主义目的本身。

对待私有制上，民主社会主义认为生产资料私有制是资本主义各种问题产生的根源，是应该消灭的对象，即使暂时不消灭，最终目的仍是消灭；社会民主主义则肯定生产资料私有制蕴含的企业家精神，是现代社会一项重要的技能，对于现代经济的发展来说，私营企业是不可缺少的组成部分。

在对待混合经济问题上，民主社会主义认为混合经济是资本主义经济向社会主义经济过渡的一个阶段，虽然内部关于这一阶段转变速度的快慢认识不一，但方向是明确的，抑或说混合经济的发展方向是公有比重是增加的；社会民主主义则只是认为混合经济是一种客观存在，发展方向是不确定的，且混合经济的主体还是私有经济，公有经济只是必要时对私有经济的补充，处于少量的地位。

政府与市场作用上，民主社会主义重视政府的作用，强调政府对市场的调节与控制；社会民主主义则重视市场的作用，政府只是在必要时对市场失灵的必要补充与纠偏。

指导性经济思想上，民主社会主义接受的是强调社会需求的凯恩斯主义；社会民主主义接受的是强调社会发展的、改进版的新自由主义。

经济事务与社会事务关系上，民主社会主义更为强调社会事务，发展经济在很大程度上是为提高社会保障水平服务的；社会民主主义则强调经济发展是第一位的，没有经济发展就无从谈起社会保障。

基本价值观上，民主社会主义主要强调民主、自由、平等等，主要强调政府要为基本价值观的实现创造条件；社会民主主义则在此基础上对其内容进行了拓展，丰富了其含义。如增加了责任、社会意识等，强调基本价值观实现的主客观因素；对平等的含义由强调结果平等转向强调机会平等。

福利建设上，民主社会主义强调内容上大包大揽，方式上给予经济救济；社会民主主义则表示分门别类，区别对待，方式上既有经济救济，也有技能扶持。或者说民主社会主义是授之以鱼，而社会民主主义是授之以渔。

主要社会基础上，民主社会主义的主要社会基础是处于社会中下层的体力劳动者，主要集中在生产行业；社会民主主义的主要社会基础已经转变为中产阶级，社会职业也更加多种多样，既有体力劳动者，又有脑力劳动者，既有生产行业，又有服务行业。

与工会关系上，民主社会主义认为工会是劳工运动的重要盟友，既是合作又是服务的首要社会组织；社会民主主义则认为工会是英国社会的特定利益集团，是工党的一个重要社会合作伙伴，但并不是工党治理国家必然的同盟军。

欧洲事务上，民主社会主义总体持怀疑观望的态度，并不热衷于欧洲事务，不愿意积极地融入欧洲；社会民主主义则持积极融入的态度，希望通过融入更好地维护和发展英国的利益。

政党思想谱系方位上，民主社会主义无论是与左侧的科学社会主义，还是右侧的保守主义，都有着比较明确的界限；社会民主主义则与左侧的科学社会主义更加疏远，距离拉大，而与右侧的保守主义思想愈加接近，差距缩小。也正是在这一意义上，民主社会主义称自己是西方政党政治中的左翼思想，而社会民主主义则称自己是西方政党政治中的中左思想。

意识形态上，民主社会主义意识形态色彩浓厚，具有鲜明的社会主义思想痕迹；社会民主主义则意识形态色彩弱化，社会主义思想的色彩减弱，更加强调是一种社会性的民主主义。

应当说工党的这一系列变化既是系统全面的，又是根本重大的；既有实质性的内在内容，又有标示性的外在标志。这一系列变化起始于金诺克时期，历经金诺克、史密斯和布莱尔三位工党领袖，最终在布莱尔时期由量变实现质变。虽然主流思想在一定程度上仍可以称为社会主义思想，但已经由强调与科学社会主义不同的民主社会主义思想转型为强调社会主义是一种价值观念的社会民主主义思想，标志着工党主流思想的再次转型和嬗变。

作为一个以选举为主要目标的主流政党，工党主流思想转型是否成功还要看其在政坛的表现。无论从大选成绩、执政成绩，还是从国际影响看，工党主流思想的转型都是成功的。

从大选成绩看，在 1997 年的选举中，布莱尔以“新工党，新英国”为响亮口号，以新“第三条道路”思想为指引，提出一系列建设新英国的举措，工党以 419 席对保守党 165 席的罕见优势，在蛰伏十八年后夺回执政地位。这一成绩比工党历史上最好的 1945 年大选成绩还要好，以至于有媒体惊呼英国政党体制不是两党制，而是一党独大制。这一第二次世界大战后差距最大的选举结果为工党自如地实践新“第三条道路”思想提供了足够的政治空间。四年以后，在2001年的大选中，工党又以413席对保守党166席，几乎与上次大选不变的成绩赢得连任，充分表明选民对新工党的肯定和对新“第三条道路”的认可。又过四年，在2005年大选中，在布莱尔陷入伊拉克战争危机，外交失分严重的情况下，工党再次以356席对198席的绝对优势获得胜利，这不仅表明了工党思想变革的成功，国内经济与社会政策得到英国民众的广泛认可，而且使工党历史上前所未有地实现大选三连胜，连续执政也达到前所未有的十三年之久。

工党能够在三次选举中连续稳操胜券，使大选毫无悬念，还与工党执政后取得的成绩，英国民众得到的实惠分不开。如在最低工资方面，从1999年到2009年，英国22岁以上雇员的最低时薪由3.6英镑提高到5.8英镑；[①] 在反映经济状况的基本数据方面，从布莱尔开始执政的1997年到布莱尔辞去英国首相的2007年，十年间英国年均经济增长率达到3%，人均收入增长达到3.5%，失业率年均4%，通货膨胀率为2%。[②] 以上各项数据均位于第二次世界大战后英国最好状态，改变了英国民众长期固有的工党只会花钱，不会挣钱的认知。

从国际影响看，在世纪之交，新“第三条道路”在欧美国家政坛产生了很大的反响。布莱尔上台执政后，很快与志同道合的榜样克林顿结成亲密的伙伴，不仅在国际事务中配合美国，成为美国参与国际事务的急先锋，而且携手发起四次西方国家左翼领导人首脑会议，研讨经济全球化背景下资本主义发展模式问题，寻求使新“第三条道路”发扬光大。在欧洲，时任荷兰工党领袖和政府首相的维姆·科克和时任意大利左翼党领袖和政府总理的达莱马均作出积极的回应，反应最为积极的是正在准备大选的德国社会民主党候选人施罗德。1998年10月出任总理后，施罗德不仅很快发表了名为《老左派与新中派》的文章，推出“新中间道路”思想与布莱尔的新“第三条道路”思想遥相呼应，而且在1999年6月与布莱尔联合发表名为《欧洲：“第三条道路”/新中间派——布莱尔和施罗德的共

① David Butler, *British Political Facts*, Palgrave Macmillan, 2011, p. 408.

② Terrence Casey, *The Blair Legacy: Politics, Policy, Governance, and Foreign Affairs*, Palgrave Macmillan, 2009, p. 144.

同声明》的文件，呼吁所有的欧洲社会民主主义政党加强在政界、学界的交流与研讨，争取使新“第三条道路”和新中间政治主张成为欧洲的新希望，为社会民主主义在新世纪的胜利而奋斗。①

在布莱尔的领导下，英国工党在世纪之交能够实现主流思想的最终成功转型，有着实践和理论两大方面的动力。在实践上与布莱尔对国际社会和英国社会整体把握的相对准确是分不开的。在国内社会状况上，伴随科学技术的发展和知识经济时代、信息时代的到来，第三产业的比重越来越高，在就业形式上进一步向第三产业转移，职业种类明显增多，各种灵活就业、家庭就业、半就业不断涌现，大量女性走上工作岗位，在就业要求上对专业化技能与知识的要求明显提升，需要不断地进行学习与培训才能满足工作岗位的需要，而主张适者生存的撒切尔主义并没有很好地解决这些问题。

在国际社会状况上，伴随着美苏对抗的消失，经济全球化以前所未有的速度推进，欧盟一体化建设取得重大进展。这些在给各国带来发展机遇的同时，也带来诸多的挑战。如资本的全球性流动给各国的金融监管提出新的要求，一旦不慎就会导致重大的问题；人员和劳务的全球性流动给国际恐怖主义提供了可乘之机，给各国的社会治理和管理提出新的任务；各种非传统威胁性质的全球性问题的凸显使得国际合作显得愈加必要。

在世界社会主义运动视域下，苏联解体和东欧剧变虽然只是苏联模式的失败，但在西方右翼媒体的诋毁与曲解下，被渲染成科学社会主义的失败。民主社会主义虽然与科学社会主义有着根本区别，但右翼政党趁机攻击，把民主社会主义与科学社会主义混为一起，以争取成为天然的执政党。在新的政治经济形势下，无论是剧变后的东欧诸国，还是现实社会主义国家，都改变了原有的计划经济，走上市场经济的道路。应当说，无论是淡化意识形态，还是倚重社会基础的转移，无论是改变对所有制的认识，还是调整福利理念，布莱尔思想理念的调整总体上都与这些变化是一致的，是因时而动的。

① 该共同声明参见陈林等《第三条道路：世纪之交的西方政治变革》，当代世界出版社2000年版，第36—50页。

此外，美国民主党总统克林顿的成功执政经验也给布莱尔提供了启迪和动力。1992 年，同样年轻的政治新星克林顿在美国大选中靠经济第一，打破冷战时代政治观的主张一举战胜取得冷战胜利的在任总统布什，在执政中通过对社会价值观的强调、对新科技的重视、减税政策的实施、经济优先理念的持守等迅速扭转了美国经济衰落的局面，实现了经济的持续高速增长和民主党在 1996 年美国大选中的无悬念胜利。美国民主党虽然不属于民主社会主义政党，但在西方政党谱系中与工党同属左翼政党，传统的执政根基和理念是相似的，对布莱尔有着巨大的影响。对于这种直接的影响，有位英国学者说："布莱尔政府是到大西洋的彼岸，而不是到英吉利海峡的彼岸去寻找启发。它的政治修辞是美国式的，影响其政治方略的知识资源来自美国，甚至连它的政治风格都是美国式的。"①

在理论上，与欧洲民主社会主义理论家提供重要的理论支撑是分不开的。面对国内外形势，特别是冷战后欧美国家政治、经济与社会状况的根本性变化，西方左翼思想家在 20 世纪 90 年代纷纷著书立说，为处于在野地位的民主社会主义政党医治把脉和指引迷津。如德国社会民主党著名理论家托玛斯·迈尔作为时任德国社会民主党基本价值委员会副主席和 1989 年柏林纲领的主要执笔者，不仅在 1991 年将其 1980 年出版的《民主社会主义导论》一书，修订增补为《民主社会主义——社会民主主义导论》出版，而且在 1998 年出版新著《社会民主主义的转型：走向 21 世纪的社会民主党》一书。这些著述既有对民主社会主义（社会民主主义）思想的再诠释，也有对新形势下民主社会主义政党从实质到形式转型提出的替代方案。如在名称标识上，迈尔认为无论是指代思想体系，还是政党类型，民主社会主义已经不能够准确表达政党的价值观念、基本认识与主要主张；作为概念，"社会民主主义"和"社会的民主主义"两个名称"明确无误地把历史责任与民主和公正的内在的、不可分割的联系结合起来，这是用任何其他方式都做不到的"②。在思想本源上，迈尔称社会民主主义的本源思想就是要"建立一个由团结互助共同工作和生活的，自由和平等的人们

① ［英］安东尼·吉登斯：《第三条道路：社会民主主义的复兴》，郑戈译，北京大学出版社 2000 年版，作者序第 2 页。

② ［德］托玛斯·迈尔：《社会民主主义的转型：走向 21 世纪的社会民主党》，殷叙彝译，北京大学出版社 2001 年版，第 1 页。

组成的社会"[①]。在早期发展进程中，民主社会主义政党对生产资料私有制和自由市场这两个资本主义制度进行批判，对生产资料公有制的追求和对经济的调控，都是基于"这两个制度是与平等的自由的实现针锋相对的"，基于"一个真正促进平等的自由的经济制度要求"[②]。

对布莱尔产生直接影响的思想来自于英国著名社会学家、左翼政治思想家，也是工党的主要理论家安东尼·吉登斯。吉登斯作为一个具有深厚理论功底，又主张积极参与社会生活，而非沉醉于校园思辨、远离主流政治的社会学家，面对国际社会，特别是西方社会的急剧变化，利用其构建的社会政治理论，通过 1994 年出版的《超越左与右：激进政治的未来》和 1996 年出版的《第三条道路：社会民主主义的复兴》等著述，不仅"为 20 世纪末西方社会政治生活的变革提供了一套系统的解释理论，而且为政治观念的变革提供了一个看起来颇为合理的理由和选择"[③]。如在治理主题上，吉登斯认为左翼传统的政治观点集中在解放概念上，可以称之为解放政治；伴随着全球化的发展和去传统化的共同作用，现在左翼政治的焦点必须聚焦于生活，即生活政治成为西方政府治理的核心。在福利制度上，吉登斯认为传统的福利制度存在"推进经济效能和尝试进行再分配之间的紧张关系"这一结构性弱点，福利制度并没有很好地实现财富从富人到穷人的再分配，贫困的缓解主要是"因为普遍富裕，即因为财富的普遍增加"；政治性政策的本质是能动性的，福利国家不能再以现有的形式生存下去，应当按照能动性政治的理念，推动从福利国家到积极福利的转变。[④] 在资本主义认识上，吉登斯指出，马克思主义左派曾用一种不同的社会制度推翻资本主义，民主社会主义者也曾认为"资本主义能够，也应当不断地被修正"，"但现在似乎再没有人认为除了资本主义我们还有别的

---

① ［德］托玛斯·迈尔：《社会民主主义的转型：走向 21 世纪的社会民主党》，殷叙彝译，北京大学出版社 2001 年版，第 7 页。

② ［德］托玛斯·迈尔：《社会民主主义的转型：走向 21 世纪的社会民主党》，殷叙彝译，北京大学出版社 2001 年版，第 11 页。

③ ［英］安东尼·吉登斯：《超越左与右：激进政治的未来》，李惠斌等译，社会科学文献出版社 2009 年版，译者序言二第 1 页。

④ 关于治理主题和福利制度，参见［英］安东尼·吉登斯著《超越左与右：激进政治的未来》，李惠斌等译，社会科学文献出版社 2009 年版，第三章《当代的社会革命》、第五章《福利国家的矛盾》、第六章《能动性政治和积极的福利》和第七章《积极福利、贫困和生活的价值》。

什么选择”①。在对于“第三条道路”的认识上，吉登斯称“第三条道路”是“一种思维框架或政策制定框架，它试图适应过去二三十年来这个天翻地覆的世界”。其意义是“超越老派的社会民主主义和新自由主义”②。作为立志于长期执政的政治精英，布莱尔推动工党转型和进行治国理政需要理论的指导和学理上的支持，吉登斯对社会问题的认识与分析，对西方社会发展走势的把握，对英国社会治理和工党未来理念的见解很受布莱尔的推崇和认可。布莱尔请吉登斯担任政策顾问，为工党发展和执政出谋划策，其一系列思想理念和政策主张成为布莱尔推动工党主流思想变革转型的主要理论来源。正是由于存在这样一种关系，所以吉登斯被称为“布莱尔和英国工党的精神领袖”③。

在肯定布莱尔推动工党主流思想成功转型的同时，也要看到以新“第三条道路”为名称的社会民主主义思想与所有集约化的思想一样，都不可能完全准确地把握和反映多样的现实，存在诸多的问题与困境。如新“第三条道路”看似超越了传统政治中的左与右，但实际上并没有超越，而是在老工党的民主社会主义和保守党的新自由主义之间折中，甚至是由于新自由主义在西方的成功，新“第三条道路”是在向新自由主义妥协，以至于有媒体和学者把新“第三条道路”称为工党版本的撒切尔主义，说布莱尔继承了撒切尔夫人的衣钵。这种妥协使工党逐渐失去了自身的身份特征，失去了可以清晰辨认的政治形象，无论是经济政策还是社会政策都更加与右翼政党趋同，在失去部分传统选民的同时，也不会稳定地获得中产阶级的支持。

随着2003年布莱尔在英国卷入伊拉克战争问题上的失分和欧洲左翼政党纷纷下台，新“第三条道路”作为一个政治话语已经不再流行，也很少为布莱尔提及，但布莱尔按照新“第三条道路”制定的政府政策并没有发生明显的转向。2007年6月布莱尔辞去工党领袖和英国首相职务，让位

---

① ［英］安东尼·吉登斯：《第三条道路：社会民主主义的复兴》，郑戈译，北京大学出版社2000年版，第46页。

② ［英］安东尼·吉登斯：《第三条道路：社会民主主义的复兴》，郑戈译，北京大学出版社2000年版，第27页。

③ ［英］安东尼·吉登斯：《超越左与右：激进政治的未来》，李惠斌等译，社会科学文献出版社2009年版，译者序言一第1页。

于90年代并称工党“双子星座”、时任财政大臣的布朗。布朗是新工党经济政策的主要设计者，在整个布莱尔政府时期一直担任财政大臣，其执政后的执政理念和政策主张稍有左转，但并没有超出新“第三条道路”的范畴。遗憾的是，由于布朗不善言辞，个人形象和魅力不如布莱尔，工党长期执政的钟摆效应，尤其是2008年经济金融危机对英国经济社会状况的严重冲击，使工党在2010年大选中失利，失去连续执政十三年的政权。工党虽然失去了执政地位，但大选结果出来后工党仍有执政可能，出现1974年以来第一个“无多数议会”，保守党被迫联合自由民主党组建了第二次世界大战后的第一个联合政府，说明工党并没有遭遇惨败。随着工党领袖的更迭，工党主流思想的发展也进入一个新的阶段。

第三节　米利班德与英国工党社会民主主义思想的微调

大选失败后，布朗宣布辞去工党领袖职务。在当年9月的新领袖选举中，年仅41岁的埃德·米利班德以50.65%的支持率和1.3%的优势，惊险战胜其兄长戴维·米利班德等其他参选者，成为工党历史上最年轻的领袖。埃德·米利班德执掌工党后，基于自身的社会主义观和工党面临的国情党情，在反思工党失败教训中，提出建设“蓝色工党”和“更负责任的资本主义”等思想理念，在经济、社会、政治等领域调整了工党的社会民主主义主张。米利班德时期工党主流思想的变化只是小幅度的左转，并没有超出社会民主主义的范畴，也没有取得理想的效果。

一　米利班德微调英国工党主流思想的背景与理念

埃德·米利班德1969年出生于一个波兰裔的犹太家庭。他的父亲拉尔夫·米利班德是一位著名左翼学者，著有《资本主义社会的国家》《英国资本主义民主制》《议会社会主义——英国工党政治研究》等著述，被西方左翼学者称为“英语世界具有领导作用的马克思主义政治家”，[①] 国际左派阵营中的“灯塔”，具有马克思主义信仰的“独立社会主义知识分

---

① Michael Newman, *Ralph Miliband and the Politics of the New Left*, the Merlin Press, 2002, p. 1.

子”，“与1956年后英国新左派的涌现以及随后数十年间马克思主义学术的繁荣活跃，有着最直接的关系”①。

在家庭的熏陶下，埃德·米利班德从小就在耳濡目染之间对政治产生了浓厚的兴趣，在中学时代便开始为工党散发各种传单，在演讲和辩论中显示出子承父业的左翼政治色彩。大学期间，埃德·米利班德就读于牛津大学的政治学、哲学与经济学专业，之后在伦敦政治经济学院获得经济学硕士学位。参加工作后，埃德·米利班德曾在一家电视台做过短暂的实习记者，由于具有很好的文笔，很快成为工党影子内阁的秘书。1997年工党执政后，埃德·米利班德获得财政大臣布朗的青睐与信任，成为其专职秘书。在与布朗相处过程中，埃德·米利班德不仅与布朗建立了密切的关系，成为布朗的重要智囊，而且在布朗的影响下，逐步形成了工党内中间偏左的价值观。2003年到2004年，埃德·米利班德到美国哈佛大学进行了为期一年的访问研究，进一步提高了自己在政治、经济等方面的知识储备。2004年回国后，埃德·米利班德成为英国财政部经济顾问委员会主席。在2005年的英国议会选举中，埃德·米利班德作为唐卡斯特北选区的工党候选人成功当选为议员，开始踏上英国政坛。2007年6月布朗担任英国首相后，埃德·米利班德出任内阁厅长官。2008年10月布朗改组内阁后，埃德·米利班德又被任命为能源与气候大臣，直到2010年5月工党下台。

2010年大选失利后，布朗辞去英国工党领袖职务。埃德·米利班德与原布朗内阁成员戴维·米利班德、埃德·鲍尔斯、安迪·伯恩汉姆和议员戴安·艾伯特竞争新领袖。五位候选人中，戴维·米利班德是布朗政府的外交大臣，也是埃德·米利班德的亲生兄长，也曾就读牛津大学。虽然米利班德兄弟两人都受到父亲拉尔夫·米利班德的影响，但两兄弟的政治观点有明显的分野。在思想上，戴维·米利班德属于工党内的右翼，参与起草了具有里程碑意义的1997年工党大选纲领，对新“第三条道路”非常认同，是新工党理念的坚定支持者，强调工党应当摆脱过去浓重的工人阶级痕迹，在新的社会背景下为中产阶级和阶层代言，逐渐远离工会和工人阶级。戴维·米利班德2001年首次当选为英国议员。2005年布莱尔再次

---

① 张亮：《英国新左派思想家》，江苏人民出版社2010年版，第146页。

赢得大选后，戴维·米利班德先后出任布莱尔政府的地方事务大臣和环境大臣，被认为是布莱尔思想的继承者和唯一能够挑战布朗工党接班人地位的工党精英。2007 年布莱尔辞去工党领袖和英国首相后，戴维·米利班德并没有与布朗竞争领袖职位，被布朗投桃报李担任外交大臣这一要职。

而埃德·米利班德在政治上既继承了布朗，又继承了父亲，思想上在党内中间偏左，甚至被冠以“红色埃德”的称号。他支持“生活工资”活动，要求给予劳工高于法定最低标准的工资水平，以保障其基本生活质量；强调工党回归传统，公开批评在新工党理念指导下的布莱尔政府未能创造足够的就业机会，也未能有效缩小贫富差距。他还对布莱尔执政时期配合美国，发动伊拉克战争的决策提出严厉批评，称伊拉克战争是工党政治记录上的“滑铁卢”。因此，米利班德兄弟之间的竞争还被与工党前两任领袖布莱尔和布朗之间的恩怨和政策联系起来，被认为是工党内部以布莱尔为代表的“改革派”与以布朗为代表的“传统派”之间的路线之争。戴维·米利班德的思想得到大多数工党议员的支持，在多次民意测验中一直处于小幅领先位置，但在 2010 年 9 月的领袖选举中，戴维·米利班德只得到了两个小型工会的支持，而埃德·米利班德凭借工会的支持取得 50.65% 的支持率，以 1.3% 的微弱优势反超哥哥险胜，成为比布莱尔还要年轻的，工党历史上年龄最小的领袖。

埃德·米利班德虽然在领袖选举中取得了胜利，但其面对的国情与党情并不容乐观，工党时隔多年再次来到何去何从的路口。一方面，英国经济与社会状况明显恶化。英国是一个对国际贸易非常依赖的国家，2008 年爆发的国际金融危机严重冲击了英国的虚拟经济与实体经济。在后金融危机时期，受美国次贷危机的影响，欧盟爆发了严重的主权债务危机和财政危机。据欧盟统计，英国 2009 年财政赤字占国内生产总值的比重仅低于爱尔兰和希腊，高达 11.5%，政府债务达到国内生产总值的 68.1%，超过欧盟规定的 60% 的上限。[①] 与财政危机相伴随的是失业人数的激增。据英国国家统计局统计，2009 年英国失业总人数升至 251 万，占到全部劳动力的 25%，达到 1994 年以来的最高点，其中超过一年的失业者达到 75.7 万，为 1997 年工党执政以来的最高点；因无法找到全职工作而做兼职的

① 王涛：《英国经济面临财政赤字难题》，《经济日报》2010 年 5 月 12 日。

总人数为 107 万人，其中包括约 3000 名为维持家庭开销不得不重新工作的家庭主妇。[①] 虽然，造成英国经济与社会恶化的关键因素是国际金融动荡的冲击，但抵御形势的恶化是政府当仁不让的责任。正是英国经济增长的停滞、高额的财政赤字、通货膨胀的爆发和失业人数的居高不下导致工党黯然下台。因此，作为新的工党领袖，埃德·米利班德需要反思和调整原有的思想理念和政策主张，才有可能重返执政前台。

另一方面，英国工党面临选民的信任危机。工党在 2010 年大选中遭遇失利，除了直接的经济危机、社会问题、外交失误、内部斗争等原因外，新“第三条道路”幻灭后思想的缺失和工党与工会关系的不明确定位是深层原因，也是工党大选失利后若想重返执政地位必须解决的两个危机。如前所述，在看到工党主流思想变革和理论转型带来的巨大成功的同时，也要看到新“第三条道路”是以淡化自身的阶级特征，争取以新中间阶级为中心的更广泛的社会阶层的支持来扩大选民基础的。但在向中看齐，实际上是向新自由主义妥协的过程中，工党逐渐淹没了自身的身份特征，竞选纲领、社会政策等与右翼越来越趋同，意识形态失去了社会主义特质，也失去了大部分传统的支持者。这一实用主义的思想理念和政策举措在正常发展时期取得了显著成绩，但在经济金融危机的冲击下，在全球化引发极端主义和社会问题日益严重的时代背景下，工党不可能稳定地获得推崇实用主义、缺乏传统政党忠诚度的中产阶级的支持。布朗短暂执政时期也作了个别的政策调整，但在思想上并没有创新，在实践上没有找到好的对策，最终还是失去了政权。因此，随着工党执政地位的结束，加快理论创新，更好地团结党员，吸引选民，成为米利班德时期工党亟待解决的问题。

如果说新“第三条道路”的终结使工党理论上出现缺失的话，工党失去工会的普遍支持则是工党面对的现实因素。工党本身是英国工会运动的产物，自 1900 年成立以来，工党与工会一直保持着制度化的联系。虽然两者之间也曾矛盾尖锐对立，但更多时候是包容理解和密切合作。但随着布莱尔对工党主流思想的变革，这一传统的劳工运动盟友关系最终转变为普通的社会伙伴关系。在实践上，工党削弱了附属工会在党内的权力，采

---

① http：//finance. qq. com/a/20100513/003226. htm.

取了一系列看似公正实为疏远工会的政策。经过这些思想、组织和政策的调整，工党不仅个体党员人数由1997年的40万下降到2007年的不到20万，而且大多数党员认为工党的社会构成已经改变，认为党是工人阶级的党的人数减少了一半，认为党是中产阶级的党的人数增加了一倍。即在大多数党员看来，工党已经成为工商业利益的保护者，而不再是工会和工人阶级的党。①

英国工会虽然今不如昔，不再像过去那样能够对工党发展产生决定性影响，但还是有着一定的作用。埃德·米利班德能够在领袖选举中逆转，赢得工党领袖选举，关键在于赢得了六个工会的支持，特别是英国总工会、英国联合工会和英国公共服务业工会三个最大工会的支持。因为工会界普遍认为布莱尔中间偏右的新“第三条道路”抛弃和疏远了工会，而埃德·米利班德强调工党的根基还在于工会，赢得了工会的赞赏。因此，对于埃德·米利班德来说，其领导的英国工党如何处理与工会的关系，做到既得到工会的支持，又不至于沦为工会控制的棋子，是需要妥善处理的一大难题。

总之，埃德·米利班德当选为工党新领袖，又是惊险胜出的过程说明，在后布莱尔时期，虽然新“第三条道路”的政治话语已经销声匿迹，但新“第三条道路”的观念仍有大批的拥趸。而大选的失利和选民的流失又需要工党提出新的具有吸引力的思想理念。在这样一种现实背景下，埃德·米利班德一方面强调加强党的团结，表示自己是超越布莱尔主义和布朗主义分歧的新型工党政治家，呼吁尽快结束党内派系之争的暗战，② 另一方面又强调作为能够“带来改变的领导人”，工党将站在“被压迫”的中产阶级以及那些辛勤工作、希望改变生活的人一边。③ 作为党内中间偏左的政治家，埃德·米利班德强调的改变就是要回归工党的传统价值观，改变在布莱尔时期工党完全资本主义化，适应资本主义而不是改造资本主义的做法。在思想上表现为支持“蓝色工党”定位，提出建设“更负责任的资本主义”“一个国家”等主张。

① 吕楠：《新时期英国工党执政经验教训及启示》，《当代世界与社会主义》2012年第2期。

② http://www.telegraph.co.uk/news/politics/labour/8025055/Ed-Miliband-Self-confessed-maths-geek-with-a-talent-for-diplomacy.html.

③ http://news.ifeng.com/c/7fYyUI9ANMT.

第一，在政党建设上认同“蓝色工党”的定位。埃德·米利班德上台之时，正是英国左翼学者和政治家为工党寻医把脉，寻求出路之时，关于工党定位和发展方向的各种思想不断提出。如主张完全放弃新工党思想的“红色工党”说、改进新工党思想的“蓝色工党”说、继续坚持新工党思想的“紫色工党”说等。其中“蓝色工党”思想受到埃德·米利班德的认同，成为工党重塑主流思想的方向。

“蓝色工党”是英国社会思想家、上议院终身贵族莫里斯·格拉斯曼于2010年9月发起的一个英国工党内部的压力集团，目的在于要让家庭关系与责任成为英国政治的中心。格拉斯曼强调要建立一种互惠、互助、团结的新型政治，将家庭、信仰、工作与公众利益结合起来，通过可持续的政策来抵御金融资本的运动，使人民过上有意义的生活。在具体观点上，“蓝色工党”思想反对资本的无上权力，反对市场至上和减少对资本控制的新自由主义思想，认为资本的发展逻辑是不择手段、最大化地发展自身，使人类和自然成为市场上任意买卖的商品;① 反对工党向新自由主义的妥协，认为工党的进步需要重新批判资本，支持基尔特社会主义和大陆社团主义，认为真正的自由在于使共同体繁荣而不是支持个人主义，工党应当保护社区与共同体免于遭受国家和市场的侵害，努力构建地方民主自治管理制度；反对自上而下的官僚化管理模式，强调工党不能依赖已经“官僚化”的传统福利国家体系，呼吁建立以家庭为基础的新福利制度，使居住在一起的一家三代共享同一福利；反对新工党相对宽松、缺乏有效管制的移民政策，认为只有通过在移民、犯罪等社会问题和欧洲一体化等国际事务中实行保守的政策才能赢回传统的工人阶级选民。②

在工党失去政权的原因上，格拉斯曼认为是由于布莱尔与布朗执政时期片面追求经济发展损害了工人阶级的利益，从而失去了传统的劳工阶级选民的支持，最终在2010年英国大选中败北。埃德·米利班德出任工党领袖后面临的重要挑战是如何挽回流失的传统工人阶级选民，拉近与中产阶级选民之间的距离，避免重蹈法国社会党、德国社会民主党等欧洲大陆

① 来庆立:《革新将从“新工党”和“蓝色工党”的结合开始——英国工党对未来的政治理念和实践走向展开讨论》,《当代世界与社会主义》2012年第5期。

② http: //www. socialistparty. org. uk/issue/664/11577/30-03-2011/review-blue-labou.

社会民主主义政党纷纷下台的覆辙。而要重新赢回传统劳工阶级选民的支持，就必须恢复工党代表工人阶级利益的传统本质。英国工党的成立基础即是被剥削、被压迫的工人阶级，最初的成立目的就是保护劳工阶级的利益。因此，“蓝色工党”思想主张工党“复兴并践行关系、组织、机构、领导力、权力和互助、互惠、团结的理念，组织抵抗资本的力量，复兴抵御资本权力的运动，反对金融资本，推进市场民主化”，“将责任、爱、忠诚、友情、行动和胜利等价值观置于工党理论和行动的核心”①。

蓝色一向是英国保守党的代表颜色，而红色才是工党的代表颜色。在这种隐喻下，格拉斯曼倡导“蓝色工党”思想，实际上代表了工党内部温和左翼，即保守派的观点，表达了他们既对布莱尔新“第三条道路”思想过于市场化、远离传统选民的不满，又不愿意回到极端左翼的红色道路和思想的政治倾向。而埃德·米利班德作为一个中间偏左的政治家，在反思工党大选失利中，也认为深层次的原因是新工党过分强调自由市场的作用，亲商业、亲资方的立场削弱了工党的政治基础，造成劳工大众对工党的信任缺失和传统选民的流失。如在 2011 年的工党会议上，埃德·米利班德指出，工党在 1997—2010 年间失去了包括 400 万工人阶级选民在内的 500 多万选民和 137 个下议院议席，到 2010 年大选时工党的中产阶级选民人数已经超过了工人阶级，工党的阶级基础已经不再稳固。②

这种相似的认识使埃德·米利班德在多种思想角逐中，认同了“蓝色工党”思想，不仅在多次演讲中肯定“蓝色工党”思想，而且亲自为宣扬“蓝色工党”的著述写序。在演讲中，埃德·米利班德认为其他左翼派别过于忽视英国的政治传统，工党应以“蓝色工党”倡导的意识形态保守理念，如对家庭和社区共同体的强调，赢回选民的支持。在序言中，埃德·米利班德提出工党要保护社会，避免受到政府和市场的侵犯，强调实施负责任的资本主义和更大的社会干预。③ 受“蓝色工党”对自由市场和强势政府理论批评的影响，埃德·米利班德在 2011 年提出了“掠夺性资本主义”

① 来庆立：《革新将从“新工党”和“蓝色工党”的结合开始——英国工党对未来的政治理念和实践走向展开讨论》，《当代世界与社会主义》2012 年第 5 期。

② http：//www. newstateman. com/uk-politics/2011/04/english-england.

③ Maurice Glasman, *The Labour Tradition and the Politics of Paradox*：*The Oxford London Seminars* (*2010 - 2011*), Lawrence & Wishart, 2011, p. 7.

“不负责任的资本主义”“负责任的资本主义”等一系列相关概念和改造英国社会的设想。①

除了区别于布莱尔的新“第三条道路”思想，争取赢回中下层传统选民的支持外，埃德·米利班德支持“蓝色工党”思想的另一个原因是为了与卡梅伦的“大社会运动”相抗衡。“大社会运动”是卡梅伦在竞选英国首相时提出的口号，上台执政后不久，卡梅伦就正式发起“大社会运动”。主要主张有：转变政府的管理方式，将更多的权力和资金下放到社区、慈善机构和公众，进一步提高公共服务的效率和水平；民众和地方政府获得更大权力的同时也承担更多的责任，从而建立一个更大、更强的社会；成立“大社会银行”，把在银行账户内长期处于休眠状态的资金拨付给社会组织和慈善机构，让它们向公众提供政府没有提供或者效果不佳的公共服务。显然，“大社会运动”提到的保护社区和公众的利益，实行权力下放等有着争取中下层民众之嫌。为了争取在传统选民竞争中取得优势，工党必须提出自己的对策。为此格拉斯曼对卡梅伦的“大社会运动”进行了批判，认为“大社会运动”受到自由市场主义的束缚，个人和共同体的团结是在利益的驱动下，而不是传统的风俗和美德；而“蓝色工党”则在于保护人们的生活不会被混乱的市场和金融资本的力量所侵害，是爱国主义和平民主义的结合。

第二，在经济事务上，提出建设一个“更负责任的资本主义”。为了使蓝色工党理念落到实处，也为了解决金融危机对英国经济的冲击，埃德·米利班德在一系列讲话中，对英国资本主义进行了批判，提出建设“更负责任的资本主义”的构想。埃德·米利班德认为，英国经济之所以遭到重创，与其非常依赖财政部门虚假的利润，而英国资本主义又过于看重短期的经济收益，导致经济活动以一种不健康、不正常的形式发展有着密切的关系。既得利益集团在这一过程中实现财富数量上的极大积聚，拥有更多的权力和手段去影响和干扰正常的市场秩序，这又会反过来加剧财富和资本由底层向上层流动的发生，由此形成一个周而往复的恶性循环。既得利益者在这一循环中扮演了始作俑者的角色，底层劳工群体也因此遭

① https：//www. telegraph. co. uk/news/politics/8897055/Ed-Miliband-calls-for-more-responsible-capitalism-in-attack-on-bankers-pay. html.

到了剥削和不公平对待，这种不公平的现象本身就是社会中产阶级和底层劳动人民受压榨的体现。这种资本主义就是充满掠夺性的“不负责任的资本主义”，其特征是经济发展过于依赖金融机构的虚幻利润，贫富差距巨大，少数富人阶层掌握了绝大多数的社会财富和权力，人们只追求眼前的利益而不顾后果。而解决这一问题的出路是建设一个有益于经济发展与社会民主的“更负责任的资本主义”。在更负责的资本主义社会中，商业仍占主导地位，但企业在追求利益的同时也追求社会公平，权力属于大多数人所有，人们清楚彼此之间的义务和责任，也更加容易取得成功。显然，埃德·米利班德提出的“更负责任的资本主义”并不是反对商业，而是推动商业发展；当时惨淡的经济增长预期、不断增加的借贷和大规模失业表明英国正处于关键的经济转折点，而保守党政府实行的紧缩政策无法解决失业增多、经济停滞和财政赤字等问题。

为了实现建立“更负责任的资本主义”这一构想，埃德·米利班德提出了五点具体主张。一是重塑金融业与实体经济的关系。实体产业是经济发展的重要推动力量，金融界要把更多的流动资金服务于实体经济，而不是漫无边际地进行资本炒作。实体产业创造经济价值周期较长，金融界向实体产业放贷应以长远发展的眼光和利润预估作为标准，不能单纯地以实体经济当前的效益和税收做标准。二是投资者应该改变急功近利的心态，学会更有耐性，而不是追求短期回报，以此来建立负责任的商业，寻求长期的成功。在企业发展上，投资者不应以上一季度的公司利润报告来衡量企业的发展，而是应从长远和综合的角度考虑；应该鼓励长期持股的股东，给予他们更大的权力。在企业并购和投资上，政府应当出台法律，对诸如企业的并购和投资活动进行规范和监管，防止国际投资基金对英国企业和公司的不良并购做法，帮助英国企业和公司规避在国际经济往来中可能承担的风险。三是建设完善职业培训制度和体系，着重强调职业技能在市场经济中的作用和地位，构建惠及企业、个人和社会，并由他们共同承担责任的职业技能培训系统，助力经济结构转型，实现企业的更好更快健康发展，提高英国商品和服务的国际竞争力。四是改革收入分配制度和社会福利制度，限制企业高层的薪酬，使勤奋工作者获得与其付出相对应的回报，而不是身处高位的人获得更高的报酬。鼓励大公司的普通员工加入公司薪酬委员会，增强工资制度的透明度，允许员工股东投票决定公司高管的薪酬和遣散费。五是政府应该在经济中发挥“看得见的手”的作用，通过更好的制度设计，打破私有部门在金融、能源、媒体等行业的垄断现象，削减私营部门在经济发展中的权利，保证商品服务价格的公正合理，努力提高社会生产效率，保护消费者权益。①

第三，在社会事务上，提出“一个国家”（one nation）的口号与思想。为了将“蓝色工党”思想提出的责任、忠诚、行动和胜利等价值观付诸每个人的生活，调动每个人的积极性，促进社会的平等，同时彰显工党是代表全体民众而非部分人士的政党，避免在金融危机背景下英国分裂为“两个国家”，2012 年 10 月，埃德·米利班德以解决社会问题为指向，提出了覆盖多个方面的“一个国家”的口号与思想。此后在多个场合，埃德·米利班德都曾提到这一概念和主张。虽然这一口号受到保守党首相卡梅伦的指责，称工党偷窃了 19 世纪保守党首相迪斯雷利的概念，但埃德·米利班德称工党是唯一能够使英国成为真正“一个国家”的政党。在收到较好的社会反响后，当时的工党官方网站一度把“一个国家”作为工党参与各种竞选的口号，对其内容进行详细的解释。

“一个国家”思想主要包括三个层面的要旨。一是强调各阶层、各行业的人和组织享受均等的权利，也都应承担起对国家和社会的义务与责任。对于企业来说，就是无论是英国企业，还是来自海外的跨国公司，无论是大企业，还是中小企业，政府要赋予他们同等的地位，它们也应在纳税、接受劳动力等方面尽到相应的责任。对于普通民众来说，“一个国家”理念关注他们的就业与享受公共服务问题。对于那些有基本能力的适龄人群，政府有义务解决他们的就业问题，他们也必须去工作，否则将不能享受福利政策；政府有义务加强医疗服务水平和医疗基础设施建设，妥善处理医患关系，保护好医患双方的权益；政府应当加大警力部署，及时应对社会上各种突发事件和激进行为，更好保护民众安全。

二是主张重建现有有利于少数社会顶层阶级的社会政策，使其为所有民众服务。面对英国经济发展停滞不前、失业问题日益严峻、通货膨胀程度加剧的趋势，在卡梅伦政府施政未见起色的情况下，埃德·米利班德提

---

① Ed Miliband, “Building a Responsible Capitalism”, *Public Policy Research*, No. 1, 2012, pp. 17 – 25.

出应提高上层人群的税率，削减普通民众开支的理念。其具体主张有：取消对社会中上阶层的减税政策，对价值高昂的豪宅征收物业税，对金融高管的巨额奖金征税，降低能源价格和铁路运输价格，对中低工薪家庭恢复实行税款抵免政策，降低对中低收入者征税的税率，减少低收入家庭的生活开支等。

三是主张民众享有对关系自身利益事务的决策权和在民生政策制定过程中的发言权。对此埃德·米利班德一方面强调应改革权力运行模式和活动流程，加强对既得利益阶层，尤其是能源行业和银行业从业者的监督管理，重建民众对政府的信任；另一方面重视各个阶层的民众，特别是中下层普通民众参与政策的制定，在担负起对国家的责任和义务的同时，通过体制改革使更多普通民众享受更好的服务和发展成果。

二 英国工党社会民主主义思想微调的表现与评判

在“蓝色工党”定位和建设“更负责任的资本主义”“一个国家”的思想理念影响下，工党在经济、社会、工会等问题的态度上，既表现出与执政的保守党的差异，又表现出与新工党和新“第三条道路”的差异，显示出工党主流思想的微调。

第一，有区别地对待工会的罢工行动。罢工是在对话不能满足诉求情况下，英国劳方维护自身利益常用的对抗方式，长期以来被认为是工会权力和能力的体现。工党起源于工会运动，工党与工会的关系、对待工会的态度，不仅关系着工党与工会的发展和英国社会的面貌，而且是审视工党意识形态的重要视角。在布莱尔和布朗时期工党把工会定位于社会合作伙伴，采取资方劳方平等对待，不支持工会动辄罢工，影响正常社会秩序的举动，主张通过对话解决分歧与问题，这也是金融危机背景下导致工党大选失利的重要变量。而埃德·米利班德正是在几个大工会的支持下，以微弱优势当选为新的工党领袖。因此，无论从哪个角度讲，如何对待工会，特别是罢工这一工会的非暴力不合作的维权方式，都是埃德·米利班德无法回避的问题。其对待工会罢工的态度，成为观察工党思想变化的重要标尺。

作为一个把工党既定位于“一个国家”和“蓝色政党”，又重点关注中下层民众利益的领袖，埃德·米利班德在工会罢工问题上采取了因事因时区别对待的态度。既区别于新工党以调停面目出现，又没有回到早期一味迎合工会的时代。换言之，既对严重不负责任，影响国家整体利益和形象的罢工进行了批评和谴责，又对工会沟通无果，反映生活诉求的罢工表示理解和支持。为了解决英国经济颓势和高额财政赤字问题，2010 年 10 月，保守党政府宣布将大幅削减公共开支。这一计划是英国几十年来最大规模的削减经费计划，将造成公共服务部门约 49 万人失业。面对政府的这一举措，英国工会就反对缩减公共开支计划举行了多次罢工。在 2011 年 3 月工会组织的 50 万人罢工中，埃德·米利班德选择支持罢工行动，在著名的海德公园进行演讲，为工会呐喊助威。在 2012 年 10 月伦敦、格拉斯哥、贝尔法斯特等地爆发的示威游行中，埃德·米利班德再次在游行现场发表演讲，批判保守党政府削减公共开支幅度过大，时间过长。工党的最高领袖直接来到工会的罢工现场表示支持，这是自金诺克以来从来没有的情况，鲜明地表现出埃德·米利班德思想的左转。

在多次反对削减财政开支的罢工中，最为浩大的是 2011 年 11 月底由 33 个工会发起，超过 200 万教育、医疗、政府机构等公共部门人员参加，遍及全国各大城市，旨在反对保守党政府关于公共部门养老金改革方案的“世纪大罢工”。这场自 80 年代中期矿工大罢工以来最大规模的罢工，对英国的交通、银行、学校、医院、市政、机场等部门的正常运转造成严重的影响。面对这一严重的社会事件，保守党与工党的反应却截然不同。保守党政府的教育大臣迈克尔·戈夫对罢工进行了严厉的谴责，他把煽动罢工的人称为“渴望战斗的好战分子”，认为他们罢工的目的是“想让冲突的场面充斥媒体，想让经济复苏变得更加困难，想在需要团结时制造对抗的平台”。内阁办公厅部长弗朗西斯·麦浩德说：“罢工行动是非常不负责任的，英国经济正处于脆弱时期，罢工将对经济造成重创。”① 埃德·米利班德作为工党领袖则表现出既不支持罢工，担心罢工对社会正常秩序造成影响，又不谴责罢工，对保守党政策进行批评的暧昧态度。如在罢工开始前，在会见英国联合工会代表时，埃德·米利班德一方面强调工党不支持不负责任的罢工，强调当对话和协商正在进行的时候，罢工是最后才能采取的办法，表达了对罢工可能引发的学校关闭，各种基础服务停滞等后果

① http：//news. cntv. cn/20111130/116585. shtm.

的担忧和憎恨；另一方面拒绝谴责罢工，表示“当然应该解决赤字问题，但是把目标对准公共部门职员是不公平的。所以即使罢工会造成严重的破坏，我也不会谴责作出这一决定的人”①。

当然埃德·米利班德并不是无原则地对工会罢工采取噤声或支持的态度。为消除在竞选中被称作“极左派”“红色埃德”“受工会操纵”等左翼色彩浓厚称号的影响，早在2010年当选工党领袖后的首次演讲中，埃德·米利班德就否认自己是政治上的“中间派”，称他领导下的工党要代表英国的大多数人，不会支持“不负责任的罢工”。② 2012年7月的伦敦奥运会开幕前夕，英国最大工会组织——联合工会欲趁奥运会举办之际，发起公交司机大罢工，以求通过交通瘫痪向保守党政府施压。面对这一影响国家全局，绑架奥运会的胁迫式罢工，工党和执政的保守党与自由党一样，对工会的罢工行动进行了明确的谴责。埃德·米利班德表示：“对奥运发出威胁言论是完全错误的。工党和其他党派一样，为伦敦申办奥运会付出了巨大的努力，伦敦奥运会应该是一个欢庆的时刻。”工党影子内阁的奥运事务大臣乔韦尔认为：“无论运动员还是游客，都不会理解或同情这种破坏奥运会的行为，这应当是劳资双方在私下里通过谈判解决的问题，而不应当利用奥运会举办的时机威胁采取破坏行动。”③

第二，提出加强对金融机构的监管。作为注重工党传统价值观，主张建设负责任资本主义的新任领袖，埃德·米利班德在上台伊始就对布莱尔时期新工党政府对银行系统采取宽松的管理做法进行批判，主张对银行体制进行改革，加强对金融机构的监管。2012年6月，英国巴克莱银行等四大银行以欺诈手段操纵银行同业拆借利率，欺骗小企业购买不良金融产品的丑闻被曝光。这一事件使埃德·米利班德更加坚定了加强对金融机构监管的认知，谴责这是“不负责任的、掠夺性的资本主义”的典型例子，英国的金融文化亟须改变，④ 要求巴克莱银行首席执行官鲍勃·戴蒙德辞职，建议启动由法院主导的公开质询，使牵涉进丑闻的银行高管受到法律的严

---

① http：//news. cntv. cn/20111130/116585. shtml.

② 张亮：《英国工党新党魁力主变革》，《人民日报》2010年10月1日。

③ http：//sports. sina. com. cn/o/2012-03-02/10295964789. shtml.

④ https：//www. channel4. com/news/miliband-calls-for-public-inquiry-into-banks.

惩，同时对银行业进行全面的司法调查，以恢复人们对英国银行的信任。[①] 面对埃德·米利班德的谴责，巴克莱银行董事长阿吉厄斯与首席执行官戴蒙德相继宣布辞职。丑闻刚爆发的时候，英国首相卡梅伦并未同意对此进行独立调查。但迫于埃德·米利班德施加的强大政治压力，卡梅伦政府最终成立了调查委员会，对银行界同业拆借利率市场展开调查，要求调查委员会在2012年底前提交报告，表示政府将根据报告对法律作出修改，防止操控利率的丑闻重演。

埃德·米利班德重视对银行业加强监管的另一表现是防止个别人在银行业牟取暴利。2012年1月，针对媒体报道在金融风暴中几近全面崩溃，最终靠纳税人救助才得以避免倒闭的国有苏格兰皇家银行将向首席执行官史蒂芬·赫斯特发放95万英镑奖金事件，埃德·米利班德称这是一件令人羞耻的事件，要求卡梅伦首相立刻采取行动阻止这一行为。[②] 当卡梅伦表示这属于苏格兰皇家银行董事会权限，拒绝接受建议和采取行动后，埃德·米利班德称工党将迫使议会投票决定政府是否应该阻止这一巨额奖金。迫于压力，史蒂芬·赫斯特公开声明放弃这一巨额奖金。在这一成效的鼓舞下，埃德·米利班德表示工党将进一步推动议会投票表决政府是否应该阻止银行业其他高管领取巨额奖金，称如果工党能够赢得下次大选，工党将在经济事务中做到公平，向能源、铁路、金融等行业拿高额收入的既得利益者开刀。[③] 埃德·米利班德在制止经济困难时期银行业给高管发放巨额奖金方面的努力为他赢得了良好的政治口碑。

第三，主张渐进地削减财政开支。英国是一个对国际贸易非常依赖的国家，2008年金融危机和欧元区主权债务危机对英国经济的打击非常严重。工党2010年下台时，英国经济已经陷入了几近停滞的泥潭，政府赤字高达15000亿英镑。为了促使英国经济复苏和健康运行，防范主权债务风险，避免出现类似希腊、爱尔兰等国的债务危机和社会动荡，卡梅伦政府采取的是大规模削减公共开支政策，先是在上台伊始宣布削减2010年度政府开支62亿英镑，后又在当年10月提出从2011年起在四年内削减公

① http：//www. bbc. com/news/uk-politics-18659660.

② https：//metro. co. uk/2012/01/22/ed-miliband-david-cameron-must-block-stephen-hesters-bonus-296143/.

③ http：//www. bbc. com/news/uk-politics-16473548.

共开支810亿英镑。主要内容有削减社会福利开支180亿英镑；裁减50万公共部门雇员，冻结公务部门职员薪水两年；降低国防、外交、司法、体育、文化、地方事务等领域的开支；将个人缴纳养老金的比例提高3%，到2020年将男女退休年龄统一延长到66岁等。

由于英国财政赤字达到历史最高水平，严重的赤字的确影响到经济的复苏和正常运转，埃德·米利班德对卡梅伦政府的削减公共开支政策在方向上并不反对。他在2010年当选工党领袖后的就职演说中就表示：工党将做一个“负责任的反对党”，成为保守党领导的联合政府的“建设性补充”，只要“政府决策正确”，工党“不会对联合政府的所有政策都予以反对”①。但面对卡梅伦政府提出的大规模削减公共开支计划，工党对削减财政赤字的实施时间、力度、方法和策略并不苟同。在实施时间和力度上，埃德·米利班德认为卡梅伦政府的政策并不利于经济复苏与劳动力就业，在英国和欧盟经济十分脆弱，小型企业运行还不稳定的情况下，过早地尤其是大幅度地削减开支将会带来更大的失业风险与经济风险；在实施方法上，埃德·米利班德认为政府仅靠削减公共部门开支来减少财政赤字是不够的，对公共部门职员也是不公平的，不应通过激进的改革措施使中下层民众的利益受损，应在渐进削减公共开支的同时，通过提高对富人和银行业的税率等，从节流和开源两个角度实现财政赤字的削减和缩小贫富之间的差距；在实施策略上，埃德·米利班德认为应当先保持适当的经济刺激政策，即扩大财政支出政策，待经济出现稳定复苏之后，再进行有计划、分步骤、渐进性的削减公共开支，促进英国收支的平衡和经济的良性运转。

在这种思想指导下，2014年1月，埃德·米利班德接受媒体采访时公开承诺，为了确保收支平衡，如果工党在2015年大选中获胜，将重新启动对高收入人群开征高额税金的方案，把对年收入超过15万英镑的富人的征收税率由45%提高到50%，以此争取在2020年实现财政盈余。在2015年的大选中，埃德·米利班德把对待财政赤字的这一认识和解决路径写进了工党的竞选纲领。竞选纲领的开篇就指出“本宣言的所有计划都以

① http://www.telegraph.co.uk/news/politics/labour/8025462/Ed-Miliband-my-vision-to-rebuild-trust.html.

不增加预算为基础”，“工党执政后会逐年减少赤字”，“将尽快使国债减少，使当下的预算有盈余”，而开源的方法就是“通过50%的税率，请那些年收入超过15万英镑的人多做一些贡献”①。

第四，重视社会问题并强调政府的社会保障功能。在布莱尔时期，英国工党实现主流思想转型的一个重要表现是强调经济事务优先于社会事务，其逻辑是没有经济的发展就没有充足的资金用于社会事务。这种认知与布莱尔改变工党左翼政党定位，而做全民政党的定位是一致的。这一功利主义、淡化意识形态和政党特性的做法受到埃德·米利班德的批评。作为推动主流思想左转、恢复工党传统的领袖，埃德·米利班德虽然没有完全回到社会事务第一，经济发展是为社会事务服务的传统民主社会主义观点，但明显更加强调社会问题，重视发挥政府，而非市场在解决民众基本需求上的社会保障功能。因此，埃德·米利班德特别重视包括中产阶级和底层民众在内的中下层人们的基本社会保障问题。在具体解决方法上，除了前述渐进削减公共开支、提高对富人的税率外，还主张“生活工资上涨计划”、通过降低生活开支保障民生等。

“生活工资上涨计划”是在金融危机后中下层民众生活水平下降背景下，由生活工资基金会和英国公民组织两个社会团体发起的。其核心思想是要求资方给予工人高于法定最低工资标准，保障基本生活质量的工资水平。② 由于“生活工资上涨计划”与埃德·米利班德的思想理念一致，一经提出就得到埃德·米利班德的认可。在竞选工党领袖时，埃德·米利班德就明确表示了对“生活工资上涨计划”的肯定和支持。他认为，当下英国的贫富差距愈拉愈大，许多低收入家庭的生活质量甚至不如十年之前的水平，必须重视中低收入家庭生活水平大幅下降问题。通过推行最低生活工资制度，不仅能够帮助贫困家庭摆脱贫困，实现有尊严的生活，消除“有工作依然贫困”现象，而且有助于减少政府的福利开支，提高生产效率。为了鼓励企业推行最低生活工资制度，埃德·米利班德承诺，如果工党将来执政，将为支付最低生活工资的企业提供税额优惠。

---

① 刘玉安译：《只有劳动者成功，英国才能成功——英国工党2015年竞选宣言》，《当代世界社会主义问题》2015年第2期。

② http：//www. telegraph. co. uk/news/politics/labour/8025068/Ed-Miliband-his-shadow-cabinet-and-key-policies. html.

除了主张“生活工资上涨计划”外，埃德·米利班德还从就业、住房、养老金等多个方面关注中下层民众的利益，突出政府的社会保障功能，争取普通大众选民对工党的支持。2011 年 9 月，埃德·米利班德提出，通过向银行业高额奖金征税来建立面向失业青年的工作基金，提供 10 万个工作岗位；实施长期的学校建设、道路建设等投资计划提供就业岗位；对家庭困难者和养老金领取者不仅提供就业机会，而且直接给予帮助；停收一年的国民保险税，帮助需要雇佣额外工人的小型企业，推动小型企业发展和增加就业等一揽子建议。这些建议和主张与新工党政府的第二代福利观形成了鲜明对比，显示出明显的左转态势，一定程度上体现了工党对传统的回归。

在节流方面，埃德·米利班德主张通过价格干预，降低中下层民众的开支，保障他们的生活。从 2010 年到 2013 年，英国的能源和燃料价格上涨 36%，导致中低收入家庭的取暖等费用大幅增加，生活压力猛增。对此，埃德·米利班德公开谴责卡梅伦政府选择和大型能源公司站在一起，有能力遏制能源和燃料价格上涨却不作为的做法。在 2013 年 9 月的工党年会上，埃德·米利班德承诺，如果工党赢得 2015 年的大选，将建立新的能源监管体系，进行能源结构改革；全面冻结能源和燃料价格 20 个月，确保 2017 年之前天然气和电力价格不再上涨。

第五，坚持包容移民又管控移民的立场。自 20 世纪 90 年代起，随着经济全球化的发展和东西欧政治藩篱的打破，怀着各种梦想的民众开始大规模的跨国性流动。面对越来越多的移民进入英国，当时布莱尔领导的工党政府持宽松包容的政策，强调培育政府的包容意识，反对排斥行动，注意协调国内居民和外来移民之间的关系。在布莱尔政府政策的作用下，大量外来移民，尤其是来自东欧的移民涌入英国。据英国国家统计局人口普查数据显示，2002—2012 年，英格兰和威尔士的人口增加了 370 万，其中移民人口为 210 万，占新增人口总数的 60%。跨族裔婚姻、多族裔家庭和混血人种增多的趋势越来越明显。面对移民带来的英国社会和文化多元化的现实，为了维护英国社会的稳定，埃德·米利班德多次表示为不同族裔和文化并存交融的英国社会感到自豪，强调要加强不同族裔、不同民族的融合，打破不同族裔人们只生活在自己的社区，不同社区之间互不来往，不同族裔之间不建立共通纽带的现状，帮助外来移民融入英国社会。

虽然埃德·米利班德一再强调加强多元文化的融合，肯定外来移民为英国经济增长作出的贡献，但外来移民的急剧涌入，不仅使不同文化背景的差异与隔阂凸显，造成英国犯罪率的提高，社会不安全感上升，而且挤占了原属于本国中下层民众的就业岗位，造成英国民众失业率的增加，招致越来越多的普通民众的反对。为了更好地吸引传统的中下层民众，埃德·米利班德对保守党政府和此前新工党政府的移民政策都给予了批评。埃德·米利班德在 2010 年 9 月当选工党领袖后的演说中，公开批评了布莱尔执政时期忽视民众对于移民问题和住房问题的看法，称这是完全错误的政策。①

对于英国愈加严重的移民问题，卡梅伦政府也采取了严格移民政策，上台伊始就设定每年接受的移民人数不超过 10 万人的目标。即使如此，埃德·米利班德还是对卡梅伦政府的移民政策给予了批评，认为卡梅伦政府只限制移民数量是不够的，还要学会应对移民的影响。因为大部分的移民来自欧盟内部，根据欧盟法规成员国之间人口可以自由流动。为此埃德·米利班德提出了一系列应对新移民挑战，提高本国民众竞争力，进而提高其就业率的具体建议。2013 年 9 月，埃德·米利班德公开承诺，如果工党重新执政，新政府将通过立法减少来自非欧盟国家的移民和低技能的移民人数，要求凡是雇佣非欧盟国家移民的公司必须同时培训相同人数的英国学徒；要求企业对移民工人按照最低工资标准发放工资，以避免海外廉价的劳动力造成英国工人的收入减少。② 在 2015 年大选中，埃德·米利班德再次强调了这一包容移民，又管控移民的基本主张。他指出，工党将一方面"通过公平有效的规则来防止对移民工人的剥削"，"加强社会整合，保证移民在我们社会中能够发挥作用"，"更人性化、更有效地实施移民规则"；另一方面基于英国外来移民，特别是低技能的移民数量过大，达到历史最高水平，"对工资、对公共服务、对我们共同的生活方式造成了影响并引发公众焦虑"的现实，未来工党政府将加强对边境的管控，

---

① https：//www. theguardian. com/politics/2010/sep/28/ed-miliband-labour-conference-speech.

② https：//www. telegraph. co. uk/news/politics/10326285/Ed-Miliband-Labour-will-cut-immigration-if-we-win-next-election. html.

“以公平的规则控制移民”，“采取强硬的行动来阻止非法移民”。①

显然，为保证国内的和平与稳定，埃德·米利班德要求给予移民更多的关注与扶持，帮助他们融入英国社会。但为了保证本国劳动力的就业机会，又要求实施更为严厉的移民政策，同时给予本国劳动力一些保护性政策。工党希望通过这种方式，既可以赢得数量广大的移民的支持，也能够博取反对移民的中下层劳动者的好感，获得更高的民意基础。

当然，任何一个人或一个政党的思想都处于变化之中，对于并没有足够把握，甚至可以说是出人意料当上工党领袖的埃德·米利班德来说更是如此，因为他首先考虑的是竞选领袖成功，而不能像金诺克、布莱尔等人，在胜券在握的背景下较早谋划工党的未来发展。因此，无论是埃德·米利班德的思想理念还是政策主张，不像布莱尔那样要么是不断地强调，要么在认识中深化，呈现出一致性和递进性，而是既有坚持和深化，也有调整与改变。前述的 2015 年大选中的移民政策和财政政策是坚持和深化既有思想的典型例证。在大选纲领中工党宣讲的“在一个互信和互相承担义务的社会里……助人即自助，这既能改善人们的社区，又能实现人们的抱负”，“当我们团结一致去挑战权力不公，去实现共同的善的时候，我们会更进一步接近我们的目标”，“我们将下放更多的权力和管控……与社区的人民共同分享权力与责任，帮助他们自立，因地制宜地规划社区服务”②等则是埃德·米利班德强调的价值观的坚持和深化。而通过审视埃德·米利班德在工党竞选纲领强调“我信念中的核心思想”是“只有劳动者成功，英国才能成功”，认为自己“出任英国首相的优势在于，我只有一个目的：那就是每天都致力于建设这样一个国家，一个重新为劳动者服务的国家”，工党执政后的第一项任务就是“改变我们的经济，使其为英国的企业和英国工薪阶层服务”③ 等话语，可以看出工党的主流思想有了新的变化，在新的环境下对工党的定位上有了进一步的左转。

---

① 刘玉安译：《只有劳动者成功，英国才能成功——英国工党 2015 年竞选宣言》，《当代世界社会主义问题》2015 年第 2 期。

② 刘玉安译：《只有劳动者成功，英国才能成功——英国工党 2015 年竞选宣言》，《当代世界社会主义问题》2015 年第 2 期。

③ 刘玉安译：《只有劳动者成功，英国才能成功——英国工党 2015 年竞选宣言》，《当代世界社会主义问题》2015 年第 2 期。

从整体上辨析埃德·米利班德的工党定位、思想理念和政策主张可以看出，与新工党时期的社会民主主义思想相比，埃德·米利班德有着诸多不变的成分。如坚持社会主义是一种价值观，没有产生公有制是否是社会主义标志的争论；强调“私营部门对于长远发展至关重要，它通常是变革的积极力量”；提出的工党做“一个国家”政党与布莱尔说的工党做跨越民族、跨越阶级的全民政党是同一个意思；都主张加强福利制度建设，强调民众在社会事务中的责任；都主张英国融入欧洲社会，在与欧盟合作中更好地维护英国的利益等。这些都是社会民主主义思想的核心特质。正是这些观点的继承性，说明埃德·米利班德的思想仍属于社会民主主义思想，并没有使工党主流思想发生质变。

不过也要看到，与布莱尔确立的社会民主主义思想相比，埃德·米利班德的思想有了诸多的新变化。如在对待工会的态度上，布莱尔坚持工党以劳资关系中的调停者和中立者身份出现，而埃德·米利班德的态度出现了一定程度的回归，在诸多方面理解工会的诉求，甚至是对工会发动的一些罢工行动表示支持。在政党定位上，布莱尔确立的是超阶级的全民党，而埃德·米利班德虽然提出“一个国家”思想，但重点关注的还是中下层民众的利益，并且在2014年下半年以后，“一个国家”逐渐退出了工党的政治话语体系，这一政治概念也没有写入工党的竞选纲领。[①]“蓝色工党”的定位也是“强调工党的阶级色彩，更多意义上是把工党作为工人阶级的代表”，着眼于“重新获得传统工人阶级选民的支持”。[②] 即两个新概念都用的是全民党的名称，说的阶级党的主张。在基本价值观上，虽然布莱尔与埃德·米利班德在社会主义的本质是一种伦理价值而非社会制度的认识上是一致的，也有互助、团结、责任等一些指代基本价值的共享关键词，但也有一些不同的关键词。更重要的是，布莱尔的基本价值观是鼓励个人主义，以建立充满活力的政府和社会为目标，而埃德·米利班德的基本价值观旨在通过建立更具人情味的福利制度和共同体，实现社会和群体关系的稳定与和谐。正是这些差异的存在，说明埃德·米利班德时期工党的主流思想出现了微妙变化。与80年代以来长期的向右转不同，这次主流思

① 王展鹏：《从米利班德到卡梅伦的“全民国家政党”》，《欧洲研究》2015年第4期。

② 郑海洋：《英国工党内部左右翼斗争内涵探析》，《中共党史研究》2018年第5期。

想的变化是向左转。

埃德·米利班德对工党主流思想的左转微调在初期收到了一定的成效。这在2012年到2013年工党参加地方选举中的成绩得以体现。在2012年5月的英格兰、苏格兰和威尔士地方议会选举中，工党取得明显的进步。在全部181个地方议会中，保守党赢得42个，减少12个，总议席数下降403个；工党赢得75个，新增32个，总议席数上升824个。[①] 在2013年5月的英格兰和威尔士35个地方议会选举中，卡梅伦领导的保守党虽然赢得1116个席位，在18个地方议会保持多数地位，但与上次选举相比失去335个议席和10个地方议会的多数地位，而工党增加291个议席和2个地方议会的绝对多数地位。[②]

从2014年初到2015年5月大选前夕，工党的民意支持率都一直和保守党的民意支持率处于不相上下的胶着状态。正是这一情况，使保守党不敢提前举行大选，也使舆论认为2015年大选将是二十多年来竞争最为激烈，结果最难预料的大选。但大选结果却是出乎大多数人和媒体的预料，保守党获得331个议席，不仅多于上届的306席，更超过半数5席，获得独立组阁的资格，避免了悬浮议会的再现。工党则遭遇惨败，仅收获232席，比上一届少了26席，丝毫没有组阁的可能性。主张苏格兰独立公投的苏格兰民族党取得巨大进展，收获了56个议席，成为仅次于保守党和工党的英国议会第三大党。而与保守党组成联合政府的自由民主党与工党一样惨遭滑铁卢，仅获得8个议席，比上次大选减少48个，在失去联合组阁机会的同时，也失去了议会第三大党地位。

分析工党大选惨败的原因，除了外在的保守党经济与社会政策方向适宜，反映经济与社会状况的经济增长率、失业率、财政赤字占国民经济比重等指标都出现明显好转，在欧盟国家处于前列；在苏格兰这一工党的发源地，也是工党传统票仓的大本营，主张维护本地区利益和独立的苏格兰民族党异军突起，几乎把苏格兰所有议席全部一网打尽外，工党自身存在的问题更是不容忽视。

一方面，埃德·米利班德始终没能提出如“新工党”、新“第三条道

---

① http：//news. ifeng. com/gundong/detail_ 2012_ 05/06/14341145_ 0. shtml.

② http：//news. cnr. cn/gjxw/list/20130505/t20130505_ 512511725. shtml.

路”一样改造工党和社会的系统完整、逻辑严密的思想体系。由于本身没有做好执掌工党的充分准备，加之能力等方面的原因，在五年时间里，埃德·米利班德并没有在思想层面形成自身的理论。比如布莱尔新思想的逻辑起点是探讨社会主义的本质，通过论证公有制不是社会主义的本质，社会主义本质是一种基本价值，形成一套环环相扣的理论；而埃德·米利班德没有这样的理论，建设“更负责任的资本主义”“一个国家”都是分散的碎片化的点，没有形成统一的面。看似对工党新定位的“蓝色工党”也不是自己提出的，而是自己认可和接受的别人的概念。作为一个大党的领袖，若想有所作为，可以吸收借鉴他人的思想，但仅仅采用拿来主义的做法，为我所用是不够的，必须有自己的思想。如布莱尔的新“第三条道路”思想既受吉登斯 90 年代社会民主主义思想的启发，又不是吉登斯社会民主主义的简单复制，而是创造性的发展。因为每个人的思想都是不尽相同的，简单地照搬别人的思想要么是束缚了自己，要么是受到别人思想变化的牵连，无论哪种结果都对理论体系的形成是不利的。在借用“蓝色工党”这一概念问题上，埃德·米利班德就遭遇了这样的情况。在 2011 年，“蓝色工党”的提出者格拉斯曼在移民问题上，主张划定最后期限，停止有外来移民进入英国。这一激进的观点显然是埃德·米利班德不可能接受的，立即表示这是格拉斯曼个人的观点，并不代表工党。[①] 随着媒体对格拉斯曼“蓝色工党”思想排外性的抨击，虽然埃德·米利班德在思想层面仍认可“蓝色工党”关于基本价值观、关于资本主义等方面的论述，但在政治话语中只能放弃，在使“蓝色工党”作为一种思想失去影响力、走向终结的同时，也使工党话语政治探索遭受重挫。[②]

另一方面，埃德·米利班德对布莱尔社会民主主义思想的纠偏和反思显得左了，目标定位显得狭窄。由于布莱尔与布朗时期的工党忽视了与传统劳工阶层选民的联系，埃德·米利班德领导的工党进行思想与政策左转，注重争取和吸引传统劳工选民有一定的道理。但在具体执行中，并没有很好地把握其中的度，提出的“生活工资上涨”计划、实行严厉的移民

---

① http://www.telegraph.co.uk/news/uknews/immigration/8643584/Immigration-should-be-frozen-says-Miliband-adviser.html.

② https://www.newstatesman.com/blogs/dan-hodges/2011/07/blue-labour-maurice-glasman.

措施、对银行业征税、提高富人阶层的最高税率、提高最低工资等一系列亲劳工的措施，还是回到了传统民主社会主义的老路。特别是在大选中把自己重新划为劳工阶层的“代言人”，大选纲领命名为《只有劳动者成功，英国才能成功》，通篇强调为劳工服务是非常不合时宜的。虽然这些思想理念与政策承诺得到了较多劳工的认可，但毕竟英国社会现在是一个“中间大，两头小”的社会，庞大的中产阶级构成了社会的主体。工党的新思想和主张并没有很好地反映中产阶级的诉求，也在大选中不可避免地失去了习惯于游弋不定、在布莱尔时期工党曾经争取到的中产阶级选民。这种捡了芝麻，丢了西瓜的做法自然无助于工党取得大选的胜利。

第五章 现状与审视：英国工党主流思想的激进回转与宏观思考

2015 年大选惨败后，壮志未酬的埃德·米利班德即刻宣布辞去工党领袖职务。在当年 9 月的领袖选举中，非主流的激进左翼议员杰里米·科尔宾当选为工党新领袖。在科尔宾左翼社会主义观引领下，工党的主流思想急剧回转，犹如回到富特执掌工党的年代，但这一重大变化并没有助推工党重返执政前台，而是先后遭遇了 2017 年和 2019 年两次全国大选的失利，科尔宾也因此在 2020 年 4 月黯然辞去工党领袖职务。审视工党主流思想的百年嬗变，既有西方社会民主主义政党思想嬗变的共性，又有英国文化影响下的鲜明特质，为其他主流政党加强思想与理论建设，从而更好地实现上台执政和治国理政，提供了正反两方面的深刻启示。

第一节 科尔宾领导下英国工党主流思想的新变化

在 2015 年工党领袖选举中，本为陪衬的左翼激进议员科尔宾以 59.5% 的绝对优势当选为工党新领袖。在科尔宾领导下，英国工党的主流思想激进回转，远远超出了社会民主主义的范畴。其思想理念和政策主张不仅在英国引起巨大的震动，也引起国际社会的广泛关注。几年来，科尔宾 2016 年成功连任工党领袖，2017 年领导工党在大选中议席增多，甚至是理论上存在上台执政的可能，说明工党主流思想的激进左转有着契合英国社会一面。但工党在 2019 年底英国大选中的惨败表明，科尔宾领导下的英国工党主流思想的变革是一次不成功的经历和尝试，使工党的政坛竞争力更加虚弱，使工党又度过了近五年的荒废时期。

一　科尔宾担任英国工党领袖的背景与历程

杰里米·科尔宾 1949 年出生于英格兰的一个中产阶级家庭，父母都是和平主义者，在战火纷飞的第二次世界大战和剑拔弩张的战后时期都积极呼吁维护世界的和平，表达对战争的厌恶。在这种环境的熏陶下，科尔宾从小就形成了一种左翼的观念，对战后初期工党内比万等人的左翼思想和马克思的思想非常推崇。他在中学时期就成为工党的拥护者，积极参加反对核竞赛、支持巴勒斯坦的和平运动，大学期间因与老师发生争执而选择退学，后赴牙买加从事海外志愿服务工作两年，显示出叛逆不屈的鲜明个性。回国后，热衷于政治与社会活动的科尔宾成为一名全职的工会工作者，积极参加工程和电气联盟、裁缝和服装制造商全国联盟、民族联盟等工会组织的维权活动。1974 年，科尔宾成功当选为伦敦地区的地方议会议员，开始了从事基层政治的生涯。在左翼崛起和盛行的 70 年代末和 80 年代初，科尔宾认同左翼的政府规划和干预经济事务、进行单边核裁军、发挥基层劳工作用等主张。

1983 年，在工党左翼力量最为强大，同时也是工党最惨痛的大选中，科尔宾首次当选为英国议会议员，进入到国家层面从事政治活动的舞台。但随着工党主流思想的右转和左翼力量的衰落，持有激进社会主义思想，三十多年连续当选议员的科尔宾不仅没有获得施展才华的空间，没在工党政府内或工党内获得过内阁大臣和影子内阁大臣等任何重要职位，一直是工党的后座议员，而且因其思想特立独行，与主流相左，起不到任何的效果，在工党议会党团中显得形单影只，处于孤立无援的状态，在舆论界也没有激起任何的反响。这与同时当选为英国议会议员，迅速崛起于英国政坛的布莱尔形成鲜明的对比。面对这些科尔宾安之若素，淡然处之，并不改变自己的信仰与思想，仍不时地赞美马克思以及时任委内瑞拉总统查韦斯等各种社会主义者。几十年来，科尔宾一边积极参加“核裁军行动”“巴勒斯坦团结行动”和“制止战争联盟”等左翼组织的活动，一边在议会宣讲工党传统的民主社会主义思想，反对保守党和工党政府的右翼政策。科尔宾特别对布莱尔领导下工党无原则地背离社会主义表示痛心，不仅批评布莱尔追随美国参与伊拉克战争，实施有利于大企业的新自由主义经济政策，而且数百次投票反对工党政府的政策。就这样一位个性鲜明的另类，谁也没有想到会有一天成为工党的最高领导者。

2015 年 6 月工党领袖选举启动后，参加竞选的工党影子内阁内政大臣伊薇特·库珀、卫生大臣安迪·伯纳姆、养老大臣利兹·肯德尔很快争取到按规则的 36 名议员的提名，而科尔宾直到截止前一刻才争取到 36 名议员的提名，得以压线惊险入围。一些议员同意提名科尔宾，并不是看好或希望他当选，只是因为其他三人都是党内的右翼和中间代表，让科尔宾这一极左翼人士参加能够使辩论显得更为广泛多样。同时，竞选时科尔宾已经 66 岁，比此前工党的三位领袖布莱尔、布朗和埃德·米利班德年龄都大，可以说已经到了颐养天年的年龄。而其他三位候选人都处于 35 岁到 50 岁之间，正是年富力强的时候。在这样一种情势下，无论是党内还是媒体都无视科尔宾的参选，认为其只不过是重在参与的陪太子读书。科尔宾本人也没对当选抱有奢望，只是希望在党内发出正统社会主义者的声音。但经过几轮辩论后，科尔宾开始在民意测验中脱颖而出。9 月 12 日宣布的最终结果是科尔宾不仅赢得领袖选举的胜利，而且是以 59.5% 的得票率轻松当选。这一成绩不仅超过其他三位候选人的总和，而且比当年布莱尔当选领袖的 57% 还要高。

三个月前没有任何媒体或学者公开预测到科尔宾将成为工党新领袖，三个月后科尔宾就竟然成为英国反对党的领袖；三个月前除了英国议会人员和所在选区选民外，几乎无人知晓科尔宾，三个月后却引发国际社会的关注。从这一角度看，科尔宾当选可以说是出人意料，具有偶然性。但科尔宾在民意测验中明显领先，又可以说在意料之中，具有必然性。科尔宾得以当选与英国工党当时面对的党情、国情与世情是分不开的，还与科尔宾独特的个人风格契合这种情势有着密切的关系。

首先，工党领袖选举制度的新改革是科尔宾当选工党领袖的有利条件。1981 年由选举团代替议会党团选举党领袖后，议会党团独揽领袖人选的时代结束，选区工党、工会及附属组织开始分享领袖选举的权力。但由于选区工党和工会实行集团投票制，权力仍然掌握在工党议员、工会高层和地方精英手中，普通党员的影响仍很微弱。在此后二十多年的时间里，金诺克、史密斯、布莱尔等工党领袖出于不同的原因，以促进党内民主化为名，在保持核心的选举团制度的前提下，不断地推动具体规则和细节的修改。如三方比重由最初的3∶3∶4改为1∶1∶1、来自工党的欧洲议会议员获得与英国议会议员同等的投票权、选区工党和工会由集体投票制改为一人一票制、选举团计票由“赢者通吃”改为比例代表制、改变候选人提名门槛等。2010年埃德·米利班德上台后，面对工党个体党员不断减少的现实，为了争取更多的人关注、认可或加入工党，进一步推动了工党领袖选举的民主化，废除了选举团制度，实行个体党员的一人一票制，降低了参加工党领袖选举投票的门槛，同时实施“注册支持者”制度。即只要对工党感兴趣，即使不是工党党员，只要在网上注册为工党的支持者，缴纳3英镑的注册费，就可以参加工党领袖选举的投票。权重一样的一人一票制和“注册支持者”制度使工党领袖选举进一步摆脱了政治精英的控制，体现了普通党员和支持者的真实态度。科尔宾正是在众多的草根党员和注册支持者的支持下当选工党领袖的。据选举统计结果显示，虽然仅有13名英国议会议员投票支持科尔宾，但有49.6%的个体党员、57.6%的工会及附属组织人员和83.8%的注册支持者把选票投给了科尔宾。[①] 因此，尽管来自议会的政治精英不喜欢，甚至是厌恶科尔宾，但在大量草根党员和支持者的支持下，科尔宾轻松地完成逆袭。

其次，金融危机背景下的政策主张对草根党员和支持者的吸引是科尔宾当选工党领袖的根本原因。科尔宾这一默默无闻的工党后座议员，之所以能够得到党内和工党支持者中广大草根阶层的认可，关键还在于其政策主张在当时环境下迎合了他们的心声。2008年爆发的经济金融危机席卷英国后，资本主义社会固有的顽疾凸显，英国经济和社会陷入发展停滞、失业激增的困境。2010年大选工党的失利标志着以向新自由主义靠拢为显著特质的新“第三条道路”彻底失灵。卡梅伦领导的联合政府上台后，实行削减财政开支的紧缩政策和降低大企业税率的税收政策，虽然经济实现一定程度的复苏，但英国的贫富差距进一步拉大，长期享受高福利政策的低收入阶层的生活压力倍增，政治态度与立场明显左转，各种反紧缩、反削减的抗议和罢工行动连绵不断。埃德·米利班德领导下的英国工党虽然对卡梅伦政府提出了批评，提出以中下层民众为主的思想理念，但并没有提

① Thomas Quinn, “The British Labour Party's Leadership Election of 2015”, *The British Journal of Politics and International Relations*, No. 4, 2016, p. 765.

出富有吸引力的替代性主张，许多政策只是实施速度和程度的差异。如从始至终埃德·米利班德是认同卡梅伦削减公共开支方向的，不认同的只是削减的程度与速度问题。作为激进的社会主义者，科尔宾对卡梅伦政府的经济与社会政策进行了猛烈的抨击，主张实施积极的财政政策，增加教育和卫生等领域的公共服务，提高基础设施服务，取消大学学费，通过对富人增税来补贴中低收入阶层、打击企业和富人逃税漏税、通过铁路国有化降低车票价格等。这一系列劫富济贫的主张与其他三位中右翼候选人不同，与此前的埃德·米利班德亦不同，非常契合处于社会底层、经济基础薄弱、依赖国家公共服务的普通工党党员和支持者的愿望。他们认为相比其他三位候选人，科尔宾政策变革明显，既是自身利益的代表，也是工党灵魂的真正守护者。按照政党空间竞争理论，选民"在投票时会寻找在意识形态上与自己最为接近的政党"，[①] 政治意识与倾向左转的选民自然会把选票投给同样属于左翼的科尔宾。

再次，科尔宾独特的个人风格与品格对草根党员和支持者的吸引是科尔宾当选工党领袖的助推力量。科尔宾能够吸引广大草根党员和支持者，不仅在于其政策主张的合理性，而且在于自身的行事风格和一举一动犹如一股清流。在衣食住行上，科尔宾无论是上班，还是去演讲，都是乘坐地铁或骑自行车，没有自己的私人汽车；与大多数激进左翼生活放任、花天酒地不同，他的饮食非常简单朴实，作为一名素食主义者，不吃荤食，很少喝酒，也没有吸毒等不堪经历；在衣着方面不追求名牌服饰，穿着朴素随意又不奇特，与大多数议员西装革履形成鲜明的对比；在工作之外的休闲时光，与大多数平常人一样，跑跑步、看看球、读读书、种种菜。这些情况使年轻一代的草根党员和支持者觉得这不是职业政客，而是生活中的老大爷，容易产生亲近感，拉近了双方的心理距离。在工作中，科尔宾非常敬业和清廉，作为一名工作几十年的资深议会议员，其报销的相关费用几乎每年都是最低的，也没有传出贪污腐败、滥用职权、婚外感情等丑闻；在竞选中，科尔宾不仅激情澎湃、观点鲜明、抨击强烈，而且不遗余力、行事随和、尊重细节。如面对演讲时听众众多、场地有限的状况，科尔宾每次在室内讲完后会再到室外继续讲，而不是简单的握手告别。这些

---

① ［英］艾伦·韦尔：《政党与政党制度》，谢峰译，北京大学出版社 2011 年版，第 5 页。

正面独特的风格和品格与其适合年轻草根的政策主张结合在一起，在现代社交媒体的快速传播下，使科尔宾多年议员无人问，一朝竞选天下知，很快成为英国的网红，在推特和脸书上聚集了大量的粉丝，他们通过简单注册或加入工党，成为科尔宾竞选的主要票仓。

最后，欧洲激进左翼的普遍复苏是科尔宾当选工党领袖的国际背景。经济金融危机的持续蔓延和长期化对底层民众的日常生活造成巨大的冲击，各种社会抗议运动风起云涌。经济金融危机的爆发是近些年来新自由主义模式的恶果。由于作为传统左翼力量的各国社会党或社会党主流已经中间化，对经济金融危机的爆发也负有不可推卸的责任，它们无法提出有效的解决方案。于是站在传统主流政党两侧，对资本主义持批判态度，信奉民粹主义，更为强调维护底层民众利益，重视国家干预和调控力度，反对全球化，主张贸易保护主义的激进左右翼政党得到更多选民的认可，扩大了自己的实力和影响力，开始冲击原有大党的政坛地位。以激进左翼为例，在科尔宾参加工党领袖选举的 2015 年，作为激进左翼主要代表的欧洲各国政党的议席都有了明显的增多。如意大利的五星运动为议会第二大党，德国左翼党、荷兰社会党和西班牙的“我们能”为本国议会第三大党，冰岛左翼绿色运动为本国议会第四大党。最为引人注目的是希腊的激进左翼联盟。在 2015 年 1 月和 9 月举行的两次议会选举中都取得胜利，作为激进左翼力量的代表历史性地由在野党成为执政党，取代了传统中左翼政党泛希腊社会主义运动的位置。因此，在全球化背景下，面对相似的经济与社会形势，英国工党激进左翼力量实现复苏并非个案，科尔宾当选工党领袖并非偶然，而是欧洲激进左翼力量复苏的一个缩影和又一例证而已。只不过由于传统文化和政党制度的特殊情况，英国激进左翼的复苏并不像其他欧洲国家政坛那样是处于社会民主主义政党，即主流中左政党左侧的其他小党的复苏或新兴政党的崛起，而是工党内部激进左翼力量的复苏。

虽然科尔宾以绝对的优势得以执掌工党，但显然科尔宾是靠草根党员和支持者当选的，而不是靠手中握有权力，需要经常打交道的工党议员、影子内阁大臣等高层政治精英当选的。由于政策主张激进，并没有得到有影响力的党内高层人物的认可。如布莱尔表示科尔宾担任领袖对工党是一种灾难，很可能导致工党的分裂，未来工党会一败涂地，在二十年内面临在野的状况。另一位前工党领袖金诺克表示，科尔宾对待更新三叉戟系统的反对态度，是选举自杀行为，若不改变，工党将在下次大选中失败。英国主流媒体和大多数选民对科尔宾担任工党领袖能否带领工党取得成功也不看好。主流媒体普遍把科尔宾视为工党“有史以来最左的领导者”，是“一条活在 80 年代的政治恐龙”①。科尔宾当选工党领袖后《独立报》的民意调查显示，工党与保守党之间支持率的差距不仅没有缩小，反而进一步拉大到 12%。接受采访的 2000 人中，有 72% 的人对科尔宾是未来首相人选表示反对，表示赞同的人只占 28%。②

在这种背景下，不要说有所作为了，如何维护党内团结，确立自己的权威，避免党的内讧和分裂，进而形成合力都是一个棘手的问题。在 2015 年 12 月就是否支持保守党政府对叙利亚境内“伊斯兰国”进行空袭的议会表决中，包括 11 名影子内阁成员在内的 66 名工党议员没有与科尔宾保持一致，转而支持该项议案，其中影子内阁外交大臣班恩更是发表演讲，呼吁党友反对科尔宾。2016 年 6 月英国“脱欧”公投通过后，由于三分之一的工党支持者投票支持“脱欧”，金诺克、布朗、埃德·米利班德等前任领袖和党内高层都认为科尔宾处理“脱欧”问题不力，公开要求科尔宾引咎辞职，有 11 名影子内阁成员为了表示对科尔宾的不满自己先宣布辞职。科尔宾表示拒绝辞职后，工党议会党团发动“政变”，以 172 票对 40 票的绝对多数通过对科尔宾的不信任动议。再次遭到科尔宾的拒绝后，工党按照领袖选举程序，启动新一轮的领袖选举。

选举在科尔宾及其前团队成员欧文·史密斯之间展开。为了阻止科尔宾连任，反科尔宾阵营控制的工党执委会规定：无论是个体党员还是集体党员，都必须是 2016 年 1 月 12 日之前加入的才有投票权，这样就把最近加入，主要是科尔宾的粉丝的新党员排除在外；注册支持者的注册费由 2015 年的 3 英镑一下子提高到 25 英镑，并且只有两天的登记时间，这样通过费用提高和时间缩短来降低经济拮据的科尔宾支持者的选举参与度。最终有大约 50 万名工党个体党员和登记的支持者参加投票，科尔宾获得 313209 张选票，史密斯获得 193229 张选票，科尔宾以 61.8% 的得票率战

① 李宏：《民粹主义与英国工党》，《当代世界社会主义问题》2017 年第 1 期。

② http：//www. chinanews. com/gj/2015/09-21/7535185. shtml.

胜欧文·史密斯。[①] 这样科尔宾不仅顺利地连任工党领袖，击败了造反者，避免了成为工党历史上最短命领袖的命运，而且比2015年更高的得票率也表明党内底层选民对科尔宾的认可，科尔宾不会在短期内再有下台之虞。

二 科尔宾与英国工党主流思想的激进左转

在执掌工党四年多的时间里，科尔宾通过议会内外的各种演讲和访谈，特别是通过2017年和2019年的大选纲领《为了多数，而非少数》和《现在是真正改变的时候》，明确清楚地表达了工党在经济、社会、“脱欧”、国际事务等方面的激进左转思想。[②]

第一，在经济政策上，科尔宾明确反对保守党执政以来采取的以削减庞大财政赤字为目标的经济紧缩政策，也反对埃德·米利班德提出的实施稳健的财政紧缩、促进收支平衡的政策，认为应当加大货币发行量，实行宽松积极的财政政策。科尔宾指出，英国是主要发达国家中仅有的经济已经恢复，但个人收入降低的国家，大部分工人的收入比十年前还要低。原因是没有发挥英国各个方面的潜能，在负责任的经济管理下，通过国家投资计划的增长创造好的工作，提高生活标准，改进公共财政。为此科尔宾在两次大选中都提出实施积极的财政政策，设立国家转型基金用于投资，为经济社会发展创造条件。如在2017年大选中提出国家转型基金首先是投资于长期缺乏重视的交通、通讯、能源等支撑现代经济系统的基础设施领域。主要有从伦敦经伯明翰和曼彻斯特再到苏格兰的高速铁路、伦敦地铁2号线等诸多的交通投资计划。具体是做好技能、供应链、贸易、采购、研究和发展、能源花费和安全六大方面的工作。其次要重视现代高科技产业的培育和发展。工党将任命专门的数字大使负责与技术公司合作，支持初创企业扩大规模，成为世界级的数字企业，努力把英国建成一个有

① http://www.telegraph.co.uk/news/2016/09/24/labour-leadership-results-jeremy-corbyn-set-for-huge-win-but-fac/.

② 为了宣传和彰显工党的思想理念，凸显工党鲜明的特色，犹如布莱尔时期始终把“新工党，新英国”放置在工党官方网站主页显著位置一样，在整个科尔宾时期，工党参加2017年英国大选的竞选纲领名称“为了多数，而非少数”一直挂在工党主页显著位置，俨然成为科尔宾时期工党新的政治口号和标识。

吸引力的高科技投资场所。[1] 在 2019 年大选中提出，启动国家转型基金，设立全国投资银行，将资金借贷给企业用于技术创新和基础设施建设，从而更好地实现既推动绿色工业革命，又实现全国范围内提高生产率，创造良好的就业机会。[2]

科尔宾非常看重小企业在发展和繁荣英国经济中的作用，称"工党是小企业的政党"[3]。为了实现经济的发展，政府必须改变保守党不作为的做法，为企业，特别是小企业提供充足的资金支持和制度保障。而现实是国际金融危机爆发十年来，英国金融体系仍在许多方面束缚着英国小企业和地方经济的发展。为此科尔宾在 2017 年大选中提出，英国有一个成功的国际金融业，也需要有一个强大、安全和对社会有用的银行体系，以满足地区经济和社区的需要；工党若执政将建立国家投资银行，通过私人资本融资，以提供 2500 亿的贷款能力，为全国各地的小企业、合作社和创新项目提供资金；将授权国家投资银行和各地区的区域开发银行，优先贷款给需要资金的中小企业以改善资金缺口，同时恢复较低的小企业公司税率，推行一揽子商业利率改革，简化有关手续，取消营业额低于 8.5 万英镑的企业季度报告；将彻底改革银行体系、金融监管等方面的法律，以建立一个更加多元化的银行体系，使银行能够满足客户的需要，在投资银行和零售银行之间设立一道坚固的屏障以保护消费者；将提出立法，为合作社所有制确立适当的法律地位，督促国家投资银行和地区发展银行负责任地帮助和支持合作社企业的发展。[4] 通过这一系列的融资和政策，为中小企业的发展提供便利，以满足地方经济和社区的需要。在 2019 年大选中，科尔宾又提出通过设立邮政银行为初创企业、小企业和地方合作企业提供小额贷款，通过线上匹配服务，使付税企业将资金转移给小企业等方式，为小企业的转型发展提供资金支持。[5]

---

① https：//labour. org. uk/wp-content/uploads/2017/10/labour-manifesto-2017. pdf. pp. 11 – 12.

② https：//labour. org. uk/press/launch-of-the-labour-party-manifesto-2019-its-time-for-real-change/. p. 13.

③ https：//labour. org. uk/wp-content/uploads/2017/10/labour-manifesto-2017. pdf，p. 18.

④ https：//labour. org. uk/wp-content/uploads/2017/10/labour-manifesto-2017. pdf. pp. 16 – 18.

⑤ https：//labour. org. uk/press/launch-of-the-labour-party-manifesto-2019-its-time-for-real-change/. p. 13.

第二，在社会政策上，科尔宾继承了老工党的传统，提出了一整套非常详细的政策主张和福利计划。福利政策是老工党的创造，也是传统民主社会主义的底色。作为激进左翼代表，科尔宾在大选中一边抨击保守党政府数年来削减公共开支的做法，一边在社会政策上作出一系列加强公共服务的承诺。如在2017年大选中，为了改善工作环境，保证工作安全，提出了“20点计划”；制定法律允许对劳工行动和内部工会选举进行安全的网上和工作场所投票、加强对执法人员的保护、保证自由职业者平等的社会权利；普及2岁到4岁的免费儿童保育，到2020年将国家最低工资提高到每小时10英镑；保证包括居住在海外的老年人在养老金方面的合法权益，确保每年提高2.5%或者伴随着收入和物价变化提高更多，给就业能力不足者增加就业和支持津贴每周30英镑等。[①] 其中最引人注目的是教育领域。科尔宾强调：“提高每个人的技能和知识，有利于整个英国经济与社会……在快速发展的社会，政府有责任给每个人提供终身教育的机会。”[②] 在对保守党政府上台后将大学学费提高到每年9000英镑，用助学贷款代替助学金等政策进行抨击的基础上，科尔宾承诺工党上台后将像战后艾德礼政府时期那样，建立一个统一的全国教育服务体系，创造最重要、最公平的制度，并提出实行大学免费教育，幼儿教育班级不高于30人，中小学教育坚持政府投资、质量保证、学校责任、多样包容原则等具体主张。[③]

在2019年大选中，科尔宾进一步提出英国的公共服务已经遭到严重破坏，工党执政将重建公共服务系统，为英国民众提供世界上最好和最广泛的公共服务。如在医疗卫生事务上，科尔宾称“给予公民范围广泛和全面即时的免费医疗保健权利，是社会主义的行动……我们即刻的任务是修复我们的健康服务，我们的当务之急是结束国民保健制度的私有化……未来工党政府将以平均4.3%的增长率提高卫生健康部门的支出”[④]。在教育事务上，科尔宾指出，教育不仅是推动经济发展和强大的手段，也是消除不公平和不平等的重要手段，“全国教育服务改革是未来工党政府真正变

① https://labour.org.uk/wp-content/uploads/2017/10/labour-manifesto-2017.pdf. pp. 47 – 56.

② https://labour.org.uk/wp-content/uploads/2017/10/labour-manifesto-2017.pdf, p. 34.

③ https://labour.org.uk/wp-content/uploads/2017/10/labour-manifesto-2017.pdf. pp. 37 – 43.

④ https://labour.org.uk/press/launch-of-the-labour-party-manifesto-2019-its-time-for-real-change/. pp. 31 – 32.

革计划的中心，改革目标是为每个人提供终身免费教育，提升他们的学识、技能和知识”[①]。

加大公共服务，提高社会福利需要雄厚的资金，而财政资金的主要来源是各种税收。在税收政策上，与保守党政府通过减税给大企业减压，推动经济发展不同，科尔宾的思路是通过对大企业的适当增税来解决社会保障资金问题，通过对小企业减税促进经济发展。如在 2017 年大选中，科尔宾保证未来的工党政府不提高年收入低于 8 万英镑家庭的收入税，即 95% 的纳税人的收入税并没有增加，仅有年收入前 5% 的少数人需要提高税率，为公共服务提供资金，称这是“工党为了共同的利益，基于社会责任感推动的公平性税收制度改革”[②]。

第三，在看似早已成为定论的国有化问题上，科尔宾作为工党领袖，对保守党政府把诸多领域私有化的做法进行严厉的批判，时隔多年在工党纲领中再次对国有化给予高度的评价，提出具体的国有化承诺。如在 2017 年大选中指出，英国现有的国家经济所有权的分配意味着“有关英国经济的决策往往是由少数精英作出的，更民主的所有制结构将有助于我们的经济惠及更多人，并实现更公平的财富分配”[③]。现在的许多基本商品和服务私有化后已经失去民主控制，资方为了分红，常常导致物价上涨和质量更差。如自来水私有化后账单增加了 40%、2015 年供应商向个体能源客户多收取了 20 亿英镑、私有化的皇家邮政增加了邮包费用却不能满足对客户服务的承诺等。因此，保守党政府廉价地将皇家邮政私有化是一个历史性错误，而“公有制将有利于消费者，保证他们的利益放在第一位”[④]，目前世界许多地方的国家也正在将公用事业重新收归国有。

正是基于对公有制和私有制的这一认识，科尔宾在两次大选中都表示一旦工党上台执政，将“汲取它们的经验，将主要公用事业重新转为公有制，以实现更低的价格、更可靠的问责制和更可持续的经济”[⑤]。如在

① https：//labour. org. uk/press/launch-of-the-labour-party-manifesto-2019-its-time-for-real-change/. p. 37.

② https：//labour. org. uk/wp-content/uploads/2017/10/labour-manifesto-2017. pdf. p. 9.

③ https：//labour. org. uk/wp-content/uploads/2017/10/labour-manifesto-2017. pdf. p. 19.

④ https：//labour. org. uk/wp-content/uploads/2017/10/labour-manifesto-2017. pdf，p. 19.

⑤ https：//labour. org. uk/wp-content/uploads/2017/10/labour-manifesto-2017. pdf. p. 19.

2017 年大选中提出，工党若执政将在私人铁路公司专营权到期后重新收归国有，使其成为英国一体化运输计划的支柱；通过改变运营商许可条件，重新获得对能源供应网络的控制，或者新建公有的、地方性的、负责任的能源公司；用地区性公共水务公司网络取代当下功能失调的供水系统；尽早扭转皇家邮政私有化的局面等。① 在 2019 年大选纲领前言中就指出，“工党执政将结束巨大的私有化掠夺，将铁路、邮政、水力和能源国有化”②。在主体部分，科尔宾又对公有制的好处和国有化的具体内容进行了阐述，如“公有制将确保对国家战略的基础设施进行民主控制，并为关键自然资源提供集体管理”③；工党政府将把六大能源公司的供应部门、公共交通网络、皇家邮政和英国电信的宽带相关部门国有化。

第四，在外交与防务事务上，科尔宾对原布莱尔政府和现保守党政府的一些外交理念和做法都进行了批评。在 2017 年大选中指出，工党将“重建由于保守党政府削减外交开支而失去的一些关键能力”，“采取一切必要措施保护英国人民和国家的安全，把解决冲突和人权问题置于外交政策的核心”④，但面对战争冲突、核危机、全球恐怖主义、难民危机、气候变化、粮食危机等复杂交错的各种威胁，基于过去保守党政府和工党政府的教训，特别是布莱尔政府错误追随美国发动伊拉克战争的教训，工党不会单边性地用武力方式解决问题，而是通过政治谈判来解决。未来的工党政府将根据问题的具体情况，作出不同的反应，采用不同的解决方法。但解决问题的共性是通过联合国行事，停止单边的、侵略性的干预战争；与国际或区域内的有关国家一道，而不是靠自身的力量，在国际法框架之下寻求外交解决方案。如打击“伊斯兰国”的基本方式是通过国际制裁切断其资金来源，中断其武器供应，而不是在北约框架下跟随美国，以反恐的名义发动空袭，到处往海外派兵作战。工党确立这一外交政策的基石是

---

① https：//labour. org. uk/wp-content/uploads/2017/10/labour-manifesto-2017. pdf. p. 19.

② https：//labour. org. uk/press/launch-of-the-labour-party-manifesto-2019-its-time-for-real-change/. p. 7.

③ https：//labour. org. uk/press/launch-of-the-labour-party-manifesto-2019-its-time-for-real-change/. p. 15.

④ https：//labour. org. uk/wp-content/uploads/2017/10/labour-manifesto-2017. pdf，pp. 116 – 117.

“尊重和平、普遍权利和国际法的价值观”①。在 2019 年大选中，科尔宾坚持了已有的外交政策与理念，如强调“把人权、国际法和解决气候变化作为工党外交政策的核心”，“把保护英国民众的安全作为理念”，“把维护国际和平与安全作为外交政策的首要选项”②。

在防务事务上，科尔宾的态度有一个转变的过程。初任工党领袖时，针对卡梅伦政府更新三叉戟核武器系统的主张，科尔宾持单边核裁军立场，认为该系统在任何条件下都是不能使用的，要做的不是更新该系统，而是放弃该系统，以削减防务开支，把节省的资金用于国家福利建设。2016 年再次当选工党领袖后，科尔宾遵循了党内大多数人的看法，对保守党政府削减防务开支的政策进行批评，开始强调防务事务的重要性。在 2017 年大选中，科尔宾表示工党执政将支持更新三叉戟核威慑系统，发展和创新英国军事工业，保证英国防务开支至少达到北约规定的 2% 以上；表示英国有责任履行《核不扩散条约》规定的义务，更新和提升装备是为了保证英国军队有必要的能力履行各种广泛的责任。在 2019 年大选中，科尔宾表示，未来工党政府的防务政策将由“战略和证据主导”，将进行战略防御和安全审查，以评估英国面临的各种安全挑战，确立有效的应对举措。③

第五，在英国脱欧问题上，科尔宾一直持模糊的骑墙政策。既表示未来的工党政府将把国家利益放在第一位，优先考虑民众的工作和生活标准，又强调通过谈判达成“脱欧”协议，和欧盟确立新的紧密关系。由于地理和历史的原因，英国国内一直有着强大的疑欧势力，英国也一直不是欧洲事务和欧洲合作的积极参与者与推动者，长期扮演着若即若离的角色，更愿意做连接欧美的特殊桥梁。第二次世界大战后英国不是欧共体的创始国、1975 年威尔逊政府时期就举行过脱欧公投、英国不是申根区和欧元区国家都是很好的例证。2010 年欧债主权危机爆发并蔓延至英国后，英国的疑欧力量更为强大和发酵，认为留在欧盟会使英国利益严重受损。为

---

① https：//labour. org. uk/wp-content/uploads/2017/10/labour-manifesto-2017. pdf，p. 116.

② https：//labour. org. uk/press/launch-of-the-labour-party-manifesto-2019-its-time-for-real-change/. p. 95.

③ https：//labour. org. uk/press/launch-of-the-labour-party-manifesto-2019-its-time-for-real-change/. p. 100.

了争取这些选民的支持，扭转保守党当时民意测验落后的局面，时任英国首相卡梅伦承诺如果他赢得2015年大选，将在2017年底前就英国脱欧进行全民公投。当2016年6月英国脱欧公投出人意料地以52%获得通过后，卡梅伦为了承担责任而宣布辞职。由于主张“脱欧”与“留欧”的力量本身就旗鼓相当，继任的特雷莎·梅历经三年与欧盟、英国议会进行谈判与沟通，也没有赢得党内议员对脱欧协议的支持，被迫于2019年6月辞职。新任的强硬脱欧派首相约翰逊刚一上台就遭遇强硬无协议脱欧遭到议会否决、工党欲发起不信任投票等一系列重挫。为了尽快结束三年的纷争内耗，约翰逊宣布提前举行大选。

本质上，英国脱欧是民粹主义的产物，反映了英国民众的分裂。英国绝大多数政治精英，无论是保守党的还是工党的，普遍认为在全球化的时代，英国脱欧是弊大于利的。即使卡梅伦提出脱欧也并不是真想脱欧，而是想拉拢脱欧派的选票，同时向欧盟要价而已，只不过事情玩大了，超出了自己的预判。由于工党的选民基础处于分裂状态，科尔宾出任工党领袖后在英国“脱欧”问题上一直态度暧昧，不旗帜鲜明地表明自己的立场。即使为此遭遇党内的逼宫造反，酿出领袖地位的合法性危机，被迫接受挑战领袖地位的选举，他在连任后仍然保持不明确的态度。如在2017年大选中，科尔宾既表示接受“脱欧”公投的结果，未来工党政府在“脱欧”问题上将把国家利益放在首位，优先考虑英国人的工作和生活标准，又表示保守党的“脱欧”方案将削弱工人的权利，放松对经济的管制，削弱英国与最亲密盟友和最重要贸易伙伴之间的联系。[①] 在2019年大选中，科尔宾仍然不明确自己对英国“脱欧”的立场，只是反对保守党政府的无协议“硬脱欧”方案；表示如果工党赢得大选，将在三个月内和欧盟达成一项明智的协议，把该协议与留欧选项一起交由公众投票表决，工党政府将执行人民的决定。[②] 实际上是就英国是否“脱欧”再次进行全民公投。

三　英国工党主流思想激进左转的辩证审视

研判科尔宾时期英国工党思想理念和政策主张的变化，要从“科尔宾

① https://labour.org.uk/wp-content/uploads/2017/10/labour-manifesto-2017.pdf. p. 24.

② https://labour.org.uk/press/launch-of-the-labour-party-manifesto-2019-its-time-for-real-change/. p. 89.

时期”和“英国工党”两个维度来考量。从微观的科尔宾时期看，随着自己由后座议员到一党领袖身份的变化，特别是总结反思执掌工党初期政策主张造成的问题，出于维护党内团结、增强党的合力的需要，科尔宾的思想出现了些许的右转，政策主张的激进程度有了一定的减弱。如在英国“脱欧”问题上与卡梅伦、特雷莎·梅在本质上是一样的，都是持反对态度，尤其是反对无协议的“硬脱欧”，只不过作为党的领袖，基于选民基础的考量，不便公开反对“脱欧”罢了；在移民问题上，科尔宾与埃德·米利班德和保守党政府持有相同或相近的观点；在防务问题上，由主张退出北约转变为遵守和北约的承诺，由主张放弃三叉戟核武器系统转变为支持更新三叉戟核武器系统；在“社会主义”这一最能表明思想属性和意识形态的词汇上，科尔宾在2016年的工党年会上，提出了“21世纪社会主义”的口号，描绘了“21世纪社会主义”的蓝图，但在第二年的工党大选纲领中，通篇没有出现一次“社会主义”这一词语，一直在强调工党思想与政策的出发点是为了大多数人，而不是为了少数人。

在微观看到科尔宾时期工党思想理念与政策主张稍微右转的同时，也要看到在宏观的英国工党发展史维度，科尔宾时期工党的意识形态出现了激进的左转。其主要经济与社会政策不仅与保守党政府相差甚远，而且与新工党以来布莱尔、布朗、米利班德等前任工党领袖的思想与主张相比出现了激进的左转。如果说其前任米利班德的“立场在于不赞成‘新工党’的右转过多，那么科尔宾的立场更接近于富特和托尼·本的民主社会主义，试图重拾20世纪80年代‘老工党’的历史传统”①。换言之，如果说埃德·米利班德时期的工党主流思想只是小幅度的向左微调，科尔宾时期工党的主流思想已经发生根本性的转变，在多个方面提出激进的替代性左转主张，脱离布莱尔在世纪之交确立的社会民主主义，回到第二次世界大战后工党的民主社会主义轨道。

科尔宾时期工党主导思想的激进左转主要表现在四个方面：一是在经济发展上，彻底摒弃新“第三条道路”思想，反对保守党政府和米利班德共同认同的削减公共支出的经济紧缩政策，主张实施积极的财政政策，加大政府对经济的干预和管控，可以说是回到老工党的凯恩斯主义道路。二

---

① 吴韵曦：《英国工党左翼新动向探析》，《当代世界与社会主义》2018年第1期。

是在社会事务上，虽然也强调技能的培训与提升，认同这些是解决社会问题的路径，但无论是在福利使用上还是在资金来源上，都与老工党的做法如出一辙。在福利使用上主张直接通过资金补助或开支减免来改善民众的生活状况；在资金来源上主张通过不同群体的不同税率减少贫富差距，增加财政收入。三是在经济事务与社会事务关系上，与新工党强调经济发展优先，认为只有经济发展才能为社会事务提供坚实的保障不同，科尔宾突出老工党重视社会事务的特色。在 2017 年大选纲领中仅有第一章阐述经济主张，到 2019 年大选纲领更是没有一章专门论述经济主张，而每份大选纲领都对教育、住房、卫生、移民、安全等社会事务进行翔实的论述。四是在所有制形式上，充分肯定公有制，明确作出国有化承诺。把公有制与社会主义本质区别开来，更加重视市场的作用，这是工党主流思想由民主社会主义转变为社会民主主义的根本标志。从布莱尔时期起，党内就唯恐民众把工党与旧时代、旧思想联系在一起。在工党的政治话语中，只有公共开支与公共控制，而没有了公有制，对之弃如敝屣。而科尔宾在党章废除公有制条款二十年后，又大张旗鼓地在竞选纲领中祭出公有制，把公有制当作推进社会公平的重要手段，在多个领域提出具体的公有制与国有化主张。

对于以实现上台执政或连续执政为目标的西方主流政党，考察思想变革对政党发展的影响，主要从两个方面去评估。一是看对党自身发展质量和数量的影响，是增进了党的团结还是加剧了党的内讧，党员队伍是壮大了还是萎缩了。二是看对党政坛发展的影响，历经大选的洗礼是增多了议席还是减少了议席，作为在野党是实现上台执政还是遭遇连续失利，作为执政党是实现连续执政还是失去执政地位。从这两方面审视科尔宾领导下工党主流思想激进左转对工党的影响是有利也有弊，但总体上是弊大于利。

从对工党自身发展看，首先需要肯定的是，在科尔宾执掌工党不长的时间里，在其独特风格和激进主张吸引下，工党取得一定的成绩。如从党员人数看，从工党启动领袖选举的 2015 年 5 月到 2017 年 7 月，仅仅两年的时间，工党个体党员人数增加两倍，由 19 万激增到 57.5 万，[1] 比取得

---

① 吴韵曦：《英国工党左翼新动向探析》，《当代世界与社会主义》2018 年第 1 期。

辉煌成绩的布莱尔时期的任何一个时间节点都多。从大选成绩看，在 2017 年 6 月的英国大选中，保守党获得 318 个议席，比选前减少 13 席，只是靠与民主统一党合作得以继续执政。而工党获得 262 个议席，比选前猛增 32 个议席，甚至理论上存在上台执政的可能。简单从这一升一降来看，工党可谓是“虽败犹荣”。正因为这一情况，与特蕾莎・梅大选后的焦头烂额相比，科尔宾欣喜不已，犹如自己是胜利者一般。

虽然不能否认科尔宾时期工党取得的这些进展，但实际上这是一次不成功的历程。一方面，党员人数增加并没有增强工党的力量，工党 2017 年英国大选成绩的回升主要不是来源于自身的内动力。在政党发展中，质量显然比数量更为重要。如果政党没有凝聚力，党内不团结，党员数量的增多更会是内讧的推动力。遗憾的是，由于工党议会议员中大多数议员还是持中间立场的多，与科尔宾同属激进左翼的少，因此党内高层精英并不认同科尔宾的主张。虽然科尔宾也实现了领袖选举连任，大选议席增多，但始终没有确立起自己在党内的权威，几年来党内高层对科尔宾的倒戈、造反和弹劾不绝如缕。这种情况无论是在工党历史上，还是在保守党历史上都是前所未有的。因为一般情况下，接连遭遇这种情形，党的领袖都会避让贤路，使党重新走向团结。党的团结是党的生命，工党自身的团结都成问题，内讧不已，更遑论党的战斗力，实现在政坛有所作为了。

关于 2017 年英国大选，虽然工党在大选中议席数实现回升，取得出人意料的成绩，远比媒体和工党自身预计的要好很多，使工党看到了上台执政的一丝曙光，增强了重返执政前台的信心，但这主要是与人们的预计相比，与工党原有议席数纵向比较而言的。因为在 4 月特蕾莎・梅宣布提前大选时，保守党的民意支持率超出工党 21%，特蕾莎・梅本人的支持率超出科尔宾 36%，保守党的胜利将是毫无悬念的一边倒。这也是特蕾莎・梅决定提前大选的原因，想趁机把巨大的优势转化为继续执政的胜势，以在解决“脱欧”问题上获得更大的政治空间。横向比较看，即使保守党发挥不佳，工党议席增加，工党仍与保守党有着 56 席的巨大差距，劣势十分明显。换言之，工党只是缩小了与保守党的差距，但和保守党仍不处于一个重量级上。除非保守党拱手相让，否则工党没有任何上台执政的可能性。

如果进一步分析工党议席增加的原因，与其说是工党思想与政策适宜，毋宁说是保守党在竞选中出现失误以及出现对保守党不利的偶发因素，使工党获益匪浅。失误主要表现在因为优势明显，胜利几乎是板上钉钉的事情，特蕾莎·梅在竞选中并没有对工党和整个竞选活动予以重视，没有像科尔宾一样不遗余力地到全国各地开展演讲与拉票活动，给人以高高在上的感觉。偶发因素是在临近大选的半个月，英国曼彻斯特和伦敦接连遭受恐怖主义袭击，暴露出保守党政府安全保障能力的不足，而大幅削减警力的决定正是特蕾莎·梅担任内政大臣时保守党政府作出的。值得注意的是，虽然保守党竞选过程中出现了一系列的问题，最终大选结果让人大跌眼镜，但从始至终没有一家媒体与民调机构认为工党会赢，只是保守党赢多少的问题，并且大多数机构认为保守党将以较大的优势获胜，取得扩大议席的目标与追求。

另一方面，能否上台执政是评价主流政党的重要标尺，而工党经过科尔宾四年多的领导，不仅没有重返执政前台，反而政坛竞争力进一步滑落。在2019年英国大选中完败，仅获得203个议席，是1935年大选以来获得议席的最低点，比此前最差的1983年大选还要少6席。这一成为主流政党后的最差大选成绩说明，科尔宾时期的工党变革是不成功的，其主流思想的激进左转存在明显的问题。

第一，科尔宾提出的经济与社会政策左转过于激进。作为中产阶级队伍庞大的后工业化国家，中间化是主要政党争取选民的基本策略。即在稳固原有选民基础的同时，尽可能争取处于中间，投票意向随机性强的流动选民是成功的基础。从政治话语的角度看，科尔宾也是这样讲的。如“为了多数，而非少数”一直是科尔宾时期工党响亮的政治口号，长期以突出的色调挂在工党网站和竞选海报上；在大选纲领中，工党明确指出“财富的创造是工人、企业家、投资者和政府集体努力的结果”①，对各方在经济发展中的贡献都予以肯定，承诺工党若上台将使每一个贡献者都能够分享公平的回报。但实际上科尔宾的思想理念和政策主张是重归劳工阶级政党，激进地左转。虽然近些年来包括英国在内的欧美国家遭遇经济与金融危机，民粹主义盛行，激进主义思想受到一部分人的青睐，的确能够吸引一部分中下层选民，但对于争取庞大的中间选民是不利的。因为相对理性

① https：//labour. org. uk/wp-content/uploads/2017/10/labour-manifesto-2017. pdf. p. 8.

一些的中间选民清楚科尔宾的诸多经济与社会政策主张是空头支票，没有强大的经济基础很难兑现，一味地强行实施，只能会使国家背上沉重的财政负担与赤字，再现历史上的英国经济病。大规模的国有化主张更像是开历史的倒车，把民众拉回到20世纪的年轮之中。

由于西方国家进入后工业化时代，产业结构和就业结构变化的趋势不会改变，传统工人阶级的进一步减少和中产阶级的壮大不会逆转。这就决定着扩大社会基础，争取中间选民的支持是选举型政党的不二选择。持有回归传统的激进替代思想和主张，“虽然在目前的经济危机状态下有一定的社会基础，但从长远来看不合时宜”①，能对经典两党制下的英国产生一定影响，但无法主导英国政坛。由于党内选举主要是中左人群在投票，激进主义思想与主张在当下党内选举中能够奏效，使科尔宾脱颖而出，但国家选举是广泛的社会各方面人士参加投票，科尔宾政策主张的激进左转并不能吸引足够多的选民来，也就不可能助推工党实现上台执政。

第二，科尔宾的经济与社会政策不可能大幅度右转。在从普通后座议员到工党领袖的身份转化中，基于自身执掌工党的切身感受和对经验教训的反思，科尔宾的诸多政策和策略，特别是在政治、外交和意识形态方面的政策与策略出现转变。除了前述例子外，还有在竞选中没有提出废除君主制、没有“工人阶级”字眼，“劳动人民”在每次大选纲领中也仅仅出现三次。在看到这些政策主张温和，意识形态色彩减弱的同时，也必须看到，科尔宾的政策主张，尤其是在涉及民生的经济与社会领域，在其整个执掌工党时期并没有大的变化。

科尔宾政策主张的转换限度是由两方面决定的。一是科尔宾激进左翼思想根深蒂固，左翼信仰理念坚定，在左翼思想处于低潮的布莱尔时期也不曾改变，在自己执掌工党、左翼思想具有更好土壤的背景下更不可能激进转向。二是科尔宾是以传统左翼的形象与理念、激进的经济与社会政策，赢得党内草根党员和支持者的认可，得以赢得和保住工党领袖职位。如果思想与主张大幅度右转，不仅不再是科尔宾风格，恐怕连党领袖的地位也无法保住。因此，科尔宾时期工党的思想理念与政策主张不可能出现

① 林德山：《十字路口的欧洲社会民主主义：现实挑战与争论问题》，《当代世界与社会主义》2016 年第 3 期。

大幅度的右转。而思想不右转，就不可能获得更广泛的社会支持。这也是在科尔宾时期，虽然由于“脱欧”问题致使保守党短时间内经历了三位首相，哪怕换上似乎同样另类的约翰逊，工党在民意测量中仍然以明显的劣势，始终落后于保守党的根本原因。

第三，科尔宾在英国“脱欧”问题上的态度存在明显的失误。虽然在经济与社会政策上科尔宾时期工党的政策主张过于激进左转，但在最近数年英国社会乃至整个欧洲关注的英国“脱欧”这一焦点问题上，科尔宾的立场与主张并不激进，问题是科尔宾没有体现出政治家的责任担当。作为一名主流政党领袖，必须提出具有鲜明特色、更加包容的政策主张才能吸引选民。在经济与社会政策上，科尔宾是政策鲜明但包容不够；在英国“脱欧”问题上，科尔宾是模糊回避，总是强调事情的两面性，争取得到相对圆满的解决，以更好地维护英国的利益，强调尊重民众的选择，包括若执政将进行二次公投等。如果说在出任工党领袖初期，在“脱欧”与“留欧”力量旗鼓相当情况下，这一主张还是一种策略，体现出一种谨慎行事的态度。在被迫接受领袖挑战，再次进行领袖竞选，特别是 2017 年工党大选失利，英国过去数年深受“脱欧”问题困扰的背景下，仍然闪烁其词，不敢公开表态，只是一味指责保守党，就是没有责任担当的表现了。这与保守党三任首相卡梅伦、特蕾莎·梅和约翰逊分别兑现承诺，把“脱欧”付诸全民公决、勇于引咎辞职、明确推动“脱欧”等形成鲜明的对比，这不仅无助于党的团结，也失去了诸多的选票。如 2019 年 2 月，8 名工党议员“因不满以科尔宾为首的工党领导层在‘脱欧’问题上的表现以及工党内部出现的反犹情绪”而退党，[①] 成为工党 1981 年以来最严重的党内高层分裂事件。在 2019 年大选中，工党在传统选区苏格兰地区进一步失守，仅获得一席，而主张“留欧”的苏格兰民族党一举获得 48 个议席。

总之，科尔宾在西方民粹主义盛行、极化政治凸显的背景下，凭借激进的左翼思想和主张得以执掌工党，但这些激进主张对工党的复兴，增强在政党政治中的竞争力是不利的。科尔宾领导工党四年多，重演了 20 世纪 80 年代初期激进左翼领导工党，最终在大选中一败涂地的命运。大选

---

① 王展鹏：《英国发展报告（2018—2019）》，社会科学文献出版社 2019 年版，第 65 页。

结束后，科尔宾宣布辞去工党领袖，不再争取连任。随着持有温和立场的斯塔默在 2020 年 4 月的领袖选举中当选为工党新领袖，工党的主流思想和政策主张开始回归到中间路线，也将开启新的发展阶段。

第二节　英国工党主流思想嬗变的宏观思考

从 1900 年劳工代表委员会成立至今，工党已经走过百年的发展历程。随着时空的变化和发展的需要，工党的主流思想始终处于发展变化之中，既有不时的、细微的量变，也有阶段性的质变。本节在前面从微观的角度深入考察与分析工党主流思想嬗变进程、动因、表现、影响等基础上，从宏观的视野综合审视工党主流思想嬗变的特点，从而实现对工党主流思想嬗变从局部到整体、从具体到抽象的认识和把握，探索出对其他政党加强思想理论建设的学理性启示。

一　英国工党主流思想嬗变的学理特点

英国工党主流思想的嬗变既是一个受多种因素影响、非常具体生动的历史进程，又在基本轨迹、核心问题、主要变量、发生时间、与其他主流政党思想关系、与领袖思想关系等方面有着整体性特质。

第一，工党主流思想的嬗变具有先左后右，然后再左的长时段的阶段性特征。按照马克思主义的观点，世界是丰富多彩的，运动是绝对的，静止是相对的，一切事务都处于发展变化之中。英国工党主流思想的变化也是如此。从微观上看，随着工党领袖更替与认识变化、工党主导权的转移或工党所处社会环境的变化等因素的影响，工党主流思想即使在一个短的时期，如一个领袖执掌工党时期也会有转向或深化等较快的变化。20 世纪 60 年代威尔逊以反对盖茨克尔修改党章公有制条款的左翼思想赢得党内的认可，成为工党新任领袖。但面对 60 年代末英国的经济与社会困境，威尔逊的思想明显右转，在工党与工会及劳工关系上首要考虑的不是工党政府服务于工会与劳工，而是工党政府规范工会行为，工会配合工党治理国家。在 70 年代再次带领工党取得大选胜利后，又实施更左的政策，掀起工党历史上第二次国有化浪潮。80 年代金诺克以左翼身份当选为工党领袖，在第一个大选周期，受制于自身因素和外在因素，并没有带领工党主流思想实现明显右转。到了第二个大选周期，随着对工党主导权的控制和反思工党大选连续失利的教训，他开始推动工党主流思想理念发生明显右转。2015 年和 2016 年，科尔宾以激进左翼思想先后赢得和保住工党领袖职位。不过为了维护党的团结，同时更好地吸引选民，科尔宾也改变了一些原有的观点，使工党的主流思想出现小幅的回转。

虽然“左右翼长期共存、持续博弈、交替主导是工党历史发展的特点”①，但在工党主流思想看似左右摇摆、急剧变化、没有规律的表象背后，从历史的宏观视野看，百余年的思想史演进有着先左后右，然后再左的长时段的阶段性特征。即以 1951 年英国大选工党失利为分界线，从劳工代表委员会成立到艾德礼政府结束历史使命的半个多世纪，工党主流思想变化的主线是左转；从艾德礼政府下台到 2010 年大选工党结束连续执政 13 年的半个多世纪，工党主流思想变化的主线是右转；从 2010 年工党失去十多年的执政地位起，工党又踏上了左转的进程。在 20 世纪前半叶，工党由不接受社会主义意识形态转变为接受社会主义意识形态，由不反对资本主义社会、不追求对政权的控制，转变为开始追逐政权，提出和实践对资本主义进行大刀阔斧的社会主义改造，都是工党主流思想左转的生动表现。在 20 世纪下半叶，工党对社会主义的追求由制度和价值的二元追求转变为价值追求的一元追求，由废除党章公有制条款转变为强调私有经济的作用，由强调政府对经济的控制和计划转变为强调市场在经济发展中的首要作用，都是工党主流思想右转的生动写照。从米利班德时期到科尔宾时期，工党强调只有劳动者成功英国才能成功，重提国有化改造则是工党主流思想向左回转的有力例证。

工党主流思想的这一长时段的变化从混合经济在思想谱系中的位置也可以看出。在左翼思想系主流思想的 20 世纪 50 年代，混合经济被认为是右翼思想，主张实行混合经济的克罗斯兰被党内外认为是右翼代表，因为认同混合经济的目的是保留私有企业，反对工党进一步国有化；而在右翼思想系主流思想的 90 年代，混合经济被认为是左翼思想，主张混合经济被认为是左翼思想的代表，因为认同混合经济的目的是保留国有企业，反对过度私有化。

---

① 吴韵曦：《英国工党左翼新动向探析》，《当代世界与社会主义》2018 年第 1 期。

从直接原因看，工党主流思想嬗变的“左—右—左”这一宏观轨迹主要受制于两方面的因素。一方面是工党特殊的出身，这是工党独特的个性。工党是作为劳工利益的代表出现在英国政坛上的，这就决定着在整个英国政坛思想谱系中，工党成立的主流思想是左翼思想。但与欧洲其他国家左翼政党成立时信奉马克思主义，即科学社会主义是其主流思想不同，工党成立时的主流思想是劳工主义，没有社会主义的追求。这就决定着工党的主流思想在左翼思想谱系中又属于右翼思想，而非左翼思想，即临近整个思想谱系的中间位置，基本上无法右转。如果右转就不是左翼思想，也无法代表处于社会中下层的劳工。当工党主流思想左转，接受社会主义思想后，努力把理想变成现实，更好地为劳工服务就成为工党追求的目标。任何目标的实现都需要一个过程，主张和平渐进方式的工党更是如此。在两次世界大战之间，工党首先是实现上台执政，但没有践行社会主义理想的政治空间，没有进行真正的社会主义实践。直到第二次世界大战结束后，工党首次获得充足的政治空间，才得以首次进行社会主义实践。

另一方面是工党成长为主流政党后的经验教训，这是西方左翼政党的共性。战后艾德礼政府进行的社会主义实践对于工党来说是一次全新的体验，是首次为实现党章和党纲目标而进行的尝试。理论是高度集约的，现实是复杂多样的。在传统民主社会主义思想指引下，工党既取得了巨大的成就，也遇到了诸多的问题，特别是公有制的实践并不像想象中那样美好。在失去政权、黯然下台的现实背景下，工党主流思想的总体趋势自然是向右转，而非向左转。70 年代末到 80 年代初，凭借传统左翼思想大选惨败后，作为一个选举型政党，工党只能更加坚定地走上右转之路。这是一个理性政党的不二选择。进入 20 世纪的第二个十年，工党右转思想的红利释放完毕，其问题空前暴露，又成为工党回归传统的直接动因。

第二，如何认识和对待公有制是工党主流思想嬗变的核心问题。思想的分野来自于对同一问题的不同认识。工党主流思想的嬗变与论争实际上就是对重大理论与实践问题的不同认知。在工党思想史的整个历史进程中，争论的问题多种多样，涉及多个领域，既有纯理论问题，又有现实问题。如经济与社会领域包括如何认识公有制和国有化、如何认识政府与市场的作用、社会福利是以经济救济为主还是以能力提升为主、如何认识劳资双方在社会生活中的作用等；政治与外交领域有如何认识英国迈向社会主义的路径、如何看待和对待英国资本主义、如何对待英国的君主立宪制和议会上院、如何看待北约和英国的核力量、如何认识工人和工会罢工等。在这一系列问题中，推动工党主流思想嬗变与论争的核心问题是如何认识和对待公有制，它又包括如何认识公有制的作用、公有制与社会主义的关系等方面的内容。

如何认识和对待公有制之所以是工党主流思想嬗变的核心问题，历史地看与世界社会主义思想史上对公有制的认识有着密切的关系。从人类社会发展史的角度讲，在科学社会主义诞生之前，从奴隶社会到封建社会，再到资本主义社会，整个人类文明社会的历史都是生产资料私有制的历史。只是到了16世纪初，随着欧洲社会开始由封建主义生产方式向资本主义生产方式转变，资本原始积累，特别是圈地运动带来重大的社会问题，以托马斯·摩尔为代表的思想家发表《乌托邦》等著述，在对资本主义进行深刻批判和揭露，对未来理想社会进行详细的描绘起，社会主义应运而生。即社会主义应运而生的原因是资本主义一切问题的根源是私有制，社会主义是作为资本主义的继承物、对立物、取代物和创新物而产生的。在这些著述中，早期无产者最早喊出“废除一切剥削和压迫，消灭一切私有财产，建立人人平等的公有制的理性王国”[①]。由此可见，社会主义最早是作为一种思想、一种乌托邦色彩的空想社会主义思想出现的；[②] 就像私有制与资本主义密切相关一样，社会主义与公有制有着密切的关系。

科学社会主义诞生以后，马克思和恩格斯反复强调公有制与工人政党和社会主义的关系。如社会主义任务的本质是“把生产资料转交给生产者公共占有”，“生产资料的公共占有”应当作为法国社会党纲领“争取的唯一的主要目标”[③]；“生产资料归社会所有”是“世界各国工人政党都一致用以扼要表述自己的经济改造要求的公式”[④]；社会主义社会与资本主义

---

① 蒲国良：《莫尔》，中国工人出版社2014年版，第6页。

② “社会主义”一词可以从多个角度来认知。如我们当下讲的“四个自信”，就是从道路、理论、制度、文化四个方面阐述坚定对中国特色社会主义的自信。关于社会主义首先是一种思想，一种乌托邦色彩的空想社会主义思想，从我国知名学者高放主编的《世界社会主义史》四卷本丛书的名称可以看出，其中第一卷名为《社会主义思想：从乌托邦到科学的飞跃（1516—1848）》。本套丛书由北京师范大学出版社于2018年出版。

③ 《马克思恩格斯选集》第4卷，人民出版社2012年版，第362—363页。

④ 《马克思恩格斯选集》第4卷，人民出版社2012年版，第381页。

社会具有决定意义的差别是“在实行全部生产资料公有制（先是国家的）基础上组织生产”[①]。于是从 19 世纪后期起，随着社会主义思想的广泛传播，虽然在实现社会主义的路径上产生了不同的认识与分野，但公有制等同于社会主义几乎成为所有社会主义者的共同认知。在一个私有制的社会中，若想实现生产方式由私有到公有的根本性转变，即使采用和平的方式，也是一个重大的社会革命，必然对原有的社会关系和秩序造成巨大的冲击。于是是否接受公有制既成为劳工主义运动与社会主义运动的根本区别，也成为评定一个政党性质的核心问题。

正是在英国传统文化影响下，惧于对公有制的担心与恐惧，工会否决了劳工代表委员会成立大会上的公有制提案，也说明工党早期的主流思想是劳工主义而非社会主义。而经过两次世界大战的体验和感受，使工党主流，特别是工会认识到实行公有制不仅有利于国家，而且有利于维护工会和劳工的利益，使工党把实现公有制、消灭私有制写进党章和党纲，实现主流思想由劳工主义到社会主义的质变，并在有利的政治形势下，进行大规模的从私有制到公有制的国有化改造，即所谓的和平的社会主义革命。随着经济生活中国有化改造问题的暴露，政治生活中国有化改造并不能成为助力工党赢得大选，上台执政的推动力量，工党内左右两翼围绕公有制与社会主义的关系、是否取消党章中公有制条款、政策取向上是扩大公有制还是扩大私有制等展开了接近半个世纪的争论，直到 1995 年取消党章中的公有制条款，把公有制与社会主义的本质脱钩，由社会主义的身份特征下降为实现社会主义价值的一种可供选择的手段。公有制在工党民主社会主义思想中的核心地位，以及这一图腾地位的失去，标志着工党主流思想的再次质变，由民主社会主义转变为社会民主主义。

公有制虽然与社会主义的本质脱钩，但并没有完全脱离与工党的联系。作为一种可供选择的手段，在新世纪的经济金融危机面前，公有制又成为科尔宾领导下工党治理英国经济的重要目标，国有化成为改造经济的重要手段。公有制传统上就是工党民主社会主义的身份特征，正是这种认知决定着工党对市场与政府作用的评判，左右着工党经济发展战略的选择。这一对公有制的重新倚重，自然标志着工党的主流思想实现重大的左

① 《马克思恩格斯选集》第 4 卷，人民出版社 2012 年版，第 601 页。

转，开始脱离社会民主主义的轨道。

第三，工会态度和社会变迁是影响工党主流思想嬗变的两大内外变量。如果说工党特殊的出身和对执政状况的反思是决定工党主流思想嬗变的直接原因，工会的态度和英国社会的变迁则是推动工党主流思想嬗变的深层内外动因。审视工党主流思想的百年嬗变不难发现，无论是早期劳工主义主流思想的选择还是第一次世界大战后民主社会主义主流思想的确立，无论是20世纪50年代工党主流思想的争论还是新世纪埃德·米利班德和科尔宾带领工党主流思想的左转，都与工党内附属工会有着密切的关系，甚至是很多时候很大程度上工会思想的变化决定着、代表着工党主流思想的变化。如第一次世界大战时期工会对公有制由排斥到认可，使工党主流思想顺利地实现社会主义化的转变；也正是工会在50年代对盖茨克尔修改党章的公开反对，使工党与其他欧洲大陆政党相比，思想变革明显滞后；正是获得主要大工会的支持，使持中左思想的埃德·米利班德逆转持中右思想的戴维·米利班德当选工党领袖，推动工党主流思想的左转。

工会能够对工党主流思想的发展演变产生重大的影响，关键在于工党产生于工会运动，是工会为了更好地通过议会方式维护自身和劳工利益的产物。从工党成立至今，工党与工会之间在组织上和经济上一直存在着制度化的密切关系。在组织上，由于工会人数众多，又是工党经济上的主要供给者，在工党年会、执委会、选举团等众多组织机构中，工会长期有着绝对的人数优势和权力优势。以全国执委会为例，在工党成立时，工会在12个席位中占有7席；到1918年新党章通过时，工会在23个席位中占有13席。工会席位长期占有总席位的一半以上，这直接决定着工党的政策选择与发展方向。即使当下工会实力衰落，在执委会的比重明显降低，但仍占有33个席位中的12个，如果加上以其他身份进入全国执委会的工会会员，工会占有席位比例仍达到三分之一到二分之一之间，[①] 对工党的政策选择产生重要的影响。

在经济上，作为工会建立的政治组织，工党长期依靠工会缴纳的各种费用维持正常的运转。在工党发展的早期，由于没有个人党员，不接受党外组织的捐赠，工会在工党集体党员中又有着巨大的人数优势，来自工会

① 吕楠：《世界主要政党规章制度文献：英国》，中央编译出版社2015年版，第374—395页。

的收入一度达到98%以上。在此后的发展进程中，虽然工党逐步吸收个体党员，接受个人和公司的捐赠，但由于工会支持工党资金的多元化，如设置专门的政治基金、对工党竞选提供资助、缴纳集体党费等，到1983年，来自工会的收入仍占工党总收入的96%以上。直到布莱尔新工党改革后，来自工会的收入比重才大幅度降低，到1997年和2002年分别降低到40%和30%。[①] 虽然工党有钱不是万能的，但若没有钱对于工党来说是万万不能的。显然在相当长的时间里，无论是从组织上还是从经济上，工会直接决定着工党的主流思想，或者说工会的主流思想就是工党的主流思想，工会的态度是影响工党主流思想嬗变的首要内在变量。进入新世纪后，虽然工会在工党内的权力式微，工会收入占总收入的比重下降，工会对工党主流思想变化的影响明显减弱，但仍然是不可忽视的一个因素。工党领袖在推动主流思想调整时，不能不考虑工会的反应，还是会尽可能地争取工会的认同和支持。

从学理上讲，主流思想是工党基于对世情、国情、党情的认识而作出的思想理念上的反应。其中党情是内在变量，前述工会与工党的关系、工会在工党中的地位与权力就属于党情；工党面临的国际环境和国内环境，即世情和国情则属于外在变量。由于国情对工党产生着更为直接的影响，于是成为影响工党主流思想嬗变的首要外在变量。在基本国情中，决定选民社会地位和思想倾向的产业结构与就业结构起着更为关键的作用。在20世纪前半叶，英国处于工业化进程之中，第二产业比重不断攀高，传统劳工队伍不断壮大。这也意味着工党的传统选民和党员基础不断扩大，工党与其他国家左翼政党一样，需要确立并持守鲜明的意识形态以吸引和凝聚选民。因此，英国社会的工业化发展是工党主流思想早期转向社会主义，并维持相当长时间稳定的深层动因。

但进入20世纪下半叶，随着科学技术的发展和应用，英国开始由工业化的生产时代进入后工业化的消费时代，反映在产业结构上是第二产业比重降低，第三产业比重升高，反映在就业结构上是传统体力劳动者减少，中产阶级增加，使英国阶级结构进入中间大、两头小的菱形结构。传统体力工人的减少，也就意味着工党忠诚的传统选民的减少。为了保持和

① 张迎红：《英国工党组织体系的现代化》，《当代世界社会主义问题》2002年第3期。

增强在大选中的竞争力，工党需要把庞大的中产阶级选民拓展为力量之基，需要在思想上与阶级谱系一样右转。这正是工党民主社会主义主流思想不断遭遇危机，并最终转向社会民主主义的深层根源。客观地看，英国产业与就业结构的这种变化速度或快或慢，但基本方向是不可逆转的。这就决定着工党主流思想的右转是大的趋势，除非发生大的历史剧变，不可能长时期的左转。正是在这一逻辑上讲，从埃德·米利班德时期开始的工党主流思想左转，特别是在科尔宾时期工党主流思想的激进左转，虽然说程度严重，已经历时近十年，但笔者并不认为这是一个长时段的历史进程，更像是经济危机这一特殊社会背景下的短时现象。

第四，工党主流思想的变化与工党领袖思想的变化并非完全呈现出同步性变奏。如绪论所述，工党主流思想是被工党内大多数党员认可，特别是党内高层精英所认可，对工党发展起着主导性作用的认识与主张。而工党领袖思想是工党最高领导人基于自己的成长经历、学识视野等，在对国内外政治经济形势、历史经验教训等进行反思和评判基础上，形成的一系列关于工党未来发展的认识与主张。历史地看，工党主流思想与工党领袖思想在大多数情况下是一致的，甚至可以说是一体的，造成这一结果的原因是工党领袖在工党组织体系中处于最高地位。作为党的最高领导人，其不仅在许多日常事务中拥有最高的决定权，而且在许多重大事务中拥有巨大的话语权和程序权。即作为党的最高领导人，虽然在涉及党的重大事情上不是独立决断，但在提交决断和表决的具体内容、时间、程序等方面有着诸多的权力。如最能代表工党思想理念的党章党纲、大选纲领等权威文件都是在领袖指导下起草的，很大程度上代表着领袖的思想与看法。因此，一般情况下，诸多组织机构是领袖领导工党的工具和抓手，工党领袖能够通过法定的权力或程序，把个人的认识转变为全党的文件与意志，工党领袖思想的变化可以说就是工党主流思想的变化。

一般情况下，如果工党领袖思想与主流思想接近或一致，说明党内分歧较少，有着更多的共识，这些思想也更容易成为党的官方认识和主张，也有助于维护党的团结，推动工党向好的方向发展。如 20 世纪 30 年代艾德礼的社会主义思想契合工党内大多数党员对英国社会的认识，对社会主义的期盼和向往，有力地推动了工党在战后大选中的大获全胜和战后英国重建计划的顺利进行。到了 90 年代初期，随着工党大选的连续失利和保守党政策得到大多数选民的认可，不仅工党高层的主流思想已经右转，连原来固守公有制条款的诸多工会会员和基层党员也认识到时代在变，思想观念也需要变化，一个能够上台执政的工党比一个总是远离政权的工党要好很多。正是党内上下主流思想与布莱尔思想认识的相近，使工党比较顺利地实现了思想变革，以巨大的优势上台执政，并取得了显赫的执政业绩。

但也要看到，由于认识是主观对客观的把握，受制于所处方位、学识能力、工作阅历、强调重点等因素的影响，工党主流思想与工党领袖思想并非完全一体，即工党领袖与工党主流的认识不仅不会完全一致，而且有时候会在关键问题上完全相左，这样双方的变化就会呈现出不同步性变奏。在这种情况下，就需要一方或双方作出妥协和让步。妥协和让步的方式可能是领袖在实践上认同党内主流的思想，也可能是领袖辞职让位，还可能是领袖通过引导、宣讲和灌输使党内主流认同自己的思想。如在 20 世纪 70 年代中期，基于自己此前执政以及保守党希思政府执政的经验教训，再次出任英国首相的威尔逊没有像 60 年代末那样实行右转的政策，而是迎合了已经崛起的党内左翼的主张，使工党在脆弱执政环境中，艰难地赢得连任，也没有爆发内讧。也正因为这种迎合是实践上的认同，而非内心本意的认同，使威尔逊身心疲惫，执政两年后拂袖而去。

不过有时候工党领袖思想与工党主流思想的变奏既不同步，在诸多认识上不能达成共识，又都不愿意作出妥协，即思想上的分歧无法有效地弥合，这就会对工党的发展带来重挫。如在第一次世界大战爆发时，麦克唐纳作为工党领袖以反对和不明确支持英国卷入战争的党内左翼思想出现，历经多年的政坛历练和执政体验，到 30 年代初，麦克唐纳的思想已经发展演变成党内的右翼思想。在 1931 年经济危机到来的抉择时刻，麦克唐纳以国家利益优于政党与劳工利益，寻求通过削减政府开支来渡过难关。在自己右翼观点未被党内主流接受情况下，作出更加右转，组建联合政府的举动，结果造成自己被工党扫地出门，工党亦元气大伤的两败局面。

由于工党主流可以分为普通大众主流和政治精英主流两大类，故工党领袖思想与主流思想不一致又存在与其中一类一致，而与另一类不一致的情况。这两种情况如果处理不妥，对工党也会造成伤害，在英国历史发展进程中也有着正反两方面的例证。应当说，在 20 世纪 50 年代后期，盖茨克尔对公有制与社会主义的认识与大多数上层政治精英是一致的，但与以工会为代表的普通大众党员相左。好在双方尖锐对立之时，盖茨克尔没有一意孤行，把自己的思想强加给全党，而是通过不对党章公有制条款做任何变动，又新增对工党目标诠释声明的方式达成相互妥协，避免了党的分裂，为工党在 60 年代的复苏创造了思想与组织条件。而在科尔宾时期，科尔宾与普通大众党员的主流思想是相近的，故不仅以明显优势当选为工党领袖，而且经受住了党内高层的挑战与逼宫，得以继续担任工党领袖。但正是科尔宾与以英国议会议员和前任工党领袖为代表的党内高层主流思想的相左，使得科尔宾始终无法在党内树立起自己的权威。即使在普通党员和部分高层支持下把自己的思想转变为全党的声音，仍不时受到党内高层的批评与指责。这种批评与指责的数量与强度，都是此前数任工党领袖没有遭遇过的，也对工党的发展造成了重大的负面影响。

第五，工党主流思想的重大变化和争论一般出现在工党在野时期。审视工党主流思想的整个发展进程可以看出，标志着工党主流思想实现质变的三大事件和时间节点均发生在工党在野时期。它们分别是 1918 年工党新党章和党纲通过，标志着主流思想由劳工主义转变为民主社会主义；1995 年工党党章用价值观目标取代公有制目标，标志着主流思想由民主社会主义转变为社会民主主义；2015 年科尔宾执掌工党后通过肯定公有制与承诺国有化，使工党主流思想重回传统的民主社会主义轨道。

并非偶然的是，工党思想史上的几次重大争论与斗争大多也发生在在野时期。主要有 20 世纪 20 年代工党与独立工党在民主社会主义变革速度上的争论；50 年代工党左右翼围绕是否支持保守党政府的防务政策、是否进一步国有化、是否修改党章公有制条款等长达近十年的争论；80 年代中前期围绕富特与托尼·本的激进经济替代战略和金诺克变革工党向右转的争论与斗争；2015 年后工党围绕科尔宾激进左转引发的党内矛盾与争论。唯一的例外是 1931 年的麦克唐纳事件。在经济金融危机洪流席卷英国的背景下，面对外资汇兑撤离，失业急速膨胀的严峻现实，是放弃金本位制还是削减政府开支，工党内阁内部、工党与工会之间产生尖锐的分歧，进行了激烈的争论。虽然麦克唐纳如党内左翼希望的那样宣布工党政府辞职，但并没有如左翼希望的那样把难题交给保守党或自由党来处理。麦克唐纳没有经过党内协商与决策的程序，私自宣布组建包括三大政党在内的国民政府，即在组建联合政府上麦克唐纳并没有给党内同僚和工会发表观点、进行辩论的机会，最终导致党内左右翼之间分崩离析，工党遭遇了百年历史上最大的挫折。

工党主流思想的重大变化和争论普遍出现在工党在野时期，与执政和在野存在两方面的差异有着密切的关系。一方面是执政时期主流思想与在野时期主流思想的境遇不同。工党能够赢得大选，实现上台执政或连续执政，就说明其思想理念与政策主张得到大多数选民的认同，执政或继续执政后要做的就是把这些思想理念与政策主张付诸实践，兑现对选民的承诺，而不是另搞一套，即使存在一些变化，也是微观的、个别的，而不是方向性的、全局性的。在野则肯定是工党遭遇了大选的失利。无论是连续性失利还是失去政权，都说明思想理念与政策主张存在或多或少的问题。在这种情况下，工党领袖首要做的就是反思失败的原因，对现有的思想与政策进行调整，以争取在下次大选中取得胜利。如果反思的结果是部分细节没有做好，或者是思想与政策的力度不够还好些，只需要加大思想变革的力度即可，不会引起大的争论，如 1987 年和 1992 年大选后的情况。但如果反思的结果是出现了重大的、方向性问题，则会推动工党主流思想进行较大的变化与调整，这一进程顺利的话，将会实现工党主流思想的较大量变或质变，如果不顺利的话，必然引起党内的激烈争论。一言以蔽之，大选后工党执政与在野的不同位置，就决定着执政后首要任务是贯彻落实而非调整变化，在野后首要任务是调整变化，只不过是变化多少的问题。

另一方面是执政时期与在野时期工党面对的顾虑和压力不同。工党执政后，如果具有巨大的政治优势，本身就说明党内的共识度高，主流思想十分强劲，反对的声音非常微弱。在这种情况下，与主流不同的思想不仅不会得到大家的认可，而且会被认为是政坛的奇葩，对持有者的政坛发展不利，故一般不会发出完全相左的声音。从理论上讲，如果工党执政根基不牢固，说明主流思想在党内外的认同度较低，会收到较多的反对声音，但实际上并非如此。因为自从工党主流思想社会主义化后，工党就确立起选举型政党的定位，即实现上台执政或连续执政是工党首要的目标，没有一次大选工党是没有执政诉求，仅仅为了表达自己的思想与立场，或者仅仅获得一些席位的。这就决定了在没有席位绝对优势的背景下，为了保住工党的执政地位，持有非主流思想者不能轻易表达自己对工党高层的不满与对立，工党议会党团规则也要求所有议员不能在投票或公开辩论中表达不同的立场与声音。如果执意为之，不仅会导致政府的垮台，而且会使持不同思想与声音者背负背叛工党的称号。麦克唐纳作为工党领袖，执意违背党内主流思想，导致身败名裂，被工党称为“叛徒”的结局就是鲜明的例证。[①] 因此，只要是理性的政治精英，自己作为工党的一员，都不会趁工党执政之危，不顾一切地提出和争辩不同的思想，行落井下石之实。而在在野时期，本身出于总结选举失败原因，谋求上台执政的需要，他们就会在思想领域展开辩论，以争取控制工党的发展方向。同时由于没有了执政的束缚与压力，不仅许多时候党的规章制度相对宽松，而且整个政治生态都认为表达不同的思想很正常，不会对个人发展产生负面影响。于是各种声音与观点竞相迸发，纷纷发表与领袖或主流思想不同的意见，使“左右翼思想交锋往往显得更加激烈”[②]。

第六，工党主流思想的嬗变过程也是分别与其他两大政党主流思想逐渐融合的过程。在工党成立之前和成立后的早期，自由党和保守党是英国的两大主流政党。作为驰骋于政坛，能够产生较大影响的主流政党，自由党和保守党都有着鲜明的意识形态特质，以更好地团结党员，吸引选民。自由党的意识形态是位于思想谱系左侧的自由主义，保守党的意识形态是位于思想谱系右侧的保守主义。工党作为 20 世纪英国政坛上的后发政党，特别是在 1918 年新党章和党纲通过，确立起争取英国政权、实现上台执政的宏大目标之后，自然在思想上会与占据主流位置的思想相互融合，取长补短。由于工党和自由党都属于英国政党中的左翼政党，故在 20 世纪前半叶，工党主流思想的嬗变过程也是吸收与融合自由党的自由主义思想的过程。

工党与自由党在思想上的融合在理论上有着多方面的表现。在政治定位上，自由党的自由主义和工党的劳工主义与民主社会主义都是代表和维护中下层民众的利益。在基本价值观上，自由主义的基本口号是自由与平等，而工党在其早期竞选纲领中阐述和传达的首要基本价值观也是自由与平等，强调无论是经济事务还是政治事务、国内政治还是国际政治、性别

---

① 刘书林：《麦克唐纳社会主义新评》，中国人民大学出版社 1989 年版，第 190 页。

② 吴韵曦：《英国工党左翼新动向探析》，《当代世界与社会主义》2018 年第 1 期。

之间还是民族之间，都要做到自由与平等。在具体观点上，都强调发挥国家在社会事务中的作用，即突出国家的公共服务职能；都强调尊重民众，反对暴力型权力对民众的压制与迫害；都既主张保护私有财产，又承认财产问题具有社会性；都主张自由贸易，又反对绝对的自由贸易。

工党与自由党在思想上的融合共通在实践中也有着一系列的表现。在整个20世纪前半叶，工党无论是与自由党整体还是自由党个人，都可以说是一个合作的历史。这与工党和保守党之间相互指责，你保护工会我打压工会等形成鲜明的对比。如工党成立后为了生存和发展，合作对象找的是自由党而非保守党。自由党在第一次世界大战之前的八年执政岁月里，的确按照“双L联盟”给工党兑现了诸多诺言，为工党迅速成长为政坛第三大党作出了贡献。在1923年英国大选后，虽然自由党没有和工党联合执政，但正是自由党和工党都主张自由贸易，使议席第一却没有过半的保守党黯然下台，使工党第一次实现上台执政，也是英国历史上首次第二大党上台组阁。正是自由党与工党主流思想的趋同与接近，随着自由党走向衰落，不仅使许多持有左翼思想的自由党人改旗易帜，投入工党的怀抱，而且使许多还没有加入政党组织的青年舍弃自由党，寻求通过加入工党实现自己的政治理想。即使一些自由党人没有改变党籍，也靠自己的才智实现与工党的相得益彰。如作为自由党人，凯恩斯与贝弗里奇先后为工党提供指导经济发展的凯恩斯主义和奠定英国社会保障制度根基的《贝弗里奇报告》，在成就工党主流大党地位的同时，也成就了自己在世界经济学界和社会学界的显赫地位。

工党与自由党能够在主流思想上实现融合共通，与在时代变迁中自由主义已经社会主义化，进入新自由主义阶段，① 而工党无论是劳工主义还是民主社会主义思想出现伊始就与马克思主义语境中的社会主义有着区别不无关系。自由主义最早产生于欧洲启蒙主义时代，作为早期形态的古典自由主义具有强调绝对的个人自由和利益、私有财产神圣不可侵犯、通过法律限制政府权力的运用、实行完全的自由贸易等绝对自由观。但进入19世纪后半叶，随着社会主义思想的广泛传播，自由主义在国家观、个体

---

① 需要说明的是，这里的新自由主义（new liberalism）并非20世纪80年代后流行的新自由主义（neo-liberalism），是指相对于古典自由主义的新形态的自由主义。

观、财产观等方面部分吸收了社会主义思想。[①] 工党则从成立之时就褪去了马克思主义中的激进社会主义思想，认同私有财产的合法性，淡化阶级对立与阶级色彩。两大思想流派在19世纪后期的这种演变，决定着英国工党主流思想的早期嬗变必然与自由党主流思想趋同与接近，呈现出融合的历史进程。

第二次世界大战结束后，面对艾德礼执政取得的显著成绩，为了实现早日重返执政前台，保守党发扬向来“对逆境采取实用主义的反应”这一“悠久的传统”[②]，对工党的凯恩斯主义经济思想、福利国家建设、对工会的认识与定位等几乎照单全收，即使对于最不满意的国有化思想也没有全盘否定，即认同了工党治国理政的思想理念，从而使工党的主流思想与保守党的主流思想趋同融合，形成了英国发展史上所谓的“共识政治”。在70年代，“共识政治”破灭，经历不长的思想疏远后，面对保守党在英国大选中罕见的四连胜，工党的主流思想在世纪之交再次与保守党的主流思想走向融合趋同。只不过与50年代保守党向左转，向工党主流思想靠拢不同，这次两大思想的融合以工党主流思想向右转、向保守党主流思想靠近为特征，即布莱尔主义是工党版本的撒切尔主义。总之，在不同的历史时期，“工党与保守党都在不同程度上‘修正’了各自的意识形态，摒弃了那种认为社会主义与资本主义水火不容、完全对立的观点”[③]，在思想理念上向中间聚拢。从英国社会结构变迁看，这也是一个正常的思想演变与融合的进程，而现在工党主流思想与保守党主流思想的疏远，很可能是整个思想演进中的小的波动与曲折。

二　英国工党主流思想嬗变的多维启示

政党是人类社会进入现代世界的产物，是决定当今世界各国发展变化的基本力量。虽然各国政党的性质、强弱、地位不同，但只要是主流政党，在追求上台执政或连续执政，更好地发挥政治功能与影响上的诉求是一样的。英国工党作为一个具有百年历史的大党与老党，在思想演进中既

---

① 来庆立：《伯恩施坦修正主义的“自由化”和社会发展理念》，《当代世界社会主义问题》2019年第2期。

② ［英］艾伦·韦尔：《政党与政党制度》，谢峰译，北京大学出版社2011年版，第42页。

③ 王皖强：《国家与市场：撒切尔主义研究》，湖南教育出版社1999年版，第29页。

有诸多成功的经验，也有着深刻的教训。这些正反两方面的经验教训，为其他主流政党加强思想理论建设，实现顺利发展提供了深刻有益的启示。

第一，主流思想的鲜明适宜是政党发展壮大的前提。在学术研究与考察中，中外学者基于视野、立场等方面的不同，对政党下的定义多种多样，有着差异。① 但正如我国研究政党政治的著名学者王韶兴所说："政党的定义可以千差万别，但政党的基本特征是共同的。这些特征是我们判断一个团体组织是否为一个政党的根本依据。"② 从发生学角度看，作为主流政党，都具有三个方面的基本特征：一是具有上台执政的目标；二是具有团结党员和吸引民众的思想；三是具有一定的组织纪律。因为政党关于国家和社会的所有具体目标和理想，只有通过控制政权，通过国家机器才有可能实现；而实现上台执政，必须具有把大家聚合在一起，进而争取其他民众的思想主张与组织体系。正是基于思想理论对政党的重要性，马克思主义经典作家都对此给予了很多的论述。如恩格斯指出，"我们党（指德国无产阶级政党——笔者注）有个很大的优点，就是有一个新的科学的世界观作为理论的基础"③。列宁说："没有革命的理论，就不会有革命的运动。""只有以先进理论为指南的党，才能实现先进战士的作用。"④ 习近平强调："中国共产党之所以能够历经艰难困苦而不断发展壮大，很重要的一个原因就是我们党始终重视思想建党、理论强党，使全党始终保持统一的思想、坚定的意志、协调的行动、强大的战斗力。"⑤

虽然马克思主义政党坚持一元论，把马克思主义置于指导思想与行动指南的最高定位，而包括英国工党在内的非马克思主义政党强调思想的多元化，并没有明确地把某一思想定位为指导思想，但通过党的章程、纲领或决议还是把主流思想呈现出来，把党内的不同派别聚集在同一个旗帜下。如成立伊始通过否决公有制提案，通过促进劳工利益的决议等确立劳

① 关于中外学者给政党下的经典性定义，可参见王长江《政党政治原理》，中共中央党校出版社 2009 年版，第 49—52 页；周淑真《政党政治学》，人民出版社 2011 年版，第 3—6 页；王韶兴《政党政治论》，山东人民出版社 2011 年版，第 40—43 页；余科杰《政党学概论》，世界知识出版社 2015 年版，第 22—25 页。

② 王韶兴：《政党政治论》山东人民出版社 2011 年版，第 44 页。

③ 《马克思恩格斯选集》第 2 卷，人民出版社 2012 年版，第 10 页。

④ 《列宁专题文集·论无产阶级政党》，人民出版社 2009 年版，第 70—71 页。

⑤ 习近平：《论中国共产党历史》，中央文献出版社 2021 年版，第 209 页。

工主义主流思想；1918 年通过党章公有制条款和党纲消灭资本主义制度等目标确立民主社会主义主流思想；1995 年在党章中通过基本价值观的阐述替代公有制条款，宣示主流思想的转变。这些适应时代发展的主流思想的确立，都有力地推动了工党的快速发展。

当然，工党主流思想的确立与嬗变并非没有问题。一方面是工党早期的主流思想意识形态色彩不明确、不鲜明。从一般意义上讲，没有无意识形态的政党，所有政党从成立起，都是有意识形态色彩的，这从政党为了谁、依靠谁的一系列宣示中就可以看出。但从严格意义上讲，工党早期的劳工主义思想并不是一种意识形态，因为劳工主义并不属于思想谱系中的一种，具有左翼思想的政党都会说自己是为劳工服务的，甚至是一个劳工政党，但不是每一个左翼政党都称自己是马克思主义政党、民主社会主义政党等。意识形态是一个政党的灵魂，“一个政党如果没有一套有别于其他政党的意识形态，或者至少以某种意识形态为基础，那么该党就会因没有自己的特色而与他党雷同，继而失去存在的理由”①。这也是工党在第一次世界大战之前陷入危机的原因。

另一方面是在某些时期工党主流思想不适宜。任何思想都具有一定的弹性空间，从而吸引更多的民众加入到党的队伍中来。但任何事物都具有两面性，弹性空间越大，在集约化的同一思想之下，在具体实现思想的路径、政策、速度等方面就会产生左中右、激进与温和等不同的派别。英国工党作为一个联盟型政党更是如此。即使都在民主社会主义旗帜下，在具体践行民主社会主义思想的路径与策略上差别更多。正是没有在某一时期确立起适宜的、具体化的主流思想，才造成工党吸引力与竞争力的不足。因此，鲜明适宜的主流思想对于一个立志于执政的主流政党来说十分关键，是政党发展壮大的前提。

第二，主流思想的与时俱进是实现政党发展的关键。政党是人类社会发展到一定阶段的产物，政党与社会之间有着密切的互动关系。一方面，政党具有主观能动性。政党能够通过上台执政，利用手中的国家权力改造一个国家的基本面貌，塑造一个国家的社会形态。当今世界，各主要国家的基本制度、内外政策、贫富强弱都是由各国的主要政党决定的。甚至可

---

① 余科杰：《政党学概论》，世界知识出版社 2015 年版，第 56 页。

以说，整个世界的基本状况都是由各国政党，特别是大国的主流政党塑造的，因为每一个大国领导人都是一个政党的领袖或代表。另一方面，更要看到作为一个个体，政党的能力又是有限的。政党在一定程度上改造社会的同时，也受制于社会的发展，深受社会的影响，更要有适应社会的一面。许多政党在自身建设和国家治理中强调的与时俱进、趋利避害等，说的都是社会对政党的影响。

正是在政党与社会之间存在这种辩证关系，马克思主义经典作家在强调无产阶级政党在推动社会发展与变革中的作用的同时，也总是强调无产阶级政党要适应社会、顺应历史发展的规律与潮流。由于思想变革在政党革新中的基础性作用，他们一再强调在思想理论上要与时俱进，做到与时代同步，准确把握时代发展的脉搏。马克思和恩格斯分别指出："理论在一个国家实现的程度，总是取决于理论满足这个国家的需要的程度。"①"每一个时代的理论思维，包括我们这个时代的理论思维，都是一种历史的产物，它在不同的时代具有完全不同的形式，同时具有完全不同的内容。"② 习近平指出："时代是思想之母，实践是理论之源。实践发展永无止境，我们认识真理、进行理论创新就永无止境。"③"理论的生命力在于不断创新，推动马克思主义不断发展是中国共产党人的神圣职责。"④"一部马克思主义发展史就是马克思、恩格斯以及他们的后继者们不断根据时代、实践、认识发展而发展的历史，是不断吸收人类历史上一切优秀思想文化成果丰富自己的历史。"⑤

主流思想的与时俱进就是指一个政党要正确地认识基本的世情、国情与党情，准确地把握时代的发展变化，使主导政党发展的主流思想理论不断创新，实现与整个社会发展的重大变化同向，与本国大多数民众的普遍需求一致，与本国社会的基本现实状况契合。只有这样，才能发挥思想引领的作用，实现通过思想变革带动政策调整，通过适应社会实现改造社会。不过就像所有事情都是说起来容易做起来难一样，既要准确地观察和

---

① 《马克思恩格斯选集》第 1 卷，人民出版社 2012 年版，第 11 页。

② 《马克思恩格斯选集》第 3 卷，人民出版社 2012 年版，第 873 页。

③ 习近平：《论中国共产党历史》，中央文献出版社 2021 年版，第 122—123 页。

④ 习近平：《论中国共产党历史》，中央文献出版社 2021 年版，第 211 页。

⑤ 习近平：《论中国共产党历史》，中央文献出版社 2021 年版，第 199 页。

解读时代，又要推出适应时代的新思想和新主张并非易事。在这方面，英国工党主流思想的嬗变提供了多维的案例。

在第一次世界大战和第二次世界大战结束之际，工党结合英国民众的战时集体主义体验和对重建英国、过上稳定安逸生活的渴望，分别适时地把公有制写入党章，提出重建整个英国社会的党纲和实现人人就业、丰衣足食，过上有保障、有尊严生活的政治纲领，在高扬起民主社会主义旗帜，作出民主社会主义承诺的同时，助推了工党在政坛的快速崛起。在20世纪80年代，工党没有因应英国社会产业、就业和阶级结构的变化，没有因应美苏冷战对抗的重新加剧等国内外重大变化，反而逆向提出比70年代更左的思想与主张，遭遇发展的重大挫折。而60年代工党在威尔逊的领导下，既认识到了科技革命对当代社会的巨大影响，提出顺应时代变化的新理念，又回避了民主社会主义思想的核心问题。这种踟蹰的做法，既使工党发展收到了短期的效益，又埋下了政坛式微的祸根。

第三，主流思想的灌输是政党发展不可或缺的环节。马克思主义认为，思想又称观念，属于社会意识的范畴，是社会存在反映在人的意识中，经过思维活动而形成的关于事物或社会的整体认知。从本源上讲，思想属于个体的观念和整体的认识。因此，某一思想若想成为政党的思想，特别是成为政党的主流思想，需要两方面的作用。一方面需要每一个个体的主动了解和认知，进而达到接受和认可。另一方面需要党组织和党领袖的宣传与灌输，争取通过系统化的表达，得到更多党员的理解和认可，甚至是信仰和崇奉。认可或信仰的人越多，越容易使主流思想与党领袖思想保持一致，保持同步性变动，越有利于增强党的吸引力、凝聚力和向心力，减少党内在理论上的分歧与争论，降低党内在实践上的内讧与分裂。

关于思想理论宣传与灌输的作用，马克思主义经典作家在理论上作出了深刻的阐述，在实践上作出了表率。在理论上，马克思指出，“批判的武器当然不能代替武器的批判……但是理论一经掌握群众，也会变成物质力量。理论只要说服人，就能掌握群众”[①]。列宁指出，自发的工人运动不可能有社会主义思想和意识，“这种意识只能从外面灌输进去，各国的历

① 《马克思恩格斯选集》第1卷，人民出版社2012年版，第9—10页。

史都证明：工人阶级单靠自己本身的力量，只能形成工联主义的意识”①。习近平指出：“意识形态工作是党的一项极端重要的工作”，“领导干部特别是高级干部要把系统掌握马克思主义基本理论作为看家本领”，年轻干部要通过坚持不懈的理论学习“坚定理想信念”，宣传思想工作要注意把“服务群众同教育引导群众结合”②。在实践上，每一位马克思主义经典作家，都通过著书立说和讲话演讲，通过广泛的社会实践，向广大党员和群众宣传和灌输马克思主义。

审视工党主流思想的嬗变历程不难发现，工党主流思想实现从劳工主义到民主社会主义，再到社会民主主义的转变，与独立工党、费边社等社会主义团体和麦克唐纳、艾德礼等领袖的积极传播和著书立说有着密切的关系。并非偶然的是，领导工党先后多次取得大选胜利的麦克唐纳、艾德礼、威尔逊和布莱尔四大领袖，在出任工党首相之前均出版有著述，对自己领导工党的思想理念进行了系统的阐述和传播，让更多的党员和民众熟知和认同自己的思想，让自己的思想与党内主流思想融为有机的一体。而另外两位靠前任辞职，自己得以成为英国首相的工党领袖卡拉汉、布朗均没有广泛传播自己思想的著述，也没有领导工党取得英国大选的胜利，因此成为工党历史上的短命首相。盖茨克尔与金诺克虽然没有成为英国首相，但带领工党实现实力的回升，重新具备与保守党抗衡的实力是不争的事实。两位领袖也非常重视主流思想的传播，金诺克出任领袖后就向党内疾呼：“如果我们想要取得胜利，那么就首先必须向群众阐述有关社会主义的普通常识。”③

进入现代传媒高度发达的当下，各种传播与灌输手段更是便捷和迅速。如果能够形成大众思想与精英思想的融合，那就更能为政党确立领袖权威，为推动政党的发展创造便利条件。像科尔宾这种持有激进思想、长期在高层不处于主流位置的后座议员，在过去逆袭为工党领袖是不可想象的。正是借助现代网络和视频传播工具，使科尔宾的思想与大多数普通党员和支持者思想实现了有效对接，助推科尔宾成为工党领袖，连任工党领

① 《列宁专题文集·论无产阶级政党》，人民出版社2009年版，第76页。
② 《习近平谈治国理政》第1卷，外文出版社2018年版，第153—154页。
③ 金重远：《战后西欧社会党》，上海人民出版社1997年版，第36页。

袖。比较遗憾的是，科尔宾的思想并没有很好地把握当下英国的基本国情，没有得到工党高层的普遍认可，也无法在宣传灌输中赢得更广泛的普通民众的支持。因此，英国工党主流思想的这些例证从正反两方面说明，一个主流政党，特别是政党领袖，在准确把握时代大势、提出适宜思想主张的基础上，通过各种方式和手段的宣传与灌输，推动这些思想理念大众化，是政党发展不可或缺的环节。如果大多数普通党员和党员精英接受政党的思想理念，做到内化于心，外化于行，将极大地促进政党的发展壮大。

第四，主流思想变革需要组织变革提供坚实的保障。如前所述，一个政党的生存与发展，离不开思想与组织两方面的保障。如果说思想理论是团结党员、争取民众的精神动力，组织机构就是规范党员、发挥政党作用的制度平台。组织建设在党的建设中起着中枢的作用。无论是党员队伍的扩大，党的战斗力的增强，还是党争取各级政权的努力，党的决议的贯彻落实等，只要是党的功能的实现，都必须借助一定的组织载体。就思想建设与组织建设的关系来说，思想建设能够为组织机构的高效运转提供内在支持，组织建设能够为思想理论的认可和传播提供实施机制。显然，对于一个政党来说，思想建设与组织建设是不可分割、相互影响的一个整体，二者都不可偏废和孤立存在。

正是基于组织建设的重要作用及组织建设与思想理论建设的密切关系，马克思主义经典作家都对其进行了深刻的论述，开展了积极的实践。马克思和恩格斯无论是在革命早期还在后期，都既推动组织建党，又推动思想建党。如在早期，在积极推动共产主义者同盟这一无产阶级政党组织成立的同时，先后为共产主义者同盟起草了包括《共产党宣言》在内的展示思想性质与理论主张的三个纲领；在后期，在推动民族国家范围内马克思主义政党建立的同时，对德国无产阶级政党存在严重问题的《哥达纲领》进行了严厉的批判。列宁明确指出："无产阶级在争取政权的斗争中，除了组织，没有别的武器。"无产阶级"所以能够成为而且必然会成为不可战胜的力量，就是因为它根据马克思主义原则形成的思想一致是用组织的物质统一来巩固的"①。并为保持俄国共产党思想上的纯洁与统一，同机

① 《列宁专题文集·论无产阶级政党》，人民出版社2009年版，第158页。

会主义者进行了坚决的斗争，制定了严格的组织纪律。习近平强调，进入新时代，“必须更加注重党的组织体系建设，不断增强党的政治领导力、思想引领力、群众组织力、社会号召力，把党员组织起来，把人才凝聚起来，把群众动员起来”①。

从整体上考察工党主流思想的确立与嬗变可以发现，工党主流思想的变化与组织体系的变化有着非常密切的关联，甚至可以说是组织体系的结构与变革决定着主流思想的发展变化。在成立之初，工党没有与同时代大多数劳工政党一样，确立社会主义主流思想，明确社会主义政党的性质。如果说没有确立科学社会主义的主流位置与英国传统文化有关，没有确立民主社会主义的主流位置则与工党组织结构中反对工党社会主义化的工会有着绝对的优势，工党根本就没有基层组织有着直接的联系。而在1918年工党之所以能够实现主流思想的转变，既与工会的思想转变有关，也与工会在同时进行的组织变革中仍具有绝对的权力有关。

工党崛起为英国主流政党后，其主流思想的争论与变革情况更与组织上的变化相联系。20世纪50年代工党主流思想没有激进左转，与左翼在党内争论中一直处于劣势，左翼代表比万没有获得最高职位，工党两任领袖艾德礼和盖茨克尔均持有中间和右翼思想有关。到了80年代，工党主流思想能够实现激进左转，与左翼从70年代起逐渐控制工党各个组织机构，直至历史性地赢得领袖职位有关。而金诺克执掌工党后，更是先主要进行组织变革，在控制工党局势后，才进行了大幅度的思想变革。90年代布莱尔为了使新工党和新“第三条道路”思想顺利地推行下去，把“党的组织和领导结构的改革”作为“新工党改革的突破口”，以扩大民主为形式，通过权力伙伴计划，改革党的政策决策机制，加强党领袖的权力，成为“新工党成功的关键”②。科尔宾能够出任工党领袖，推动主流思想的激进左转，也得益于工党议员权力下降，普通党员权力上升的选举制度。因此，姑且不论主流思想嬗变的利弊影响，若想实现主流思想的调整与嬗变，实现组织体系的调整和对组织的掌控是不可或缺的保障。

---

① 习近平：《在全国组织工作会议上的讲话》，《当代党员》2018年第19期。

② 裘援平等：《当代社会民主主义与“第三条道路”》，当代世界出版社2004年版，第192—193页。

第五，主流思想变革成功必须基于社会基础的考量。从前面对英国工党主流思想嬗变的考察可知，对其嬗变结果的评判主要分为两个层面：一个是嬗变是否进行，另一个是嬗变是否成功。这两个方面既有同向而行的一致，也有背道而驰的相异。如工党在 1918 年和 1995 年先后既实现主流思想的质的嬗变，又通过思想的调整推动工党在政坛的崛起和复兴；在金诺克时期也在主流思想重大调整的基础上，推动了工党实力的恢复。而在富特和埃德·米利班德时期，工党也基本上按照他们的意志，实现了主流思想或大或小的调整与嬗变，但调整与嬗变的实现并不等于成功，而是一次失败的主流思想的变化。因为主流政党是以上台执政、行使国家权力为目的的政治组织，这些调整与嬗变既没有推动工党实力的恢复，更没有助推工党实现大选的胜利，反而使工党的政坛竞争力进一步减弱。

主流思想嬗变的实现与成功并不总是同频共振，与政党思想嬗变的依靠力量和政党赢得大选胜利的依靠力量并不完全一致有关。政党主流思想的嬗变本质上是一个党内事务，嬗变是否成功主要根基在于党内的左中右力量对比。而参加大选是政党参与国家事务的主要途径，能否赢得大选则根植于党在整个社会层面的受支持程度。如果主流思想的变革方向与社会力量的发展趋势一致，就容易成功，反之，则容易导致失败的命运。如在第一次世界大战以后，工党的主流思想是向左转，社会力量构成也是以劳工为代表的左翼力量在增多。在 20 世纪 80 年代后，金诺克和布莱尔的思想变革是向右转，社会力量构成也是传统左翼在减少，趋于中间思想的中产阶级急剧增加。因此，这些时期工党主流思想的嬗变不仅实现了，也取得了成功。在富特和埃德·米利班德时期，由于党内左翼力量处于优势，主流思想的变革实现了，但社会力量结构是左翼力量在减少，故主流思想的变革是一次不成功的经历。而在最近的科尔宾时期，在金融危机背景下，党内左翼力量和具有投票权的支持者迅速增加，但这些增加的数量还不足以改变社会结构中传统左翼力量处于劣势的局面，于是造成了科尔宾党内领袖地位稳固，工党实力看似小幅回升，但又不足以改变工党在大选中处于明显弱势地位的局面。

从学理上讲，影响工党主流思想嬗变是否实现和能否成功的关键是两个密切相关又有差异的力量。决定主流思想嬗变是否实现的是政党的主要阶级基础，而决定主流思想嬗变能否成功的则是政党的主要社会基础。党的社会基础大于党的阶级基础，党的阶级基础是党的社会基础的核心部分。一般情况下，支持主流思想嬗变的阶级基础与社会基础同向变动，思想嬗变就会随之收到积极的效果。但在特殊情况下，如经济社会形势的恶化，政党领袖的错误引导等，支持主流思想嬗变的阶级基础与社会基础会逆向而行，从而使思想嬗变的效果适得其反。作为主流思想，其首要的诉求是上台执政，故在主流思想的社会基础与阶级基础发生抵牾时，应当把社会基础放在首位考虑，即把社会基础的利益放在第一位。当然，由于阶级基础既关系着政党力量的壮大，又关系着政党领袖地位的稳固，若想处理好这两者的关系并非易事，是对政党能力与本领的重大考验。

主要参考文献

一　经典文献

《马克思恩格斯选集》第 1 卷，人民出版社 2012 年版。

《马克思恩格斯选集》第 2 卷，人民出版社 2012 年版。

《马克思恩格斯选集》第 3 卷，人民出版社 2012 年版。

《马克思恩格斯选集》第 4 卷，人民出版社 2012 年版。

《马克思恩格斯全集》第 11 卷，人民出版社 1995 年版。

《马克思恩格斯全集》第 16 卷，人民出版社 1964 年版。

《马克思恩格斯全集》第 22 卷，人民出版社 1965 年版。

《马克思恩格斯全集》第 25 卷，人民出版社 2001 年版。

《马克思恩格斯全集》第 39 卷，人民出版社 1974 年版。

《列宁选集》第 3 卷，人民出版社 1995 年版。

《列宁全集》第 17 卷，人民出版社 1988 年版。

《列宁专题文集·论无产阶级政党》，人民出版社 2009 年版。

《习近平谈治国理政》第 1 卷，外文出版社 2018 年版。

习近平:《论中国共产党历史》，中央文献出版社 2021 年版。

二　中文专著

《各国社会党重要文件汇编》，世界知识出版社 1959 年版。

《各国社会党重要文件汇编》第二辑，世界知识出版社 1962 年版。

《国际共产主义运动史文献》编辑委员会:《第二国际第一次代表大会文件》，中国人民大学出版社 1989 年版。

中共中央党校科学社会主义教研室国外社会主义问题教学组编:《社会党重要文件选编》，中共中央党校科研办公室，1985 年。

《威尔逊及其对外主张》编译组：《威尔逊及其对外主张》，上海人民出版社 1975 年版。
陈林等：《第三条道路：世纪之交的西方政治变革》，当代世界出版社 2000 年版。
崔士鑫：《历史的风向标——英国政党竞选宣言研究（1900—2005）》，北京大学出版社 2013 年版。
高岱：《英国政党政治的新起点：第一次世界大战与英国自由党的没落》，北京大学出版社 2005 年版。
高锋等：《瑞典社会民主主义模式：述评与文献》，中央编译出版社 2009 年版。
郭海龙：《自由人的联合：G. D. H. 柯尔的社会主义思想研究》，中央编译出版社 2018 年版。
蒋相泽：《世界通史资料选辑》近代部分下册，商务印书馆 1984 年版。
金重远：《战后西欧社会党》，上海人民出版社 1997 年版。
李兴耕：《当代西欧社会党的理论与实践》，黑龙江人民出版社 1989 年版。
李媛媛：《英国工党地方性组织嬗变研究》，中国社会科学出版社 2009 年版。
刘成：《理想与现实——英国工党与公有制》，江苏人民出版社 2003 年版。
刘书林：《麦克唐纳社会主义新评》，中国人民大学出版社 1989 年版。
吕楠：《世界主要政党规章制度文献：英国》，中央编译出版社 2015 年版。
蒲国良：《莫尔》，中国工人出版社 2014 年版。
蒲国良：《社会主义思想：从乌托邦到科学的飞跃（1516—1848）》，北京师范大学出版社 2018 年版。
齐世荣：《当代世界史资料选辑：第二分册》，首都师范大学出版社 1996 年版。
齐世荣：《世界通史资料选辑》现代部分第一分册，商务印书馆 1980 年版。
钱乘旦等：《英国通史》，上海社会科学院出版社 2007 年版。
裘援平等：《当代社会民主主义与"第三条道路"》，当代世界出版社 2004 年版。
冉隆勃等：《当代英国——政治、外交、社会、文化面面观》，中国社会科学出版社 1990 年版。

王长江：《政党政治原理》，中共中央党校出版社 2009 年版。
王觉非：《近代英国史》，南京大学出版社 1997 年版。
王韶兴：《政党政治论》，山东人民出版社 2011 年版。
王皖强：《国家与市场：撒切尔主义研究》，湖南教育出版社 1999 年版。
习近平：《在哲学社会科学工作座谈会上的讲话》，人民出版社 2016 年版。
谢峰：《政治演进与制度变迁：英国政党与政党制度研究》，北京大学出版社 2013 年版。
熊子云：《当代国际工人运动史》，团结出版社 1989 年版。
阎照祥：《英国政党政治史》，中国社会科学出版社 1993 年版。
阎照祥：《英国政治思想史》，人民出版社 2010 年版。
殷叙彝：《当代西欧社会党人物传》，黑龙江人民出版社 1989 年版。
殷叙彝：《社会民主主义概论》，中央编译出版社 2011 年版。
余科杰：《政党学概论》，世界知识出版社 2015 年版。
张亮：《英国新左派思想家》，江苏人民出版社 2010 年版。
张契尼等：《当代西欧社会民主党》，东方出版社 1987 年版。
张世鹏：《西欧社会民主主义政党指导思想的历史演变》，山东人民出版社 2014 年版。
张世鹏译：《德国社会民主党纲领汇编》，北京大学出版社 2005 年版。
张志洲：《英国工党社会主义意识形态变迁研究》，社会科学文献出版社 2011 年版。
周淑真：《政党政治学》，人民出版社 2011 年版。

三　中文译著

[奥] 尤里乌斯·布劳恩塔尔：《国际史》第二卷，杨寿国等译，上海译文出版社 1992 年版。
[德] 马克斯·比尔：《英国社会主义史》上卷，何新舜译，商务印书馆 1959 年版。
[德] 马克斯·比尔：《英国社会主义史》下卷，何新舜译，商务印书馆 1959 年版。
[德] 托玛斯·迈尔：《社会民主主义的转型：走向 21 世纪的社会民主党》，殷叙彝译，北京大学出版社 2001 年版。

［美］史蒂文·克雷默:《西欧社会主义——一代人的经历》，王宏周等译，东方出版社 1992 年版。

［美］罗威尔:《英国政府：政党制度之部》，秋水译，上海人民出版社 1959 年版。

［英］C. R. 艾德礼:《工党的展望》，吴德芬等译，商务印书馆 1961 年版。

［英］G. D. H. 柯尔:《社会学说》，李平沤译，商务印书馆 1959 年版。

［英］G. D. H. 柯尔:《社会主义思想史》第二卷，何瑞丰译，商务印书馆 1978 年版。

［英］G. D. H. 柯尔:《社会主义思想史》第三卷上册，何瑞丰译，商务印书馆 1981 年版。

［英］G. D. H. 柯尔:《社会主义思想史》第四卷上册，宋宁等译，商务印书馆 1990 年版。

［英］T. F. 林赛等:《英国保守党（1918—1970 年）》，复旦大学世界经济研究所译，上海译文出版社 1979 年版。

［英］阿伦·斯克德等:《战后英国政治史》，王子珍等译，世界知识出版社 1985 年版。

［英］艾伦·胡特:《英国工会运动简史》，朱立人等译，世界知识社 1954 年版。

［英］艾伦·韦尔:《政党与政党制度》，谢峰译，北京大学出版社 2011 年版。

［英］安东尼·吉登斯:《超越左与右：激进政治的未来》，李惠斌等译，社会科学文献出版社 2009 年版。

［英］安东尼·吉登斯:《第三条道路：社会民主主义的复兴》，郑戈译，北京大学出版社 2000 年版。

［英］安东尼·克罗斯兰:《社会主义的未来》，轩传树等译，上海人民出版社 2011 年版。

［英］安东尼·桑普森:《最新英国剖析》，唐雪葆等译，中国社会科学出版社 1988 年版。

［英］比尔·考克瑟等:《当代英国政治》，孔新峰等译，北京大学出版社 2009 年版。

［英］比万:《代替恐惧》，李大光译，商务印书馆 1963 年版。

［英］彼得·詹金斯：《撒切尔夫人的革命》，李云飞等译，新华出版社 1990 年版。
［英］丹尼斯·卡瓦纳：《英国政治：延续与变革》，刘凤霞等译，世界知识出版社 2014 年版。
［英］盖茨克尔：《社会主义与国有化》，李奈西译，商务印书馆 1962 年版。
［英］哈罗德·威尔逊：《英国社会主义的有关问题》，李崇淮译，商务印书馆 1966 年版。
［英］克里门特·艾德礼：《走向社会主义的意志和道路》，郑肃译，商务印书馆 1961 年版。
［英］马丁·鲍威尔编：《新工党，新福利国家？——英国社会政策中的"第三条道路"》，林德山等译，重庆出版社 2010 年版。
［英］玛格丽特·柯尔：《费边社史》，杜安夏等译，商务印书馆 1984 年版。
［英］玛格丽特·撒切尔：《撒切尔夫人回忆录：唐宁街岁月》，本书翻译组译，远方出版社 1997 年版。
［英］玛格丽特·撒切尔：《通往权力之路：撒切尔夫人》，李宏强译，国际文化出版公司 2005 年版。
［英］莫尔顿等：《英国工人运动史（1700—1920）》，叶周等译，生活·读书·新知三联书店 1962 年版。
［英］奈杰尔·福尔曼等：《英国政治通论》，苏淑民译，中国社会科学出版社 2015 年版。
［英］乔·柯尔：《费边社会主义》，夏遇南等译，商务印书馆 1984 年版。
［英］斯图亚特·汤普森：《社会民主主义的困境：思想意识、治理与全球化》，贺和风等译，重庆出版社 2008 年版。
［英］唐纳德·萨松：《欧洲社会主义百年史》，姜辉等译，社会科学文献出版社 2008 年版。
［英］托尼·布莱尔：《旅程：布莱尔回忆录》，李永学等译，译林出版社 2011 年版。
［英］托尼·布莱尔：《新英国：我对一个年轻国家的展望》，曹振寰等译，世界知识出版社 1998 年版。
［英］韦伯夫妇：《英国工会运动史》，陈建民译，商务印书馆 1959 年版。

四 论文

来庆立：《伯恩施坦修正主义的“自由化”和社会发展理念》，《当代世界社会主义问题》2019 年第 2 期。

来庆立：《革新将从“新工党”和“蓝色工党”的结合开始——英国工党对未来的政治理念和实践走向展开讨论》，《当代世界与社会主义》2012 年第 5 期。

李宏：《民粹主义与英国工党》，《当代世界社会主义问题》2017 年第 1 期。

林德山：《十字路口的欧洲社会民主主义：现实挑战与争论问题》，《当代世界与社会主义》2016 年第 3 期。

刘玉安译：《只有劳动者成功，英国才能成功——英国工党 2015 年竞选宣言》，《当代世界社会主义问题》2015 年第 2 期。

吕楠：《新时期英国工党执政经验教训及启示》，《当代世界与社会主义》2012 年第 2 期。

史志钦：《英国保守党何以老而不衰?》，《当代世界》2013 年第 9 期。

王涛：《英国经济面临财政赤字难题》，《经济日报》2010 年 5 月 12 日。

王展鹏：《从米利班德到卡梅伦的“全民国家政党”》，《欧洲研究》2015 年第 4 期。

吴韵曦：《英国工党左翼新动向探析》，《当代世界与社会主义》2018 年第 1 期。

习近平：《在全国组织工作会议上的讲话》，《当代党员》2018 年第 19 期。

谢宗范：《拉斯基民主社会主义政治理论剖析》，《江西社会科学》1989 年第 1 期。

薛刚：《战后英国工党政治思想述评》，《国外社会科学情况》1988 年第 7 期。

殷叙彝：《英国工党一些新的纲领性观点》，《西欧研究》1989 年第 2 期。

张亮：《英国工党新党魁力主变革》，《人民日报》2010 年 10 月 1 日。

张迎红：《英国工党组织体系的现代化》，《当代世界社会主义问题》2002 年第 3 期。

郑海洋：《英国工党内部左右翼斗争内涵探析》，《中共党史研究》2018 年第 5 期。

周琪：《凯恩斯主义对英国工党社会民主主义理论的冲击》，《西欧研究》1985 年第 3 期。

五 英文文献

Brian Brivati, etc. , *The Labor Party*: *A Centenary History*, Macmillan Press Ltd. , 2000.

Chris Wrigley, *Arthur Henderson*, University of Wales Press, 1990.

David Butler, *British Political Facts*, Palgrave Macmillan, 2011.

David Butler, *Twentieth-Century British Political Facts* (*1900 – 2000*), Macmillan Press Ltd. , 2000.

David Lindsay Keire, *The Constitutional History of Modern Britain*: *Since 1485*, Black, 1987.

David Powell, *What's Left*? *—Labor Britain and Socialist Tradition*, Peter Owen, 1998.

Ed Miliband, *Building a Responsible Capitalism*, Public Policy Research, No. 1, 2012.

Eric Shaw, *The Labor Party Since 1979*: *Crisis and Transformation*, Routledge, 1994.

F. M. Leventhal, *Arthur Henderson*, Manchester University Press, 1989.

Geoffrey Foote, *The Labor Party's Political Thought*: *A History*, Martin's Press, 1997.

Gordon Phillips, *The Rise of the Labour Party* (*1893 – 1931*), Routledge, 2001.

Henry Pelling, etc. , *A Short History of the Labor Party*, Macmillan Press Ltd. , 1996.

Iain Dale, *Labour Party General Election Manifestos* (*1900 – 1997*), Routledge, 2000.

John Callaghan, *Interpreting the Labour Party*: *Approaches to Labour Politics and History*, Manchester University Press, 2003.

Keith Laybourn, *The Rise of Labor*: *The British Labor Party* (*1890 – 1979*), Edward Arnold, 1988.

Lewis Minkin, *The Contentious Alliance: Trade Unions and the Labor Party*, Edinburgh University Press, 1999.

Maurice Glasman, *The Labour Tradition and the Politics of Paradox: The Oxford London Seminars (2010 - 2011)*, Lawrence & Wishart, 2011.

Michael Lynch, *An Introduction to Nineteenth-Century British History (1800 - 1914)*, Hodder Murry, 1999.

Michael Newman, *Ralph Miliband and the Politics of the New Left*, the Merlin Press, 2002.

Patrick Seyd, *The Rise and Fall of the Labour Left*, St. Martin's Press, 1987.

Ross Mckibbin, *The Evolution of the Labour Party (1910 - 1924)*, Oxford University Press, 1974.

R. R. James, *British Revolution*, *(1880 - 1939)*, Metheun, 1977.

Stephen Brooke, *Labor's War: The Labor Party during the Second World War*, Clarendon Press, 1992.

Terrence Casey, *The Blair Legacy: Politics, Policy, Governance, and Foreign Affairs*, Palgrave Macmillan, 2009.

Thomas Quinn, "The British Labour Party's Leadership Election of 2015", *The British Journal of Politics and International Relations*, No. 4, 2016.

Tudor Jones, *Remaking the Labor Party: From Gaitskell to Blair*, Routledge, 1996.

六　相关网站

英国工党官网

英国广播公司官网

英国《卫报》官网

英国《新政治家》官网

英国《每日电讯报》官网

后　　记

从 2005 年开始关注和研究英国工党，至今已经 16 年了。本书既是我主持的国家社科基金项目“英国工党主流思想的嬗变研究”和山东省社科规划重大项目“英国工党社会主义观的嬗变”的最终成果，也是我主持的山东省社科规划重点委托项目“世界社会主义视域下的新时代中国特色社会主义研究”和山东高校青创科技支持计划项目“世界社会主义视域下的新时代中国特色社会主义研究”的阶段性成果。在本书即将付梓之际，内心感慨颇多，也借此向长期帮助和支持我研究英国工党的师长、同仁和家人表示诚挚的谢意。

感谢全国哲学社会科学工作办公室、山东省社科规划办公室、聊城大学社科处的领导、老师和匿名评审和鉴定专家。正是他们的工作和肯定，使本研究得以立项，得以以优秀等级结项。

感谢李媛媛、刘丽坤、张洪伟、齐本荣、仝雯、孙永艳等本项目组的各位成员。他们作为我的同行、同事或学生，有的参与了阶段性成果或最终成果初稿的撰写，有的负责收集了大量的中英文资料，有的对注释进行了仔细的逐一核实，有的对书稿进行了认真的校对和查重，确保了本书从内容到形式都符合学术规范。

感谢山东大学王韶兴教授、王学玉教授、崔桂田教授、方雷教授、刘昌明教授、李亚洲教授、张士海教授，山东建筑大学张祥云教授，山东理工大学李述森教授，山东师范大学李爱华教授、高继文教授，云南大学袁群教授，中央民族大学宫玉涛教授，山东省委党校张传鹤教授等诸多学界前辈或同仁，他们在项目完成过程中给予了大力的支持和多样的帮助。特别是中国社会科学院林建华教授，作为我的导师，不仅引领我走上世界社会主义共产主义运动的研究，而且多年来一直关心关注着我的学术成长，在本书出版之际又欣然作序。

感谢聊城大学党委书记关延平、校长王昭风，以及马克思主义学院、政治与公共管理学院、世界共运研究所、人力资源处的各位领导与同事。他们为本项目的完成提供了诸多的便利，也激励我在学术研究中砥砺前行，不能懈怠。

感谢中国社会科学出版社的田文编审。她对本书的出版付出了大量的心智，其专业严谨的编辑意识使本书减少了诸多的纰漏，高效干练的办事风格使本书得以顺利出版。

最后把本书献给我的家人。妻子张婧磊天资聪慧，她以文学博士的优势为本书润色增辉。本书的写作过程也是儿子李一可从儿童成长为少年的过程，对我未能较多地嬉戏陪伴表现出超越年龄的理解和包容。由于职业的不同，虽然父母不懂我的学术研究，但在生活中默默地支持着我，使我能够离开故乡，安心从事自己喜欢的工作。令人悲恸的是，在本书写作过程中，母亲因突发疾病，于 2018 年冬天永远离开了我们。本书的出版是对母亲最好的纪念！

李华锋

2021 年初春